Desde Siberia a St. Kitts

UN TRAYECTO DE UNA PROFESORA

Una Biografía

Ira Sumner Simmonds

Traducción de Nora Weiss

ISS Publishing
Brooklyn, New York

AGRADECIMIENTOS

Agradezco sinceramente a mi esposa, a mis parientes, a Christian y Laurel Mendivé, Verna Richardson, Sylvestre Wallace, Adrian Forman, Noel Bacchus, Yvonne Rodriguez, Elena Brito, Nora Weiss, a otros amigos y colegas, al hijo y a la nieta de la Sra. Katzen, a sus amigos y antiguos alumnos que compartieron sus historias sobre la Sra. Katzen - en realidad estoy agradecido con todos los que me alentaron y apoyaron en mis esfuerzos a fin de escribir la historia de esta notable profesora.

Debo un agradecimiento especial a la familia Kadoorie y a Amelia Allsop y a su personal del Proyecto Hong Kong Heritage quienes me dieron acceso al tesoro de las cartas del archivo.

Un agradecimiento especial también a Victoria O'Flaherty de National Archives of St. Kitts, a Neil Rosenstein, quien escribió extensamente sobre la historia de la familia Katzenellenbogen y a Kirill Chashchin del Proyecto de Genealogía de Rusia.

Ira Sumner Simmonds
ISS Publishing
Brooklyn, NY 11201
www.irasimmonds.com
filsdinez@gmail.com

Traducción al español par Nora Weiss.

Disponible en edición de bolsillo y libro electrónico en Amazon y Barnes & Noble

Desde Siberia a St. Kitts: Un trayecto de una profesora
por Ira Sumner Simmonds
ISBN 978-0-9998724-4-4

Índice

Dedicado a mi hermana Rhona, la persona más amable y generosa que conozco

Dímelo y se me olvida
Enséñame y lo recuerdo
Involúcrame y aprendo

- Benjamin Franklin

CAPÍTULO 1

Prólogo

Es un honor haber sido invitado por mi amigo Ira Simmonds a escribir el prólogo de esta excelente obra. En este libro se documenta la vida de 'Una Gran Dama', nuestra Madame Katzen, quien dominó nuestra vida estudiantil en la escuela secundaria *St. Kitts-Nevis-Anguilla Grammar School* y a quien vamos a rendir un prolongado homenaje por su enorme contribución a nuestras vidas individuales y colectivas. Gracias a una minuciosa investigación, en esta descripción muy personal del autor y antiguo alumno de la Sra. Katzen se nos aclaran muchos detalles de la historia de la vida de Madame Katzen de la que sabíamos tan poco cuando éramos alumnos en sus clases de francés y español.

Es realmente una historia para la eternidad recibir revelaciones muy personales y ser testigos de su infancia y de la vida de su familia, del trauma de las guerras y de la vida en Siberia, Shanghái, China, Chile y St. Kitts. Oímos de su vida familiar, del padre que era médico y de la madre que era una buena pianista, a quien conocimos y quisimos porque nos acompañaba con el piano cuando aprendíamos y cantábamos muchas canciones en francés y español; también oímos de su 'tía', quien nos preparaba unos bocaditos deliciosos y esa torta inolvidable con pasas que nos daba antes de los exámenes y decía que nos mejoraba la memoria.

Supimos que su apellido era KATZENELLENBOGEN, un trabalenguas que por suerte no conocíamos porque la familia había adoptado la versión abreviada KATZEN. Nos maravilla la juventud de Madame, el tiempo que pasó en la famosa Universidad Sorbona de París y sus vínculos con Chile. Ahora podemos saber cuál es el origen del nombre de su casa en *New Pond Site - Chalet La Serena -* y quiénes fueron los que le ofrecieron la ayuda financiera tan bien recibida con la que garantizó el bienestar de algunos de sus alumnos pobres.

Todo eso lo hizo respetando su privacidad. Ahora sabemos que hablaba muy bien inglés, francés, español y ruso, y bastante bien chino. También sabemos cómo se llama su hijo y que en una época anterior fundó una escuela en *La Serena*, Chile.

Ira Simmonds ha tenido la suerte de obtener muchas cartas de la correspondencia entre Madame y sus amistades en que habla de su vida con una franqueza brutal, característica de su personalidad. Nuestra experiencia de inmersión total en el idioma francés o español nos sirvió a muchos más tarde y fue una gran ventaja para muchos estudiantes universitarios.

¿Quién hubiera podido saber que ella desde antes ya sabía enseñar los principios de las matemáticas puras y aplicadas? Desde que la contrataron como profesora en St. Kitts, el primero de enero de 1961, hasta su muerte en 2002, muchos de nosotros nos beneficiamos de su constante preocupación por nuestro bienestar. Algunos recordamos nuestros viajes en un barco francés que limpiaba de minas los mares y luego nuestra temporada de seis meses en Baimbridge, Guadalupe (yo fui en 1968). Siempre vamos a recordar con profunda veneración a Madame Katzen, la experiencia inolvidable de aprender francés y español y, en mi caso, enseñarlo en *Bassseterre High School* en 1969 cuando ella era la jefa del departamento.

Leer esta obra para mí ha sido una revelación. Me gustó la historia porque me enteré de tantas cosas que ignoraba y aumentó mi gran admiración por esta *Chevalier de L'Ordre des Palmes Académiques*. Es una contribución incomparable, inscrita en mi memoria y admirada para siempre. Todos le debemos agradecer a Ira que haya compartido con nosotros esta obra extraordinaria.

Sir S.W. Tapley Seaton
GCMG, CVO, QC, JP
Gobernador General de Saint Kitts y Nevis

Bonjour Classe

Puerto Rico 1963 – El primer viaje al extranjero con la Sra. Katzen

E l 5 de septiembre de 1966. El primer día de mi tercer año, equivalente al décimo grado de los Estados Unidos fue un día de promesas; lleno de alegría y ansiedad pensando en el futuro. Desgarbado y conscientemente torpe, vestido con el uniforme del colegio, con pantalón corto de color marrón claro, camisa blanca, corbata de rayas azules, amarillas y rojas, medias y zapatos marrones, yo estaba un año más cerca del grupo de estudiantes de la escuela superior que se ponen pantalones largos - los años 4 y 5, equivalentes a los grados 11 y 12 de Estados Unidos.

Lo más importante es que esperaba con interés especial este año porque iba a estudiar por primera vez un idioma moderno. En la sala reinaba un ambiente nervioso de expectativa y temor mientras esperábamos a nuestra profesora de francés. En unos pocos minutos estaríamos cara a cara nada menos que con la venerable Sra. Katzen.

De alguna manera, en los cinco años transcurridos desde su llegada a St. Kitts en 1961, había logrado adquirir una importante reputación de profesora extraordinaria. Muy consciente de su categoría y de lo exigente que era, me emocionaba tener la oportunidad de aprender un idioma nuevo y ver si estaba a la altura de las circunstancias.

La Sra. Katzen no era joven cuando llegó a la isla. Le faltaban seis meses para cumplir cincuenta años. Era realmente vieja. Era vieja en el sentido que le dan a esa palabra los adolescentes al pensar en una persona mayor de cuarenta años. Sin duda era la mayor de todos los profesores. Ahora, a los cincuenta y cinco años, prácticamente una anciana, estaba a punto de encarar el gran reto de enseñar francés a un nuevo grupo de muchachos de catorce, quince y dieciséis años. Al menos iba a ser interesante ver si lograba que nuestras lenguas coloniales británicas (adornadas con el colorido acento coloquial afro-caribeño) se adaptaran a las idiosincrasias nasales y silenciosas de las consonantes del idioma francés.

Antes de la llegada de la Sra. Katzen, estudiar un idioma extranjero básicamente consistía en aprender vocabulario de memoria, conjugar verbos en cantidades de tiempos, traducir textos del inglés al francés y viceversa. Los estudiantes hacían todo eso muy bien, pero su capacidad de comunicarse oralmente en los idiomas extranjeros era prácticamente inexistente. La Sra. Katzen, que hablaba cuatro idiomas muy bien y dos bastante bien, tenía una filosofía de la enseñanza única, técnicas especiales y mucha experiencia en la enseñanza de idiomas, revolucionó la enseñanza del español y del inglés en la pequeña isla caribeña de St. Kitts de los Estados Asociados de St. Kitts, Nevis y Anguila.

Siguiendo la costumbre de los estudiantes de las escuelas de todo el Imperio Británico, nos pusimos de pie cuando la Sra. Katzen entró a la clase.

Su presentación era conservadora, no llevaba joyas sino solo un reloj de pulsera ¡y guantes blancos! Nunca habíamos visto una profesora con guantes en la clase. A pesar de la costumbre poco práctica de los uniformes escolares con corbata de las colonias británicas, ningún tipo de guantes era obligatorio. Era un poco sorprendente, la hacían parecer extraña, talvez excéntrica, una reliquia de otra época. Unas semanas más tarde me sentí algo desilusionado cuando supe que sus guantes tenían una razón trivial y práctica: proteger sus manos delicadas del peligro del polvo de la tiza.

Llevaba el cabello negro amarrado en la parte superior de la cabeza y sus ojos de color marrón oscuro, con patas de gallo en las esquinas, miraban desde detrás de unos anteojos de ojos de gato. Tenía los labios pintados con un rojo fuerte que contrastaba con su piel de alabastro y estaba un poco agachada hacia adelante. Todo eso le daba la apariencia de una mujer mayor muy digna. No era obligatorio para los profesores ponerse uniforme, pero la Sra. Katzen siempre estaba vestida igual. Era su traje profesional y no lo cambió ni una sola vez. Todos los días se ponía una falda a cuadros blancos y verdes y una blusa blanca; durante más de veinte años que duró trabajando como profesora, supervisora de idiomas extranjeros e intérprete oficial de francés y español del gobierno en Saint Kitts, Nevis, Anguilla.

"*Buenos días, Sra. Katzen*", la saludamos alegremente.

"*Bonjour classe*", contestó ella.

"*Asseyez-vous, s'il vous plaît*", añadió con un gesto para que nos sentáramos.

Pensé que eso sonaba lindo. Era la primera vez que oía hablar francés. Era realmente la primera vez que alguien me hablaba en un idioma extranjero. Era fácil adivinar que *Bonjour classe* y *Asseyez-vous s'il vous plaît* eran palabras de saludo. Sin embargo, lo que siguió era incomprensible, a pesar de que sonaba lindo y melódico cuando las palabras salían bailando de sus labios, a pesar de no entender, supe de inmediato que me iba a gustar la clase. En seguida me sentí involucrado. Talvez era la novedad de emprender el viaje de aprender un nuevo idioma. Talvez lo que nos encantó fue la personalidad y el espíritu de Madame. Yo nunca había pensado en los idiomas (ni en el mío ni en otro) y en su poder inherente. Después de todo, eso no es el tipo de idea esotérica que preocupa a los adolescentes. Pero me di cuenta inmediatamente, después de escuchar esas pocas frases en francés, de que quería adquirir la capacidad de leer, escribir, hablar y pensar en otros idiomas además del inglés, mi idioma materno.

Esta profesora que medía cinco pies y cinco pulgadas exudaba una enorme confianza, una confianza definitiva en que no se iba a desperdiciar ni un momento en esta clase. De todas maneras, sería una gran trivialización decir que esa clase (que esa profesora) me hizo, nos hizo, una impresión indeleble. No era porque se veía diferente de nosotros, ni porque era extranjera o porque era una mujer vieja y blanca. Era diferente, no tanto por sus características físicas sino por razones que me resultaban difíciles de describir cuando era un adolescente.

Diez minutos después de empezar la clase me empecé a sentir incómodo. Faltaba algo. Muy pronto identifiqué la razón. Madame Katzen no había dicho ni una palabra en inglés desde que entró a la sala de clase. Su francés sonaba exquisito. Eso a pesar de que yo no sabía cómo sonaba el francés exquisito - simplemente era agradable escucharlo. Seguramente era francesa; los sonidos que salían de sus labios eran tan agradables y suaves. Con ayuda de los gestos universales con que se saluda resultaba fácil entenderla durante los primeros cinco minutos de la clase. Pero después del saludo no había una razón lógica para que nos siguiera hablando en francés. En la sala ese momento se parecía a lo que sienten muchas personas que tratan de aprender un segundo idioma más tarde en la vida. El momento en que saludan de manera absurda a alguien con un cálido *Buon giorno* porque quieren (1) practicar una expresión recién aprendida con alguien que tiene esa lengua materna (2) impresionar a esa persona con lo fácil que les resulta ese idioma. Siempre los hace callar una oleada de palabras desconocidas en italiano y tienen que admitir, con vergüenza, que no hablan bien italiano. Ahora, a medida que pasaban los minutos empezamos a sentirnos perdidos y nos preguntábamos cuándo iba a empezar a hablar inglés.

¿Qué estaba diciendo esa profesora extraña con cierto *je ne sais quoi?* Yo no tenía ni idea. ¡Por Dios, nuestra *langue natale* es inglés, no francés! Talvez como *nouveau arrivée* estaba confundida por el hecho de que la *Grammar School* estaba ubicada en la capital, que tenía un nombre francés, *Basseterre.* Seguramente creía que con aldeas llamadas *Cayon, Molineux, Dieppe* Bay, el francés que hablaban nuestros colonizadores del siglo 18 estaba enterrado en lo más profundo de nuestro ADN y podía sacarse de nuestro espíritu mediante el estímulo constante de las palabras. Pero ella vivía en St. Kitts desde hacía cinco años, lo suficiente para saber que la breve historia de la isla como colonia francesa no bastaba para tener un efecto duradero sobre nuestro idioma.

De repente, al darme cuenta de que ya no entendía lo que decía, la personalidad de Madame me pareció menos interesante. Cuanto más seguía dirigiéndose a nosotros en francés tanto más extraña me parecía. Mirando furtivamente alrededor de la sala traté de confirmar en los rostros de mis compañeros de clase si compartían mi incomodidad y la caracterización de la venerable Sra. Katzen como 'extraña'. Las expresiones matizadas del cuerpo y del rostro de mis compañeros me tranquilizaron mucho. En sus rostros vi sin palabras ni sonidos el eco de mis pensamientos: ¿Qué demonios le sucede a esta mujer? Seguro sabe que ésta es nuestra primera clase de francés. Alguien seguro se olvidó de informarle que en las Indias Occidentales Británicas solamente se hablan dos idiomas no románicos - inglés y el idioma popular conocido localmente como *Broken English*. Era tranquilizador saber que el resto de la clase opinaba lo mismo que yo y que nadie sabía lo que estaba pasando. Ella seguía hablando *en français* y no parecía tener la intención de hablar en inglés. Tampoco parecía molestarle la expresión de incredulidad de los rostros de sus alumnos.

Sin embargo, para gran sorpresa mía, poco a poco e inexplicablemente el miedo de nunca lograr entender a la señora Katzen fue desapareciendo y empecé a escucharla con oídos nuevos.

Los cuatro años siguientes (1967-71) que pasé en *Grammar School*, que luego se empezó a llamar *Basseterre High School* después de que la *Escuela Secundaria Femenina* se unió con la *Grammar School* en que todos eran estudiantes de género masculino, estudiando francés y español con Madame Katzen fueron años especiales, llenos de toda clase de delicias. No solo con los *dictées, traductions, compréhension de textes*, común y corriente, sino también llenos de *la danse, la musique, la poésie et les voyages*. Entonces esos años no parecían tan especiales. Con mi perspectiva limitada de adolescente pensaba que esas experiencias del aprendizaje de idiomas eran lo normal, la manera en que todos los estudiantes aprendían un idioma extranjero.

Pronto resultó claro que en las clases de idiomas de Madame Katzen el aprender de memoria las expresiones idiomáticas, aprender las reglas gramaticales, leer, escribir, etc. eran algo tan importante como aprender a hablar el idioma. Ella entendía que uno de los principales objetivos de aprender un idioma es ser capaz de comunicarse oralmente y que, igual que para cultivar con éxito las verduras en el jardín, adquirir la fluidez en un segundo idioma es poco probable sin fertilizar el entorno adecuado. Igual que las verduras del jardín que crecen bien en tierras fértiles y con suficiente agua, los que aprenden un idioma florecen si están expuestos constantemente a un ambiente acústicamente rico en sonidos, tonos de voz y ritmos del idioma que estudian. La Sra. Katzen entendía que eso era un ingrediente esencial del aprendizaje de un segundo idioma y dedicó muchos gastos y esfuerzos a lograr que sus alumnos tuvieran ese entorno.

Era una gran profesora y, como tal, tenía un gran plan. Su objetivo era simplemente convertir a sus alumnos en personas que hablaran un excelente francés y/o español. Y como todas las profesoras que toman en serio la enseñanza y el aprendizaje reconocía que durante las horas de clase cotidianas no había suficiente tiempo para alcanzar sus objetivos. Por consiguiente, los lunes y los viernes todos los caminos llevaban de la clase a la casa de Madame Katzen donde ella presidía un club de idiomas. En la pared exterior de su casa había un letrero grande que decía *Chalet La Serena*. La casa estaba en la zona de Basseterre que se llama *New Pond Site* y era diferente de las demás casas del vecindario porque tenía dos pisos. El nombre algo pretencioso añadía cierto encanto a la experiencia de ese club *chez* Madame Katzen. Aquí, en el Círculo Franco-español nosotros, los estudiantes que Madame consideraba merecedores, realizábamos una serie de actividades destinadas a desarrollar nuestra fluidez en francés y español. Las reglas del club eran simples. Se podía hablar de las noticias locales, regionales e internacionales. Pero definitivamente estaba prohibido hablar de la política local. Y lo más importante era que durante esas tardes estaba totalmente *verboten* el inglés en *Chalet La Serena*.

La Sra. Katzen vivía con su madre, Alexandra, que tenía 83 años, su tía Evgenie, que tenía 80 años, y una serie de perros y gatos. Los animales eran especiales. A diferencia de los perros comunes y corrientes de St. Kitts que se pasan toda o la mayor parte de su vida cuidando la casa, los perros del *Chalet La Serena* podían correr por toda la casa y eran plurilingües igual que Madame y su madre. Uno de los perros se llamaba *Chienne Chienne* (Perro Perro) y el otro *Peletón*.

Las reuniones del club en Le Chalet eran encantadoras, llenas de risa, juegos, música, poesía, drama, baile y comida deliciosa. Cantábamos con alegría en francés y español, acompañados en el piano por Alexandra, la madre de Madame, que era pianista especializada en música clásica. Alexandra siempre tenía un ánimo y una energía increíbles para su edad y desempeñaba un papel importante y práctico en nuestra experiencia de aprender un idioma extranjero. Como directora musical de facto ella organizaba la música y nos alentaba, nos empujaba y nos entrenaba. Aprendimos e interpretamos canciones folclóricas españolas, latinoamericanas y francesas - por ejemplo, *Chiu Chiu, La Cucaracha, La Bella Primavera, Melodías de América, Boleros Sevillanos, La Cabaña, Sur le Pont d'Avignon, Au Plaisir des Bois, Gentille Batelière, Chevaliers de la Table Ronde, La Chanson de Fortunio, La Marseillaise, Sous les Ponts de Paris*, para citar unas cuantas. Alexandra participó en todo lo relacionado con la música. Siempre nos acompañó en todos los eventos en que participábamos - en conciertos escolares, en eventos culturales, en *Chalet La Serena*.

Evgenie también tuvo un papel en el plan maestro de Madame para que sus alumnos hablaran bien francés y español. En las reuniones de los viernes preparaba y servía sándwiches y otras comidas deliciosas. Era una mujer alta y seria que nunca hablaba ni se comunicaba con nosotros mientras realizaba sus actividades. En todos los años que participé en el club solo recuerdo haberla oído hablar una sola vez - un breve diálogo con Madame en un idioma que yo no conocía. Evgenie parecía incapaz de sonreír y siempre tenía un aire de tristeza. Su rostro lleno de arrugas parecía manifestar un constante dolor debido a una tragedia indescriptible de mucho tiempo atrás. De todas las cosas maravillosas que nos sirvieron en esas veladas lo que todavía se recuerda y se menciona con cariño es la deliciosa torta húmeda hecha en casa.

LA BÚSQUEDA

Me fui de St. Kitts en agosto de 1971, unos meses después de tomar los exámenes de Nivel Avanzado[1]. Un mes después empecé los estudios universitarios en St. Francis College de Brooklyn, en Nueva York, donde mis materias principales fueron educación y francés, y la materia secundaria fue el español. Luego obtuve títulos de postgrado en educación y administración educativa en *Teachers College* de la Universidad de Columbia mientras trabajaba primero en *Avery Fisher Hall* como acomodador y jefe acomodador y luego como administrador de *Alice Tully Hall* en el *Lincoln Center for the Performing Arts*.

En 1984, después de diez años como administrador de *Alice Tully Hall*, entré al Departamento de Educación de la Ciudad de Nueva York como profesor de francés de escuela secundaria. En 2010, después de diecisiete años de dar clases, ocho años como vicerrector y un año como rector interino, dejé de trabajar en el Departamento de Educación de la Ciudad de Nueva York.

Ahora que podía disponer de mi tiempo y ya no me preocupaba el trabajo física y emocionalmente agotador y también gratificante de educar a los estudiantes de las escuelas públicas de Nueva York, empecé a reflexionar sobre mi experiencia profesional como pedagogo. Sobra decir que no me tocó reflexionar mucho para darme cuenta de la fuente de inspiración que me llevó al aula de clase. Para decirlo sencillamente, fui profesor gracias a Madame Katzen. Aunque no estaba consciente de ello en aquel momento, al pensar ahora en mis años en las aulas de clase me doy cuenta de que intenté ser el tipo de profesor que era ella. Como aspirante a ser Madame Katzen traté de imitarla. Hice el esfuerzo de dar a mis alumnos el tipo de adquisición de un segundo idioma que ella me

---

[1] También conocido como Nivel A - un examen final usado por las agencias educativas en el Gran Bretaña.

dio. Si lograba facilitarles la adquisición de un idioma extranjero les ampliaría los horizontes de manera inmensurable. Los viajes se convirtieron en una parte importante de mi experiencia con los estudiantes y con frecuencia los llevé a Quebec y a Francia para que vivieran la inmersión en el idioma francés y su cultura.

Mis experiencias con Madame Katzen a mediados de la década de de los sesenta en esa época no parecían muy especiales. A pesar de la reputación de Madame, como joven ingenuo pensaba que así era como todos los estudiantes aprendían los idiomas extranjeros. Seguramente todos los estudiantes del Caribe Británico que estudiaban francés tenían profesores que siempre organizaban para que el gobierno de Francia enviara buques de la Armada a su isla para transportarlos a *Port au Prince, Martinica* para un verano de inmersión. O talvez el profesor había conseguido una beca para que un estudiante pudiera pasar seis semanas del verano tomando un curso de Literatura y Civilización de Francia de la Universidad de Bordeaux en el *Lycée Général et Téchnologique de Baimbridge, Guadalupe*. Y si un alumno está estudiando español, seguro el profesor o la profesora ha colaborado con el Departamento de Estado de los Estados Unidos, como lo había hecho Madame Katzen para que ella y sus compañeros de clase pudieran alojarse en el cuartel de Fort Buchanan en Puerto Rico para tener una auténtica inmersión en el idioma español. La influencia de Madame Katzen siempre me ha hecho recordar las palabras del filósofo austriaco-británico Ludwig Wittgenstein que dijo: *Los límites de mi idioma son los límites de mi mundo.*

Cuanto más reflexionaba sobre el recorrido que me llevó a ser profesor, tanta más curiosidad sentía por esta mujer notable. Y con el aumento de mi curiosidad me di cuenta de que sabía muy poco de una profesora que había tenido un impacto tan grande en mí y en innumerables jóvenes de St. Kitts. Si estuviera viva podría contestar a mis preguntas y satisfacer mi curiosidad para entender los ingredientes que formaron a esa profesora magistral. Madame Katzen murió en el 2002, ocho años antes de que mi cabeza estuviera suficientemente libre como para ocuparme de curiosidades caprichosas como las relacionadas con la vida misteriosa y el trabajo de una profesora especial. Ella, su madre y su tía pasaron el resto de sus vidas en St. Kitts y están enterradas en el cementerio local. Decir que dejó un legado duradero realmente sería subestimarlo. Se trata de un legado tan profundo y amplio como no se encontrará otro en mucho tiempo en cuanto a la influencia de una profesora en la vida de los jóvenes de St. Kitts.

¿Quién era realmente? ¿Qué mujer de cincuenta y uno años de edad, sofisticada y educada, se va a un lugar desconocido y, acompañada de su madre de setenta años y de su tía de setenta y cuatro años, inicia una vida nueva en un país remoto de una cultura muy diferente de lo que había conocido antes? Mi curiosidad se convirtió pronto en el deseo de averiguar todo lo posible sobre esa mujer notable. ¿Cuál era el origen de su espíritu indomable y su gran pasión por enseñar y aprender? ¿Quién o qué le había dado el valor, la fuerza emocional y espiritual y el poder para transformar tantas vidas? Sin duda, a través de las generaciones ha habido una larga lista de profesores que han tenido un impacto profundo en la vida de los estudiantes. Pero nadie ha tenido los recursos financieros y de otra índole que Madame Katzen tenía a su disposición para ayudar a sus alumnos.

¿De dónde era? ¿Cuáles eran las fuerzas que habían conspirado para llevarla al otro lado del mar, a ese pequeño pedazo de tierra apenas visible en un mapa del mundo, aquella isla volcánica y fértil llena de sol y caña de azúcar? ¿Era inglesa o francesa? ¿Era una señora española o una *frau* alemana? Tenía tanta facilidad para los idiomas que hubiera sido fácil pensar que cualquiera de los numerosos idiomas que hablaba era el idioma de su país.

Sobra decir que pensé con frecuencia en Madame Katzen durante los diecisiete años que trabajé como profesor de francés en las escuelas públicas de la ciudad de Nueva York. Ahora, veintiocho años después de haber estado en su clase me preguntaba si se acordara de mí. ¿Sabría dónde estaba y lo que hacía? Me fui de St. Kitts unos meses después de terminar el bachillerato y lamentablemente nunca estuvimos en contacto. ¿Acaso supiera que yo había seguido su ejemplo o más bien que había tratado de hacerlo? Su influencia había sido tal que era imposible para un simple ser mortal como yo hacer lo mismo que ella. Lo mejor que uno podía hacer era tratar de imitarla.

Decidí que era poco probable que se acordara de mí. A pesar de haber sido un buen estudiante de idiomas y de haber recibido todos los beneficios que ella ofrecía a sus alumnos, viajes, estudio en el extranjero, etcétera, yo no había sido uno de sus alumnos más brillantes ni mucho menos. A pesar de eso me prometí a mí mismo volver a St. Kitts antes de que ella muriera para hacerle saber hasta qué punto había afectado mi vida. En el verano de 1998 finalmente hice ese viaje a St. Kitts para visitar a Madame Katzen que ahora tenía ochenta y siete años. Ya era hora de agradecer su generosidad de espíritu y el regalo de los idiomas.

Al llegar a la Calle Edwards pude ver el *Chalet La Serena* a la izquierda, cuatro casas más abajo. Me sentí emocionado al pensar en los momentos maravillosos que había pasado en el hogar de Madame. ¿Por qué Madame había decidido ponerle un nombre a su casa y por qué ese nombre preciso? A pesar de ser una casa de ladrillo de dos pisos, diferente de los otros bungalows del vecindario, era poco probable que le recordara los *chalets* de los Alpes de Suiza.

Pero Madame seguro siempre iba a ser una especie de enigma. En muchos sentidos era un anacronismo, una mujer que pertenecía a otra época y a otro lugar. Hasta el nombre de su casa parecía envuelto en un misterio. ¿Por qué se había sentido obligada a llamarla *Chalet La Serena*? ¿Por qué Casa de la Serenidad? ¿Acaso era una refugiada que había huido de la persecución en un lugar desconocido y que había encontrado finalmente la paz y la tranquilidad en esta pequeña, tranquila y bucólica isla tropical? No pude abandonar la idea de que el nombre de su casa probablemente estaba lleno de símbolos de su vida anterior.

Sentí que mi corazón latía más rápido. No la había visto desde agosto de 1971, cuando me fui a la universidad, y de repente me angustió la idea de que quizás ella no recordara que yo había sido alumno suyo. No me sorprendería demasiado. Después de todo, habían pasado casi tres décadas desde nuestros días de *dictées*, *explications de texte* y la *poésie* de Alphonse de Lamartine. Además, era posible que a los ochenta y siete años hubiera perdido algunas de sus facultades. Sin embargo, sospecho que la razón verdadera del temblor que sentía en el estomago tenía menos que ver con su edad o el tiempo sin verla y más con darme cuenta de que todos los alumnos de Madame Katzen tenían para siempre la obligación de comunicarse con ella en uno de los idiomas que enseñaba. No importaba si se encontraban en la iglesia, en el supermercado o en la calle. No importaba si habían sido alumnos suyos hace diez, veinte o treinta años; todos los antiguos alumnos de Madame estaban obligados a hablarle en francés o en español.

Al acercarme a la casa pude ver dos perros grandes en el jardín detrás de la cerca metálica. Parado delante de la puerta con rejilla de metal, sintiendo algo raro en el estómago, me impuse el valor de enfrentar a la formidable Madame Katzen. ¿Estaba mi francés o mi español a la altura de las circunstancias? Lo más fácil naturalmente sería hablarle en inglés a Madame. Pero, por amor de dios eso también sería el mayor sacrilegio. Además, ningún miembro de esa fraternidad especial de facto de los antiguos alumnos de Madame Katzen que se respetara se atrevería a dirigirse a ella en inglés.

Al ver a una persona desconocida al otro lado de la cerca los perros empezaron a ladrar fuertemente mientras corrían de un lado a otro entre la verja y la puerta de la casa. Ante la ruidosa advertencia de los perros, Madame Katzen se asomó a la puerta. Se le veían los ochenta y siete años. Ahora era una versión disminuida de lo que había sido, con la espalda más encorvada que le daba una postura agachada con el rostro más cerca del suelo.

"*¡Cállense!*" dijo, ordenando a los perros que se callaran.

Bajó los tres escalones y se acercó a la verja. Su caminar era seguro, indicio tranquilizador de que todavía podía moverse de manera independiente. Su tía y su madre habían muerto hacía veinte y veintiún años respectivamente y ella ahora estaba sola en el *Chalet La Serena* con sus queridos perros y gatos. Decidí hablarle en francés.

"*Bonjour Madame Katzen*", dije cuando hizo un gesto para abrir la verja.

"Je ne sais pas si vous vous souvenez de moi. Je m'appelle Ira Simmonds, un des étu-diants des années soixante". (No sé si se acuerda de mí. Me llamo Ira Sim-monds, uno de sus alumnos de los años sesenta.)

Su espalda y postura encorvada exigieron un esfuerzo concertado pa-ra mover la cabeza hacia el lado y hacia arriba para ver claramente mi rostro que estaba dos pies más arriba que el de ella. Su respuesta fue in-mediata y sorprendente.

"Bien sûr, je me souviens de vous. Vous étiez tout à fait le danseur". (Claro que me acuerdo de usted. Era el gran bailarín.)

¡Qué extraño decir eso! ¡Yo un gran bailarín! Lo siento, Madame, se equivoca, pensé. Parecía que realmente no se acordaba bien de mí. ¿Un gran bailarín? No creo. Pensaba decirle que me confundía con otro estu-diante o por lo menos pedirle que explicara lo del gran bailarín, pero en seguida cambié de idea. Sería grosero e inapropiado corregirle a Madame Katzen. ¿Qué importaba si se equivocaba de estudiante? Le importaba a mi ego un poco adolorido. Me desilusionaba un poco que no me recor-dará como el estudiante de idiomas bastante decente que había sido. Se-guro no estaba en la lista de sus alumnos más brillantes, pero había sido suficientemente bueno y constante como para ser uno de los escogidos para participar en sus programas de viajes al extranjero para inmersión. Por eso me debería haber recordado.

Al entrar detrás de la casa hice lo posible por ocultar mi desilusión. ¿Realmente, cómo podía confundirme con otra persona? Aquí estaba yo, un antiguo alumno que regresaba para agradecerle todo lo que había ob-tenido de ella, dispuesto a hacerle saber lo mucho que me había inspira-do, solo para descubrir que era únicamente un rostro de los miles que habían sido sus alumnos. ¿Pero realmente tenía derecho a sentirme de-silusionado? ¿Por qué me parecía tan importante que me recordara? ¿No bastaba que me había dado los medios para convertirme en un ciuda-dano del mundo?

Me ofreció un asiento al entrar a la sala. Era una habitación estancada en el tiempo. Nada había cambiado desde los días de *El Círculo Franco-*

español de la década de los sesenta. Los muebles eran los mismos y también el lugar en que se encontraban. El piano que usaba su madre para acompañarnos cuando cantábamos seguía en la misma posición, en el mismo rincón, al lado de la entrada a la cocina. La puse al tanto sobre mi vida en el exterior después de la escuela secundaria; con detalles sobre mis estudios universitarios y mis experiencias laborales tratando de imitarla al ser profesor de francés en las escuelas públicas de la ciudad de Nueva York. No estaba seguro (no hubo palabras de aprobación) pero sentí de alguna forma que estaba contenta de que me había ido bien. Se le iluminaron los ojos con aprobación cuando le conté anécdotas sobre mis excursiones con estudiantes a Quebec y a París. Estas descripciones de mis *séjours* con estudiantes parecían tocar algo profundo en su ánimo. Se transformó casi instantáneamente. El aspecto de profesionalismo estoico que siempre había manifestado esa gran dama de repente desapareció por un instante. Estaba transportada a un lugar y un tiempo diferente y así pude ver un aspecto de ella que no había conocido. Al hablar con nostalgia de cuando había sido estudiante en París alrededor de 1920 de repente ya no era la formidable e indomable Madame Katzen.

Veía cada vez menos y manifestó su tristeza al pensar que acabaría por perder totalmente la vista y por lo tanto la capacidad de hacer lo que más le gustaba: Leer. Dijo exactamente: "Una vida sin leer es como estar muerto en vida".

Habló del tiempo maravilloso que había pasado en la ópera y en el *Teatro del Palais-Royal*. Ante mis ojos se había convertido en una señora vieja sencilla que recordaba los días legendarios de su juventud. Ya no era la profesora icónica, sobrehumana, intimidante y grandiosa, sino una señora cálida y amorosa que poseía una humanidad tan sorprendente de ver así como encantadora de descubrir. La desilusión que había sentido momentos antes porque me había confundido con otra persona se evaporó y la reemplazó la impresión de que me estaban honrando y que era la persona del mundo que más suerte tenía. Era muy afortunado al poder sentarme al lado de esta mujer común y corriente y extraordinaria cuando do ella exponía su vida y me dejaba echar un vistazo a su pasado de mujer joven. Madame siempre era tan formidable como misteriosa y nunca o casi nunca hablaba de sí misma. Sin embargo, ahí estaba yo, sentado al lado de la venerable Madame Katzen cuando ella estaba contando historias de una época que talvez representaba los mejores años de su vida.

"Eras un excelente bailarín". Cuando salí de *Chalet La Serena* ese día de agosto de 1998 de repente me di cuenta de que ella había sabido exactamente quién era yo apenas me vio. Aproximadamente siete años después de llegar a St. Kitts Madame logró convencer a un profesor de baile de su colegio de *La Serena* de ir a St. Kitts para abrir una escuela de baile. Parece que mi actuación en la Marcha del Soldado de Juguete de Cascanueces había causado una impresión más indeleble que mi desempeño en sus clases de francés y español.

Me sentí contento de haber tenido el valor de visitar a Madame Katzen. Me prometí en silencio volver pronto para conversar más con ella y conocerla mejor. Talvez en la próxima visita lograría entender mejor lo que la había convertido en esta profesora extraordinaria. Como anomalía en esta isla pequeña, Madame despertaba mucha curiosidad. Los que sentíamos una curiosidad por saber cómo y por qué había llegado a este lugar poco probable éramos demasiado bien educados o tímidos (o ambas cosas) para hacer preguntas.

Nunca logré volver a visitar a Madame Katzen. En el 2007 supe que había muerto hace cinco años. Cada vez que pienso en la última vez que nos encontramos pienso en el millón de preguntas que debería haber formulado. Lástima que mi intensa curiosidad por saber más de ella no se manifestó cuando aún estaba viva.

◊◊◊

Decidido a saber más de Madame Katzen volví a St. Kitts en el 2010 (ocho años después de su muerte) para ver qué información podía desenterrar para conocer la historia de su vida, la historia de su improbable viaje a esta pequeña isla del oriente del Caribe. Cómo había pasado los últimos cuarenta y dos años de su vida en esta isla conocida como la Colonia Madre de las Indias Occidentales (y cómo su madre y su tía habían pasado en la isla sus últimos diecisiete y quince años respectivamente) seguro había allí unas cuantas personas que sabían algo sobre su vida anterior. Las iba a buscar para averiguarlo. Talvez podían aclarar algo sobre esta persona desconocida y misteriosa que llegó como una tormenta tropical a la isla en 1961 y cambió para siempre la enseñanza de los idiomas extranjeros en la isla.

Encontré a varias personas dispuestas a compartir sus ideas sobre esta mujer notable. Entre ellas estaban varios antiguos alumnos (a los que busqué y encontré en los cuatro rincones del mundo) y algunos de sus antiguos amigos y colegas. Las personas de cierta edad vinculadas de alguna manera a la enseñanza conocían a Madame Katzen o habían oído hablar de ella. Además, ella se había destacado en la comunidad de una isla tan pequeña donde nadie o casi nadie se parecía a ella. Si bien varios de sus alumnos regresaron a vivir y a trabajar en St. Kitts después de terminar sus estudios en el extranjero, la mayoría (también yo) no volvieron para quedarse. En St. Kitts y en el exterior, sus alumnos se pueden encontrar en el mundo entero - Canadá, Francia, Estados Unidos, Suiza, Guyana, Barbados, Jamaica, Venezuela, Reino Unido, Las Islas Vírgenes de Estados Unidos, Tortola, St. Martin - donde viven y trabajan como expertos en idiomas, profesores, abogados, médicos, empresarios, banqueros, sacerdotes y políticos, para citar unos ejemplos.

Al saber que el ahora difunto Sir Probyn Innis, nacido en St. Kitts y antiguo gobernador de St. Kitts de 1975 a 1980 había sido un amigo íntimo y el abogado de Madame (también fue colega de ella como profesor de la *Grammar School* a comienzos de los años sesenta) lo fui a buscar. Tuve una gran sorpresa al saber gracias a él que Madame Katzen tenía un hijo. La sorpresa no era que hubiera tenido un hijo, sino que después de tantos años yo no lo supiera. ¿Cómo era posible eso? ¿Era un secreto bien oculto? Resulta que siempre se había sabido, pero para un muchacho joven había cosas más importantes (como el fútbol, el críquet y las chicas).

CHILE

Cuando descubrí que Madame Katzen tenía un hijo que vivía en Chile ya estaba totalmente obsesionado con el deseo de saber todo lo posible sobre ella. No solo quería saber de dónde era o qué la había llevado a St. Kitts. Quería saber quién era, entender su personalidad - lo que la hacía reír, lo que la hacía llorar, lo que la impulsaba, de dónde había sacado la paciencia, la energía, la pasión, la resistencia y la abnegación con que había desempeñado la más noble de las profesiones. ¿De quién y de dónde había obtenido esas cualidades? - cualidades que en general solamente poseen poquísimos profesores extraordinarios.

Gracias a Sir Probyn Innis pude ponerme rápidamente en contacto con el hijo de Madame Katzen. Se llama Fyodor y vivía en Santiago de Chile. Después de un breve intercambio de mensajes de correo electrónico me encantó ver que Fyodor veía positivamente mi deseo de visitarlo en Chile para averiguar más cosas de su madre. Yo tenía un millón de preguntas y estaba ansioso por obtener las respuestas.

Antes de viajar a Chile encontré un artículo sobre Madame Katzen en el periódico local de la Alianza Francesa publicado en St. Kitts en 1980. Era una entrevista con Jack Lapsey, uno de sus antiguos alumnos que ahora era un abogado en St. Kitts. Una de las cosas más interesantes que se divulgaba era que Madame había nacido en Checoslovaquia. Sobra decir que eso la convirtió en un misterio aún mayor. En algún momento de mi investigación estaba preparado para descubrir que era chilena, española o francesa. Hasta podía ser alemana en vista del tinte teutónico del nombre Katzen. Entre todos los lugares en donde imaginaba que podía haber nacido definitivamente no figuraba Checoslovaquia. ¿Por qué razón una mujer checa muy educada y un poco mayor, su madre y su tía deciden pasar el resto de sus vidas en la pequeña isla caribeña relativamente desconocida de St. Kitts? Esperaba recibir la respuesta de Fyodor, el hijo de Madame Katzen, al visitarlo en Chile.

Al hablar con los numerosos amigos, colegas y antiguos alumnos de Madame Katzen empezó a surgir una imagen de varios aspectos de su vida anterior a St. Kitts. Sin embargo, ese cuadro quedó cada vez menos claro a medida que escuchaba varias historias porque cada una parecía contradecir la anterior y resultaba difícil saber cuáles eran auténticas y cuáles no. Una historia que me resultó fácil confirmar es que Madame y su madre habían fundado una escuela en Chile en 1946, catorce años antes de llegar a St. Kitts. En internet pronto encontré la página web de *El Colegio Inglés Católico* de *La Serena*. De inmediato me llamó la atención el nombre. Fue mi primer momento ¡Aja! *La Serena* como el *Chalet La Serena*. ¡Pues claro! Parece que Madame Katzen dedicó su hogar de St. Kitts al recuerdo de la ciudad chilena *La Serena*, el lugar donde fundó su colegio.

La Serena fue fundada en 1544 y es la segunda ciudad más antigua, después de Santiago, la capital. Se encuentra en el norte de Chile, es la capital de la Región Coquimbo y sede de la Archidiócesis de *La Serena*. Tenía que ir a ver el colegio al ir a visitar a Fyodor.

Volé a Chile el 20 de julio de 2010. Era pleno invierno en Chile. Las montañas cubiertas de nieve se veían cada vez más grandes cuando bajamos hacia el Aeropuerto Internacional Merino Benítez. La cercanía de las hermosas montañas causó unos momentos de angustia, pero pronto aterrizamos en Santiago de Chile, una hermosa ciudad escondida en la magnífica cordillera de Los Andes.

Estaba tan nervioso como emocionado por la perspectiva de conocer a Fyodor. Me preguntaba si él también estaría inquieto al pensar en conocerme a mí, un desconocido que venía de Nueva York a hacerle preguntas, talvez difíciles, sobre el pasado de su madre. ¿Debía leerle la lista de preguntas preparadas o dejar que la conversación progresara naturalmente? Nos habíamos comunicado por correo electrónico solamente en inglés, idioma que él conocía bien, así que no era necesario que mi español fuera perfecto. Llevé una pequeña grabadora digital para estar seguro de no perder nada de nuestra conversación. Otra cosa era saber si iba a tener el valor de pedirle permiso para usarla. Sería terrible que me dijera que no. ¿Debía grabar la conversación a escondidas? Eso no era una buena idea. Si me portaba muy bien, él estaría más inclinado a contestar con franqueza.

A las 9:55am mi esposa y yo salimos de la habitación del hotel para esperar abajo a Fyodor, que había dicho que nos recogía a las 10:00am. Me sorprendió que ya nos estaba esperando en el vestíbulo. Nos saludó amablemente y nos dio la bienvenida a su maravillosa ciudad. Nos dirigimos a su automóvil estacionado delante de la entrada del hotel. Parecía realmente contento de vernos. Pensaba invitarnos a pasar el día en su casa, donde su encantadora esposa María estaba preparando la comida.

"Espero que haya traído una grabadora. Seguro tiene muchas preguntas".

Con estas palabras desapareció totalmente mi angustia en cuanto a hablar de grabar nuestra conversación. ¿Por qué le interesaba tanto grabar nuestra conversación? ¿A lo mejor sabía que había muchas versiones de la historia de su madre y si había una grabada para la posteridad mejor que fuera la suya?

Recorrer las calles de Santiago, una ciudad bastante moderna, no era diferente de recorrer ciertas calles de Nueva York, pero confieso que me sentí extrañamente desplazado mientras Fyodor manejaba el tráfico en su automóvil. Ayer me estaba muriendo de calor en el verano húmedo de Nueva York y hoy estaba paseando por las calles frías del invierno chileno. Las montañas cubiertas de nieve de los Andes se veían constantemente y parecían engañosamente cercanas al envolver a Santiago con un abrazo majestuoso. Casi podía tocarlas. En menos de diez minutos Fyodor entró al garaje de su edificio.

"He notado que en general termina sus correos electrónicos con Fyodor Dvorak K. ¿Qué significa K?" pregunté al bajarnos del automóvil. Había sentido curiosidad por su nombre desde que habíamos iniciado nuestra correspondencia electrónica. Suponía que al firmar Fyodor Dvorak K usaba una tradición chilena que era diferente de aquello a lo que yo estaba acostumbrado. Seguro Dvorak era el apellido de soltera de su madre y K una abreviación de Katzen, el apellido de casada de su madre.

"Sí, así escribimos los nombres en Chile. Dvorak es el apellido de mi padre y K representa el apellido de soltera de mi madre, Katzenellenbogen".

"Ya veo", contesté yo, esforzándome por entender lo que él acababa de decir. Estaba totalmente confundido o talvez más bien sorprendido al oír de repente que el apellido real de la Sra. Katzen no era Katzen sino Katzenellenbogen. Quería preguntar por qué había suprimido "ellenbogen" del apellido. La respuesta aclararía muchas cosas sobre esta notable mujer. Decidí no preguntar para no parecer demasiado curioso. Talvez lo podía hacer más tarde cuando tuviéramos una relación más estrecha. Más confusión que sorpresa creaba el hecho de que en St. Kitts todos la conocíamos como Sra. Katzen. El título de Sra. indicaba que se había casado con un Señor Katzen o más bien Katzenellenbogen. ¿Por qué había usado su apellido de soltera y no Dvorak, el apellido del padre de Fyodor? No me atreví a preguntar con la esperanza de que con el tiempo eso se iba a aclarar. Era insólito que una mujer casada de su época usara el apellido de soltera en vez del de su marido. Obviamente no era una mujer de su época sino de una época futura.

Al entrar al apartamento de Fyodor nos saludó su encantadora esposa María. Con el cabello oscuro y su estilo parecía posible que fuera una descendiente de los indios Mapuches de Chile. En el artículo del diario de la Alianza Francesa que mencioné antes, Madame indicaba que nació en Checoslovaquia. Finalmente iba a oír del hijo la historia de la vida de la madre. Seguro era muy interesante su trayectoria de Checoslovaquia a St. Kitts.

"Mi madre nació el 8 de julio de 1911 en *Nikolaevsk-na-Amur* en Siberia Oriental, en Rusia". ¿Qué? ¿Siberia Oriental, Rusia? Pregunté eso y mi expresión seguro mostró mi sorpresa. Estaba a punto de preguntar por qué Madame decía que había nacido en Checoslovaquia si había nacido en Rusia cuando él continuó.

"Su historia puede parecer algo confusa, pero acaba por aclararse. Mi madre nació en *Nikolaevsk-na-Amur* donde vivían y trabajaban su padre que era médico y su madre que era profesora de música. Sí, mi madre le decía a todo el mundo que era checa. Con el tiempo he logrado entender que había una razón importante. Emigramos al hemisferio occidental cuando ser ruso equivalía a ser comunista. Mi madre decidió que era más fácil y seguro sobrevivir en occidente sin ser despreciado constantemente por ser comunista. Era una manera de protegerse a sí misma y a su familia".

Fyodor y María eran simplemente maravillosos y no hubieran podido ser mejores anfitriones. Después de un almuerzo delicioso preparado por María, Fyodor y yo entramos a su oficina mientras mi esposa y María se quedaron conversando en la sala. Nosotros nos pusimos a hablar de la política de Chile, su amado país adoptivo, y me contó que durante cuarenta y cuatro años trabajó en una compañía de minería de hierro donde había pasado del nivel inferior a ser administrador de importación hasta jubilarse en 2002. Mientras conversábamos escaneaba numerosas fotos de su familia y me las envió inmediatamente por correo electrónico. Hablamos de su madre, de su abuela, de su bisabuela, las personas principales de su familia que lo llevaron a Chile en 1939 cuando tenía dos años. Habló poco de su padre y dijo que en realidad nunca lo había conocido. Le dijeron que su padre llegó a Chile con la familia en 1939. Por razones que desconocía el padre se había ido, quién sabe a dónde, casi inmediatamente después de la llegada de la familia a Chile. No sabía adónde se había ido ni si estaba vivo o muerto. Talvez había regresado a Shanghái. El matrimonio de los padres duró poco y no sabía por qué había terminado.

Si bien mi viaje a Chile fue muy fructífero y un éxito mayor de lo que hubiera podido soñar, regresé a Nueva York sintiéndome insatisfecho y con las manos vacías. Todavía no sabía mucho sobre quién era la señora Katzen. Todavía no tenía respuesta lo esencial. Fyodor, encantado con mi esfuerzo por registrar el legado de su madre, fue muy generoso y me dio muchas fotos de su familia. Pero a pesar de las fotos de su madre como niña, su graduación, su luna de miel, etc. no fue capaz de mostrarme la esencia real de la mujer. O talvez no estaba dispuesto a confiar plenamente en alguien totalmente desconocido y eso se puede entender. O talvez sí me dijo todo lo que sabía. Como tenía dos años al llegar a Chile era demasiado joven entonces para entender muchas cosas, en particular las fuerzas políticas destructoras que se habían desencadenado a nivel mundial; eran fuerzas que habían sido la causa del desplazamiento de su familia y de millones de familias del mundo entero. Fyodor muchas veces me contestó diciendo "Yo no sé. Mi madre nunca me habló de eso". Por lo tanto, no obtuve información sobre detalles importantes de sus años formativos. Los horrores del mundo viejo de antes de la segunda guerra mundial deben quedarse en el mundo antiguo y nunca perseguir el alma de los jóvenes inocentes que se encuentran arraigados y seguros en el Nuevo Mundo. No era sorprendente que eso haya sido el lema de esta familia de emigrantes rusos formada por cinco adultos (la Sra. Katzen, su madre Alejandra, su tía Evgenie, su hermana Raisa, el esposo de Raisa) y dos niños pequeños (Fyodor, hijo de la Sra. Katzen y Anastasia, hija de Raisa) cuando intentaron iniciar una vida nueva en una tierra extraña.

RUSSIA

Después de pasar los meses siguientes pensando en la posibilidad de viajar a Siberia Oriental para ver qué podía averiguar sobre su infancia, decidí que *Nikolaevsk-na-Amur*, un pueblo pequeño del oriente de Rusia, probablemente era demasiado inhospitalario para hacer investigaciones. Además, en ruso solo sabía decir *da* y *nyet*. Resolví confiar la investigación a una compañía de investigación genealógica basada en Moscú llamada "Rusgenproject".

FRANCIA

Siempre voy a apreciar la visita maravillosa a Madame Katzen en 1998 en el *Chalet La Serena*. Encantado por la breve pero nostálgica descripción hecha por Madame Katzen de su época en París durante *Les Années Folles* (como se llamó a París en los años de la década de 1920) decidí que tenía que ir a Francia para saber más sobre sus *années parisiénnes*.

Después de meses de correspondencia por correo electrónico con los Archivos Nacionales de Francia supe en cuál de sus cinco centros estaban los documentos relacionados con los años que Madame pasó en la Sorbona. Me fui a París teniendo ya los números de los catálogos pertinentes, las fechas para las citas y las tarjetas de identidad. Pensaba quedarme por lo menos un mes viendo qué podía desenterrar. Me alojé en casa de los amigos Mendivés, que vivían en la ciudad nororiental de Lille, a 200 kilómetros de París y podía llegar de ahí a la estación de tren *Gare du Nord* de París en una hora.

Al acercarme al edificio donde se encuentra una de las sucursales de los Archivos Nacionales de Francia vi que había cinco policías delante de la entrada. Pensé que había más seguridad de lo habitual. Ni alcancé a presentar mi tarjeta de identidad cuando ya uno de los policías me dijo que no podía entrar porque el edificio estaba cerrado. ¿Cómo era posible que el Archivo estuviera cerrado? No me hubieran dado una cita para tener acceso un día en que estaba cerrado, ¿verdad?

"*Pourquoi on est fermé?*" pregunté y añadí que tenía una cita para buscar unos documentos previamente reservados para hoy. Mostré mi tarjeta de identidad y mis documentos de la cita y el acceso, explicando que venía de Nueva York para hacer esa investigación y tenía la cita desde hacía meses. No estuvo impresionado por mis credenciales. Ni miró los documentos.

"*Le bâtiment est fermé parce qu'on est en grève*". El edificio está cerrado porque estamos en huelga. Podría añadir que era una de las típicas huelgas francesas. Me propuso que llamara por teléfono al Archivo para hacer otra cita. No tenía ni idea cuánto iba a durar la huelga. Yo era víctima de la tendencia francesa legendaria de hacer huelgas, probablemente con raíces en la tradición izquierdista de la insurrección proveniente de la Revolución. Eran las nueve de la mañana y tenía un boleto de tren para regresar a Lille a las seis de la tarde. Cuando iba a empezar a tenerme lástima a mí mismo por un día desperdiciado se me ocurrió que estaba en París, la *Ciudad de las Luces* y decidí pasar el resto del día en el *Centro Pompidou.*

Con un poquito de angustia cambié mi cita afectada por la huelga para el miércoles siguiente. También organicé un encuentro con Monsieur Denys Prunier, el archivista de *Lycée Lamartine*, la escuela secundaria donde había estudiado Madame Katzen en 1926. Ahí se graduó en 1928 antes de inscribirse en la *Université de Paris-Sorbonne*.

El *Lycée Lamartine* estaba en 21 *rue du Faubuourg-Poisionniére*. El nombre y la institución eran en honor de Alphonse de Lamartine, que había sido un poeta, escritor romántico y político del siglo XIX. Gran parte de las perspectivas filosóficas y de los escritos de este gran poeta miembro de la *Académie Française* iban a tener un gran impacto en la formación de la personalidad y del carácter de Madame Katzen. Todos los estudiantes tenían que hacer servicio comunitario y ayudar con frecuencia a los residentes pobres y sin hogar de París.

Al día siguiente volví a París en el tren TGV. Desde la *Gare du Nord* tomé el tren subterráneo 5 hasta la *Gare de l'Est* y cambié al tren subterráneo 7. En la siguiente parada me bajé en *Poisonnière*, a cuatro cuadras del *Lycée Lamartine*. Me iba a reunir con Denis Prunier. Al estar de pie delante del edificio supuse que tenía varios siglos. Posteriormente descubrí que el Departamento Nacional de Educación de Francia lo había adquirido en 1891. *Lycée Lamartine* fue fundado en ese lugar en 1893 como colegio para niñas. Es un edificio histórico en que las paredes de una habitación son patrimonio nacional y fue propiedad de Pierre Beauchamps, conocido por su influencia en el desarrollo del baile barroco de Francia. Entre sus títulos figuraban los de director de *L'Académie Royale de Danse* (1671), *Chorégraphier Principal de la Troupe du Roi de Molière* (1664-1673) Y *Maestro de Ballet de L'Académie Royale de Musique*.

Monsieur Prunier había formado parte del sistema escolar francés durante cuarenta años. Tenía una barba blanca y me estaba esperando a la entrada. Me mostró el edificio indicando lo que se había añadido cuando Madame Katzen ya no estaba allá. Luego fuimos al sótano a buscar los documentos relacionados con Madame Katzen. Al no encontrarlos supuso que, igual que otros archivos académicos de esa época, estaban en otro lugar para ahorrar espacio. Su contribución más valiosa fue que me contó la historia y la misión de la escuela que preparó a las adolescentes de la era victoriana para los retos del siglo XX.

El miércoles volví a tomar el TGV en la Estación *Lille-Flandres* para ir a París a mi nueva cita en el Archivo Nacional de Francia. ¡Sorpresa!

¡Sorpresa! Como decía el inmortal Yogi Berra '*Déja vu* de nuevo'. En la entrada estaban mis amigos los *agents de police*. Otra vez no me dejaron entrar. En los pocos días transcurridos los empleados habían terminado una huelga y empezado otra por otras quejas.

Aplastado por el peso de dos desilusiones seguidas, me consolé sentándome en un banco del patio cercano y traté de reflexionar sobre mi problema. Si seguía así, no se sabía cuánto tiempo iba a durar este problema de las huelgas. Si hubiera recordado que *la grève* (la huelga) es algo casi cotidiano habría planeado quedarme más de un mes en Francia. Cualquier día puede amanecer con la noticia de que los campesinos bloquean la carretera tirando la cosecha reciente de duraznos jugosos al suelo para protestar por un impuesto nuevo; una manifestación de personas montando a caballo podía ocupar la plaza de la Bastille para protestar por un aumento del impuesto a la venta; los clubes de fútbol podían protestar por la propuesta de cobrar un impuesto por sus concesiones; los padres y los profesores podían protestar porque el presidente proponía cambiar la antigua tradición de cerrar los colegios los miércoles - *Enseigner le mercredi? C'est un scandale* (es un escándalo enseñar el miércoles). Quizás debía seguir la corriente y considerar esto solo otro día de investigación perdido en esta loca cultura de las huelgas. Siempre podría pedir otra cita. ¿Pero quién me garantizaría que no iba a haber una huelga de *la Société Nationale des Chemins de Fer Française* (la Sociedad Nacional de Ferrocarriles de Francia) o de los trenes subterráneos?

Cuarenta minutos más tarde todavía estaba ahí sentado tratando de sentirme menos indefenso. Para darme ánimo pensé en todas las cosas que podía hacer para pasar el tiempo. Podía dar vueltas por *Montmartre* y mirar el trabajo de los artistas callejeros o podía ir a ver la gran colección de los impresionistas del *Musée d'Orsay*. También me podía sentar en un café de la calle con una cerveza y mirar a la gente tratando de imaginar que soy Madame Katzen gozando de la vista y del sonido de París en los años 1920.

Dos horas más tarde, sentado cerca de la entrada de los Archivos, vi a una empleada que mostraba su tarjeta y la dejaron entrar. Decidí tratar de explicar mis problemas a los siguientes empleados que viera. Talvez uno de ellos sentiría lástima por mí y me dejaría entrar. ¿Qué le podía decir? Viajé desde Nueva York para hacer una investigación. Tengo poco tiempo y poco dinero. Mi perro me extraña muchísimo. Eso podía ser bueno porque los franceses aman a sus perros. La tercera empleada de los Archivos, que se dignó escucharme, era una mujer mayor de pelo blanco. Mi triste historia seguro causó cierta empatía. Dijo que iba a encontrar a alguien que me pudiera ayudar si suficientes huelguistas cruzaban la entrada.

Me dio la esperanza de tener la posibilidad de tener acceso a los documentos que me iban a dar más información sobre Madame Katzen. Lo prometido sucedió a las 12:15pm. La señora de cabello blanco salió del edificio a buscarme en el patio. Después de hacer lo reglamentario me presentaron a la persona encargada de encontrar los documentos que me habían reservado.

Coloqué mi chaqueta, mi máquina fotográfica y mi morral en un casillero y me llevaron al tercer piso, a la zona de investigación, una habitación grande, con mucha luz y varias filas de mesas largas.

Me dieron una bolsa de plástico y unos guantes blancos. En la bolsa de plástico estaban los únicos dos objetos permitidos en la habitación: una libreta y algo para escribir. Sentado en la mesa larga esperando los documentos reservados sentí que se aceleraban los latidos de mi corazón. Había personal de seguridad en la sala para garantizar la protección e integridad de esta enorme colección de documentos. Los documentos originales de los Archivos datan de 625 DC hasta hoy. Eso basta para requerir varias etapas antes de obtener acceso. Las huelgas que ponían en peligro mi misión de investigación, los numerosos niveles de seguridad que había que pasar, mi obsesión por conocer la esencia de una profesora muy especial, lograron crear un sentimiento de aventura interesante. No tenía expectativas en cuanto a lo que podía encontrar y no me importaba. Estaba encantado con la cacería. De todas formas, lo que iba a encontrar seguro era más que lo que ya sabía.

El empleado llegó y colocó una caja de cartón con los documentos en la mesa. Me puse los guantes blancos y sentí el eco de los latidos de mi corazón en la cavernosa sala de lectura. Observé un rato la caja, estupefacto. ¿Qué secretos contenía? ¿Estaba llena de los detalles minuciosos de la vida notable de Madame? Era poco probable. Simplemente una idea fantástica que me dejaba sin aliento. La caja contenía unas fichas de 8.5x11 - documentos de inscripción de todos los estudiantes extranjeros del sistema escolar francés. Esperaba encontrar información sobre la trayectoria de Madame en alguna parte de esa caja. Empecé a buscar Katzen o Katzenellenbogen al comienzo de la sección K, con latidos del corazón más fuertes al mirar cada tarjeta. En esas estaba cuando de repente se detuvo la búsqueda sin ninguna advertencia. Había llegado al lugar donde debía encontrar el nombre de Madame, pero no estaba. De repente, consciente de mi agitación, respiré profundamente para tranquilizarme. Seguro me había saltado el nombre por accidente. Volví a empezar desde el comienzo y examiné meticulosamente todos los documentos K para estar seguro de que el que decía Zenaida Katzen o Zenaida Katzenellenbogen no se había pegado a otro documento o no correspondía al orden alfabético. Otra desilusión. Zenaida no estaba en ninguna parte. Seguro había una explicación para la ausencia de esos documentos. Meses antes, al preparar ese viaje de investigación, en los Archivos Nacionales de Francia me habían asegurado que había pruebas de la inscripción de Madame en el sistema escolar francés - con categoría de los documentos, número de los documentos y ubicación de los documentos.

Talvez debería devolver la caja y explicar que me habían dado una equivocada. Examiné el rótulo que había encima de la caja. Los códigos, la categoría y el número para ubicar los documentos correspondían a la información que había recibido meses antes. Talvez los documentos de Zenaida Katzen(ellenbogen) se habían incluido por error en otro lugar entre las letras A y Z de la caja. Tenía que examinar todos los documentos uno por uno. Sería absurdo haber viajado desde tan lejos y no considerar todas las posibilidades.

La idea de tener que examinar todos los documentos disminuía un poco mi entusiasmo por la búsqueda, pero había que hacerlo. La tarea se hacía más onerosa al estar consciente de la posibilidad de que fuera en vano. Al llegar a la letra C, el tedio de pasar mecánicamente de un documento a otro, página tras página, con la esperanza de encontrar Ks en un lugar equivocado me hizo perder la concentración. Para evitar el cansancio causado por ese movimiento repetitivo empecé a sortear los documentos encima de las piernas en vez de hacerlo sobre la mesa. En menos de un minuto un miembro del personal de seguridad me estaba golpeando en el hombro regañándome por usar el regazo como mesa. Todo el personal de los Archivos tenía que poder ver todos los documentos todo el tiempo. A pesar de entender la necesidad de esa precaución me sentí incómodo por la insinuación de que mi comportamiento era sospechoso, como si fuera un ladrón de documentos que estaba esperando el momento adecuado para meter un objeto en mi ropa. Estaba un poco afectado por lo desagradable que era esa acusación implícita, pero el terrible sabor que tenía en la boca desapareció al pensar en la posibilidad de que estaba a punto de encontrar a Zenaida Katzen y seguí buscando.

¡Espera un momento! ¿Qué es esto? Un puñado de documentos K estaban escondidos entre los G. Sin duda era por culpa de algún investigador descuidado (o desconsiderado). Después de cuatro páginas vi que ahí estaba ¡el documento de inscripción de Zenaida Katzenellenbogen! Lamentablemente no contenía todos los detalles de su vida que yo soñaba encontrar, pero me sentí contento de tener la oportunidad de echar un vistazo a su pasado. Habiéndome subido a una máquina del tiempo volví a *Gay Paree* de 1926 para mirar fijamente su formulario de inscripción escolar. Estaba amarillo, desteñido por el tiempo, escrito en su hermosa letra cursiva de quince años que hacía pensar en la época en que uno se sentía orgulloso de su caligrafía, y que me informó en qué año había llegado a la Ciudad Luz, que vivía en 36 *rue Botzaris* (un convento que quedaba al frente del *Parc des Buttes Chaumont* en el *arrondissement* 19) y que en China sus padres vivían en 5 *rue Chapsal* en la sección francesa de la ciudad de Shanghái.

Me quedaban unas pocas horas antes de tomar el tren de las seis de la tarde para regresar a Lille, así que decidí ir a ver el convento donde había vivido Madame en *rue Botzaris*. El tren subterráneo 7 me llevó a la parada de *Buttes Chaumont*. Al salir me encontré en la calle *rue Botzaris*. Caminé hacia el oeste para buscar el número 36. Al frente estaba el muy bien mantenido parque *Buttes Chaumont*. El número 36 era un edificio de ladrillo de tres pisos común y corriente que no se parecía al convento francés de los años 1920 que yo me imaginaba. Al acercarme vi dos banderas en las ventanas del segundo piso: la bandera de tres colores y una que no pude identificar. La entrada a la propiedad estaba cerrada y no la pude abrir. Miré por un hueco y no vi ninguna actividad adentro. Mirando por el hueco el edificio parecía vacío. Mi rostro estaba al lado de la cerca, imaginando la vida de Zenaida en este convento, pensando en lo interesante y extraño que debió ser vivir en un convento para una joven mundana cuya vida no estaba prescrita por el voto de castidad, pobreza y obediencia de las monjas. ¿Cómo era *la vie quotidienne* (vida cotidiana) de Zenaida detrás de estos muros? ¿De niña habrá soñado con ser una monja? ¿Vivió aquí para ver si esa era una vida apropiada para ella? Muchas preguntas y pocas respuestas. De repente sentí un sobresalto porque alguien había puesto la mano bruscamente en mi hombro. Salté hacia atrás y me encontré frente a frente con dos guardias armados que parecían haber salido de la nada.

"Qu'est que vous faîtes ici?" (¿Qué hace usted aquí?), preguntó el más alto.

"Je cherche l'entrée du bâtiment," (Busco la entrada del edificio), contesté.

Me explicó que no podía entrar al edificio. Le dije que quería hablar con alguien de adentro que me pudiera contar la historia del edificio, que estaba haciendo una investigación para escribir una biografía de la que había sido mi profesora de francés en la escuela secundaria y había vivido en esta dirección durante sus años de estudio de bachillerato y universidad en los años 1920.

"Elle ne vit plus ici" (ya no vive aquí).

Se estaba burlando de mí al decir que ella ya no vivía ahí. Lo miré y vi un rostro sin (o talvez incapaz de tener) sentido de humor. De repente me di cuenta de que era incapaz de ser sarcástico y realmente quería hacerme entender que ella ya no vivía ahí. Ignoré la voz que dentro de mi cabeza decía: "Ira, eso no terminará bien, date la vuelta y vete". El otro guardia no participó en la conversación. Solo se quedó parado, sin expresión, mirándome fijamente con sus ojos enrojecidos. Me sentí un poco desalentado, pero a pesar de unos segundos de silencio incómodos decidí seguir intentando entrar al edificio. Volví a preguntar si adentro habría alguien que me pudiera informar sobre la historia del edificio. La mirada del hombre me indicó que estaba cansado de mis preguntas y que ya no era bienvenido.

"Vous voyez le drapeau en haut?" (¿Ve la bandera allá arriba?)

Señalo una de las dos banderas del segundo piso para ver si yo sabía que estaba allí. Había visto ambas al llegar, pero solo reconocí la de tres colores. Antes de que yo pudiera responder él mismo contestó:

"C'est le drapeau Tunisien." (es la bandera de Túnez).

Me quedé inmovilizado y mi corazón se detuvo un instante. Resulta que estaba tratando de entrar a una propiedad que ahora pertenecía a Túnez, ese país del Norte de África donde supuestamente empezaron los eventos de lo que se llama la primavera árabe. El 4 de enero de 2011 el vendedor de fruta llamado Mohammed Bouazizi se inmoló con el fuego para protestar porque un inspector le había quitado su mercancía. Diez días después el presidente, Zine El Abidine Ben Ali, fue derrocado en un golpe de estado. Pasaron ante mis ojos las imágenes recientes de manifestaciones y motines de la primavera árabe de Túnez vistas en la televisión. Asustado por el problema, mi cerebro me ordenó irme rápidamente. Pero mis pies se negaron a obedecer. Esperando que los guardias no pudieran oír los latidos de mi corazón y no queriendo mostrar miedo me quedé parado mirándolos durante lo que pareció una eternidad. Las cosas cambian muy rápido. Hace un momento yo era un investigador ansioso buscando contenido para la biografía de la inimitable Madame Katzen. Un momento más tarde soy un personaje sospechoso que anda espiando alrededor de un edificio vigilado que pertenece al gobierno de Túnez mientras tiene lugar una revolución en ese país. Pensando que talvez yo no había reaccionado a *"C'est le drapeau Tunisien"* por no entender la gravedad de la situación y que no había entendido lo que implicaban sus palabras, el guardia señaló el piso.

"Voyez-vous ces bouteilles cassées? Il y avait une émeute ici". (¿Ve esas botellas rotas? Aquí hubo un motín).

Al oír que las botellas rotas del borde del camino eran el resultado de un motín que había tenido lugar hacía tres días, de repente me di cuenta de que podía correr peligro, que era *persona non grata*. Me alejé del edificio, teniendo mucho cuidado de no mirar hacia atrás, por si me seguían observando. En la cuadra siguiente me senté en un banco al otro lado de la calle, junto al Parque *Buttes Chaumont*. Desde ahí todavía podía ver el edificio, pero los guardias habían desaparecido. Esperé treinta minutos antes de usar mi cámara fotográfica para sacar unas fotos del edificio. Me quedé sentado pensando en qué hacer ahora. A pesar de que estaba desilusionado por no haber podido entrar a *36 Rue Botzaris* me pareció interesante y divertido que mi investigación sobre Madame tuviera un poco de intriga internacional. Tenía que averiguar más sobre el motín de hace tres días.

Todavía estaba sentado en el banco cuando vi a la distancia un perro que venía en mi dirección. La correa la tenía un hombre mayor de cabello blanco. El perro caminaba lentamente, distraído por los numerosos olores caninos de la acera que son lo más divertido del paseo cotidiano. El dueño parecía contento de seguir en el paseo de la tarde a su Fifí y daba la impresión de ser un antiguo residente del barrio. Si hablara con él podría averiguar algo sobre el número 36. Unos minutos después Fifí lo llevó hasta mi banco, no para presentarnos sino para oler los mensajes que otros perros le habían dejado al pie del banco. No lo saludé, pero señalé el número 36 y pregunté si me podía decir algo sobre el edificio antes de que fuera del gobierno tunecino. Contestó diciendo,

"C'était une fois une maison religieuse." (Alguna vez fue una casa religiosa).

Apenas regresé a Lille descubrí en internet que recientemente habían llegado a Francia miles de inmigrantes tunecinos indocumentados. Unos sesenta de ellos se habían tomado 36 *rue Botzaris*, que aparentemente era la sede de Ben Ali, el presidente de Túnez recién derrocado. En el sótano encontraron documentos confidenciales que supuestamente contenían información sobre los enemigos de Ben Ali que eran vigilados en Francia. La policía francesa luego sitió el edificio y expulsó a los ocupantes ilegales. Todo esto había sucedido una semana antes de que yo intentara entrar a ese edificio.

CHINA

Todavía quedaba mucho por hacer para realmente conocer la historia completa del viaje de siete mil trescientas setenta y siete millas desde Siberia Oriental, en Rusia, donde había nacido hasta St. Kitts, donde pasó los últimos cuarenta y dos años de su vida. Para hacer constar con exactitud su legado tenía que conocerla mejor. ¿Iba a poder conocerla a ella y la historia de su vida y su trabajo suficientemente bien como para entender todo correctamente? Ojalá pudiera encontrar a algunos de sus amigos y colegas que la conocían bien. Sería aún mejor encontrar cartas de su correspondencia, si es que existían, porque ayudarían mucho a conocer los detalles profundos de la vida de esta mujer extraordinaria.

Talvez llegó a tener una amistad cercana con algunos antiguos alumnos. Utilizando los medios sociales y mi red social de antiguos alumnos de *Grammar School* y de *Basseterre High School*, me dediqué a buscar el mayor número posible de alumnos de la Sra. Katzen - así como también a sus parientes, colegas, amigos y conocidos. Logré ponerme en contacto con más de treinta chilenos que fueron sus alumnos entre 1961 y 1977. Las ideas compartidas por muchos antiguos alumnos probaron cómo una profesora excepcional pudo afectar profundamente la vida de sus alumnos. Era increíble la admiración, el amor y el respeto que sentían.

Un gran progreso en mi intento de entender la esencia de Madame Katzen se debió a una conversación con Danny, otro estudiante de *Grammar School*. Si había un antiguo estudiante que era el ejemplo perfecto de lo que significaba haber sido alumno de Madame Katzen era Danny. Cuando Madame Katzen se enteró de que la madre de Danny era una madre soltera para la que era difícil educar a varios hijos le dijo a Danny que le pidiera a su mamá que le diera a ella una lista de sus cuentas mensuales. La madre de Danny lo hizo y Madame Katzen se convirtió en una fuente importante de asistencia financiera para la familia de Danny. A mi juicio eso probaba que Madame era, entre otras cosas, una mujer con dinero, una filántropa rica.

Pero no duró mucho mi hipótesis de que ella era una mujer rica. Danny mostró que me equivocaba cuando explicó que el benefactor de su familia no era Madame Katzen. La ayuda financiera era de un señor llamado Horace Kadoorie. Inmediatamente empecé a averiguar más sobre Horace. ¿Era un amigo o un miembro de la familia? Era fácil imaginar que otros jóvenes de St. Kitts se habían beneficiado de su generosidad y en ese caso sería interesante saber cuál era el alcance de sus esfuerzos filantrópicos en St. Kitts. Talvez Horace era la clave para lograr entender por lo menos algo de la épica trayectoria de Madame Katzen de un lado al otro del mundo. Pronto resultó claro que a través de ella Sir Horace ayudaba con sus recursos a muchos estudiantes. Por lo tanto, sería valiosísima la correspondencia entre ellos, si es que existía.

Busqué rápidamente el nombre de Horace en internet e inmediatamente supe que había encontrado algo importantísimo. Lawrence Kadoorie (1899-1993) y Horace Kadoorie (1902-1995) eran hermanos famosos que habían sido empresarios, hoteleros y filántropos. Su padre, Eleazar Silas Kadoorie, conocido como Sir Elly Kadoorie (1867-1944), era un judío de Iraq, el patriarca de una de las familias más ricas de Bagdad. Las empresas de la familia se encontraban sobre todo en China, India, Asia Sudoriental y Australia, con propiedades de energía eléctrica (China Light and Power Co. Ltd. - que luego se conoció como Grupo CLP), plantaciones de caucho, bancos, finca raíz y hoteles de lujo - incluso la mundialmente conocida cadena llamada Hoteles Península. Según la

Revista Forbes, ahora la familia Kadoorie es la numero 21 entre las familias más ricas de Asia y posee 9.9 mil millones de dólares.

Después de que los romanos destruyeron el segundo Templo de Jerusalén, hace dos mil años, los judíos se dispersaron por los cuatro rincones del mundo. Unos fueron al norte y otros a occidente, a España, Marruecos y Macedonia. Otros se fueron al oriente y formaron una comunidad grande en Mesopotamia (lo que hoy es Iraq) y Kuwait. La comunidad judía de Bagdad prosperó y en épocas más recientes envió a sus hijos a América, Europa, China y la India. Los Kadoorie, junto con los Sassoon, los Sopher, los Lomech, y los Gubbay estuvieron entre las principales familias de Bagdad. El padre de Horace llegó a Hong Kong por Bombay (ahora llamado Mumbai) en mayo de 1880 y empezó a trabajar como empleado de la firma sefardí David Sassoon & Sons. Elly luego fue trasladado a China para trabajar en el Puerto del Tratado de Shanghái, en Tiensin y en Ningpo. Al cabo de unos años había acumulado suficiente dinero para independizarse y acabó fundando compañías en Hong Kong y en Shanghái.

Saber más de la relación de Madame Katzen con esta poderosa y rica familia de Iraq/Inglaterra/Hong Kong sería una suerte. Aún mejor sería obtener cartas que permitieran ver sus ideas, sus temores, sus preocupaciones, sus motivaciones, si es que existían. Lawrence y Horace, los hermanos Kadoorie, habían muerto en los años 1990. Tenía que escribir a la persona o a las personas encargadas de sus propiedades.

En *Google Search* vi que Sir Michael Kadoorie GBS, empresario, filántropo, hijo de Sir Lawrence Kadoorie, sobrino de Sir Horace Kadoorie CBE es el heredero de la fortuna de la familia Kadoorie y es considerado la sexta persona más rica de Hong Kong. Es un pilar de la sociedad de Hong Kong y recibió el premio Gold Bauhinia Star (GBS) por servicio público y servicio voluntario a la comunidad.

En diciembre de 2010 envié una carta a todas las direcciones electrónicas afiliadas a CLP Holdings Ltd., una empresa de cuya junta es presidente Sir Michael. Se me ocurrió que mis correos electrónicos para Sir Michael no serían leídos y acabarían en la basura de una computadora de Hong Kong. No me hacía la ilusión de que Sir Michael iba a recibir mis mensajes electrónicos. Después de todo, él era una persona muy importante y ocupada que se dedicaba a dirigir una empresa multimillonaria - para no mencionar el uso de su riqueza y su influencia para ayudar a los desposeídos. Hace tiempo que la familia Kadoorie tiene la reputación de dar una parte importante de su fortuna a causas caritativas. Naturalmente existía la posibilidad de que un correo electrónico llegara al escritorio de Sir Michael. Como diría mi madre, 'lo único peor que intentar es no hacerlo'. Si nada se arriesga nada se gana.

Imagínense mi sorpresa cuando en febrero de 2012 recibí un correo electrónico de Susan Turner, la secretaria de Sir Michael Kadoorie, indicando que había leído mi correo. Sir Michael estaba en el extranjero y no regresaría a Hong Kong antes de la primera semana de marzo. Cuando regresara con mucho gusto le mostraría mi carta. Unas semanas después Sir Michael contestó indicando que estaba al tanto de los esfuerzos filantrópicos de su tío para ayudar a las actividades educativas de la Sra. Katzen en St. Kitts.

Estar en contacto con Sir Michael, heredero de la fortuna de la familia Kadoorie, era realmente apasionante. Su tío, Sir Horace, había construido una escuela para refugiados judíos en Shanghái antes del comienzo de la segunda guerra entre China y Japón y, según su sobrino Michael, Madame Katzen había sido profesora de esa escuela. Seguro fue su primer trabajo de profesora después de graduarse en la Universidad de la Sorbona en 1932. Tendría que investigarlo. Sin embargo, como me había hecho la ilusión de que Sir Michael me iba a dar más detalles sobre la relación entre su tío y Madame Katzen, me desilusionó bastante que parecía no saber mucho. A pesar de eso talvez ésta era la oportunidad que necesitaba. Rápidamente le escribí a Susan Turner para ver si me podía dar más pistas.

A mi solicitud de información sobre la posibilidad de que en los archivos hubiera material sobre las contribuciones filantrópicas de Sir Horace para la educación de jóvenes en St. Kitts en la década de los sesenta, la Sra. Turner respondió muy amablemente conectándome con Amelia Allsop, que había sido investigadora del Parlamento Británico y estaba en el Hong Kong Heritage Project (HKHP). El HKHP fue establecido por

Sir Michael Kadoorie para "adquirir, reunir y poner a disposición del público documentos, fotos, películas y testimonios sobre la historia de la familia Kadoorie, sus empresas y sus obras de caridad en Hong Kong y en otros lugares".

Después de intercambiar algunos correos electrónicos supe que HKHP me iba a dar acceso a una colección de cartas de la correspondencia entre Sir Horace Kadoorie y la Sra. Katzen.

¡Las cartas que habían intercambiado Sir Horace y la Sra. Katzen! No lo podía creer. Era realmente extraordinario poder ver esas cartas, tener la posibilidad de obtener su perspectiva expresada en sus propias palabras, lo cual muchas veces es difícil de encontrar y que tanto aman los biógrafos. Con un poco de suerte el contenido de esa correspondencia podía ser sumamente esclarecedor.

Unas semanas más tarde viajé a Hong Kong a visitar a Amelia Allsop en el Hong Kong Heritage Project. Amelia y sus colegas encontraron en los archivos centenares de cartas de la correspondencia entre Sir Horace Kadoorie y la Sra. Katzen. Les estaré eternamente agradecido por haberme dado copias de esas cartas, organizadas cronológicamente y muy bien encuadernadas. Esa información fue realmente un tesoro que aclaró muchas cosas de su vida y su trabajo. El acceso a esa valiosa colección sin duda fue el acontecimiento crucial de mi "búsqueda" de Madame Katzen. Por primera vez pude oírla pensar. Sus palabras escritas le dieron una voz a sus éxitos, sus temores, sus preocupaciones, lo que había compartido con Sir Horace Kadoorie. Por primera vez durante mi intento de entender mejor lo esencial de esta profesora sin igual empezó a desaparecer el velo de misterio que la cubría y salieron de la sombra aspectos de su espíritu que habían sido elusivos. Ahora yo estaba bien informado y oficialmente obsesionado y se empezó a manifestar la historia completa de su fascinante recorrido por el planeta.

◊◊◊

CAPÍTULO 2

Nikolaevsk-na-Amur

Sra. Katzen (derecha) y su hermana

A brió los ojos y se encontró en una habitación blanca, acostada en una cama que no era la suya. Nada le parecía conocido. Tenía la cabeza llena de una neblina de confusión que creaba un estado semiconsciente de incertidumbre. No sabía si estaba dormida o despierta. Hizo un enorme esfuerzo por recordar dónde estaba y cómo había llegado allá. Agotada por la lucha por regresar al mundo consciente, al poco rato se volvió a dormir profundamente. No supo cuánto duró así, pero cuando volvió a abrir los ojos la neblina se había disipado un poco. Estaba suficientemente consciente como para estar bastante segura de que ya no estaba en los brazos de Morfeo y trató de concentrarse en los objetos que la rodeaban para saber dónde estaba, con la dificultad adicional de que estaba viendo cada vez menos. Se apoyó en el codo para alcanzar sus anteojos en la mesa de noche. Un fuerte dolor en la cadera la hizo caer hacia atrás. Retorciéndose de dolor, cerró los ojos para esforzarse por hacer desaparecer el dolor. Cuando los abrió, media hora después, el dolor casi había desaparecido.

Su nombre es Zenaida Katzenellenbogen. Sus parientes y amigos la llaman Zina. Estaba acostada en un hospital en Santiago de Chile y estaba empezando a preocuparse pensando que estaba perdiendo la memoria cuando se dio cuenta de que lo que sentía era el efecto de la anestesia y de otros remedios que le habían dado después de la operación. Es muy desconcertante, para no decir desorientador, perder el sentido del lugar y el tiempo en el universo. Tenía 90 años y había tenido una vida relativamente larga y con buena salud. Hasta ahora su mayor problema había sido la perdida de la vista, un enorme problema para una lectora insaciable. Ella misma decía que perder la vista y la capacidad de leer era peor que la muerte. A pesar del dolor, su mente estaba tan clara como un lago en la montaña - estaba suficientemente lúcida como para contar la historia de su vida en el camino de Siberia hasta esta cama de hospital, pasando por China, Francia, Chile y St. Kitts.

Todo empezó en *Nikolaevsk-na-Amur*, un pequeño pueblo de Siberia Oriental, en Rusia, una región hermosa y remota en el extremo oriental de Rusia. Era el tipo de lugar que hace pensar en inviernos helados, exiliados políticos, campos de trabajo forzado y colonias de leprosos.

Nikolaevsk está situado en el lado oriental del río Amur, en el Valle del Río Amur, rodeado de colinas que protegen un poco de los fuertes vientos invernales, pero que también bloquean los vientos cálidos de la primavera y del verano, lo cual prolonga los inviernos que de por sí son largos. Ni siquiera el bosque que rodeaba el pueblo protegía a Nikolaevsk del frio permanente de los vientos del oeste y del noroeste. Y, como si eso no bastara, los vientos del oriente y del noreste casi siempre traían humedad, lluvia y nieve. Muchísima nieve.

Eran frecuentes las tormentas de nieve con un promedio de dos pies o dos pies y medio de nieve. Los veranos, por otra parte, eran muy breves y relativamente frescos con una temperatura promedio de 71-72 grados Fahrenheit. Ese fue el lugar que Zina vivió los primeros ocho años de su vida. Parece difícil vivir en un lugar como Nikolaevsk-na-Amur, pero ella recuerda su infancia como la de una niña pequeña que vive en un mundo hermoso de nieve y hielo, un país de las maravillas, lleno de la alegría de los ángeles de la nieve, patinar en el hielo y los paseos en trineo.

Es imposible para Zina pensar en patinar en el hielo y hacer paseos en trineo sin recordar a su padre, el hombre más querido, cariñoso, de buen corazón que había conocido. Lo adoraba.

El padre de Sra. Katzen

El haber crecido protegida por su amabilidad y su amor le dio la capacidad de explorar, florecer, sobrevivir y aguantar. Sonrió al recordar su primera mascota, un gatito que había encontrado temblando de frío mientras jugaba en la nieve. Lo recogió y lo metió en su chaqueta. No lo pudo llevar a la casa porque su madre tenía reglas muy estrictas sobre tener animales en la casa.

A pesar de eso, y arriesgando la ira de Alexandra, se lo llevó a la casa, encontró una caja y una toalla vieja y lo escondió en el ático. Como sabía que su padre era un gatito amoroso le contó lo del rescate. Como era de esperar, él le prometió guardar el secreto y protegerla de la ira de su madre si llegaba a descubrir el inquilino felino ilegal.

El padre, Mikhail Nicolaevich Katzenellenbogen, se hubiera sentido demasiado incómodo al hablar de su amabilidad, su compasión y su amor por la humanidad. Zina, en cambio, no tenía esos escrúpulos. Le encantaba alabarlo y contarle a todo el mundo cómo era él.

Michael nació el 8 de julio de 1867 y era el hijo de Chaim Leib, un comerciante judío de Vilna, Lituania. Cuando nació le pusieron el nombre de Moishe Chaim leib (Moishe, hijo de Chaim Leib).

El abuelo paterno de Moishe, Zvi Hirsch Simcha, era un erudito rabínico que tuvo la suerte de ser alumno de dos de los principales rabinos de Vilna de la época - el Rabino Abraham Abale Posweiler, jefe de la Corte Rabínica, y el Rabino Saul Joseph Katzenellenbogen, Rabino Principal de Vilna. El Rabino Saul Joseph Katzenellenbogen era descendiente de la famosa familia de rabinos Katzenellenbogen, que incluye a personas como Karl Marx y Helena Rubenstein. Sus raíces se encuentran más de 500 años antes en el Rabino Meir de Padua (1482-1565).

En 1804 el zar Alejandro I decretó que todos los judíos tenían que adquirir un apellido. El Rabino Saul Katzenellenbogen estaba tan encantado con su alumno preferido, el abuelo de Moishe, Zvi Hirsch Simcha (según la nomenclatura judía - Zvi Hirsch, hijo de Simcha), que lo bendijo con el apellido Katzenellenbogen.

El padre de Zina, bautizado Moishe Chaim Leib Katzenellenbogen era un joven que entendía que para llegar a ser alguien en cualquier lugar del mundo tenía que cambiar de nombre. Cuando entró a la facultad de medicina había cambiado oficialmente su nombre por Mikhail Nicolaevich Katzenellenbogen.

Mikhail llegó como medico joven a Siberia Oriental, el rincón más remoto de Rusia, en 1901. Era un joven inteligente y sensible que pronto supo cuál era el lugar que le correspondía en el universo. De alguna manera supo que iba a dedicar su vida al servicio de los demás. Siguiendo la costumbre, hizo el servicio militar obligatorio en el Ejército Imperial en 1888. Después regresó a Vina y empezó a hacerle la corte a la rusa noble y ortodoxa llamada Yana Mikhailovna Pavlovski. Poco después se convirtió en cristiano ortodoxo de Rusia y se casaron en 1891. El primero de febrero de 1892 nació Elena, su primera hija. El amor por las ciencias naturales en general y por la medicina en particular lo llevaron pronto a la Universidad Imperial Kazan para obtener el título de médico. En 1897 Yana dio a luz a Vera, su segunda hija. Un año más tarde, el 28 de noviembre de 1898 él se graduó de médico. Durante los años que pasó como estudiante de medicina en la Universidad Imperial Kazan, lo envió de misión por un año a *Nikolaevsk-na-Amur* la Academia Médica Imperial para el Desarrollo Científico. Su tarea consistía en documentar la vida en esa parte remota de Rusia y evaluar la situación de los servicios de salud de la región. La experiencia de documentar durante un año la vida de la región lo cambió para siempre. Faltaba tanto en esta zona del Lejano Oriente de Rusia, sobre todo en cuanto a los servicios de salud, que supo de inmediato que allí estaba el lugar de trabajo de su vida. Hizo todo lo posible por obtener un puesto en esa región y se sintió feliz cuando el 13 de enero de 1900, mediante la orden No. 17 del Gobernador Militar de Primorskaya Oblast, lo nombraron médico de la aldea del Distrito del Sur-Ussuriisky. Trece meses más tarde, el 16 de febrero de 1901, mediante la orden No. 55 del mismo gobernador lo trasladaron a Nikolaevsk con el título de Médico de la Ciudad.

◊◊◊

Mikhail creía que iba a ser difícil convencer a Yana de ir a vivir en Siberia, ya que ella era de una familia noble de Vilma, la capital de Lituania. Hubiera sido difícil convencer a cualquier persona de ir a vivir en Siberia, sobre todo a una mujer noble de una ciudad cosmopolita. Vilna era una ciudad rica en historia cultural, arte y arquitectura. Era una ciudad históricamente importante como centro de influencia judía a la que Napoleón llamó *Jerusalén del Norte* cuando pasó por allá en su desastrosa invasión de Rusia en 1812.

Ninguna persona razonable ofrece ir a Siberia, por noble que sea la causa. ¿Quién se va a un lugar conocido solamente por los presos exiliados, bosques fríos sin caminos, delincuentes, tigres que se comen a las personas, cosacos, colonias de leprosos y tundras heladas? Mikhail, el padre de Zina. Como había pasado un año en la región como estudiante de medicina, naturalmente sabía que, como sucede en la mayoría de los casos, la reputación de Siberia era mucho peor que la realidad. Resulta que convencer a Yana de ir al oriente no fue tan difícil. Amaba a Mikhail y compartía y apoyaba su visión de llevar la medicina moderna al Lejano Oriente de Rusia. Además, era impensable que ella y sus dos pequeñas hijas vivieran en otro lugar que Mikhail. Por lo tanto, a pesar de que no estaba muy bien de salud, le llamaba la atención la aventura de dejar los salones formales de Vilna para estar con su esposo en las espaciosas zonas campestres de la frontera oriental. Además de criar a sus hijos podía darle a Mikhail el apoyo que necesitaba. Sabía lo ansioso que estaba por hacer lo posible, entre otras cosas, por mejorar las terribles condiciones de las colonias de leprosos de esa región. Quizás algún día hasta lograría curar esa enfermedad que causa deformaciones.

El viaje de Vilna a *Nikolaevsk-na-Amur* era largo, difícil y frío. Yana pensaba que el mejor momento para hacerlo con dos niñas pequeñas era en verano, pero Mikhail debía asumir su cargo de médico de Nikolaevsk en febrero de 1901. Por lo tanto, en enero de 1901 Mikhail, su joven esposa y sus dos pequeñas hijas emprendieron el viaje de Vilna a Nikolaevsk en coche de caballos, lancha de vapor y el ferrocarril Transiberiano o la parte de esta vía que estaba terminada - una distancia de casi 10.000 kilómetros. Cuando llegaron a su lugar de destino, casi un mes más tarde, Yana se enfermó y su salud empezó a deteriorarse rápidamente. Poco a poco se mejoró y empezó a seguir el ejemplo de su marido contribuyendo con sus conocimientos de profesora al bienestar de la región oriental. En 1915 todavía estaba enseñando en una pequeña escuela de la aldea Abrazheevka, Ivanovskaya Volost. Para Mikhail seguramente era muy difícil ocuparse de la familia y del trabajo, pero era un médico joven, cada vez más conocido, cuya prioridad era trabajar para mejorar la situación sanitaria de la región.

En 1905, solo unos pocos años después de que Mikhail Nikolaevich Katzenellenbogen y su familia habían llegado a *Nikolaevsk-na-Amur* él ya era un hombre muy importante y de gran influencia en el Lejano Oriente de Rusia. Se puede decir que en 1913 era uno de los hombres más poderosos de la región, como se ve en la lista de sus títulos y cargos.

- Duma de Nikolaevsk-na Amur - *diputado*
- Hospital de la ciudad - *director*
- Cárcel de Vladivostok (en Nikolaevsk) - *miembro del comité*
- Comisión sanitaria de la ciudad - *miembro*
- Comité de caridad de Nikolaevsk - *secretario*
- Comité Leprosorio - *miembro*
- Sociedad de bomberos voluntarios - *miembro*
- Asamblea Pública de Nikolaevsk - *jefe*
- Comité de caridad de la cárcel - *director*
- Sociedad de desarrollo del entretenimiento y la educación popular - *miembro de la junta*

Nikolaevsk es una ciudad del distrito de Primorskaya Oblast, que queda a 35 kilómetros de la desembocadura del río Amur. Fue establecida en 1852 como puesto comercial de la Compañía Rusa y Americana y llegó a ser base militar en 1856. Antes de la llegada de los colonos vivían allá casi exclusivamente indígenas Giljaks. Después de la llegada de los japoneses, coreanos y chinos, la población Giljak disminuyó dramáticamente - sobre todo debido a la viruela, el sarampión, sífilis, hambre y alcoholismo. Era un lugar donde en invierno se bebía mucho y había unas borracheras horribles. Como los inviernos eran tan duros y tan largos, la mayoría de las personas que trabajaban lo hacían en verano. Los inviernos eran tan terribles que muchas personas buscaban calor en una botella de vodka.

En 1870 se había descubierto que, a diferencia de *Nikolaevsk-na-Amur*, se podía mantener el puerto de Vladivostok sin hielo todo el año y pronto se convirtió en el puerto principal y la base militar de Siberia. En 1890 Nikolaevsk había decaído totalmente, pero durante la decada siguiente su suerte mejoró gracias al descubrimiento de oro y al negocio de la pesca de salmón. Anton Chekhov hizo una escala en Nikolaevsk en 1890 cuando iba a la isla Sakhalin y le costó trabajo encontrar un lugar para pasar la noche. Él escribió lo siguiente:

> *Hoy en día casi la mitad de las casas dilapidadas han sido abandonadas por sus propietarios y las oscuras ventanas sin marcos lo miran a uno fijamente como si fueran cavidades de los ojos de una calavera. Los habitantes viven una vida desordenada y embriagada y sobreviven apenas con lo que Dios les da......se ganan la vida vendiendo pescado a Sakhalin, robando oro, explotando a los indígenas y vendiendo cuernos de venados que los chinos usan para preparar un estimulante.*

En 1895 Nikolaevsk tenía 4.417 habitantes (3.398 hombres y 1.019 mujeres), la mayoría de los cuales eran militares, exilados y kazajos. Había en total 328 casas privadas, 2 iglesias, un hotel, un edificio de la asamblea pública, un hospital, una escuela religiosa, y una escuela para tres años de formación profesional.

En 1905 había aproximadamente 8.000 habitantes. Era frecuente la migración entre Nikolaevsk y el distrito vecino de Udsk, donde había

una próspera industria minera. Se calculaba que en Nikolaevsk y 265 millas circundantes había 30.000 habitantes. No había carretera ni línea fe-
rroviaria entre Nikolaevsk y Habarovsk, la ciudad grande más cercana.
La única conexión con otros lugares era el mar y el río Amur, que solo se
podía usar en verano. Durante el invierno el río estaba cubierto de hielo.
Las pocas veces que el invierno era relativamente moderado se podía
navegar por el río Amur seis semanas durante la primavera y el otoño.

La industria pesquera siempre fue muy importante en el puerto de
Nikolaevsk. Zina recordaba muy bien lo animado que era Nikolaevsk
durante el período de la pesca cuando el puerto estaba lleno de buques
de pesca japoneses y chinos, y de barcos de prácticamente todos los lugares del mundo.

Mikhail estaba muy orgulloso de los servicios médicos y de otra índole que ofrecía a los centenares de pescadores que iban al puerto. En 1911
el Emperador Meiji del Japón le otorgó la *Medalla de la Orden del Tesoro
Sagrado, Tercera Clase*. La carta que venía con la medalla muestra claramente los servicios ofrecidos por el buen doctor:

Ciudad de Nikolaevsk-na-Amur. Médico de la Ciudad.
Orden del tesoro Sagrado, Tercera Clase
Otorgada a Mikhail Nikolaevich Katzenellenbogen

*La persona mencionada ha sido médico de la ciudad desde 1901. Está encarga-
do de la inspección médica de los buques del puerto. Todos los años, entre junio
y septiembre, llegan al puerto más de 100 buques nacionales y extranjeros.
Más de la mitad son de nuestro país (Japón) y llevan miles de pescadores. Durante el período de pesca la situación es muy urgente y el puerto está conges-
tionado por un tiempo. Es una carrera contra el tiempo (ocuparse de todos los
buques). El médico entiende la situación y no pierde tiempo en las inspecciones
médicas. Su acción rápida y su esfuerzo por evitar problemas sin duda son resultado de su buena voluntad, lo cual ha dejado una profunda impresión en las
personas del país. Además, el hospital de la ciudad no es apropiado para tantos
pacientes. Sin embargo, se realiza un esfuerzo por aceptar el mayor número
posible de nuestros pacientes y esto en gran medida se debe al doctor. Además,
en la ciudad misma, el doctor es una persona prominente, sumamente culta y
de gran influencia. Es miembro del consejo de la ciudad, juez honorario de la
corte de orden público, ocupa otros dos o tres cargos públicos y es una autoridad de la prensa. Por lo tanto, si en el consejo o las cortes surge algún problema relacionado con nuestra gente él siempre está a favor de una discusión
justa, dice francamente cuál es su opinión y se esfuerza de manera abierta y*

también implícita por proteger a nuestra gente. Estas acciones consideradas y otras más no son poca cosa para nosotros los residentes. Se trata de una persona muy respetada por estos hechos que merecen un premio.

Para que no le ganara el emperador del Japón, el 6 de diciembre de 1911 Nicolás II, el zar de Rusia, le otorgó al Dr. Katzenellenbogen la Medalla de la *Orden de San Estanislao, Segunda Clase.*

El informe presentado por el Dr. Katzenellenbogen a la Academia Médica Militar Imperial para el Progreso Científico en 1913 sobre la situación de la salud en la región, que se presenta a continuación, da una idea bastante clara de los retos que enfrentaba el joven médico.

Nutrición

La comida que se consume en Nikolaevsk tiene muy poco contenido nutritivo ya que hay muy pocas verduras frescas disponibles. Durante el invierno, que dura la mayor parte del año, la dieta de la mayoría de los habitantes de Nikolaevsk consiste en carne y pescado congelados y conservados en vinagre. Prácticamente no hay productos lácteos. La higiene y las condiciones sanitarias de Nikolaevsk son malas.

Las diferentes razas y los grupos étnicos que vienen de diferentes regiones de Rusia, los inmigrantes de la isla Sakhalin, los presos escapados, los exilados que viven llenos de miedo y terror, los enfermos mentales del hospital del distrito, son una población en que muchos son solteros, sin hogar, borrachos, degenerados y enfermos mentales.

Principales Enfermedades - Necesidades Sanitarias
Alcoholismo

El alcoholismo es la enfermedad principal en Nikolaevsk. También son prevalentes la tuberculosis, la enfermedad renal crónica y las enfermedades sicológicas crónicas. No hay estadísticas sobre el número de alcohólicos, pero probablemente es mayor de lo que se sospecha. Debido a la combinación de la mala nutrición y el clima muy frío, el consumo de alcohol es mortal, es una especie de veneno. En Nikolaevsk ha destruido la vida de muchos trabajadores inmigrantes solteros y adolescentes y pescadores que trabajan en el agua fría del otoño. Hay muchos casos de enfermedades renales crónicas graves.

Tuberculosis

En mi práctica de Nikolaevsk entre 1901 y 1905 encontré un tipo de tuberculosis que aparentemente afecta sobre todo a los exilados de la isla Sakhalin. Puede durar hasta seis meses. No se sabe cuántas personas han muerto de esta enfermedad porque el hospital no tiene esas estadísticas.

Eclampsia

El 20% de las madres están afectadas por esa complicación del embarazo que es un peligro de muerte.

Enfermedades Mentales

La mayoría de las enfermedades mentales probablemente se deben al alcoholismo que es tan frecuente sobre todo en invierno, cuando hay muchos vagabundos desempleados. El hospital no está equipado para tratar esos casos.

Sífilis

Esta enfermedad aparentemente afecta a muchas personas de la isla Sakhalin, donde la enfermedad se ve en su forma crónica y paralítica. Lo típico es que estas personas no reciben tratamiento médico porque el hospital tampoco está equipado para eso.

Enfermedad Periodontal

Se encuentra sobre todo en las cárceles, en el hospital, los albergues, las aldeas cercanas y los lugares remotos.

Lepra

Si bien se han presentado solo cuatro casos en Nikolaevsk, es una enfermedad muy contagiosa que se ha extendido por el valle del río Amur a Jabarovsk, el distrito Udsk, Vjatsjeslav, Troetskoe, Malmugh, Orlov, Tambouku, Srednjaja, Boznesenskoe, Marienskoe, Foyorodskoe, Bolshoi-Mikailovska, Niza, Focinskaya, Buhta. La mayoría de las personas que tienen esta enfermedad no están registradas. Les entra el pánico cuando piensan que tienen la enfermedad porque no quieren estar en cuarentena y aislados. Algunos, por ejemplo, entre los presos, reciben un diagnóstico falso de los policías y permanecen en cuarentena durante años. La situación, en cuanto a la lepra en Nikolaevsk, no es satisfactoria. Es muy necesario que haya más personal médico. La situación está descontrolada.

Enfermedades Infecciosas

a) Hay una epidemia de sarampión, escarlatina y tosferina, sobre todo entre los extranjeros que visitan el lugar.

b) A veces mueren algunas personas de viruela, sobre todo extranjeros que visitan el lugar, pero también algunos habitantes. En 1902 y 1903 hubo una epidemia grave. En 1910 una epidemia de cólera le costó la vida a más de 200 personas.

c) Epidemia de cólera en 1903 y 1910. Se creó un comité ejecutivo para encarar esta situación. Los funcionarios de la ciudad se sintieron renuentes en cuanto a gastar el dinero necesario. Se negaron a escuchar los consejos de los médicos e hicieron muy poco para detener el comienzo de la plaga.

d) También es común la fiebre tifoidea.

◊◊◊

La madre de Zina, Alexandra Petrovna Leontovic, nació en Valki, Ukrania, el primero de noviembre de 1884. Era descendiente de una antigua familia de sacerdotes rusos ortodoxos con raíces en Siberia. En la década de 1760 su tatarabuelo (Andrei Leontovic), su bisabuelo (Petr Leontovic) y su abuelo (Evgraf Leontovic) fueron sacerdotes en la Iglesia de la Anunciación Blagoveschenskaya. Su padre (Petr Leontovic) decidió no seguir la tradición y fue veterinario. Se decía que era una persona "de opiniones muy progresistas". Dicen que se suicidó en 1919. No se sabe si su muerte tuvo que ver con romper la tradición de los sacerdotes ortodoxos de la familia o con la revolución del 17 de octubre.

La abuela materna, Zinaida Pokidailova, y la bisabuela materna también provenían de una familia de sacerdotes. El abuelo materno nació en Kiev y era de una familia de artesanos. Era diácono y un cantante maravilloso que cantaba regularmente con el coro de la iglesia. Más tarde fue a un seminario y fue sacerdote. Se dice que el conocido compositor ucraniano, que también fue director de coros, sacerdote y profesor, Mykola Dmytrovych Leontovich, también era pariente suyo. Si eso no basta para una familia de cristianos ortodoxos de Rusia, siempre se ha dicho que el famoso arzobispo Meletij Leontovic (1784-1840) también era miembro de la familia.

La tía y la madre (derecha) de la Sra. Katzen

El primer marido de Alexandra, Valentin Nikolay Davidov, era un médico militar ucraniano. Nació el 2 de febrero de 1872. Era noble Kharkov y obtuvo el título de médico en la escuela de medicina de la Universidad Kharkov. En 1897 fue profesor durante un tiempo en la facultad de medicina donde había estudiado y luego fue médico en Sumy, una ciudad al borde del río Psel de Ucrania. A partir de 1905 fue médico militar en Siberia.

Zina nunca supo bien cómo se conocieron sus padres, pero no es difícil imaginar las numerosas oportunidades de conocerse que seguro tuvieron el joven y buen mozo médico militar y la hermosa y precoz debutante, ambos miembros de familias de alta sociedad. Alexandra, de joven, tenía la reputación de ser tanto impetuosa como hermosa y encantadora.

Durante toda su vida fue una persona que no se podía ignorar. De pequeña parecía una pianista con futuro y con frecuencia tocaba el órgano durante los servicios religiosos del domingo. Soñaba con ser una pianista famosa y tocar música clásica en las salas de concierto del mundo entero con personas como Sergei Rachmaninov y Josef Hoffmann.

Sin embargo, la realidad de la vida de su familia, con raíces en las tradiciones religiosas de los cristianos ortodoxos de Rusia indicaba que probablemente estaba predestinada a casarse con un sacerdote parroquiano y no a ser una pianista mundialmente famosa. Pero Alexandra se consideraba una mujer moderna y tenía ideas diferentes. En 1900 era una adolescente que se unió a muchas mujeres que encontraron formas no tradicionales para definirse a comienzos de un nuevo siglo. Con su espíritu aventurero y siguiendo el precedente de su padre, con la *chutzpah* de romper las tradiciones familiares, en 1903 (a los 18 años de edad) se casó con el guapo médico militar, Valentín Davidov, después de un breve noviazgo. Valentín era muy buenmozo, pero era aún más atractiva la aventura que prometía la vida como esposa de un médico militar en el muy lejano oriente de Rusia. Si uno no era un exilado o un paria, esa zona de Rusia en 1900 era un lugar para aventureros y empresarios, donde esperaban las fortunas que se podían ganar con la explotación de materias primas y con la pesca de salmón en el río Amur.

Se fueron en busca de la fortuna a Siberia. Alexandra llegó con cultura muy necesaria a la región y se destacó como pianista, profesora de música en la escuela local, y empresaria. Sus presentaciones y su participación en conciertos y veladas musicales se convirtieron en una de las actividades culturales más importantes de *Nikolaevsk-na-Amur*. Estos eventos con frecuencia se realizaban para recaudar fondos para la Asociación de Bomberos Voluntarios y otras instituciones locales. En 1909 nació su única hija, a la que llamaron Raisa. Alexandra estaba segura de que, con la educación, la inteligencia y la capacidad empresarial de Valentín había tomado la decisión acertada. Así fue. En 1909 el Dr. Davidov ya había adquirido una fortuna modesta con la industria de la pesca de salmón y como farmaceuta.

En 1910 él se ahogó en el río Amur en circunstancias dudosas y dejó a Alexandra como viuda rica, madre y con empresas para administrar.

Nikolaevsk era un pequeño puerto donde todo el mundo se conocía o por lo menos se conocían todas las personas importantes (médicos, abogados, banqueros, funcionarios, propietarios de empresas). Como se movían en los mismos círculos sociales y con frecuencia eran miembros de las mismas juntas directivas y de los mismos comités, el doctor Katzenellenbogen conocía al doctor Davidov y a su esposa Alejandra, unos de los empresarios más exitosos y poderosos de la región. Los dos médicos acabaron siendo socios al abrir la única farmacia de Nikolaevsk.

Parece que en 1910 había terminado el matrimonio del Dr. Katzenellenbogen y su mujer Yana. Yana se fue a vivir a un pueblo cercano, donde se dedicó a enseñar en la escuela y a criar a sus dos hijas, Elena y Lyudmila. A pesar de que Mikhail estaba muy ocupado con sus responsabilidades como administrador del hospital, médico, juez, etc., sacaba tiempo para sus hijas a las que quería tanto como ellas a él. No mucho tiempo después se casaron Alexandra Davidov y el Dr. Mikhail Katzenellenbogen. El resultado de esa unión fue Zenaida Katzenellenbogen, que nació el 8 de julio de 1911 en *Nikolaevsk-na-Amur*.

La vida de la pequeña Zina solo se puede describir como una vida privilegiada. A ella y a su hermana, que era dos años mayor, no les faltaba nada. Ella recuerda como realmente maravillosos los primeros años de su vida que pasó en Nikolaevsk con su madre Alexandra, su padre Mikhail, su hermana Raisa y su tía Evgenie. Como su madre era una pianista profesional el hogar siempre estaba lleno de música. Como hija favorita de su padre, ella soñaba con seguir sus pasos y ser una médica que tratara de curar los numerosos males del mundo. Su actividad favorita era crear una sala de clase imaginaria para sus muñecas y enseñarles todo lo necesario para la vida. Su tía no era realmente su tía, pero todos la llamaban así. Zina no recuerda un momento en que Evgenie no fuera parte de la familia.

Cuando ya era adulta supo que Evgenie se convirtió en miembro permanente de la familia Katzenellenbogen después de que el Dr. Katzenellenbogen le salvó la vida. Era una enfermera que trabajaba con él y por razones desconocidas parece que bebió una mezcla venenosa y el buen doctor la encontró justo a tiempo. No está claro qué causó el intento de suicidio.

Zina amaba el olor del aire del mar y le encantaba ver los numerosos buques que llegaban al puerto. Siempre recordó con cariño sus años de infancia en Nikolaevsk, cuando su vida era la escuela, las clases de música, jugar en la nieve y los libros de cuentos de hadas. Años después, se sorprendía y le dolía oír hablar de su lindo Nikolaevsk como hueco de mierda, un lugar tan lejos de Dios que era inconcebible que alguien quisiera vivir allá. Cuando era una niña pequeña nunca le pareció demasiado frío. Nunca vio la vida fea y subterránea de su ciudad - talvez en parte porque sus padres eran ricos y poderosos y podían protegerla de esas cosas desagradables. En la medida en que vio, oyó y entendió algo de la existencia del alcoholismo, la lepra y las enfermedades contagiosas que eran muy comunes en la región, su perspectiva segura estaba afectada por la adoración que sentía por su padre, del que pensaba que era el hombre más bondadoso del mundo. En todo caso, era un hombre que curaba las enfermedades y que resolvía los problemas de la humanidad.

La revolución rusa cambió todo.

El 15 de marzo de 1917, tres años después de empezar la Gran Guerra y un mes después del comienzo de la revolución de febrero, el Zar Nicolás II tuvo que renunciar. Los bolcheviques, que lograron que los siguieran los soldados amotinados y los trabajadores descontentos, obligaron al gobierno provincial dirigido por Kerensky a ceder el poder.

Se sabía lo que iba a suceder después. En 1918 se supo en las zonas del oriente lejano de Rusia cuáles eran las atrocidades cometidas por los bolcheviques. Ya en 1916 el doctor Katzenellenbogen, un hombre muy inteligente y pragmático, empezó a sospechar lo que iba a ocurrir y entendió que el tumulto de una Europa destruida por la guerra y la gran probabilidad de una revolución en su país amado significaba que la única opción que tenia su familia para sobrevivir era huir de la madre Rusia. Estar atrapados en Nikolaevsk cuando llegaran los bolcheviques sería una condena de muerte.

Ishida Toramatsu, el cónsul de Japón en *Nikolaevsk-na-Amur* y amigo personal del buen médico iba a ser la vía para la salida de la familia. Toramatsu había sido testigo de la amabilidad del Dr. Katzenellenbogen con los pescadores japoneses y describió sus actos de bondad al emperador Meiji. Por recomendación del cónsul, Mikhail había recibido la *Medalla de la Orden del Tesoro* Sagrado cinco años antes. A comienzos de 1919 el doctor Katzenellenbogen renunció al cargo de director del hospital de la ciudad, después de que Toramatsu le dio visas japonesas para él y toda su familia. En el documento se explicaba que el doctor Katzenellenbogen era un médico/científico muy importante, un verdadero amigo del pueblo japonés, un hombre que había sido honrado por el emperador Meiji, que iba a hacer un viaje de investigación al Japón (con su familia) y que debía recibir todos los privilegios correspondientes a su posición de hombre muy respetado. La familia llegó al Japón a finales de 1919 y se habían llevado solo las joyas de la familia y el dinero en efectivo que pudieron obtener. Unas semanas más tarde se fueron en barco a uno de los pocos lugares del mundo donde recibían a los refugiados rusos, la ciudad china de Shanghái.

En febrero de 1920 cuatro mil soldados Bolcheviques sitiaron la guarnición japonesa de Nikolaevsk donde estaban, entre otros, 450 civiles japoneses, y que defendían 300 soldados japoneses de la segunda infantería bajo el mando del mayor Ishikawa Masao y 350 soldados rusos enemigos de los Bolcheviques. Para entonces la población de Nikolaevsk se había reducido a aproximadamente 1,100 habitantes. Temiendo lo peor, la mayoría de los burzhis huyeron porque temían el odio de los Bolcheviques que se acercaban.

Dos veces los rojos mandaron personas para negociar una derrota y ambas veces los japoneses mataron a los enviados. Después de la tercera solicitud el mayor Masao decidió aceptar la derrota. Pero fue un engaño. El sentido de honor de los japoneses les prohibía entregarse al enemigo. El código de honor de un soldado japonés le impone luchar y morir con honor o cometer harakiri antes de caer en las manos del enemigo. En vez de entregarse, el mayor Masao decidió realizar un ataque de sorpresa. Como el ejército rojo era mucho más numeroso, el resultado era previsible. Solo 110 soldados de Masao sobrevivieron. Masao y los demás murieron. El cónsul Toramatsu, que había organizado el viaje a Japón de la familia Katzenellenbogen dos años antes, se suicidó junto con su esposa y sus dos hijos en vez de enfrentarse a la ira de los Bolcheviques. El jefe del ejército rojo, enfurecido por el ataque del mayor Ishikawa Masao, masacró a los 110 soldados presos y a varios rusos y lanzó los cadáveres al agua helada del río Amur. Luego sus soldados quemaron totalmente *Nikolaevsk-na-Amur*.

◊◊◊

CAPÍTULO 3

Shanghái

La primera Guerra del Opio (1839-1842), conocida también como La Guerra Anglo-China, fue un conflicto entre Gran Bretaña y China. Estalló cuando el gobierno de China, que quería detener el aumento del consumo de opio de la población, confiscó dos millones y medio de libras de opio de buques ingleses. Gran Bretaña, como potencia imperial típica del siglo XIX, se molestó por el esfuerzo de los chinos por interrumpir el comercio del opio y decidió responder con la fuerza militar. De conformidad con la actitud imperial de Gran Bretaña (es decir, yo tengo más fuerza y puedo hacer lo que quiera), China no tenía el derecho ni la fuerza necesaria para proteger a su pueblo de los males del opio.

El resultado fue el Tratado de Nanjing, que le otorgó indemnidad a Gran Bretaña y acceso a cinco puertos - Cantón, Ningbo, Fuchow, Amoy y Shanghái.

Los ingleses, desilusionados porque el Tratado de Nanjing no satisfacía sus objetivos comerciales, iniciaron otro conflicto con China (La segunda Guerra del Opio) como medio para tener un acceso aún mayor al comercio. Los americanos y los franceses, al ver los maravillosos beneficios de la condición extraterritorial y de la situación de nación más favorecida de los ingleses en China, decidieron que querían participar en la acción. Los tratados de Wanghai (1844) y de Whampoa (1844) les otorgaron a los americanos y a los franceses concesiones similares a las que tenían los ingleses. A finales del siglo XIX todas las grandes potencias tenían derechos extraterritoriales en uno o varios de los puertos del tratado. Estos derechos fueron la esencia del privilegio de los extranjeros en China y les daban inmunidad en cuanto a la mayor parte de los impuestos de China y les permitían estacionar tropas extranjeras en China. Además, los extranjeros podían seguir dependiendo de las leyes de su propio país y no de las de China.

Shanghái, el más próspero de los puertos del tratado, acabó dividido en tres zonas. El Asentamiento Internacional, controlado por los Estados Unidos y Gran Bretaña, La Concesión Francesa y la Ciudad Antigua de Shanghái.

Durante la primera mitad del siglo XX se consideraba que Shanghái era la ciudad más importante de Asia. Era una ciudad llena de paradojas y contrastes en la que la mayoría de los habitantes eran chinos, pero la ciudad no era gobernada por China. No era una colonia a pesar de que los que la administraban eran extranjeros. Era un refugio para los que huían de las guerras, los pogromos y la pobreza, y la llamaban tanto *Puta del Oriente* como *París del Oriente*. Era la ciudad más industrializada de China, conocida por el contrabando nacional e internacional del opio, los casinos, la prostitución, los bandidos y los aventureros. También era un centro para la actividad intelectual y los intelectuales revolucionarios. Era una ciudad donde era *de rigueur*, la arrogancia de la superioridad racial y cultural de los extranjeros en comparación con los chinos, una ciudad de la que un cristiano evangélico de los años 1920 dijo *Si Dios deja que dure Shanghái, debe pedirle disculpas a Sodoma y Gomorra.*

En 1919, cuando la familia Katzenellenbogen se embarcó para ir al Japón, Zina era demasiado joven para entender bien la naturaleza de las fuerzas destructoras que llevaron a Rusia a participar al mismo tiempo en la Gran Guerra y en una guerra civil. Si había escuchado conversaciones sobre esos tiempos difíciles, se trataba de conversaciones entre adultos que para ella significaban poco. Sin embargo, se dio cuenta por intuición de que se acercaba un peligro que era la causa por la cual la familia tenía que abandonar Rusia para estar segura. La consolaba saber que su padre, un hombre al que todo el mundo recorría en tiempos de necesidad, siempre iba a proteger la seguridad de la familia. Si bien le daba tristeza abandonar su querida Nikolaevsk, la emoción de pensar en la aventura del viaje por el océano mitigaba un poco la tristeza.

Navegar hacia el Japón por el sur, a través del Estrecho Tatar y el Mar de Japón le dejó una impresión indeleble. Se enamoró de inmediato del mar, del barco, del sonido del paso por las olas, del sonido del agua golpeando contra el barco, del movimiento suave del barco. Había algo mágico, calmante y tranquilizador en ese primer viaje en barco. Aunque no lo sabía todavía en ese momento; para Zina los barcos y el océano se iban a convertir en el símbolo de la paz y la tranquilidad, una manera de escapar de la tiranía y de las cosas desagradables de la vida.

A Zina le gustó su breve estadía en Japón y le hubiera gustado que fuera más larga. Gracias a la medalla de la Orden del Sagrado Tesoro que el emperador Meiji le había otorgado a su padre, los alojaron de una manera digna de un japonés honorario. Zina pensaba que Japón era el lugar perfecto para iniciar una nueva vida, pero ya habían tomado la decisión de seguir el camino de los miles de rusos blancos que habían huido a Shanghái después de la revolución de 1917. Muchos miembros de la alta sociedad de la parte europea de Rusia huyeron a Europa, mientras que miles de personas de la parte oriental de Rusia huyeron a través de Vladivostok a China y se quedaron en Tianjin, Manchuria, Harbin y Shanghái. Para sobrevivir en Shanghái, muchos emigrantes, independientemente de su situación social anterior en Rusia, tuvieron que hacer cosas consideradas no dignas de los europeos, trabajos realizados en general por los chinos. Fueron conserjes, obreros de construcción, maestros, niñeras, bailarinas y prostitutas.

Para los Katzenellenbogen, cuando llegaron a Shanghái la prioridad esencial fue la educación de las hijas. Encontraron un apartamento en 5 *rue Chapsal* de la Concesión Francesa. Zina y Raisa ya hablaban dos idiomas porque habían aprendido francés en Rusia, donde el francés era el idioma de la Corte Imperial y de la alta sociedad en general. La revolución rusa cambió todo para la familia Katzenellenbogen. Mikhail era judío de nacimiento y tenía ambiciones de ser noble ruso. Había trabajado mucho, había hecho el servicio militar ruso, era médico, se había convertido al cristianismo ortodoxo, había sido vicedirector de la duma de *Nikolaevsk-na-Amur*, había recibido una medalla del Zar Nicolás I y también había sido honrado por el emperador del Japón. Al ser refugiados en el extranjero había desaparecido la riqueza, el nivel social y el prestigio de que había gozado este ruso orgulloso junto con su familia. Para que las hijas fueran ciudadanas del mundo, Mikhail y Alexandra decidieron matricularlas en una escuela británica. El Dr. Katzenellenbogen pronto empezó a recibir pacientes en su oficina privada en 21 Nanjing Road y Alexandra empezó a dar clases privadas de piano en la casa. Evgenie, que ahora era parte integrante de la familia, nunca volvió a trabajar fuera de la casa. Cuidaba a Zina y a Raisa y hacía las labores domésticas.

Cuando llegaron a Shanghái, Zina y Raisa tenían ocho y diez años respectivamente, y se adaptaron rápidamente a la enseñanza escolar en inglés. La mejor amiga de Zina era Jane, que estaba en la misma clase y era hija de una pareja china. Eran inseparables, iban juntas a la escuela en bicicleta, se sentaban juntas y con frecuencia hacían juntas las tareas. Durante los años que pasó en la escuela elemental en la ciudad cosmopolita de Shanghái, Zina descubrió que tenía una afinidad natural con los idiomas. El inglés, el francés y el español formaban parte del currículo. Cuando terminó el bachillerato hablaba muy bien estos idiomas. En la casa hablaban ruso y aprendió chino básico de su amiga Jane. Zina era una estudiante excelente y a los 15 años aprobó los *Senior Cambridge Exams* con notas sobresalientes en francés, español y matemáticas.

Siguiendo el ejemplo de Mikhail, que se había graduado de médico en la Facultad de Medicina de París, Zina y Raisa se fueron a continuar sus estudios en la Ciudad Luz. Raisa, que tenía talento para tocar el violín, entró a la prestigiosa *École Normale de Musique de Paris*.

Zina, gracias al éxito de sus *Senior Cambridge Exams*, fue aceptada en la Sorbona. Como el francés no era su lengua materna, primero fue al Liceo Lamartine para perfeccionar el francés. Terminó el bachillerato en 1929.

◊◊◊

CAPÍTULO 4

La vida parisina

El *Lycée Lamartine*, ubicado en 121 *rue du Faubourg - Poissonnière* en el *arrondissement* 9 de París, tenía ese nombre en honor al poeta y hombre de estado francés del siglo XIX, Alphonse Lamartine. El Departamento de Educación de Francia compró el edificio en 1891 y lo convirtió en un liceo para niñas en 1893. Era la escuela perfecta para Zina. Era un entorno en que se alentaba a las jóvenes a pensar en forma libre e independiente y se les daba la oportunidad de ser pioneras y tener metas que trascendían lo que hasta entonces era considerado "apropiado" para las mujeres. Era igualmente importante que les enseñaban valores altruistas y que después de graduarse fueran mujeres socialmente responsables. Con miras a este fin las estudiantes tenían que pasar parte del año escolar participando en proyectos de trabajo voluntario para ayudar a los pobres. El primer título de Bachillerato en Ciencias del *Lycée Lamartine* fue otorgado en 1914. Jeanne Lévy, una de las primeras graduadas y un ejemplo para Zina, representaba lo esencial de alguien que había sido alumna del *Lycée Lamartine*. Más tarde llegó a ser la primera mujer profesora de la Facultad de Medicina de la Universidad de París.

Los seis años (1926-1932) durante los que Zina fue estudiante en París fueron muy especiales. Llegó a la Ciudad de las Luces menos de una década después del fin de la primera guerra mundial, al final de la *Belle Époque*. Era una adolescente precoz y con gran confianza en sí misma. Después de cinco largos años de angustia y austeridad, los años posteriores a la guerra llevaron a un ánimo efervescente en París y los parisinos estaban listos para relajarse y divertirse. La década de 1920 (por lo menos hasta que en 1929 la caída de la bolsa lanzó al mundo a la Gran Depresión) se conoció como *Les Années Folles*, literalmente los años locos. Fue todavía más común decir los dorados años veinte. Jennifer Milligan describe esa época en Francia como la época dorada de la utopía de la oportunidad, en la que todo parecía posible y era fácil tener fama y fortuna. Durante esta década, *La Rive Gauche*, *Montparnasse* y *Montmartre* para muchos fueron los centros artísticos, culturales e intelectuales del universo. Fue la época en que iban a los cabarets, a los salones, a los clubes de Jazz de esos *quartiers* de París personas como Ernest Hemingway, Henry Miller, F. Scott Fitzgerald, Marc Chagal, Josephine Baker, Joan Miró, Jean Arp, Jean Cocteau, Jean Paul Sartre, Gertrude Stein, Sidney Bechet, Aaron Copeland, Eric Satie, Djamgo Reinhardt, Ezra Pound, Isadora Duncan y Pablo Picasso.

La religión siempre fue una parte importante de la vida de Zina, gracias a su madre cristiana ortodoxa, que se ocupó de inculcarle la fe cristiana. Como no tenían parientes en Paris y las hijas estaban viviendo lejos de su hogar de Shanghái, la madre de Zina organizó que vivieran en un convento para poderse beneficiar de la estructura, la supervisión y la orientación espiritual de la madre superiora y de las demás monjas. Zina, que tenía quince años y Raisa, que tenía diecisiete años, pasaron los primeros años viviendo en esa comunidad religiosa en 36 *rue Botzaris* del *arrondissement* 19, al frente del *Parc des Buttes Chaumont*.

Zina estaba consciente de que había llegado a *Gay Paree* cuando la ciudad estaba inundada de *joie de vivre* de *Les Années Folles*. Era una estudiante muy aplicada y no se sentía deseosa (y era realmente demasiado joven para hacerlo) de pasar el tiempo en los famosos cafés y salones que frecuentaban los músicos, los artistas y los intelectuales de los dorados años veinte. Durante los años del bachillerato pasó gran parte de su tiempo libre visitando los *bouquinistes* de la *Rive Gauche*. Le gustaba leer los libros de segunda mano que vendían. Estos anticuarios se convirtieron en una parte importantísima de la vida en París. Ella era una lectora voraz y no tenía mucho dinero para comprar libros, así que se hizo amiga de muchos de los propietarios de esas librerías del borde del río Seine. Con frecuencia le prestaban libros, y por lo general ella se sentaba en los muelles a leer los libros de los autores gigantes de la literatura francesa del siglo XVII - Molière, Racine, Descartes y Corneille, así como también las obras de teatro, los poemas y la prosa de sus autores favoritos del siglo XIX - François Chateaubriand, Alphonse de Lamartine, Théophile Gautier y Alfred de Vigny, mientras subían y bajaban por el río los barcos de turistas *bateaux mouches*.

Sra. Katzen, 1937

Después de obtener el *bac* (grado de bachiller) del *Lycée Lamartine* y empezar a estudiar en la Sorbona, las dos hermanas se mudaron a un *deux-pièce cuisine* (apartamento de dos piezas con cocina) en el segundo *arrondissement*. Ya eran suficientemente mayores como para vivir solas, sin las limitaciones impuestas por una madre superior, y empezaron a pasar gran parte de su tiempo libre yendo a ver las obras de teatro y de *ballet de La Comédie Française* y *L'Opera Comique*. Otra actividad favorita era asistir a los *vernissages* (inauguraciones de las exposiciones) de muchas galerías de arte de París. Durante las vacaciones Zina pudo ganar dinero para ayudar a pagar sus gastos en París trabajando como *au pair* (niñera) y tutora de niños de familias ricas en *Honfleur, Bretagne* y la *Côte d'Azur* (Costa Azul).

Zina se graduó en la Sorbona en 1932 con un título de profesora de ciencias, matemáticas y lenguas modernas. Desde niña había soñado con hacer lo mismo que su ídolo, Marie Curie, que en 1903 obtuvo un doctorado en la Sorbona y luego fue la primera mujer que fue profesora de esta universidad. Lamentablemente Zina tuvo que aplazar el sueño de obtener un doctorado de la Sorbona. Gracias a sus padres, había tenido la oportunidad de estudiar en París, pero ahora tenía que regresar a su hogar a ocuparse de su familia. Su padre había muerto en 1921, cinco años antes de cuando ella se mudó a París, y ahora estaba ansiosa por regresar a Shanghái a trabajar para facilitarles la vida a su madre y a su tía.

La familia había llegado a China en 1919 y pasaron un tiempo difícil mientras se adaptaron y buscaron la manera de sobrevivir en un lugar tan diferente de la vida que habían dejado atrás en Siberia. Adaptarse a una vida nueva había sido especialmente difícil para el padre de Zina. Mikhail pasó de ser uno de los ciudadanos más poderosos e importantes de *Nikolaevsk-na-Amur* a ser uno de decenas de miles de inmigrantes apátridas que se refugiaron en Shanghái. Tenía cincuenta y cuatro años cuando abandonó Rusia con su familia. Era relativamente joven y estaba decidido a aprovechar lo más posible de su nueva vida en China. En 1920 tenía una oficina de medicina general en 12 Nankin Road, donde la mayoría de sus pacientes eran residentes del Asentamiento Internacional y chinos pobres. También estaba mal de salud y murió de una enfermedad desconocida antes de cumplir cincuenta y cinco años.

◊◊◊

CAPÍTULO 5

Regreso a Shanghái

En 1931 los japoneses ocuparon Manchuria. Seis meses después se estableció en Manchuria el estado fantoche de Manchukuo. Japón tenía también concesiones extraterritoriales en Shanghái. A fin de aumentar su influencia en esta zona, el ejército japonés, como manera de justificar una mayor actividad militar en China, supuestamente instigó un incidente en enero de 1932. Unos civiles chinos golpearon a unos monjes budistas cerca de una fábrica en Shanghái. Hubo un muerto y dos heridos graves. Durante los cinco años siguientes de vez en cuando hubo escaramuzas entre el ejército japonés y el ejército chino en Shanghái y sus alrededores. Se puede decir que fue el preludio de la segunda guerra sino-japonesa de 1937.

Zina estaba preocupada por la situación de Shanghái y ansiosa de estar con su madre y su tía. Cuando regresó de París las hostilidades habían parado y la vida de Shanghái casi había vuelto a ser normal. Sus seres queridos estaban seguros, pero el conflicto sino-japonés en realidad era un preludio del futuro. Por primera vez desde que habían llegado a Shanghái huyendo de los bolcheviques sentían que en algún momento talvez iban a tener que irse otra vez a otro lugar. Mientras tanto la vida tenía que continuar. Era una época difícil. En Siberia los Katzenellenbogen habían tenido una cantidad importante de recursos. Al irse de Nikolaevsk habían abandonado gran parte de la fortuna de la familia. Las joyas que se habían llevado escondidas ayudaron mucho a realizar la prioridad esencial: la educación de Zina y Raisa. Mikhail había muerto después de haber trabajado unos años como médico de refugiados apátridas. La Revolución de Octubre había obligado a Alexandra a abandonar la fortuna de la empresa que había heredado de su primer marido y ella empezó a dar clases de piano en su hogar de Shanghái para ganar un poco de dinero.

Después de terminar sus estudios Zina quería empezar su carrera de profesora. Le hubiera encantado quedarse en París para obtener un doctorado en matemáticas y física y ser profesora de la Sorbona, como su ídolo Marie Curie, pero la situación delicada de la discordia sino-japonesa de Shanghái y el deber de ocuparse de su familia la obligaron a regresar a Shanghái.

Desde niña había tenido un enorme deseo de aprender. Tenía gran curiosidad por las personas, los lugares y las cosas, y en eso la apoyaba y alentaba su padre, que la adoraba y siempre se tomaba el tiempo de contestar sus numerosas preguntas. La abnegación de su padre por el servicio a la humanidad la impresionó mucho, y su paciencia y apoyo sin límites le hacían sentir a ella que el mundo le pertenecía. Quería ser como él. Soñaba con ser matemática, química o física y pensaba que sería maravilloso continuar con la labor de Marie Curie, quien había ganado dos premios Nobel. Pero por ahora eso tendría que esperar porque su madre y su tía la necesitaban.

Era una época en que no se necesitaba visa ni pasaporte para ir a Shanghái. Era uno de los pocos lugares de refugio para los judíos que huían del holocausto en Europa. No se conoce el número exacto, pero se dice que antes de y durante la segunda guerra mundial muchos judíos sefardís de Shanghái (como los Sassoon, Ezra, Abraham, Hardoon, Kadoorie) ayudaron a salvar a más judíos del holocausto Nazi que todos los países del Commonwealth juntos. Estos judíos ricos de Bagdad establecieron un comité de refugiados europeos para ofrecer alimentos, educación y servicios sociales a los refugiados judíos. Zina, después de terminar sus estudios en la Sorbona en 1932, consiguió un puesto de profesora en la *Escuela Judía de Shanghái*, una escuela que fue fundada para la cantidad de niños refugiados judíos que estaban llegando a Shanghái. Con ayuda de la directora, la escuela empezó a usar el programa de estudios de Cambridge para preparar a los alumnos para las mejores universidades de Inglaterra. Antes del regreso de Zina, su madre supo que buscaban una profesora de matemáticas. Ahí fue donde el 21 de septiembre de 1933 la Señorita Zenaida Katzen, que tenía 21 años, inició su carrera de profesora. El título era *Sixth Form Mistress* y enseñaba matemáticas, en que ella había obtenido el nivel *A* cuando era estudiante en Shanghái siete años antes.

Era la profesora más joven y tenía apenas tres años más que sus alumnos. Inmediatamente tuvo un gran éxito con ellos y manifestó una elegancia, sofisticación, actitud y *savoir faire* que parecían de una persona mucho mayor. Talvez por lo que más se destacó esta excelente profesora desde el principio de su carrera fue su capacidad de entenderse con los alumnos, que por lo general eran refugiados judíos cuyas familias habían huído de los disturbios políticos y pogromos de Alemania, Polonia, Checoslovaquia, Ucrania y Rusia. Eran jóvenes cuyas vidas ya habían sido afectadas por los horrores inimaginables que tuvieron lugar en Europa en los años anteriores a la segunda guerra mundial. Quizá gracias a la intuición inherente de los profesores excelentes entendió desde el comienzo que no bastaba enseñar a los alumnos a leer, escribir, sumar, multiplicar y pensar independientemente. Hacía más que lo que era su función. Entendía que para ser una profesora eficaz no bastaba tener los conocimientos y la capacidad necesarios, sino que era aún más importante lo relacionado con la actitud con los alumnos. Entendía que los mejores profesores hacían muchos sacrificios y se esforzaban incansablemente por crear entornos positivos para sus alumnos.

No solo les enseñó los principios de las matemáticas puras y aplicadas. Según Isaac Shor, uno de sus primeros alumnos de esa escuela, "se interesaba por la vida personal de sus alumnos sin invadir su privacidad y les ayudó siempre que pudo y lo mejor que pudo". En 1983, cincuenta años después de haber asistido a su primera clase, Isaac describió el impacto que la Señorita Katzen tuvo en su vida y la de su familia:

> *En ese período de mi vida, mi padre, mi hermana menor y yo todavía vivíamos con el trauma causado por la muerte prematura de mi madre, y estábamos en una situación económica muy difícil. Gracias a la 'protekzia' de la Señorita Katzen, su madre, la Sra. Alexandra Katzen, una conocida profesora de piano de Shanghái, me dio el trabajo de copiar textos de música para sus alumnos. Me pagaba 50 centavos por hoja. En esos días se podía comprar por 20 centa-*

*vos un plato de carne stroganoff con arroz en un restaurante chino de Route
Vallon. Despúes de graduarme, la Señorita Katzen me envió alumnos privados
para que les ayudara con las tareas. También ayudó a enviarme a Tsingtao, por
razones de salud, durante mis últimas vacaciones de verano.*

La *Escuela Judía de Shanghái* era un sitio excelente para iniciar la carrera
de profesora. Zina empezó a ser profesora en 1933 y pronto se convirtió
en parte integrante de una comunidad de profesores que estaban creando
las bases de una escuela muy especial. Estaba en una ciudad que no era
común y corriente ni mucho menos, en una época que hay que llamar
extraordinaria. No era una escuela ordinaria. El mundo estaba viviendo
la Gran Depresión y cantidades de refugiados europeos estaban llegando
a Shanghái en vísperas de la segunda guerra mundial.

El hogar de la familia Kadoorie en Shanghái se llamaba Marble Hall.
Era un edificio grande de dos pisos en 64 *Yan'an XI Lu*. Dentro de la
casa, las escaleras y las barandillas eran de mármol. En el primer piso
había un salón de baile y una sala en donde con frecuencia recibía a los
invitados Elly Kadoorie, el padre de Horace.

Sir Horace entendía el papel importante de las escuelas para dar un
sentido de normalidad a las vidas de los niños desplazados y sus familias.
Él y su hermano, Sir Laurence Kadoorie, acabaron dedicando una parte
importante de la riqueza de la familia Kadoorie a causas filantrópicas -
ayudar a los campesinos chinos a mejorar la técnica de criar cerdos, crear
oportunidades para las mujeres en Laos, agua potable en Nepal, clases de
costura para las mujeres de Camboya, préstamos para pequeñas empresas de mujeres en Bangladesh, crear una escuela de agricultura en Pales-
tina, ser pioneros de la educación femenina en Irak, para citar unos
ejemplos.

La Escuela de Judíos era más que un lugar para preparar a los estudiantes para las universidades de Inglaterra. Era un rayo de esperanza
para los niños refugiados que ya habían vivido demasiadas cosas negativas en una época en que parecía que el mundo se iba al infierno.

Horace estaba muy interesado en la escuela y con frecuencia invitaba
a los profesores y a los empleados a su casa en Marble Hall para celebrar
el éxito de los estudiantes. En esas reuniones a Horace le llamó la aten-

ción la nueva profesora joven llamada Zenaida Katzen. Siempre tenía mucha energía y muchas ideas sobre cómo tratar de interesar a sus alumnos. Pronto Horace conoció a Alexandra, la madre de la Señorita Katzen, quien empezó a participar en las actividades musicales de la escuela y muchas veces dirigió el coro con el piano y organizó las actividades musicales, con frecuencia en el salón de baile de Marble Hall.

En junio de 1934, cuando terminó su primer año en la *Escuela Judía de Shanghái*, Zenaida decidió que, en vista de que continuaba el deterioro de las relaciones entre China y Japón y se seguía hablando de la posibilidad de una guerra en Europa, iba a utilizar sus vacaciones de verano para estudiar la posibilidad de trasladar a la familia a los Estados Unidos. Se fue a San Francisco en el barco japonés *Asama Maru* y llegó allá el 25 de julio de 1934. Había organizado pasar unas semanas con el doctor Anton Borokov y su familia. Los Borokov, igual que los Katzenellenbogen, habían huido de Rusia a Shanghái debido a la revolución de octubre de 1917. Se habían ido de Shanghái a California en 1930. El doctor Borokov y el doctor Katzenellenbogen tenían muchas cosas en común. Ambas familias pertenecían a los mismos círculos sociales y los hijos del doctor Borokov, Oleg y Tatiana, eran amigos y compañeros de colegio de Zina y de su hermana.

Zina tenía otra razón importante para ir a San Francisco. Desde su regreso de París, su madre había estado sugiriendo, de manera no muy discreta, que se debería casar. Ya tenía 23 años y casi era una solterona. A Zina no le parecía tan urgente como a Alexandra encontrar un marido. Había mucho que hacer y mucho que ver en el mundo. Pero sería muy interesante ver los Estados Unidos y esperaba que Alexandra se tranquilizaría con la idea de que ella iba a buscar activamente un marido. Zina y Oleg tenían quince años cuando ella se fue de Shanghái a París. Creía haber estado enamorada de él en la escuela primaria y ahora iba a averiguar si ese sentimiento había aguantado el paso del tiempo. Trataron de seguir en contacto por correspondencia cuando ella estaba en París, pero después de que él y su familia se fueron a San Francisco en 1930, dos años antes de que ella regresara a Shanghái, se comunicaron poco.

El viaje a San Francisco en el verano de 1934 indicó que sí era urgente encontrar un marido para Zina. La mayoría de la gente no tenía los recursos ni el deseo de viajar en un momento en que el mundo vivía la llamada Gran Depresión y parecía inminente una guerra en Europa. Zina sí. Durante un tiempo pareció que iba a tener que cancelar el viaje porque había una huelga de estibadores que cerró 2000 millas de puertos de la costa del Pacífico de Estados Unidos, entre ellos los de Seattle, Tacoma, Portland, San Pedro, San Diego y San Francisco. La huelga, que paralizó a San Francisco durante varios días estuvo caracterizada en parte por los disturbios de 'Bloody Thursday' (jueves sangriento) del 5 de julio de 1934 en que hubo dos muertos y sesenta y siete heridos. Afortunadamente para Zina, la huelga terminó ocho días antes de que el barco en que viajaba llegara a San Francisco.

El viaje a través del Pacífico fue una gran alegría. Para Zina la felicidad era viajar en un buque de carga. Prefería eso a viajar en un crucero de lujo. Decidió embarcarse en el *Asama Maru*, que fue el primer barco de pasajeros japonés con motor a diésel. Era importante llegar a San Francisco y regresar a Shanghái a tiempo para el comienzo del nuevo año escolar. El *Asama Maru* era considerado el barco que cruzaba más rápido el Pacífico e iba regularmente a Yokohama, Honolulu y San Francisco, y a veces hacía una escala en Kobe, Shanghái, Hong Kong y Los Ángeles. Zina apreció el placer de viajar en el *Asama Maru*, cuyo interior era parecido a algunos palacios, hoteles y mansiones de los nobles europeos. La parte dedicada a los pasajeros era de la mejor calidad, con madera pulida, buenos comedores, techos de vidrio, cabinas cómodas, bares, una biblioteca, un salón de belleza y una piscina. Cuando ya era mayor descubrió buques de carga que se convirtieron en su transporte favorito porque, como decía, "por lo general tenían buenas bibliotecas y pocos pasajeros con los cuales, en general, es mucho más interesante conversar". Le daban la oportunidad de pasar tiempo en el puente y comer con el capitán y la tripulación. Lo que más le gustaba era viajar por el mar.

Una de las cosas más importantes que aprendió Zina al crecer en una familia adinerada y con buenas conexiones fue lo importante que era tener amigos con buenas conexiones. Tenía mucho valor conocer a las personas apropiadas, pero con frecuencia bastaba dar la impresión de estar bien conectado y tener influencia. En el *Asama Maru* ella se había llevado a San Francisco la medalla de la *Orden del Sagrado Tesoro* que el emperador del Japón le había otorgado a su padre en 1906. Era muy importante poder llevar eso al viajar en un barco japonés. Cuando mostraba la medalla de su padre siempre la trataban como a una reina, el capitán y la tripulación, que se inclinaban ante ella hasta tocar el suelo con la cabeza. El honor que el emperador le había otorgado a su padre también le pertenecía a ella.

Durante la huelga de estibadores, cuando Zina se iba acercando a su lugar de destino, había una gran preocupación en cuanto a si el barco iba a poder entrar al puerto. Por suerte la huelga terminó ocho días antes de la llegada del *Asama Maru* a San Francisco.

Los Borokov eran unos anfitriones maravillosos y le mostraron a Zina su hermosa ciudad adoptiva de la bahía. A pesar de los tiempos difíciles de la depresión, Zina vio muchas cosas interesantes y maravillosas que se habían creado y transformado en San Francisco. Desde la parte superior del nuevo edificio llamado Coit Tower pudo ver cómo se estaba construyendo el puente de la bahía y el Golden Gate. También alcanzaba a ver la isla Alcatraz, donde unos días antes, el 11 de agosto de 1934, el gobierno de Estados Unidos había abierto la cárcel de máxima seguridad para los presos más peligrosos. Ese mismo mes, antes de que Zina regresara a Shanghái, en San Francisco se manifestó una gran inquietud cuando se supo que había llegado Al Capone a Alcatraz. Zina encontró en San Francisco muchas cosas parecidas a lo que había en Shanghái. Ambas eran ciudades hermosas y polvorientas en las que se podía encontrar todo - ópera, ballet, prostitución, lugares para fumar opio, carreras, delincuentes, arquitectura interesante, personas ricas y pobres. Igual que en Shanghái, en casi todas las partes de la ciudad vio filas largas para comprar pan y sitios donde daban comida a los pobres, cosas típicas de la depresión económica. En ese momento 1.250.000 personas en California (la quinta parte de la población del estado) dependían de la asistencia pública.

Al final del viaje Zina se había dado cuenta de que Oleg no iba a ser su pareja. Muchas cosas habían cambiado en los ocho años que habían transcurrido desde que lo había visto por última vez. Tenían la misma edad, pero ella ahora era una mujer mundana y sofisticada, mientras que él no parecía haber madurado mucho. Su madre insistía en que buscara un marido, pero ella se dio cuenta por primera vez lo difícil que era hacerlo, en vista del ejemplo romántico poco realista que representaba para ella el ejemplo de su padre, esa persona tan especial.

Lo más interesante del viaje de regreso a Shanghái en un barco de vapor fue una escala de dos días en Honolulu, en donde al explorar la bulliciosa y diversa ciudad y nadar en la hermosa playa Waikiki pudo echarle un vistazo a lo que es la vida en el trópico.

Zina se sintió contenta al regresar a Shanghái y deseosa de iniciar su segundo año como profesora. El primer año en la *Escuela Judía de Shanghái* había sido difícil pero agradable. Entre otras cosas, el verano le había permitido reflexionar sobre su primer año en el salón de clase.

Enseñar resultó mucho más difícil de lo que había pensado. En el primer año aprendió que enseñar era fácil, pero enseñar bien no lo era porque requería mucha preparación - y estar bien preparada significaba trabajar muchas horas más que las que tenía que pasar en el colegio. En el segundo año esperaba poder encontrar un equilibrio adecuado entre el tiempo dedicado a planificar las clases, corregir las tareas a tiempo, participar en las actividades extracurriculares y ocuparse de sí misma. La madre también la estaba presionando muchísimo para que buscara un marido, pero por ahora los alumnos tenían prioridad para ella. La mayoría de las familias de sus alumnos eran pobres, habían tenido que huir recientemente de su patria, dejar todo allá y empezar con dificultad una nueva vida en Shanghái. Cada uno de los alumnos tenía una historia apasionante y Zina sentía que tenía la obligación de no solo darles clases de matemáticas, sino de hacer todo lo posible para cambiar algo en sus vidas afectadas por la pobreza. Siempre que pudo, pidió ayuda a las familias tradicionales de Shanghái, también a la suya, para tratar de mitigar las dificultades de los alumnos y sus familias que eran refugiados. En ese mundo de locura de la época de la depresión en Shanghái, donde a los refugiados europeos les costaba trabajo conseguir comida, Alexandra estaba cada vez más preocupada por el futuro de sus hijas. Pensaba que Zina no le dedicaba suficiente tiempo a buscar un marido porque estaba totalmente dedicada a la enseñanza. A su juicio, en este mundo tan duro las hijas necesitaban un marido que se ocupara de ellas.

Aunque no era tan rica como antes de huir de Rusia, Alexandra se había convertido en una profesora de piano de gran reputación en los quince años transcurridos desde su llegada a Shanghái. Era de rigor que tomaran clases de piano los niños extranjeros (de Inglaterra, Alemania, Francia, Rusia, Estados Unidos) que vivían en Shanghái. Así Alexandra pudo ganarse bien la vida. Pavel Dvorak, de diez años de edad, nacido en Suifenhe, China, hijo de padres de origen checo emigrados de Rusia, era uno de los niños a los que Alexandra daba clases de piano cuando Zina regresó de la Sorbona. La madre había muerto unos años antes y el padre, Lev Dvorak, estaba encargado de la criar al hijo. Lev Dvorak era funcionario del servicio de aduanas y uno de los numerosos padres del Asentamiento Internacional que enviaban sus hijos a tomar clases de piano con Alexandra.

En el aula Zina intuitivamente entendía a sus alumnos y constantemente trataba de satisfacer sus necesidades. Consideraba que era una suerte enseñar en una escuela donde Sir Horace Kadoorie, fundador de la Asociación de Jóvenes Judíos de Shanghái, estaba a disposición de la directora y de los profesores cuando organizaron una institución con la ética de encarar las diferentes necesidades de los alumnos. Para Horace era claro que Zenaida Katzenellenbogen, la profesora más joven, era una persona especial. Estaba impresionado por la pasión, dedicación y abnegación con que trataba a sus alumnos, y pronto empezó a apoyar muchos de sus proyectos especiales para los alumnos.

Al mismo tiempo, en la casa, Zina hablaba constantemente del trabajo, de la compasión y de la generosidad de Horace con los estudiantes pobres. Alexandra pronto se dio cuenta de que era imposible tener una conversación con Zina sobre su trabajo sin que hablara con gran admiración de todo lo que hacía Horace para apoyar la *Escuela Judía de Shanghái* y a toda la comunidad.

Sobra decir que Alexandra estaba contenta de que Zina hubiera encontrado la profesión de su vida al ser profesora. Pero eso no bastaba. Sin duda Zina tenía que encontrar un marido. Alexandra quería lograr que Zina le dedicara menos tiempo a ocuparse del bienestar de sus alumnos y más a encontrar un hombre. Lo que la preocupaba aún más era la obvia fascinación de Zina con Horace Kadoorie. Con el tiempo empezó a pensar que Zina estaba enamorada de este rico filántropo.

Para Alexandra fue muy desconcertante darse cuenta de esto. Su segundo marido, el buen doctor Katzenellenbogen, era judío cuando nació y luego se convirtió al cristianismo ortodoxo ruso. ¿Debía alentar a su hija a casarse con un judío, inclusive uno que tenía dinero? ¿Estaba Horace también enamorado de Zina? Alexandra no podía estar segura de eso, pero no importaba porque le parecía muy poco probable que esta familia judía sefardí de la alta sociedad recibiera con los brazos abiertos a la hija de una refugiada rusa apátrida. Tenía que buscar de manera más activa un esposo para Zina porque ella parecía incapaz de hacerlo sola.

Talvez incapaz no era la palabra correcta. Después de todo, Zina era una joven sumamente hermosa, bondadosa, compasiva, capaz de conquistar a cualquiera. Pero si Zina estaba realmente enamorada de Horace tenía que superarlo porque Alexandra pensaba que ese amor nunca sería correspondido. En todo caso, según lo que había leído en las páginas sociales, Horace no era el tipo de hombre que se casaba. Además, aun si estuviera dispuesto a hacerlo, su familia poderosa probablemente no le permitiría romper la tradición y casarse con alguien de nivel social inferior y de otra religión. Además, Horace estaba totalmente dedicado a su vida de filántropo. Para él no había nada más importante que su trabajo de filantropía.

Lev Dvorak era un viudo que estaba criando dos niños. Ocupaba el segundo puesto en la oficina de aduanas de Shanghái. Tenía bastante dinero y era un hombre de experiencia e influencia considerable. Era quince años mayor que Zina, talvez no era la pareja perfecta, pero sí adecuada. El tiempo era un factor esencial para Alexandra. De todas maneras, para el bien y para la supervivencia misma de la familia tenía que tomar unas decisiones difíciles, y una de ellas era encontrar un marido para Zina. Decidió que Lev era un buen candidato. Era necesario arreglar un matrimonio, aunque todo indicaba que el corazón de Zina deseaba otra cosa. La vida que llevaban en Shanghái como apátridas estaba llena de incertidumbre. La bolsa de Wall Street acababa de derrumbarse y había sumergido al mundo en una crisis económica que iba a durar un decenio, cada vez era mayor la oposición a la presencia de Japón en China y aumentaban los incidentes violentos entre estas dos naciones. Apenas veinte años después de la primera guerra mundial, el ruido de los sables en Europa era un presagio del comienzo de otro conflicto mundial. Las personas de occidente que vivían en Shanghái, sobre todo los numerosos refugiados apátridas que habían encontrado un lugar seguro en este puerto abierto, estaban angustiados al pensar que una guerra mundial los dejaría atrapados como ratas en un barril en Shanghái a la merced de Dios sabe qué.

Alexandra no necesitaba ver humo para sentir el peligro del incendio y sabía que éste era el momento en que había que planificar una estrategia de salida. No sabía qué futuro los esperaba ni cuál sería su próximo hogar, pero como descendiente de varias generaciones de sacerdotes ortodoxos rusos tenía mucha fe, a la antigua, en que algún lugar de este mundo tan grande tendría un sitio seguro para ella y su familia. Cuanto más pensaba en eso tanto más claro le parecía que el viudo Lev Dvorak, padre de su alumno de piano Pavel, era la vía para salir de Shanghái.

Alexandra era religiosa pero también era una mujer práctica cuya filosofía consistía en que la fortuna favorece a los valientes y nunca esperaba simplemente que las cosas sucedieran. Actuaba para que fuera así. Ya era así a los dieciocho años cuando se casó con Valentin Davidov y lo convenció de aceptar el puesto de médico militar en la parte oriental de Siberia. Tenía la misma actitud cuando posteriormente se casó con su segundo marido, el padre de Zina, Mikhail Katzenellenbogen, poco después de haberse ahogado de forma misteriosa su primer marido en el río Amur. No era por coincidencia que con el tiempo su enfoque testarudo hizo que le pusieran el apodo de "general con faldas".

A Alexandra no le costó mucho trabajo convencer a Lev de que como viudo con hijos relativamente pequeños le convenía en la práctica casarse con su hija. Aunque Zina había soñado con que de adulta iba a enamorarse perdidamente de un admirador joven y buen mozo, entendía que Shanghái en 1934 estaba muy lejos de ser la ciudad de sus sueños. En otro momento, en otro lugar, en un mundo más pacífico, habría sido mucho más difícil convencerla de aceptar el marido escogido por Alexandra para ella. Zina era joven, hermosa e inteligente, pero también era pragmática y entendió de inmediato la naturaleza simbiótica de la decisión sobre la pareja escogida por su madre. Estaba dispuesta a ayudarle a Lev a criar sus hijos. Con la perspectiva de un conflicto mundial, los enfrentamientos cada vez más frecuentes entre los chinos y los japoneses y la llegada de un número creciente de refugiados apátridas, eran contados los días gloriosos de Shanghái. Como Lev trabajaba en la aduana era de esperar que podría ayudar a salvar a la familia cuando llegara el momento de hacerlo.

Sra. Katzen con su hijo (derecha), la hermana con su hija, Shanghái 1937

Zina y Lev se casaron en 1935. En 1937 nació su hijo Fyodor. Poco después, por una orden de traslado de La Aduana Marítima de China, Lev llevó a su familia a Cantón (actualmente Guangzhou), un puerto importante, establecido a mediados del siglo XVIII para que China pudiera controlar el comercio con occidente. Es un puerto históricamente importante del sur y fue por donde China exportaba especies, té, ruibarbo, seda y artesanías que deseaban los comerciantes occidentales.

A Lev le gustaban los retos de la vida de aduanero en Cantón, con una nueva mujer y un nuevo bebé. Zina, por otra parte, extrañaba a su madre, a su tía y a su hermana, que seguían en Shanghái. Durante un período breve trabajó como profesora en Cantón, pero pronto se sintió abrumada al tener que ocuparse también de un bebé recién nacido y ser madrastra de Pavel, que tenía 15 años y Leonid, que tenía 8 años. Empezó a insistir en que volvieran a Shanghái porque tenía que estar cerca de las personas más importantes de su vida. Después de huir de los bolcheviques, los Katzenellenbogen habían tenido muchos momentos difíciles, sobre todo la pérdida de Mikhail. Como había muerto su padre y su hermana Raisa se había casado y tenía su propia familia, a Zina le pareció natural asumir la responsabilidad de ocuparse de la seguridad y bienestar de su madre y de su tía. Lev, que también tenía hermanas y tías en Shanghái, entendía que Zina tenía que estar más cerca de su familia y solicitó que lo trasladaran de nuevo a la Aduana Marítima de Shanghái, y la solicitud fue aceptada. Zina estaba muy interesada en volver a ser profesora donde había empezado su carrera. Extrañaba muchísimo la cultura de la *Escuela Judía de Shanghái* - la risa, el ruido, la energía, la camaradería, la alegría, las desilusiones, los retos tan especiales de enseñar y aprender en esa escuela. El período breve de enseñanza en Cantón, la vida que tuvo allá como ama de casa ocupándose de tres niños y su marido sirvieron, entre otras cosas, para aumentar su deseo de volver a ser profesora. Era joven y no había trabajado mucho tiempo antes de que el matrimonio y el nacimiento de su hijo la alejaran de la sala de clase. La satisfacción sicológica que sintió durante el tiempo breve en que fue profesora era superior a cualquier otra cosa que había sentido hasta ahora. Estaba ansiosa por volver a encontrarse en su entorno ideal.

Cuando regresó a Shanghái, la directora de la *Escuela Judía de Shanghái* la recibió con los brazos abiertos. No había pasado desapercibida la influencia que la joven Zina había tenido sobre sus alumnos y en la cultura de la escuela antes de irse a Cantón.

Durante los dos años siguientes Zina se destacó en la *Escuela Judía de Shanghái* como profesora. Con la ayuda de una *amah* china que se ocupaba del pequeño Fyodor se dedicó totalmente a la enseñanza y pasó mu-

chas horas ayudando a sus estudiantes y participando en todos los aspectos de la vida de la escuela. Se le ocurrió que talvez debería dedicarle más
tiempo a Fyodor, pero se convenció rápidamente de que Fyodor estaba
bien. Estaba en buenas manos con la ayuda de la *amah* china. Sus alumnos, muchos de los cuales eran pobres, la necesitaban más. Si alguna vez
tuvo dudas y se sintió culpable por la cantidad de tiempo que dedicaba a
la educación y a las necesidades sicológicas de sus alumnos, por ser talvez más una madre de sus alumnos que de su hijo y de sus hijastros,
pronto lo superó.

Sra. Katzen, hijo y nana china

Mientras tanto era cada vez más insostenible la situación de Shanghái
causada por el conflicto entre China y Japón y los comentarios constan-
tes sobre la posibilidad de una guerra mundial. Alexandra sabía que si no
se iban pronto acabarían atrapados en Shanghái. Miles de soldados chinos se acercaban desde el sur y el oeste, mientras que se veían buques
llenos de soldados japoneses anclados en la desembocadura del río
Yangtzé Po.

Era hora de partir.

En el *Heyo Maru* - la hermana de la Sra. Katzen con hija en las rodillas y cuñado a la derecha

Gracias sobre todo a la riqueza y a la influencia de Horace Kadoorie la familia pudo obtener visas para diez parientes. En agosto de 1938 Alexandra Katzenellenbogen, Evgenie Azarov (la tía que era enfermera y había trabajado con Mikhail en Siberia y a quien el buen doctor había salvado cuando supuestamente trató de envenenarse y que se convirtió en miembro permanente de la familia), Raisa, la hija mayor de Alexandra, su marido Konstantin y su hija Anastasia se subieron al buque *Heiyo Maru* que estaba en Bund y viajaron a Kobe, Japón. Unos días después, y con más pasajeros, el buque siguió a través del Pacífico hacia América. Después de dejar a unos pasajeros en San Pedro, California, siguieron hacia el sur hasta Valparaíso, en Chile, el lugar de destino de Alexandra y su familia.

El esposo de la Sra. Katzen

Un año y dos meses más tarde, el 23 de octubre de 1939, el resto de la familia se subió al buque japonés *Hikawa Maru* - eran Lev Dvorak, Zenaida Dvorak (es la única vez que ella usó el apellido de casada Dvorak), Fyodor, su hijo de dos años de edad, y los dos hijos del primer matrimonio de Lev (Pavel de 17 años y Leonid de 10 años).

El *Hikawa Maru*

El Hikawa Maru se alejó lentamente del muelle y pasó al lado de una serie de barcos y de buques de guerra japoneses. Zina quería echarle un último vistazo a Bund, a su amada Shanghái, y se acercó rápidamente a la proa del barco. Era la segunda vez en veinte años que estaba en el mar huyendo de una patria amada. Cuando la familia huyó de Siberia ella pensó que se iban a quedar para siempre en Shanghái. A los ocho años de edad había perdido *Nikolaevsk-na-Amur* y ahora, a los veintiocho años, estaba perdiendo Shanghái. ¿Qué iba a suceder con sus alumnos, a muchos de los cuales quería entrañablemente? Por ejemplo, Issac, un chico muy estudioso de trece años de edad, que trabajaba para ayudarle a su padre a ganarse la vida después de la muerte de su madre.

Campañera de clase de la Sra. Katzen de niña

Otro ejemplo era Jane, su compañera de clase y su mejor amiga. ¿Se volverían a ver? ¿Volvería a ver a Horace Kadoorie, el amor secreto de su vida? Él no sabía cómo lo quería. Era el hombre más amable, sabio y generoso que había conocido. Cuando supo que ella se había casado la llamó a Cantón para felicitarla. Ella también lo felicitó y él le contestó que no estaba casado. El matrimonio de un Kadoorie del que ella había oído se refería a su hermano Lawrence. Luego él le envió un hermoso florero chino con un lindo arreglo de orquídeas de su jardín. El recuerdo del perfume le hizo temblar las rodillas. Cerró los ojos, apretó la barandilla y respiró profundamente.

Abrió los ojos y recorrió con la mirada los icónicos edificios de estilo griego y neoclásico que formaban el arco de Bund. ¿Volvería algún día?

Si volvía ¿existiría todavía ese hermoso "museo de arquitectura internacional", los elegantes hoteles, los bancos, los clubes exclusivos, o la guerra los iba a convertir en un montón de escombros? A pesar de que no se veía, ella podía oír en la distancia el ruido de los aviones de guerra y de las bombas que estaban explotando. Adelante podía ver la muchedumbre (rickshaws, peatones chinos y occidentales, vehículos y bicicletas) de la calle Nanjing cuando el *Hikawa Maru* estaba saliendo del puerto. Apartó rápidamente los ojos de la muchedumbre anónima que seguía con su vida, aparentemente sin tener en cuenta la tragedia que se le venía encima, y decidió mirar la torre del edificio de la aduana. Inexplicablemente, estaba cada vez más lejos. Con los ojos fijos en el reloj de la torre, se preguntó cuánto tiempo iba a pasar antes de que el reloj, la torre, el edificio, las rickshaws y los botes de remos desaparecieran para siempre.

Confundida e hipnotizada por esa situación surrealista, no estaba segura de si se estaba alejando de Shanghái o si Shanghái se estaba alejando de ella. Soltó la barandilla y decidió volver a donde estaban Lev y los muchachos. Por su cara corrían las lágrimas. Pero no había tiempo para la nostalgia. La estaba esperando un mundo nuevo más allá del Pacífico. Tenía que secarse los ojos y prepararse para los retos de un nuevo país, un nuevo continente. Empezó a caminar al ritmo del movimiento del barco y recordó lo mucho que amaba el océano. Y los barcos. Y atravesar el océano en barco. Se secó los ojos. En silencio recitó su poema favorito de John Masefield, llamado 'Sea Fever' (Fiebre del Mar). Oía las golondrinas diciendo su nombre. No sabía cuál sería la buena y la mala suerte que la esperaban en el continente americano, pero, como siempre, la consolaba saber que el poder místico del océano le iba a dar toda la fuerza necesaria.

◊◊◊

CAPÍTULO 6

Chile

L ev y sus hijos Pavel y Leonid desembarcaron en Vancouver, Columbia Británica de Canadá.

Lev iba a dejar a los hijos en casa de sus padres, que habían aceptado criarlos por lo menos hasta que terminara la guerra. El Hikawa Maru siguió hasta Valparaíso, donde desembarcaron Zina y Fyodor y siguieron por tren hacia el sur a Puerto Montt, un pueblo fundado en 1853, después de que el gobierno del presidente de Chile Manuel Montt (1851-1861) patrocinó a inmigrantes de Alemania para que se instalaran en esa región. Allí se reunieron con el resto de la familia.

La prioridad de Zina era encontrar un trabajo como profesora. La perspectiva no era buena en Puerto Montt, sitio poco deseable. Por lo tanto, unos meses más tarde los Katzenellenbogen se trasladaron a Osorno, 105 kilómetros más al norte, en la Región Los Lagos, donde se unen los ríos Rahue y Damas. Osorno era la zona principal de agricultura y ganadería, y su patrimonio cultural estaba formado por la influencia alemana, española y güilliche.

Zina era matemática y políglota (hablaba muy bien inglés, francés, español y ruso, y bastante chino). Era una mujer muy competente, pero tenía pocas posibilidades de encontrar un trabajo correspondiente a sus capacidades en esa zona remota de Chile. No se sabe por qué los Katzenellenbogen decidieron instalarse en un sitio tan remoto de Chile, pero no es sorprendente que después de haber huido de la revolución rusa de octubre de 1917 y, veinte años más tarde, de la guerra entre China y Japón y del comienzo de la guerra en Europa, desearan pasar el resto de sus días en un sitio tranquilo y bucólico, lejos de las muchedumbres enloquecedoras. Alexandra, Zina y Evgenie ahora estaban solas. Raisa, la hermana de Zina, que la acompañó a París en 1926 para estudiar música en el conservatorio Cortot, su esposo, el músico Konstantin, y su hija Anastasia se fueron al sur, a Concepción. Mikhail había muerto poco después de llegar a Shanghái. No está claro por qué Lev no se reunió con la familia en Chile después de dejar a los hijos en Canadá. Parece que simplemente desapareció. Ningún pariente pudo decir dónde estaba. Su esposa Zina, su suegra Alexandra y su hijo Fyodor nunca lo volvieron a ver.

◊◊◊

Zina extrañaba ser profesora. Estaba ansiosa por volver a la sala de clase. También tenía que ayudarle a la familia a sobrevivir. Se estaban acabando rápidamente los recursos con los que se habían ido de China. Igual que en Shanghái, su madre daba clases de piano en la casa, pero como no vivían en una zona metropolitana de Chile era difícil encontrar suficientes alumnos para subsistir. Según un pariente, Zina finalmente encontró trabajo como profesora en El Colegio Andrew Carnegie de Santiago, pero pronto se dio cuenta de que no le convenía. Se lo dijo a Alexandra y le advirtió que probablemente iba a buscar otro sitio para enseñar. Alexandra trató de averiguar qué no le gustaba a Zina en ese colegio, pero ella no se lo explicó. Los estudiantes eran como todos los otros estudiantes. Se portaban bastante bien y querían aprender. Con un par de excepciones, sus colegas eran bastante amables. Pero había algo en ese colegio que la hacía sentir muy incómoda. Alexandra conocía bien a su hija y sabía lo exigente que era en cuanto a lo que significaba ser profesora y trabajar en una escuela. Se preguntaba si su hija alguna vez iba a encontrar un trabajo en una escuela donde se podía sentir satisfecha.

'¿Si estás tan descontenta por qué no abres tu propia escuela?', dijo Alexandra cuando Zina se volvió a quejar de la escuela. A Zina eso le pareció una idea brillante. Se preguntó por qué no se le había ocurrido antes. Tenía mucho sentido abrir su propia escuela. Alexandra había logrado manejar bien los intereses financieros que dejó en Siberia su difunto esposo Valentín Davidov cuando se ahogó en el río Amur. Con la competencia de Alexandra para los negocios y su capacidad como profesora, inmediatamente vio las posibilidades. Alexandra era una pianista profesional y Zina pensó en un colegio donde todos los niños podrían aprender música además de las otras materias. Entre las dos podrían crear un colegio excelente. Alexandra y Zina quedaron obsesionadas con esa idea y pasaron los cinco años siguientes planificando y buscando un lugar para hacerlo.

En 1941 los japoneses bombardearon Pearl Harbor. Alemania ya había conquistado gran parte de Europa y abrió un segundo frente de la guerra al invadir Rusia. Chile tenía vínculos estrechos con Alemania y al principio decidió ser neutral, pero en 1943 rompió las relaciones con las potencias del eje y en 1945 finalmente le declaró la guerra al Japón, justo antes de que terminara la guerra. Lo poco que era enviado por vía marítima y las exigencias de la industria americana relacionada con la guerra causó gran escasez de bienes de consumo en Chile y en la mayor parte de América Latina. Zina y Alexandra tendrían que esperar hasta después de la guerra para crear la escuela con que soñaban.

Parece que no hay rastros de la presencia de Zina en Chile entre 1942 y 1945. Según un amigo de la familia, trabajó con los aliados usando sus conocimientos como matemática, políglota y cristología.

En 1946 aparentemente consiguió un préstamo de un hombre de negocios rico de Chile y abrió un colegio en *La Serena*. Esa ciudad está en el norte del país, es la capital de la región Coquimbo y la segunda ciudad más antigua de Chile, después de Santiago, la capital. Le puso el nombre de *Colegio Inglés Católico de La Serena*. Su misión era enseñar inglés como segundo idioma y promover la doctrina de la religión católica.

Ahora que estaba bien instalada en el nuevo mundo, Zina se esforzó por abandonar todos los efectos visibles de su vida anterior en oriente. Cambió un poco su imagen, no tanto como para perder su identidad sino solo lo suficiente para eludir las preguntas concretas inevitables sobre su etnicidad, nacionalidad y religión. Se convirtió a la religión católica y siguió usando el apellido Katzen, la versión abreviada de Katzenellenbogen. Rusia ya no iba a ser el país donde nació. Si alguien le preguntaba, diría que había nacido en Checoslovaquia. Era duro ser siempre alguien sospechoso. Mejor que en América no se supiera que había nacido en Rusia.

El Colegio Inglés Católico de La Serena, fundado por la Sra. Katzen en 1946

El Colegio Inglés Católico se convirtió en su vida, su *raison d'être* (razón de ser). A los treinta y cinco años de edad era relativamente joven, pero en cierto sentido ya había tenido varias vidas. Había sentido mucho dolor, mucha tristeza, mucha alegría, había visto los horrores y la belleza de la vida. Había sido testigo de la destrucción y la miseria causadas por las revoluciones y las guerras. Su fortaleza se la debía a la fe y a "las viejas", como llamaba con cariño a su madre y a su tía, que le habían enseñado lo esencial para sobrevivir.

Estaba feliz de haber sobrevivido los horrores de la revolución rusa de octubre de 1917 y de haber evitado las atrocidades de la guerra entre China y Japón. Estaba agradecida de haber llegado a un lugar pacífico del nuevo mundo y se prometió a sí misma olvidar el pasado. *El Colegio Inglés Católico* representaba una nueva oportunidad, un nuevo comienzo, la posibilidad de hacer algo positivo en este mundo de locura. Iba a enseñar a sus alumnos a leer, escribir, sumar, restar, multiplicar, pensar de manera independiente y a ser generosos. Vivirían en un ambiente de *esprit de corps* (compañerismo), camaradería, trabajo, orgullo, deber y honor. Aprenderían a ser fuertes, a combatir el miedo y la adversidad. Junto con su madre compuso una canción que iba a representar la cultura de su escuela:

Hombro a hombro
Marchamos todos
Orgullosos de nuestro colegio
Y de su nombre;
Contentos y unidos en el deber,
Aprendemos y respetamos nuestro objetivo.
Seguimos adelante, seguimos adelante,
Enfrentamos la vida con valor,
Seguimos adelante;
El éxito va a coronar
El trabajo bien hecho.
Cuando acaben los días en el colegio
Y nos hayamos dispersado
En el pensamiento siempre recordaremos
Los días de trabajo y diversión

El Colegio Inglés Católico empezó con diecisiete alumnos y luego creció y floreció bajo la dirección de Zina. Alejandra se ocupó de todo lo relacionado con la música e Hilda Soto, una bailarina jubilada del Ballet Nacional de Chile, amiga de Zina, dirigió el departamento de baile. Al final de cada año escolar había una fiesta con música, baile y teatro musical. Los deportes también formaban parte integrante del programa escolar y era obligatorio aprender inglés.

La Serena era el lugar perfecto para un colegio privado como *el Colegio Inglés Católico*. En poco tiempo tuvo un gran éxito. Cada año era más larga la lista de los padres que querían matricular allá a sus hijos.

Zina se esforzó para que la escuela siguiera siendo pequeña, para que cada alumno pudiera recibir la atención individual necesaria. Pero gracias a su prestigio, por ser el único colegio de la región donde se enseñaba inglés como segundo idioma y debido a la importancia que se asignaba a la disciplina y a un curriculum exigente, cada vez era mayor su fama.

Pronto los padres y toda la comunidad empezaron a presionar para que la escuela creciera más, y más rápido, de lo que se había previsto. Primero Zina se opuso, pero luego accedió. Acabó siendo la víctima de su propio éxito. En 1960, catorce años después de su fundación, el colegio tenía cuatrocientos alumnos.

La Sra. Katzen, las profesoras y alumnos en el *Colegio Inglés Católico*

Fundar su propia escuela fue un sueño convertido en realidad. Le gustaba mucho el reto de administrarla, pero le parecía que tenía aun más sentido ser profesora. En realidad, era más que una profesora. En el norte de Chile creó una escuela extraordinaria en que aprovechó toda su capacidad y se convirtió en una gran profesora. Como lo dijo una persona muy sabia, cualquiera puede ser profesora, pero es difícil ser una gran profesora. Lo esencial para ser profesora es llegar todos los días. Pero como una gran profesora, para la que enseñar es una vocación, ella hizo sacrificios increíbles, más allá del deber. Los detalles administrativos eran necesarios e importantes, pero ella encontraba la satisfacción en la sala de clase. Alentar, consentir, regañar, acariciar. Ver que se apagaban los bombillos le producía una satisfacción psicológica, lo necesario para aguantar la enorme cantidad de horas que dedicaba en la escuela y en la casa a planificar, enseñar y calificar.

Había dejado a su madre, a su hijo y a su tía en el sur de Chile cuando se fue al sitio remoto del norte llamado *La Serena* para buscar la oportunidad de hacer algo como profesora. El primer año se sintió muy sola. El resto de la familia solo la siguió cuando ella decidió que *La Serena* era el lugar adecuado para fundar su escuela. Si bien le gustaba la región y toleraba el clima, el pueblo le parecía aburrido y sentía que no tenía mucho en común con los chilenos. Casi no tenía amigos y no se había esforzado por conseguirlos. Trabajaba demasiado y no se tomaba tiempo libre para ella misma. Siempre estaba demasiado ocupada y tenía tendencia a tenerse lástima. A veces se detenía a pensar en cuánto añoraba la vida intelectual de París y de Shanghái, que habían sido parte integrante de su existencia. En la región tenía un amigo, el vicecónsul inglés, Victor Goudy, a quien consultaba sobre las cosas importantes. Cuando había un terremoto, cosa frecuente en Chile, se preguntaba si ella y Alexandra habían escogido bien el país en que se refugiaron. Sin embargo, con la ayuda de Alexandra y buenas profesoras, se esforzaron por crear un ambiente propicio en el *Colegio Inglés Católico*, al que los padres de *La Serena* enviaban con gusto a sus hijos. La respetaban tanto que El Municipio de *La Serena* de manera póstuma le puso su nombre a una plaza.

Luego, casi sin advertencia previa, o talvez porque ella estaba demasiado ocupada con el colegio para darse cuenta, las cosas comenzaron a empeorar. Empezó cuando oyó rumores de que en la comunidad había un movimiento que quería apropiarse del colegio.

Los alumnos de su colegio estaban progresando bajo su liderazgo y dirección, y después de seis años el colegio tenía la reputación de ser excelente. Su intención era que la escuela fuera pequeña, pero cedió a la enorme presión de la comunidad para ampliarla, y de repente se encontró en una situación en que los demás pensaban que era demasiado grande para que ella lo manejara sola. Ella estaba de acuerdo. Administrar los asuntos financieros, etc. era más de lo que podía hacer sola, y aunque no lo reconoció, en secreto se sintió aliviada cuando surgió una posible solución. En 1956 la autoridad del municipio propuso que el colegio se convirtiera en una corporación de alianza anónima y recomendó que el arzobispo Alfredo Cifuentes fuera el presidente. En 1958, doce años después de su fundación, el Ministerio de Hacienda, a través de la Superintendencia de Corporaciones, aprobó la propuesta.

Plaza dedicada en *La Serena* en el honor de la Sra. Katzen

El padre de Zina, el doctor Mikhail Katzenellenbogen había sido un hombre muy importante en *Nikolaevsk-na-Amur*. Su madre, antes de huir de Rusia había tenido éxito como empresaria y también había sido influyente. Con la creación y el éxito del *Colegio Inglés Católico* Zina se convirtió rápidamente en una mujer importante de la región.

Dejar de ser la propietaria de la institución que la convirtió en persona destacada fue un golpe para su orgullo y su ánimo. Siendo una profesora inteligente y visionaria, una gran planificadora y organizadora, la jefa, la que tomaba todas las decisiones, le gustaba controlar totalmente el negocio. Entendía que el cambio era necesario, pero eso no evitó que se sintiera traicionada. La comunidad de *La Serena* insistió en que ella siguiera siendo la directora y que continuara con su labor mágica en la sala de clase, pero no estaba claro cómo se iban a dividir las cosas y eso le dejó para siempre un sabor amargo en la boca.

Siguió trabajando en la escuela cuatro años más antes de decidir que iba a buscar un trabajo en otra parte. Fueron los años más difíciles de su vida profesional. Había perdido la autoridad y ya no era propietaria de una escuela de gran éxito, tenía que enfrentar constantemente a personas que 'conspiraban' contra ella, y eso le costaba mucho trabajo. Pensó seriamente en renunciar, pero después de haber creado el *Colegio Inglés Católico* era muy difícil abandonar su 'bebé' a pesar de que se acercaba el 'divorcio'. Se tragó el orgullo porque quedarse le daba la oportunidad de ver y ayudar en la transición para hacer lo posible por mantener intacta la cultura del colegio. Además, era la única persona de la familia que se ganaba la vida y las señoras ancianas dependían de ella.

Perder su escuela la afectó profundamente. Gradualmente se volvió amarga, cínica y hasta paranoica. Se sentía sola y desilusionada y con frecuencia también sentía nostalgia. Extrañaba al grupo de amigos que había tenido en China; sobre todo extrañaba su Reina del Oriente, el apodo de Shanghái en los decenios de 1920 y 1930. Habían transcurrido siete años desde el fin de la guerra y se preguntaba de nuevo cuál había sido la suerte de Jane, su amiga de la infancia, y Horace, el amor secreto de su vida. La familia Kadoorie había sufrido mucho durante la guerra. Perdió gran parte de su fortuna. Sir Elly Kadoorie, el padre de Horace, había estado preso en el campo Cha Pei durante la ocupación japonesa de China Oriental y le habían confiscado gran parte de su fortuna, entre otras su amado Hotel Península, el cual fue usado como cuartel general de los japoneses. En Shanghái, el ejército comunista victorioso confiscó *Marble House*, la mansión de la familia en *Bubbling Well Road*, que aparentemente convirtieron en un centro de adoctrinamiento para niños. Ella se sintió dichosa al enterarse de que Horace y su hermano Lawrence estaban vivos y bien en Hong Kong. Tenía que conseguir la dirección de Horace para escribirle. Recordaba con cariño lo bien que la escuchaba. Lo necesitaba. Seguro encontraría la manera de hacerla sentir mejor, de rescatarla de su desesperación profunda si la guerra no lo había cambiado. Además, podría ayudarle a encontrar a su amiga Jane, si estaba viva.

Horace había visto la labor de la profesora estrella de 23 años de edad cuando había empezado a enseñar en la *Escuela Judía de Shanghái*, y no sabía cómo les había ido a ella y a su familia después de su partida de Shanghái en 1939. Ella había intentado encontrarlo varias veces desde su

llegada a Chile, pero con el desorden del mundo no le había llegado ninguna de sus numerosas cartas. En 1951, doce años después de haberla
visto por última vez, fue una agradable sorpresa recibir una tarjeta postal
de Zina.

La carta con que le contestó fue el comienzo de una larga correspondencia a través de los océanos, mediante la cual el magnate, empresario y
filántropo de Hong Kong y su admiradora secreta, la profesora de Chile,
se pusieron al día sobre sus vidas respectivas posteriores a la guerra.

Zina escribió, 'acabo de oír por la Señora Vera Levy que estás viviendo en Hong Kong. Escribo esta breve nota de inmediato y espero que te
llegue. Si la recibes ¿me puedes contestar? Cuéntame cómo estás. Te he
escrito muchas veces y nunca he recibido una respuesta. Me gustaría mucho saber que estás bien. No escribo más porque no sé si vas a recibir
esta nota ni si vas a contestar. Espero que estés bien. ¡Hasta pronto!'

En menos de dos semanas recibió la respuesta:

'Gracias por la tarjeta del 24 de octubre. Me dio mucho gusto recibirla. Hacía mucho que no tenía noticias tuyas. Con frecuencia me he preguntado cómo y dónde estás. Mencionas que me has escrito muchas
veces y nunca has recibido una respuesta. Siento decir que tus cartas seguro se perdieron, porque si las hubiera recibido naturalmente habría
contestado en seguida.

Sí, ahora estoy en Hong Kong. La situación de Shanghái es abomina-
ble y me fui antes de que llegaran los comunistas. Seguro te interesa saber que ambas escuelas, la de Seymour Road y la Asociación de Jóvenes
Judíos de Shanghái están cerradas, sobre todo porque se fueron la mayoría de los niños. En China hay todavía aproximadamente 1700 judíos, y
espero que la mayoría de ellos se vaya pronto. Esto es uno de los trabajos voluntarios que hacemos mi hermano y yo en Hong Kong. Represen-
tamos al Comité Judío Americano de Distribución.

¿A qué te has dedicado? Supongo que estás enseñando, puesto que
ese es el trabajo de tu vida. Nunca olvidaré lo que te debemos por tu
ayuda al ocuparte de nuestros niños pobres en Shanghái.

¿Qué tal es Chile? Es uno de los pocos países donde nunca he estado. Acabo de regresar de unas vacaciones de dos meses en Australia, un maravilloso país con excelentes posibilidades para cualquier persona dispuesta a trabajar duro.

La situación en Hong Kong no es muy mala, a pesar de que el embargo de Estados Unidos ha causado mucho desempleo. No obstante, ahora se dan cuenta de que Hong Kong es el modelo de la democracia y que si quieren que la gente esté contenta tienen que darle empleo.

Es un hecho que la mayor parte de las cosas que se producen aquí no son enviadas a China sino a Europa, India, y hasta Estados Unidos. Espero que estés bien. Con mis mejores deseos'.

Hacía doce años largos que no había visto a Horace, desde cuando con su familia y miles de refugiados más habían huido de Shanghái. Estaba dichosa de estar de nuevo en contacto con su ídolo, su amor secreto, la persona más importante del mundo entero (talvez con excepción de su madre, su hijo y su tía). En menos de dos semanas ya había enviado una respuesta para ponerlo al día sobre sí misma y su familia:

'No sabes lo feliz que me sentí al recibir una carta tuya y saber que estás bien y seguro. Es típico que te sigas ocupando del bienestar de los demás. No me sorprende oír que sigues ayudando a otros a salir de China y encontrar un hogar mejor en otra parte. Nosotros te estamos agradecidos también por esa misma razón.

Ahora estamos viviendo en *La Serena* donde, como pensabas, estoy enseñando en una pequeña escuela. Es mi propia escuela. La fundé hace seis años sin apoyo financiero ni moral de nadie - lo hice sola, con diecisiete alumnos solamente. Al comienzo fue muy difícil. Aquí nadie me conocía. *La Serena* es un lugar terriblemente anticuado y aburrido, donde parece que todos saben cuál es el apellido de soltera de las abuelas de los demás y cuáles son los antepasados desde Cristóbal Colón. Fue difícil encontrar diecisiete alumnos porque nadie sabía de dónde había salido yo. Sin embargo, me las arreglé para sobrevivir, al final del año tenía cuarenta y cuatro alumnos y pude organizar que mi madre y mi tía vinieran a vivir conmigo en *La Serena*. Antes me sentía terriblemente sola. Ahora estamos bien. Tengo cinco clases y más alumnos de lo que puedo manejar, así que, gracias a Dios, ahora podemos dejar de preocuparnos y vivir tranquilas.

Dices que nunca has estado en Chile. Espero que vengas algún día. Hay lugares del país que son hermosos. Hay montañas cubiertas de nieve como en Suiza, bosques, ríos con truchas y lagos hermosos. Podría convertirse en un país poderoso porque hay muchas posibilidades en el campo de la agricultura, la minería y el petróleo, pero no sucederá debido a la población. Creo que sería imposible encontrar personas más perezosas, sucias y sin principios. Parece que no tienen ni idea de lo que es el honor y hasta la decencia. No puedes imaginar lo que me ha costado enseñarles a los niños de mi escuela lo que es su deber y hasta decir la verdad. A pesar de eso me gusta aquí y, naturalmente, amo mi trabajo. Sólo estoy contenta cuando puedo enseñar y lograr que esos pequeños tengan interés en estudiar y, en algunos casos, el cariño que no encuentran en su casa. Amo a los niños. Al fin y al cabo, son los únicos seres humanos que vale la pena querer.

Te he escrito mucho sobre mí misma. Por favor dime algo sobre ti mismo. ¿A qué te dedicas ahora? ¿Cuál es tu trabajo, cómo es la vida en Hong Kong y, en particular, cómo te sientes? Es un gran alivio saber que no te sucedió nada durante la ocupación en la guerra y que estás relativamente seguro en Hong Kong. ¿Ha cambiado mucho? Lo último que recuerdo de Hong Kong son los lindos paseos en automóvil por la isla. ¿Recuerdas las lindas buganvillas que crecían allá? Cuando veo esas flores aquí siempre pienso en Hong Kong. Por favor escríbeme cuando tengas tiempo. No te puedes imaginar la alegría que me dio tu carta'.

Parece que Horace se sintió realmente feliz de estar de nuevo en contacto con Zina. Como filántropo conocido por haber hecho mucho en beneficio de tantos refugiados apátridas que estaban en Shanghái en los decenios de 1920 y 1930, seguro se preguntaba en particular cuál había sido la suerte de Zina, una profesora estelar de la *Escuela Judía de Shanghái*, después de la llegada de los comunistas, cuando miles de europeos que vivían en Shanghái empezaron a irse. A pesar de la alegría de saber finalmente que ella y su familia estaban bien, en vista de su generosidad y su optimismo natural, se debió sentir algo triste después de leer la carta que en parte tenía un *soupçon* (poquito) de sarcasmo amargo y autocompasión. Nunca vamos a saber cuál fue la reacción inmediata de Horace al pesimismo, la ira, el dolor que expresaba ella en su carta, pero seguro lo sorprendió que se describiera como misántropa. Eso definitivamente no era la joven inteligente, bondadosa, sencilla que había sido profesora en Shanghái y había trabajado con él para ayudar a los niños pobres. Gracias a su espíritu generoso y su compasión, entendió que a pesar de ser todavía relativamente joven (ahora tenía cuarenta años) ella había tenido períodos muy duros al sobrevivir una revolución en Rusia y una guerra en China. Al contestar comentó solo lo positivo y dejó de lado todos los aspectos negativos de la carta:

'Gracias por tu carta larga y sumamente interesante. Te felicito por haber podido fundar tu propia escuela sin ayuda financiera ni moral. Me imagino lo difícil que fue en un país nuevo, sin conocer a nadie y con poco dinero. Las dificultades existen para ser superadas y al hacerlo se fortalece el carácter de la persona. Seguro haces una labor maravillosa al ayudar a los alumnos que, según lo que dices en la carta, parece que necesitan más ayuda que la mayoría de los niños en otros países.

Me alegro de que ahora tu madre y tu tía estén contigo porque seguro te sentías muy sola. No me sorprende que ames tu trabajo y estés feliz, porque la felicidad real sólo se obtiene si se da más de lo que se recibe de la vida. Me imagino lo felices que están los niños en la escuela.

Preguntas por Hong Kong y por mí. Hong Kong ha crecido. Ahora tiene 2,750,000 habitantes. Acoge a refugiados ricos y pobres que huyen de China comunista y, al mismo tiempo, es una vitrina de la democracia. Muchos empresarios que lograron escapar han construido fábricas aquí y les va muy bien. Los trabajadores también están relativamente contentos porque las condiciones son mucho mejores de lo que eran antes en China. Hay más de sesenta tipos de fábricas que envían productos a todos los lugares del mundo, pero muy poco a China.

Lamentablemente, es muy difícil para muchas personas que son muy pobres. Han construido tugurios por el lado de las montañas. Como son casas de madera que están muy cerca unas de otras, hay incendios graves. El miércoles pasado quedaron sin casa y sin dinero 15.000 y ayer otros 50. Propuse que se les ofreciera más tierra para que esas personas pudieran ser pequeños agricultores, pero por ahora es imposible.

Mencionas las lindas buganvillas que viste en Hong Kong. Cuando fui recientemente a Australia traje unos cuarenta tipos de flores y plantas diferentes que en algún momento se van a sembrar a lo largo de las carreteras y las colinas.

Nos ha interesado sobre todo ayudar a los campesinos que han tenido muchas dificultades. La Asociación Kadoorie de Asistencia Agrícola funciona desde hace diez meses. Nuestro objetivo principal es ayudar a los muy pobres. Hay varias aldeas en que cada familia ha recibido gallinas o cerdos gratis de la Asociación. También reciben préstamos sin intereses y otros tipos de apoyo. Estoy seguro de que con nuestra ayuda van a poder ganarse la vida en un año y medio. Esta carta ya es muy larga, así que termino aquí'.

Transcurrieron nueve años sin ninguna o con muy poca comunicación entre Horace y Zina. Cuando reanudaron la correspondencia en serio, en 1960, la situación de Zina en *La Serena* estaba cada vez peor. De hecho, ya estaba lista para tirar la toalla.

'Estuve feliz al recibir tu carta; estupendo recibir tan pronto una respuesta. Naturalmente tienes razón al decir que hay pocas profesiones tan constructivas como la enseñanza. Estoy de acuerdo contigo - si se trabaja en un ambiente agradable. Pero no es así en Chile en general y en *La Serena* en particular. Como lo mencioné en mi última carta, tuve que contratar a cinco profesores nuevos. Entrevisté el doble de esa cantidad, y ni una persona manifestó interés en estimular a los jóvenes moralmente e intelectualmente. Lo único que preguntaban era ¿cuánto pagan? Todos tratan de ofrecer lo menos posible y recibir la mayor cantidad de dinero posible. Los niños no les importan en absoluto, ni se esfuerzan por enseñarles lo que saben, si es que lo saben, lo cual a veces es muy dudoso. Una de estas personas dijo que Hong Kong esta en Japón. Un profesor de francés no pudo sostener una conversación en ese idioma conmigo. Un profesor de matemáticas se puso a temblar cuando le dije que tenía que dar tareas regularmente y corregirlas personalmente después de las horas de clase. En cinco años no les había dado tareas a los alumnos ni una vez en una escuela pública porque le parecía inútil. En cuanto a la disciplina, no les importa llegar una hora tarde o no ir sin avisar. ¿Te imaginas lo bien que lo paso con veintisiete profesores de los que solamente se puede confiar más o menos en dos?

En cuanto a los alumnos, nunca había visto algo más lamentable. Tengo la impresión de que trabajo en una institución de jóvenes enfermos mentales o delincuentes. Es difícil encontrar una mayor cantidad de pereza, estupidez, deshonestidad y falta de interés y encararlo todos los días. Pero esos mismos niños tienen mucha iniciativa cuando tratan de evitar el tener que estudiar o cuando preparan algo desagradable. Las clases empiezan la semana entrante. Todo está listo. Las salas están limpias, los pupitres están pintados y barnizados, hay cuadros en las paredes, libros y juguetes nuevos en los estantes. Una semana más tarde todo estará desordenado y sucio, los juguetes rotos o robados, los cuadros y los libros rotos, sucios y cubiertos de groserías escritas encima de la pintura. Antes de adquirir conocimientos estos niños tienen que adquirir un sentido de la decencia porque no tienen ni idea de lo que es el honor, el deber, la moral, el respeto por las personas y las cosas. Los padres son aún peores. No se puede esperar que ayuden. Hace casi quince años que tengo esta escuela. Es cierto que obtengo resultados ¡pero a qué precio! Mi día empieza a las 6:15 de la mañana y me acuesto a la medianoche. Los niños llegan a las 8 de la mañana y los mayores se van a la casa a las 8 de la noche porque los mantengo aquí para supervisar las tareas y compensar lo que no hacen los profesores. Me tomo 15 minutos para almorzar y 15 minutos para tomar té. El resto del tiempo lo dedico a enseñar, a supervisar el trabajo y los juegos, a hablar con los niños - y después de cenar me dedico a corregir 200 copias por día. Los sábados tengo que entrevistar a los padres y preparar las clases de la semana siguiente y eso me ocupa también casi todo el domingo. Mi único lujo es un paseo los domingos por la tarde. Logro 100% en los exámenes oficiales, pero es pura esclavitud. Talvez puedas entender lo cansada y desalentada que a veces me siento. Es como si estuviera luchando sola contra enormes olas con toda mi fuerza y energía, y sabiendo de antemano que voy a avanzar poco o nada. Cuando era profesora en Francia, en Shanghái y en Cantón era muy diferente. Me encantaba mi trabajo. Ahora con frecuencia me llena de amargura. ¿Te sorprende que quiera un cambio?

Sé que enseñar es parte de mi naturaleza, lo tengo en la sangre, pero temo que no voy a poder hacerlo mucho tiempo más en este país. Siento haber escrito demasiado y con demasiada insistencia sobre este tema, pero sólo estoy contestando lo que dijiste sobre el hecho de que cambiar de profesión me va a hacer sentir infeliz. No quiero dejar de ser profesora. Lo que no puedo seguir haciendo es ser profesora en Chile porque me hace sentir terriblemente infeliz. Iría a cualquier lugar del mundo a ser profesora con mucho gusto en una escuela normal, con niños normales que no me consideren su enemiga. No me siento culpable al pensar en irme del colegio porque mi trabajo ha terminado. La escuela tiene éxito y una reputación espléndida. Una persona competente la puede dirigir sin problema. Nada más sobre este tema.

Por favor escríbeme pronto. Siempre espero con interés y leo con gusto tus cartas. No tengo amigos aquí y tus pequeños sobres azules me alientan mucho y me recuerdan los días felices en la China lejana'.

Impaciente por recibir una respuesta y con gran deseo de contarle sus planes más recientes, ella envió otra carta a Hong Kong:

'Mi última carta fue enviada hace más de un mes. Creo que se fue a otro lugar del mundo o que el hombre de la oficina de correos se robó las estampillas y la tiró a la basura. Es algo que ocurre con frecuencia en América del Sur. Por otra parte, es posible que la hayas recibido y que estés tan aburrido de mis quejas que la tiraste o que la pusiste en el fondo de un cajón para olvidarla lo más rápido posible. A pesar de eso vuelvo a escribir. Si no quieres contestar, no lo hagas. Lo voy a entender.

Las clases empezaron hace un mes y tengo cantidades de problemas causados por 27 profesores incompetentes y 260 alumnos indisciplinados y consentidos. Todos están en las clases que yo dicto y tengo que ocuparme de corregir, supervisar, administrar y otras cosas. Estoy abrumada por todo este trabajo y empiezo a sentir las consecuencias. Tengo el presentimiento de que, si no me escapo pronto, ese monstruo me va a aplastar.

A lo mejor fue por coincidencia o telepatía o una ilusión, pero la semana pasada me enviaron del consulado el Suplemento de Educación del Times y allí vi varias ofertas de empleo como profesora en el extranjero. Era demasiado tarde para hacer una solicitud porque el periódico tenía más de tres meses, pero hay muchas direcciones útiles, así que escribí a algunas - a la Oficina Colonial en Londres, al director de la Asociación de Profesores del Commonwealth y a la Oficina de Empleo de Estados Unidos, preguntando por posibilidades de empleo en cualquier lugar excepto Chile. Espero recibir algunas respuestas interesantes. Si encuentro un empleo me iría de Chile en diciembre, cuando termine el año escolar, ya que el *Colegio Inglés* está funcionando muy bien y mi partida no perjudicaría a nadie. ¿Podrías aconsejarme dónde debo pedir trabajo? Estoy tan cansada de Chile en general y de *La Serena* en particular que aceptaría un puesto hasta en la luna si lo hubiera.

Hay otra cosa que te quiero preguntar. Quisiera ponerme en contacto con una vieja amiga, una chica china llamada Jane Jing. Fuimos juntas al colegio y seguimos escribiéndonos cuando vine a Chile. Cuando empezaron los problemas en Shanghái ella dejó su trabajo en Henningsen Produce Co., se casó con un chino llamado Zeng y se refugió en el interior de China. Prometió enviarme su dirección, pero no lo hizo. Zeng es un apellido muy común y pienso que sería difícil encontrarla. ¿Hay alguna organización a la que me puedo dirigir?'

Horace, el caballero de siempre, intentó mostrarle con tacto el valor de quedarse en Chile y esforzarse por superar las dificultades:

'Puedo entender lo que sientes; es natural. Una persona perfeccionista que enfrenta los problemas que mencionaste naturalmente se siente desilusionada, pero si se superan esos problemas nos fortalecemos y aprendemos a luchar con más empeño por mejorar el mundo en general'.

Horace siempre había sabido que Madame Katzen no iba a dejar de ser profesora - pero para recordarle el valor de su labor incluyó en la carta un relato que había escrito una profesora de Tejas:

La noche anterior había asistido a una reunión extremadamente larga de la Asociación de Padres y Profesores (duró exactamente tres horas). Hoy todo funcionó mal. Mis 30 alumnos de primer grado parecían inquietos todo el día. Las clases de lectura se estancaron completamente; en realidad retrocedieron. El director me llamó a mediodía. Se me había olvidado entregar un informe importante. Parece que no sólo se me olvidó, sino que se perdió. Los dos recreos fueron afectados por el viento y el polvo. Para colmo de males, a mi juicio, se me rompieron las últimas medias de nylon que tenía, antes de terminar el día escolar.

Pero eso no fue todo. Cuando sonó la última campana, entró la Sra. Jones llorando porque su hija María ya no estaba en el grupo de lectura más adelantado. (Este año María había tenido paperas, sarampión y varicela y como la mamá la mantenía en la casa apenas estornudaba, ya había perdido 37 días de clase). Traté de tranquilizarme y, al mismo tiempo, no perder lo poco de buen humor que me quedaba.

A las cuatro de la tarde quería ir a la casa y bañarme para relajarme. Pero hoy era la última reunión de nuestro grado este año. Nos iba a hacer una presentación una persona distinguida que estaba de visita en la ciudad. Habló hasta las cinco de la tarde de la nueva era de la educación y cómo prepararse para ella. Hay que tener una actitud muy profesional. Cuanto más hablaba ella tanto menos profesional me sentía yo. Parecía conocer todos mis pecados secretos de profesora.

Cuando la reunión terminó fui rápidamente al supermercado, donde el precio del pan, la leche y las tajadas de carne cocida no mejoraron mi estado de ánimo. Corrí a la casa, donde me esperaban dos hijos adolescentes, una niña de ocho años y una casa demasiado "usada". Puse el pan y la carne en la mesa para que los chicos comieran, agarré una manzana y me metí en el carro de la familia, y mi marido nos llevó a Amarillo, a unas 50 millas de distancia.

Hoy es nuestra noche de 'regreso a la escuela'. Teníamos una clase semanal en Amarillo, con miras a obtener un máster que ahora exigía la junta de la escuela.

Estaba demasiado cansada para hablar. Me recosté en el asiento del carro y empecé a pensar en mi día. Parecía peor aun que antes. En ese momento se me ocurrió la idea: ¡Iba a dejar de ser profesora!

Hay cosas mejores en la vida y las voy a encontrar, pensé. Voy a escribir un libro...Voy a tener un jardín...Voy a hacer algo ¡Pero no enseñar en una escuela! En la clase de Amarillo me derrumbé en el asiento y ni escuché a la profesora. ¿Para qué? No iba a volver.

La profesora habló y habló. Al fin llegó el descanso de 15 minutos. La amable señora de Spearman que estaba sentada a mi lado me dijo "el otro día vi a alguien que la admira mucho".

Me enderecé, olvidando mi cansancio (¿Un pretendiente olvidado hace tiempos que sigue llevando la antorcha?). Murmuré "Oh", esperando no parecer demasiado interesada.

Escuché con gran interés cuando ella siguió diciendo: "la semana pasada estaba en la estación de autobús, esperando a mi hijo, cuando vi a una mujer mexicana con su hijita. Me dijo que iban a Colorado a reunirse con el padre. La nena estaba en segundo grado y me dijo el nombre de su profesora. Luego sacó una foto, me la mostró y dijo: "ésta es la profesora, a la que realmente quiero muchísimo". Me sorprendió ver que era la foto suya, borrosa y arrugada.

Cuando le dije que yo la conocía a usted, ella le dijo a su madre y ambas brillaban de alegría y parecía que querían besarme.

Traté de acordarme de los alumnos latinoamericanos del último año. Pregunté: ¿Julia? ¿Se llamaba Julia? ¿No? ¿Puede haber sido Adelina?"

'Sí, se llama Adelina,' dijo la mujer de Spearman.

Se enterneció mi corazón al pensar en Adelina. Sus padres habían llegado hacía poco de México. Ninguno sabía hablar inglés, pero parecían felices y estaban muy orgullosos de su única hija. Acababan de dejar los campos de algodón cerca de Lubbock cuando llevaron a la hija a mi clase a fines de noviembre. Adelina llevaba puesto un vestido limpio y almidonado, de segunda mano, y tenía la cabeza agachada con cara de miedo. Era tan pequeñita, tan limpia y tan encantadora que los alumnos la aceptaron en seguida y la mirada de temor fue reemplazada por una expresión de felicidad que nunca la abandonó. Su alegre sonrisa conquistó a todos los presentes.

Era una niña inteligente y estaba leyendo muy bien cuando sus padres la sacaron de la escuela tres meses más tarde. Muchas veces me había preguntado qué había pasado con ella.

Le di las gracias a la amable mujer de Spearman y traté de decirle que lo que me contó era una gran inspiración para mí. No encontré las palabras adecuadas - es más fácil escribir que hablar. Talvez algún día leerá esto y entonces entenderá lo que le estaba tratando de decir.

En el camino a la casa reflexioné en silencio y tomé otra decisión: no iba a dejar de enseñar en la escuela.

He recuperado la confianza y me siento inspirada. Voy a encontrar algo para mis grupos de lectura. Voy a cambiar la manera de tratar a la Sra. Jones, y voy a encontrar ese informe antes de acostarme. Talvez no tengo una actitud profesional al enseñar, pero me contentaré con hacer lo mejor que pueda cada día. No, no dejaré de ser profesora. Ningún libro que escriba, ninguna flor que cultive puede enviarme amor e inspiración en un día gris.

Cuando sea muy vieja y no enseñe a los muy jóvenes siempre me alegrará pensar en la carita de Adelina mostrando con inocencia mi foto a una desconocida en una estación de autobuses. ¿Qué haría si dejara de enseñar?

'Noto que después de leer el Suplemento de Educación del Times has escrito varias cartas pidiendo trabajo como profesora en otros lugares del mundo", continuó Horace. "No me cabe duda de que les gustaría tener la oportunidad de conseguir una profesora que tiene tanta experiencia como tú, pero debes recordar que es posible que no consigas un puesto como directora y entonces puedes encontrarte en una situación molesta si la administración no se hace como te gusta.

En resumidas cuentas, se trata de ser la jefa y tener los dolores de cabeza que conlleva ese privilegio, o tener un cargo menos importante, con menos responsabilidades, pero con frecuencia con la frustración de ver a otros haciendo el trabajo en una forma con la que no siempre estás de acuerdo.

Finalmente logré encontrar a tu amiga Jane Ying. Está encantada de saber dónde estás y seguro te escribirá en un futuro cercano. Te equivocaste al decir que se había casado con un chino llamado Zeng. Su apellido era Zeng y se casó con un señor Ying, quien lamentablemente se murió cinco años después. Tengo entendido que la señora Ying tiene dos hijos, uno en Estados Unidos, y ella tiene que trabajar muy duro para la subsistencia suya y de la familia. Está mucho mejor de salud y tiene un buen puesto con *American International Underwriters*. Su dirección es 27 Nathan Road, Kowloon, Hong Kong'.

'¡Eres una persona maravillosa! Un millón de gracias por encontrar a mi Jane. Es la única amiga que he tenido y no sé cómo agradecerte por haberla encontrado. Seguro te costó mucho trabajo porque te di los nombres equivocados. Probablemente buscaste por todas partes en China y luego la encontraste delante de la puerta de tu casa. Recibí tu carta ayer y la de ella llegó esta mañana. No sabes lo feliz que me puse. Creo que eres el único hombre que he conocido que tiene la rara y hermosa capacidad de hacer felices a los demás.

He recibido varias respuestas a las cartas enviadas a *Colonial Office Overseas Appointments Bureau* y a otros. Todas muy corteses, pero me han dejado deprimida. Parece que nadie me quiere - la razón principal es que no soy ciudadana inglesa ni tengo un diploma de una universidad del Reino Unido. Estoy muy desilusionada porque esperaba recibir una respuesta positiva de algún lugar del mundo e irme de este lugar odioso. Te equivocas al pensar que quiero ser directora. Al contrario. Ni he pensado en pedir ese tipo de trabajo. Es lo último que quisiera. Simplemente quiero ser profesora para dedicar todo el tiempo a los niños, para enseñarles, darles cariño y comprenderlos, cosas que necesitan con frecuencia. De ninguna manera quiero administrar una escuela y tener esa terrible carga que casi no me deja tiempo para hacer lo que tanto me gusta.

Todavía faltan dos respuestas: una de Australia y otra de las Islas de Sotavento. A lo mejor tengo más suerte con esas. Mientras tanto, si oyes que hay una vacante para una profesora en algún lugar, acuérdate de mí. En ese caso puedes contar con que responderé a las mayores expectativas, pues tengo mucha energía y con la experiencia que he adquirido aquí puedo encarar todos los problemas de la educación con éxito.

Una vez más, muchas gracias por tu amabilidad, sobre todo por contestar a mis cartas, pues supongo que estás sumamente ocupado'.

Zina también les había escrito a Jane y a Horace preguntándoles qué pensaban de la posibilidad de que ella consiguiera un puesto como profesora en Hong Kong. ¡Sería maravilloso encontrar trabajo allá, tan cerca de su Jane, su amiga de infancia recién recuperada, y de Horace, el amor secreto de su vida! Como de costumbre, Horace respondió rápidamente y le envió la información que necesitaba para tomar una decisión sobre si debía ir a vivir en Hong Kong:

'Tienes toda la razón cuando dices que es difícil para una persona darle consejos a otra persona sobre lo que preguntas, pero voy a tratar de describir las condiciones generales de este lugar para ayudarte a tener una opinión.

Pasaporte - Creo que probablemente las autoridades de inmigración te permitirían residir en la Colonia si a) tienes un pasaporte válido que, de ser necesario, te permitiría regresar al país que representa y b) tienes los recursos necesarios para comprar un boleto de regreso y no serías una carga para la comunidad, cosa que en tu caso no sería un problema.

Pasaje - En Cooks me informan que un vuelo de Santiago de Chile a Hong Kong vía Vancouver costaría US$ 1.013. - Si viajaras por barco de vapor eso dependería del barco. Hay un pasaje de precio fijo una vez al mes de Valparaíso a Los Ángeles por US$ 565 - Luego el viaje desde Los Ángeles a Hong Kong costaría entre US$ 425 - y US$ 550 - Talvez valga la pena que averiguas lo siguiente:

(1) tratar de encontrar un vuelo "charter" a Hong Kong o al menos parte del camino.

(2) venir en buque de carga. Esos buques en general tienen cabinas para unos 12 pasajeros y si eres buena para navegar y no tienes prisa, puede ser un viaje agradable y tranquilo, y también tendría la ventaja de poder llevar más equipaje que en un avión.

Hong Kong es mucho más bonito que Shanghái. Tiene un puerto magnífico, colinas, playas, etc. Pero hay demasiada gente y siempre es escasa el agua, lo que significa que sólo sale agua de la llave a ciertas horas del día. Los mejores meses son de octubre a enero, cuando el tiempo es perfecto. De febrero a abril hay mucha humedad. De mayo a septiembre hace calor - no tanto como en Shanghái, pero la humedad es de 85% a 100%.

Vivienda - Es difícil pero no imposible encontrar un apartamento. Cuestan más o menos lo siguiente:

(a) Un apartamento con una habitación, baño y cocina - HK$450 - mensuales (aproximadamente US$80)

(b) Un apartamento con dos habitaciones, baño y cocina - HK$550 - mensuales (aproximadamente US$90)

(c) Un apartamento de tres habitaciones con baño y cocina - HK$750 mensuales (aproximadamente US$ 120)

A esto hay que añadir 17.5% de impuesto que se paga al gobierno. El impuesto sobre la renta es 12.5%, pero probablemente aumentará pronto.

Situación política - En este momento todo parece tranquilo y en paz. Creo que probablemente seguirá así mientras le seamos útiles a China, pero hay que recordar que si los chinos se quieren tomar Hong Kong nada se los impide; por lo tanto, hay que estar preparados para irse en algún momento. En ese sentido pienso que sería más seguro vivir en las Islas de Sotavento (aunque sé muy poco de ellas).

Creo que no es correcto decir que tengo influencia en el Departamento de Educación. Sin embargo, apenas recibí tu carta me dirigí al Director de Educación, el Honorable D.J.S Crozier, C.M.G. Te envío su respuesta, que no requiere explicación.

Lamentablemente no te puedo decir cuál sería el sueldo. Eso depende del puesto que ofrezcan. Le di al Sr. Crozier mi opinión personal sobre tu competencia. Sobra decir que es una recomendación sumamente positiva. Yo sólo recomendaría una escuela administrada por el gobierno o financiada por el gobierno.

Espero que lo anterior te ayude a tomar una decisión. Tuviste la experiencia de la llegada de los comunistas a Shanghái y por eso recalqué la situación política. Aparte de toda la información que precede, personalmente recomiendo que lo pienses con mucho cuidado antes de decidir irte de Chile, donde ya tienes una buena reputación. A donde vayas tendrás que empezar de nuevo, y aunque tu experiencia como profesora segura te ayudará, no es lo mismo. Espero sinceramente que mis comentarios te sean útiles y no aumenten tu confusión'.

'Es realmente muy amable de tu parte tomarte el trabajo de responder en forma tan clara y pertinente. Sé que estás sumamente ocupado y lo aprecio mucho - cada vez te debo más. De todas formas, ahora tengo una idea mucho más clara sobre Hong Kong, a través de tus ojos y no solo a través de la visión color de rosa de Jane.

Gracias por la información sobre los pasajes. Aquí me dijeron casi lo mismo. Si hiciera el viaje a Hong Kong lo haría por mar, en el buque de carga con doce pasajeros. He viajado tanto en ese tipo de buque que me siento en casa ahí y ni soñaría con viajar de otra manera. Pero hay que resolver muchas cosas antes de soñar con viajar.

Para empezar por el final de tu carta, sé que es muy sensato lo que dices de que debo reflexionar antes de irme de Chile, pero si supieras lo agotada que estoy con el trabajo de aquí seguro entenderías que quiero irme. Es cierto que tengo una buena reputación y que me respetan todos, pero ¿qué pasa con la otra cara de la moneda? ¿Más de quince horas al día de trabajo agotador, enseñar, corregir, la administración de la escuela entera, la constante tensión nerviosa, la desilusión, la amargura y la responsabilidad? No aguanto más, me tengo que escapar - para bien o para mal. Tengo la impresión de que crees que voy a extrañar ser directora y me voy a sentir, si no humillada, al menos desilusionada al ser solo profesora. Como dicen en Chile - ¡después de ser la cabeza del león voy a ser la cola del ratón!

Lo que naturalmente es muy grave es que Hong Kong ahora es un lugar seguro, pero como dices, no hay garantía de que lo siga siendo, y si lo invaden nadie sabe qué pasaría con personas como yo. El caso de Jane es diferente, habla chino, es china - un hecho que le ayudaría a escapar.

Mi situación sería muy diferente. La situación política es la principal desventaja, si no la única. La segunda podría ser la situación financiera. Según lo que dices y en comparación con Chile, los apartamentos son muy caros, y probablemente lo demás también. Naturalmente, como no sabemos cuánto gana una profesora en Hong Kong, no podemos saber si eso basta para tener una vida decente, y eso me lleva a tu información sobre el Departamento de Educación. Es muy amable de tu parte haber consultado al Honorable D. Crozier e incluir su respuesta - y, una vez más, muchas gracias por todo lo que has dicho. Espero poder estar a la altura de las circunstancias. Ahora mismo le he escrito también a él, dándole detalles sobre mi educación, capacitación y competencia, y preguntándole si hay alguna posibilidad de conseguir un empleo.

Si escuchara solo la razón y la lógica, naturalmente sería más sensato aceptar un puesto en las Islas de Sotavento y olvidarme de Hong Kong. Desde el punto de vista político es más seguro, como es más cerca de Chile es más fácil mudarse para allá y volver cuando termine el contrato si no me gusta. Hasta podría protegerme si dejo aquí alguna propiedad y si no vendo mis acciones de la compañía propietaria de la escuela. Pero no sé nada de esas islas. Parece que la directora está muy interesada en contratarme y está dispuesta a esperar hasta que resuelva todo aquí en diciembre (1960). Tanta paciencia es algo extraño. El contrato es cuestión del gobierno, debe ser un puesto serio, pero puede que sea en una pequeña isla polvorienta con una escuela con techo de hojas de palmera y con unos pocos niños negros como alumnos.

De todos modos, como tengo que dar una respuesta definitiva en unas tres semanas, voy a esperar la respuesta del Honorable D. Crozier antes de firmar un contrato, y ojalá tenga suerte. Sé que sería un golpe duro para Jane si no voy a Hong Kong, pero después de sopesar los argumentos positivos y negativos de tu carta, pienso que sería más sensato ir a St. Kitts. Talvez Jane pueda ir a visitarme y luego podemos pasar nuestra vejez en ese paraíso tropical. Por otra parte, si resulta ser lo contrario, intentaré tener suerte en Hong Kong.

Una vez más, gracias por todo lo que has hecho. Podría haber sido muy feliz al ir a Hong Kong y verte. Todavía es posible que así sea. Si

Dios no lo quiere, supongo que me tengo que resignar. Pero, por favor, si alguna vez tienes un rato libre, mándame unas líneas de vez en cuando, para mantener la amistad. Con mis mejores deseos por tu salud y felicidad'.

Mientras tanto, el Honorable Douglas Crozier (jefe del Departamento de Educación de Hong Kong) contesta la carta de Horace, escrita en nombre de la Sra. Katzen:

'Temo que la carta de la Sra. Katzen (que devuelvo con ésta) no contiene suficiente información sobre su competencia y experiencia para poder indicar con seguridad cómo podría conseguir empleo en Hong Kong. Es obvio que es una profesional competente, pero mucho puede depender de si tiene un título universitario y de lo que enseña. Una profesora con certificado (sin título universitario) con suficiente experiencia puede obtener un trabajo, sin derecho a pensión, en una escuela primaria financiada por el gobierno para niños que hablan inglés, pero talvez no podría lograr lo que se llama condiciones para extranjeros, es decir, vacaciones pagadas en el país de origen, seguro médico, etc.

Para obtener los puestos de más alto nivel en las escuelas secundarias del gobierno, el requisito mínimo es un buen título con diploma de honor, un diploma o un certificado de educación y tres años de enseñanza aprobados. En el caso de temas como música, arte y ciencia doméstica, se acepta algo equivalente.

Si la Señorita Katzen necesita información más detallada sobre los puestos en las escuelas del gobierno, sugiero que escriba a este departamento o a la Oficina Colonial. Los puestos en las escuelas financiadas por el gobierno son ofrecidos por las escuelas mismas y las solicitudes se deben enviar allá. Si lo desea, con mucho gusto le puedo enviar una lista de esas escuelas'.

El 22 de mayo de 1960, Chile fue víctima del peor terremoto que había tenido. Al enterarse de la noticia de este terremoto devastador y del tsunami que siguió, Horace escribió lo siguiente:

'Hemos estado leyendo en los periódicos las noticias sobre los terribles terremotos y tsunamis de Chile, y naturalmente he estado pensando en ti. Espero que tú y tu madre esté bien y que no se haya afectado tu escuela. Me imagino lo ocupada que estás ayudando a las víctimas de los desastres.

Hace dos semanas hubo una inundación en los Nuevos Territorios. Cayeron casi 16" de lluvia en unas pocas horas. Hubo muertos y daños. Se han formado comités de socorro para ayudar a los habitantes de los pueblos y me agrada poder decir que poco a poco la situación vuelve a ser normal.'

'Gracias por tu carta amable y tus sentimientos en medio de esta tragedia, tristeza y confusión. Es un consuelo saber que alguien se preocupa y piensa en nosotros. Gracias a Dios estamos bien, pero en el sur la catástrofe ha sido terrible. Han desaparecido pueblos enteros en la costa debido a las olas, y el terremoto destruyó aldeas enteras. Se han derrumbado casas, enterrando a sus habitantes, porque el primer temblor fue en la madrugada, cuando todo el mundo todavía estaba durmiendo. El sufrimiento de los sobrevivientes es terrible - no hay medios de comunicación, ni luz, ni gas, ni agua, porque todas las tuberías y los canales con desechos explotaron. No había lugar de abrigo seguro, porque siguieron los temblores violentos durante varios días y la gente tenía miedo de entrar a las pocas casas que quedaban. Muchos pasaron la noche en la calle y quedaron mojadísimos por la lluvia, porque en el sur ahora es la época de lluvias. El terrible sufrimiento seguro estuvo acompañado del temor. No sé si has vivido un terremoto. No hay nada que temo más, pues uno se siente sin esperanza y sin poder hacer nada, porque no se puede hacer nada y nunca se sabe cuándo el terremoto va a terminar, si será poco a poco o si habrá un cataclismo.

No se pudo enviar ayuda enseguida porque no había transporte. Quedaron destruidos los puentes, las vías férreas y los aeropuertos. Solo se recibían noticias por inalámbrico y eran terribles. Además, todos los días leían la lista sin fin de los muertos y heridos, y pedían con desesperación noticias los parientes y amigos de todos los demás lugares de Chile. Es realmente maravilloso cómo ha respondido el mundo entero. Hasta mis alumnos querían ayudar y preparamos nueve paquetes de ropa abrigada, zapatos, leche en polvo y otros alimentos, y los enviamos a Concepción con los primeros jeeps que lograron pasar - es una gota en el océano, pero algo es algo. También recogimos y enviamos bastante dinero. Ahora todo ha mejorado. Siguen los temblores, pero son menos fuertes y se están reparando las casas. Sin embargo, las personas que han tenido esta terrible experiencia siguen horrorizadas, nerviosas y enfermas.

Cambiando de tema, recibí una carta del Departamento de Educación de Australia, concretamente de *New South Wales* que no contiene una oferta de empleo, pero sí la promesa de considerar mi solicitud si hay una vacante en el futuro. Espero que salga algo. Todavía no tengo repuesta de las Islas de Sotavento. Supongo que no llegó mi carta porque en la oficina de correos no sabían a dónde enviarla y tuve una discusión con ellos sobre dónde se encuentra ese lugar. Espero que estés bien y no trabajes demasiado. Una vez más, gracias por tu amabilidad'.

Dos meses más tarde Zina escribió:

'Hace siglos que no tengo noticias tuyas. Espero que no sea por problemas de salud sino simplemente por falta de tiempo y la presión del trabajo, y ahora yo te quito más tiempo valioso con otra de mis cartas largas y talvez no muy bienvenidas. Pero soy muy egoísta y, como se trata de algo muy importante para mí, te quito unos instantes libres para hacerte una consulta y abusar de tu amabilidad. Sin hacerlo intencionalmente, tú iniciaste todo eso al encontrar a mi amiga Jane. Te dije que hemos sido muy amigas desde que éramos niñas pequeñas en la escuela primaria. Ahora que ha vuelto a aparecer, estamos encantadas y soñamos con volvernos a ver. Me siento terriblemente sola en Chile, un país en el que, como ya te dije, no estoy nada feliz y de donde he pensado irme muchas veces. Jane está tratando de convencerme de que vuelva con todo lo que tengo a China, o más bien a Hong Kong. Me asegura que voy a encontrar trabajo en una escuela, y hace todo tipo de planes color de rosa para tener un futuro juntas. En cuanto a la situación política, dice que cree que las cosas seguirán como están por bastante tiempo y que no me preocupe por eso. Añade que hay más peligro en Chile por los terremotos y avalanchas. Fue tan convincente que decidí ir a Hong Kong este verano (invierno para ustedes) a verlo yo misma. Antes de aparecer Jane tenía planeado ir a Inglaterra en el verano y a finales del año tendría suficiente dinero para pagar un pasaje de ida y regreso. Después de encontrar a Jane decidí ir a Hong Kong, pero me dicen que cuesta más del doble que un viaje a Inglaterra. Jane encontró enseguida la solución. Dice que como quiero emigrar de Chile de todas formas, mejor hacerlo ahora, comprar solo un pasaje de ida a Hong Kong y no regresar a Chile. Su carta, que recibí ayer, es muy elocuente. Está segura de que voy a encontrar trabajo y sugiere que pida tu ayuda, diciendo que una palabra tuya en el Departamento de Educación de Hong Kong bastaría para que me den empleo en cualquier escuela, y otra palabra tuya bastaría para que las autoridades de inmigración me otorguen una visa de residente. Claro que eso es cierto, pero no me siento con derecho a pedirlo; después de todo, ya hiciste mucho al ayudar a mi familia a irse de Shanghái durante la guerra y has sido muy amable conmigo. Naturalmente sería maravilloso volver a verte y estar cerca de ti.

Para complicar las cosas, acabo de recibir una oferta de St. Kitts, en las Islas de Sotavento. Me ofrecen un contrato de tres años en el Departamento de Educación del territorio, a condición de que asuma el cargo lo más pronto posible. Tengo el problema siguiente: ¿adónde me voy? Me encantaría volver a Hong Kong y vivir cerca de Jane, la única amiga que he tenido, y talvez poderte ser útil a ti - pero no sé si Jane no es demasiado optimista al decir que puedo encontrar trabajo. Por otro lado, tengo un contrato de tres años en St. Kitts, si ellos pueden esperar hasta diciembre, cuando puedo irme de la escuela; sin embargo, no sé nada de esas islas. Claro que, si hubiera recibido esa oferta el año pasado, antes de que se me ocurriera regresar a Hong Kong, la habría aceptado inmediatamente, pero ahora no sé qué es mejor. De lo que sí estoy segura es de que me quiero ir de Chile para siempre - no quiero seguir viviendo con el constante temor de los terremotos, con personas para las que es natural engañar y robar, y donde prácticamente no logro nada, por más que trate, ya que es casi imposible sacar a esos niños de la pobreza intelectual y moral. Me siento cansada, frustrada y desilusionada.

Quisiera saber cuál es tu opinión. Eres muy sensato en cuanto a la política, tienes una visión mucho más clara de lo que es la situación mundial, conoces Hong Kong mejor que nadie y probablemente has oído hablar más de las Islas de Sotavento que yo. ¿Qué harías en mi lugar? Por favor escríbeme y dímelo.

Estamos muy ocupados en la escuela. Agosto es el mes en que tenemos más trabajo. Después empezamos a revisar con miras a los exámenes que nos esperan. No sé adónde se fueron los niños inteligentes. Los que están aquí no sirven para nada. No les interesa nada.

Afortunadamente, no ha habido más terremotos y está controlada la situación de la zona inundada de Valdivia. En el norte, donde estamos, lamentablemente no ha llovido en todo el invierno, lo cual significa que no hay pasto, y eso será muy difícil para el ganado. También hace bastante frío, pero a pesar de eso las rosas están floreciendo por todas partes.

Bueno Señor Kadoorie, termino esta carta y espero ansiosamente recibir pronto una respuesta. Pido tu opinión, pero no debes pensar que si acepto tus sugerencias y luego no estoy contenta con las consecuencias te voy a echar la culpa. Solo pido tu punto de vista. Sé que en esas cosas no se pueden dar consejos, pero respeto mucho tu inteligencia y estoy segura de que encontrarás una solución que no se me ha ocurrido. Disculpa que te quite tanto tiempo'.

El 4 de agosto, el mismo día en que Zina envió esta carta a Horace, también envió una carta al funcionario encargado del personal del Departamento de Educación de St. Kitts-Nevis-Anguilla, en la que le agradecía su carta del 20 de julio y le decía que estaba dispuesta a aceptar que la nombraran profesora del Departamento de Educación del territorio de St. Kitts-Nevis-Anguilla. Le agradecía de antemano y solicitaba información sobre lo siguiente: (1) las materias que tendría que enseñar (2) si sería profesora residente a la que le ofrecerían lugar para vivir o si tendría que buscar un sitio para alquilar (3) aproximadamente cuánto costaba vivir en el territorio y qué porcentaje de su sueldo sería para pagar impuestos.

'Agradecería recibir estas y otras informaciones que me pueda dar porque nunca he ido a las Islas de Sotavento y no tengo ni idea de cuáles son las condiciones de vida allá.

En cuando a la fecha en que podría asumir mis funciones, quisiera hacerlo lo más pronto posible, pero quiero señalar que, como ya lo mencioné en mi solicitud de empleo, estaré libre a partir del final del mes de diciembre. Como soy la directora del *Colegio Inglés*, no me puedo ir antes de que termine el año escolar, lo cual es poco después de la Navidad, ya que Chile se encuentra en el hemisferio sur. Espero que les convenga esa fecha.

Por favor dígame si el certificado médico debe ser de un especialista o si lo puede hacer un médico generalista. También quisiera saber cuándo se debe enviar y si debe estar acompañado por otros documentos como recomendaciones, referencias, copias de diplomas, etc. Espero recibir pronto una respuesta para poder hacer mis planes como corresponde'.

Habiendo tomado la decisión de aceptar el puesto de profesora en St. Kitts, la Señora Katzen se sintió cada vez más impaciente, entre otras cosas por la cantidad de tiempo que le tomó al Ministerio de Educación de St. Kitts responder a sus cartas. Solicitó la ayuda de un amigo muy influyente, A.V. Goudie (OBE) - el cónsul de Inglaterra en la ciudad cercana de Coquimbo, pidiéndole que se comunicara con el gobierno de St. Kitts en su nombre.

El Señor Goodie escribió lo siguiente:

'Estimado Señor, La Sra. Z. Katzen me mostró su carta del 20 de julio de 1960, en la que le dice que, a condición de que el certificado médico sea satisfactorio, se propone que la contraten como Profesora Clase I en el Departamento de Educación.

La Sra. Katzen me pidió que le escribiera porque teme que las cartas enviadas por correo a veces se pierden. Por ejemplo, una carta del Departamento de Educación dirigida a la Sra. Katzen, con fecha 24 de mayo, llegó dos semanas después de la que usted le mandó con fecha 20 de julio.

La Sra. Katzen aceptará con mucho gusto el puesto que usted le ofrece, pero quisiera saber si puede asumir el cargo a finales de este año, cuando termine el año escolar en Chile.

Debo decir que he instado a la Sra. Katzen a aceptar el cargo, aunque tenga que dejar la escuela en que trabaja antes de que termine el año escolar. Pero ella siente que por lealtad a su escuela tiene que saber si el Departamento de Educación suyo podría permitirle aplazar la llegada a St. Kitts hasta finales de este año. De no ser posible, ella tomaría las medidas necesarias para irse lo más pronto posible.

Mientras tanto, por favor envíeme los formularios que se deben llenar en relación con el examen médico y todos los demás formularios que sean necesarios.

Supongo que se va a autorizar que la Sra. Katzen y su madre sean residentes permanentes del territorio. Esto será necesario para obtener las visas para los pasaportes.

Por último, tengo el placer de decir que conozco a la Sra. Katzen desde que llegó al país y, como Cónsul Británico en la Provincia he tenido la oportunidad de observar con frecuencia la magnífica labor que ha realizado en relación con el *Colegio Inglés* en la ciudad vecina de *La Serena*. No solo es una profesora excelente, sino también una organizadora excepcionalmente brillante, ocupa un lugar sin igual en los círculos académicos y es muy apreciada y admirada en las actividades sociales'.

El funcionario encargado del personal en el Ministerio de Educación de St. Kitts escribe:

'Estimada Señora, además de lo escrito en mi carta del 26 de agosto de 1960, me han dicho que le informe que se han reconocido sus obligaciones en su cargo actual y ahora se le ofrece un contrato a partir del primero de enero de 1961.

1. Usted va a trabajar en la *St. Kitts Grammar School* (escuela secundaria). Se espera que le pedirán que enseñe francés hasta el nivel del Certificado de Escuela Superior (G.C.E. - nivel A). También se ha propuesto que usted inicie la enseñanza del español en esta escuela y para eso su trabajo será sumamente útil.

2. La escuela tiene 200 niños que podrían adquirir el Certificado Escolar, y tiene 20 niños y 20 niñas en las clases del Certificado Superior.

3. El gobierno no ofrece servicios de vivienda y los profesores deben organizar eso por su cuenta, pero al comienzo naturalmente se le ofrecerá ayuda para encontrar un sitio apropiado. Para una sola persona un lugar apropiado se puede encontrar en una casa privada por aproximadamente $120 mensuales o menos, según lo que se incluya. Si usted está acompañada por su madre puede alquilar una casita pequeña por $70 o menos, y la comida costaría unos $100. Cuando se ofrece el primer contrato a funcionarios que no son de la Colonia pueden recibir como adelanto, para comprar muebles, la suma máxima de $299, que deben pagar en el plazo de 3 años.

4. Adjunto la información sobre la declaración de renta. Se calcula sobre la base del ingreso del funcionario durante el año anterior, así que usted pagará por cuotas en 1962 lo que debe sobre la base de sus ingresos de 1961.

5. Los formularios médicos están incluidos, deben ser llenados por un médico, y deben ser enviados a la oficina por el médico mismo.

6. Confirmo que podrá entrar a la Colonia como residente permanente, pero tendrá que hacer un depósito de $48 para la solicitud de su madre. Esta suma se reembolsa cuando ella esté lista para irse de este territorio o después de dos años, lo que llegue primero.

7. Mientras tanto, sería útil que enviara las copias originales de su certificado de nacimiento, su certificado de examen o su diploma y su certificado de servicio'.

'Estimado Señor,' escribe la Señora Katzen, 'Muchas gracias por su carta del 30 de septiembre con el formulario para el examen médico. He seguido de inmediato sus instrucciones, me ha examinado el doctor Alonso Moreno esta mañana y probablemente le enviará los resultados al mismo tiempo que sale esta carta.

Incluyo fotocopias de tres de mis diplomas y de dos certificados del Departamento de Educación en que se certifica que he trabajado en *La Serena* como directora y como profesora de matemáticas y lenguas modernas durante los últimos 15 años. El *Colegio Inglés* ha sido reconocido por el gobierno de Chile y tiene la misma situación oficial que las escuelas chilenas. Debo señalar que en todos los documentos oficiales aparece mi apellido completo, Katzenellenbogen, mientras que uso solo la mitad, Katzen, para todo lo demás.

En cuanto a mi certificado de nacimiento, lo siento, pero no lo puedo enviar. La única copia que tenía se perdió cuando me fui de China, y es imposible conseguir otra copia porque nací en Nikolaevsk, una pequeña aldea de Checoslovaquia que fue destruida completamente en la última guerra mundial. Sin embargo, sí tengo un pasaporte y una tarjeta de identidad y, de ser necesario, le puedo enviar la segunda.

Muchas gracias por la información sobre el permiso para que mi madre y mi tía puedan entrar al territorio. Lo agradecemos porque así no tenemos que deshacer nuestra vida de familia y podemos seguir viviendo juntas, como lo hemos estado haciendo hace dieciséis años. Llegaré sola y organizaré la llegada de ellas cuando haya encontrado una vivienda apropiada.

También agradezco la información sobre el pago de impuestos, pero como no menciona el sueldo que voy a recibir no puedo calcular los impuestos, y le agradecería esa información cuando me vuelva a escribir.

Espero que sean satisfactorios los certificados y documentos. Estoy muy interesada en saber lo más pronto posible si me aceptan definitivamente porque tengo que decir aquí que me voy y alistar todo lo necesario en la escuela y mi vida personal, y reservar un pasaje, todo lo cual toma tiempo, y temo que no me queda mucho tiempo para hacer todo bien. Agradecería una respuesta lo más pronto posible'.

Victor Goodie, el cónsul de Inglaterra, también contesta:

'Estimado Señor, recibí su carta del 26 de agosto de 1960 sobre el nombramiento de la Sra. Z Katzen como Profesora Clase 1 en su territorio. Se ha informado oficialmente a la Sra. Katzen de su nombramiento y de que asumirá su cargo el primero de enero de 1961.

Le quiero decir que la Sra. Katzen desea hacer el viaje por barco de vapor de Valparaíso a Panamá y luego por avión a St. Kitts. Su barco, el *Potosí* de la *Compañía de Navegación de Barcos de Vapor del Pacífico* debe llegar a Panamá aproximadamente el primero de enero, pero puede atrasarse unos pocos días. Entiendo que no hay objeción, por parte de las autoridades de su escuela, a que llegue unos días después de esa fecha.

Le ruego que me envíe un comunicado oficial de la oficina de Inmigración indicando que la Sra. Katzen está autorizada a desembarcar en St. Kitts y a ser residente permanente.

Según una carta que recibió la Sra. Katzen del Sr. A.T. Ribeiro, director de la escuela primaria *Grammar School*, la oficina de inmigración pide que yo envíe una declaración que certifique que la Sra. Katzen, igual que su madre y su tía, las cuales desean reunirse con ella cuando haya encontrado un sitio para vivir, no representan ningún "riesgo de seguridad'.

En nombre de las tres señoras, le puedo asegurar que han sido aprobadas en todo sentido y, por lo tanto, quisiera recibir la autorización necesaria para dar una visa a la madre y a la tía cuando la soliciten.

En la carta mencionada del Sr. Ribeiro, dice que las personas que no son ciudadanos británicos tienen que depositar la suma de 100 libras cada una para garantizar que no sean una carga para el gobierno.

Pido que se renuncie a esta norma para estas tres señoras. La Sra. Katzen va a ocupar un cargo con sueldo, y en el caso de la madre y la tía, le aseguro que el limitado ingreso que tiene la madre es más que suficiente para sostenerlas sin el más mínimo riesgo para el gobierno de St. Kitts. Estoy dispuesto a garantizarlo por escrito en cuanto a las tres señoras, y lo haría a nombre personal porque no tengo derecho a dar una garantía oficial del consulado. Aparte de mi función en el consulado, soy uno de los principales comerciantes de la marina mercante en este puerto, donde vivo desde hace casi 50 años. He sido presidente de la Cámara de Comercio local durante 22 años, y soy el Decano del Cuerpo Consular. He sido condecorado por el gobierno chileno con la Orden de Mérito y tengo el honor de ser Oficial del Imperio Británico.

Le ruego que tenga la bondad de contestarme a vuelta de correo para poder transmitir la decisión de sus autoridades sobre lo que le he mencionado. Como falta poco tiempo para que la Sra. Katzen inicie su viaje por barco a Panamá, espero tener el placer de recibir su respuesta en el plazo de 15 a 29 días'.

La suerte estaba decidida. *La Serena* y Chile eran parte de la historia. La Sra. Katzen ya no se iba a tener que ocupar de esos terribles niños ni de sus padres. Cualquier otro lugar del mundo iba a ser mejor. Decidió ir a 'una pequeña isla llena de lodo donde los alumnos eran pequeños niños negros'.

A pesar de que ella no podía aguantar más a esos alumnos perezosos, difíciles, inmorales y groseros, los sentimientos expresados sesenta años más tarde por un gran número de sus antiguos alumnos chilenos dan la impresión de que su descripción probablemente era una exageración de una mujer desencantada y amargada por las circunstancias que fueron la causa de que perdiera el control de *El Colegio Inglés Católico de La Serena*. Ellos no hubieran podido estar más orgullosos de haber tenido la oportunidad de asistir a la escuela que ella había fundado y convertido en una de las mejores instituciones educativas de la región.

Uno de sus antiguos alumnos escribió lo siguiente:

'Para mí y para todos los que tuvimos el honor de ser sus alumnos, Señorita Katzen fue una segunda madre, nos dio toda su sabiduría, su inmenso amor y su afecto, asegurando que todos y cada uno de nosotros se sintiera especial.

Le puedo decir que tuvo una enorme influencia en mi vida. De ella aprendí a ser valiente, a no temerle a la vida, a esforzarme al máximo para seguir adelante enfrentando la adversidad. Fue un gran ejemplo para la vida de todos nosotros. Nos enseñó a ser responsables y nunca la quise desilusionar. Mientras estuve a su lado siempre fui el primero o el segundo de la clase.

La verdad es que no puedo compararla con otras profesoras porque la Señorita Katzen era mucho, mucho más que eso. Era una madre que a uno lo controlaba, le enseñaba, lo educaba con amor, con firmeza, con disciplina, con una humanidad y nobleza incomparables.

Podría contar numerosas historias que reflejan lo que ella era. Por ejemplo, la manera en que nos alentaba a ser lo mejor posible; nos daba medallas que nos hacían sentir orgullosos; organizaba con increíble creatividad y dedicación las fiestas de fin de año; rezaba con nosotros antes de empezar la clase; nos invitaba a almorzar después de nuestra primera comunión. Y después de graduarnos de *El Colegio* todos volvíamos cada 8 de diciembre para reunirnos, y ella personalmente preparaba una torta.

En mi época *El Colegio* sólo tenía hasta el quinto grado. Después teníamos que ir a otra escuela. La Señorita Katzen nos acompañaba cuando tomábamos el examen de admisión y se preocupaba por dónde íbamos a seguir estudiando.

El primer día de clases en mi nueva escuela la profesora de inglés me dio la calificación 1 (la más alta posible). Al salir fui corriendo al *Colegio* a contárselo a la Señorita Katzen. Me dijo que no me preocupara, me tomó de la mano, me llevó de nuevo a mi escuela para hablar con la directora y con mi profesora de inglés. Desde ese momento hasta terminar el bachillerato hice tareas para las otras materias mientras mi profesora de inglés daba su clase.

Un día, cuando tenía siete años y estaba en camino yendo al *Colegio* un pastor alemán (que era un perro gigante para mí en ese momento) agarró mi pierna y me tumbó. Afortunadamente no tuvo la oportunidad de morderme, pero me dejó la huella de los dientes en la pierna. Además de gozar del chocolate que me dio la Señorita Katzen, estuve dichoso al estar sentado junto a ella, sobre su falda, el día entero, mientras ella daba sus clases.

Sólo puedo decir que fui una de las personas que tuvieron la suerte de conocer a esa mujer excepcional. Afectó profundamente mi vida, una vida que ha tenido muchos problemas. Cada vez que pienso en ella, su recuerdo me da aliento. cuando ella estuvo enferma en Chile mis padres la fueron a ver. Yo no pude ir porque mi único hijo había muerto poco antes y yo sabía que, a pesar de la fuerza que había tenido hasta entonces, me iba a derrumbar al llegar al lado de su cama. No podía compartir con ella mi dolor porque sabía que lo sentiría como si fuera el suyo.

Mi amiga, la Señorita Katzen es, ha sido y siempre será una mujer especial y maravillosa. Es una de esas personas que uno conoce solo una vez en la vida. Mi amor, mis recuerdos, mi agradecimiento serán parte de mi vida siempre, hasta el día de mi muerte'.

Otra antigua alumna escribió:

'Tengo cincuenta y siete años. Entré al *Colegio* cuando tenía cuatro años y fui allá durante cinco años. En mi vida personal y profesional, la Señora Katzen no sólo me hizo sentir capaz, sino también amada y valiente. No sé cómo, pero logró dejar una impresión indeleble en lo relacionado con el trabajo bien hecho y siempre con el mayor esfuerzo. Me enseñó a ser muy capaz y a sentirme orgullosa de lo que lograba.

Aún ahora, si tengo que hacer un trabajo (me casé muy joven y no tengo profesión) lo hago con un enorme sentido de responsabilidad. La Sra. Katzen combinaba el amor con la firmeza y no toleraba la pereza. Como profesora tuvo influencia sobre todos los aspectos de mi vida - desde las matemáticas hasta el ballet. Hasta participaba en hacer los disfraces para el festival de fin de año.

Conoció a mi hija Bernadita en su último viaje a Chile y fue muy cariñosa con ella. Me dijo que Bernadita tenía manos grandes y sería una excelente pianista, e insistió en que yo debía asegurarme que tomara clases de piano.

La verdad es que la quería muchísimo. Cuando iba al *Colegio* estaba encargada de llevar su delantal a su oficina. Sabiendo que yo era bastante desorganizada, me preguntaba con frecuencia qué debía hacer y qué quería hacer, enseñándome así a fijar prioridades. Juntas hacíamos una lista de las cosas esenciales y de las menos importantes, que se podían aplazar. Sigo haciendo eso todavía. Reconozco la suerte que he tenido al ser ella parte de mi vida y también me doy cuenta de lo mucho que la quiero'.

Con el paso de los años, Alexandra había visto cómo Zina llegó a ser, como ella misma, una mujer fuerte, orgullosa, con mucha fuerza de voluntad, que sabía cómo luchar por lo que vale la pena. Pero al observar la batalla por la propiedad de *El Colegio*, por la distribución de las acciones, se dio cuenta que Zina iba a perder esa batalla. No le preocupaba tanto el efecto que eso tendría sobre Zina porque era muy resistente. La preocupaba más que Zina hablara siempre de irse de *La Serena*, y no a otra ciudad de Chile sino a Australia, Hong Kong, Sudáfrica o las Indias Occidentales. La intimidaba la idea de irse a vivir otra vez a otra parte, a una edad tan avanzada (ella y Evgenie tenían 74 y 72 años respectivamente).

Y ahora se había decidido que su próximo hogar estaría en St. Kitts, una pequeña isla del oriente del Caribe. Intentaría no preocuparse, porque Zina otra vez era la persona de antes, con deseo de viajar y conquistar mundos nuevos. Adonde fuera la seguirían.

A pesar de estar totalmente desencantada a la sombra de los Andes, Zina no rompió todos sus vínculos con Chile. Iba a dejar allá a su madre y a su tía hasta encontrar un alojamiento apropiado en St. Kitts. No podía imaginar una vida sin sus viejitas y esperaba que no pasara mucho tiempo antes de que pudieran reunirse con ella. Era muy arriesgado firmar un contrato para vivir y trabajar en un sitio que uno nunca había visto. ¿Qué pasaría si no le gustaba? ¿Y si los habitantes de St. Kitts no la recibían bien? ¿Sería capaz de vivir y trabajar en un lugar donde la gente se ve y habla de manera muy diferente a ella? ¿Un lugar donde seguro se destacaría por ser algo muy insólito? ¿Qué pasaría si las cosas no funcionaran? ¿Entonces tendría que ir con sus viejitas de una isla a otra hasta encontrar un lugar adecuado? Eso era una actitud negativa. Por su propio bien y el de Alexandra y Evgenie, que ojalá la acompañaran pronto, tenía que obligarse a pensar sólo en lo positivo.

También estaba Fyodor. Por más que se esforzara no podía abandonar el terrible sentimiento de que le había fallado, que no ganaría el premio de la madre del año. ¿Acaso los enormes sacrificios por ser reconocida, construir una escuela, educar a los niños de *La Serena* se habían realizado a costa de él? Deseaba ardientemente que él llegara a ser médico, como lo había sido su padre y como éste había querido que ella lo fuera. ¿Serían diferentes las cosas si le hubiera dedicado más tiempo a él y menos a los hijos ajenos? Lástima que él no le había hecho caso a ella y no había seguido estudiando en vez de casarse a los 21 años. Si ella hubiera sido capaz de tragarse el orgullo y la rabia para asistir al matrimonio y darle su bendición talvez no se estaría yendo de Chile sintiéndose tan culpable.

Talvez soy demasiado dura conmigo misma, pensó. Después de todo, ella le había enseñado bien, talvez demasiado bien, y ahora la manzana se había caído muy cerca del árbol. Cuando él era muy pequeño ya le había enseñado a ser independiente y fuerte. Durante las vacaciones, cuando otros jóvenes se estaban divirtiendo, él estaba trabajando para tal o cual empresa de minería. Ahora se había convertido en un hombre joven inteligente, trabajador, independiente, voluntarioso, con un futuro brillante, a pesar de que no era el que ella había deseado. Lo quería mucho y sentía que no hubieran tenido mejores relaciones en el momento de su partida. Talvez al trasladarse a St. Kitts la distancia podría ayudar a colmar el abismo creciente que los separaba.

Estaba contenta de haberse tomado unas vacaciones ese año para visitar la mayoría de los demás países de América Latina, ya que era poco probable que regresara pronto a América del Sur, talvez con la excepción de Chile para ocuparse de unas cosas pendientes.

Ahora tenía que pensar sólo en St. Kitts. No había un lugar mejor para eso que un barco de vapor de Johnson Line. Los movimientos del océano siempre habían tenido la capacidad de darle fuerza, aclarar sus ideas y mejorar su estado de ánimo. Tenía que entregarse al poder místico del océano para liberarse del triste pesimismo y amargo cinismo de sus últimos años en Chile. Originalmente había pensado viajar en el *Potosí*, pero ese barco llegó tarde a Valparaíso, y ahora ella estaba viajando más tarde de lo previsto en el *Kenuta*. Estaba preocupada por llegar con atraso a St. Kitts (su contrato de tres años empezaba el primero de enero de 1961) y antes de subir al barco le envió un telegrama a Anthony Ribeiro, el director de la escuela *Grammar School de St. Kitts-Nevis-Anguilla*:

Fecha: 13 de diciembre de 1960.
Salgo hoy de Chile en el barco *Kenuta* hacia Curazao. Allí tomaré un vuelo de K.L.M. Llegaré a St. Kitts aproximadamente el 5 de enero. ¡Feliz Navidad! Katzen.

◊◊◊

CAPÍTULO 7

St. Kitts

Grammar School (Escuela Secondaria) de St. Kitts-Nevis-Anguilla

Para Zina, St. Kitts fue como un renacimiento, una oportunidad de volver a brillar, una oportunidad de mostrar en otro lugar aquello de que era capaz, una oportunidad de mostrar que a los cincuenta años todavía podía transformar profundamente la vida de los niños.

Después de pasar unos pocos días en alta mar ya se sentía renovada, con una nueva energía en todo el cuerpo. Le habían informado que, a diferencia del *Colegio Inglés*, sus alumnos en la *Grammar School* iban a ser muchachos de 14 a 20 años de edad. Nunca había tenido alumnos que no eran blancos y por un breve momento se preguntó si eso iba a ser un cambio drástico para ella y su manera de enseñar. Pero pronto dejó de lado esa idea, lo cual era una señal de que de nuevo prevalecía su espíritu indomable que le había permitido conquistar montañas. Había recuperado su poder mágico. Después de todo, había tenido alumnos judíos y apátridas en Shanghái y en Cantón, y alumnos latinoamericanos en Chile. No había ninguna razón para pensar que enseñar a niños y niñas del Caribe iba a ser diferente, excepto si llegaba a St. Kitts con ideas preconcebidas sobre la diferencia entre la capacidad intelectual de los niños pertenecientes a diferentes grupos étnicos y a diferentes culturas. Ella se negaba a permitirse pensar en esas cosas porque eso significaría que se cumplían las profecías relacionadas con esa manera de pensar.

En el Caribe de los decenios 1960 y 1970 había muchas dificultades políticas, económicas y sociales. En esa época en St. Kitts-Nevis-Anguilla también había un movimiento para democratizar la educación secundaria. El sistema de educación, creado hace más de doscientos años, había sido establecido por la clase dominante, los dueños de las tierras para cultivar la caña de azúcar, y era para educar casi exclusivamente a sus hijos, para los cuales la educación secundaria era un derecho natural de facto. La idea de la educación secundaria universal solo se empezó a aplicar plenamente en 1966, cuando el gobierno de St. Kitts-Nevis-Anguilla aprobó la Ley de Educación, que era básicamente una declaración de guerra al *Eleven Plus Examination* (Examen Once Más[2]), que también se conocía con el nombre de Examen Común de Admisión. Parte del objetivo era eliminar lo que se llamaba 'selección para decidir quién iba a pasar a la educación secundaria y quién no en St. Kitts-Nevis-Anguilla'. En resumen, el objetivo era ofrecer educación secundaria gratis a todos los niños de la edad pertinente. En 1970 el porcentaje de los estudiantes de educación secundaria había alcanzado el 19.5%.

En 1966, cinco años después de la llegada de la Sra. Katzen a la *Grammar School* de St. Kitts, de los 15.801 alumnos inscritos en todas las escuelas, 9.6% estaban en una escuela secundaria[3].

Ella se enamoró inmediatamente de St. Kitts. Era una linda isla tropical, en forma de guitarra, con un volcán no activo, montañas verdes y campos de caña de azúcar que descendían hacia el mar. Estaba feliz de

---

[2] Un producto del sistema de educación británico administrado a los estudiantes (entre 11 y 12 años) en el último año de educación primaria.

[3] Halliday, Joseph J., OBE, 2000. 'La Lucha para Pertinencia del Programa de Estudios'

haber dejado atrás los problemas de Chile y ansiosa por empezar con su poder mágico. Pensaba dedicarle todo el tiempo a crear una revolución en la enseñanza de los idiomas. En poquísimo tiempo ya había organizado un club de francés y español. Los lunes y los viernes, después de terminar el día escolar, todos los caminos llevaban a la casa de la Sra. Katzen para ir al *Círculo Franco-español*. En menos de dos años había empezado a planificar la creación de una sucursal de la Alianza Francesa en la isla.

Horace, sin duda alguna, se convirtió en la persona más importante de la vida de la Sra. Katzen, a pesar de que ella tenía a su madre y a su tía. Por el resto de su vida (St. Kitts fue el último lugar de su trayectoria) tuvo un papel importante en su vida personal y profesional. Le suministró los recursos necesarios para ofrecer a sus alumnos una experiencia increíble al aprender idiomas - recursos que ella utilizó para pagar comida, ropa, matrículas y lo que costaba el *Cambridge Exam* para los más pobres. Ella le mandaba regularmente información a Horace sobre el progreso de los alumnos a los que había escogido para que se beneficiaran de su filantropía. Él estaba enterado de prácticamente todo lo que tenía que ver con su vida en St. Kitts. A pesar de lo ocupada que estaba con su trabajo de profesora y con cuidar a su madre y a su tía, siempre encontraba un momento para escribirle a Horace. Durante los cuarenta años siguientes lo tuvo al corriente con sus comentarios sobre la vida en la isla. Él se enteraba de su trabajo, del tiempo, de la fábrica de azúcar - la cantidad de toneladas de azúcar que se producían cada año y la importancia que eso tenía para la economía local; sus perros y gatos, sus alumnos, los huracanes, la pobreza, la política de la escuela y de la isla, las sequías, su automóvil, la salud de la madre y de la tía, su jardín y las relaciones raciales.

Igual que en el colegio de Chile, Madame dedicaba mucho tiempo y energía al progreso de sus alumnos, para los cuales era más que una profesora de idiomas. Les ayudaba a encontrar empleo, los asesoraba cuando empezaban a ir a la universidad y en muchos casos, gracias a Horace, ofreció asistencia financiera a sus familias.

1963

"Creo que soy la profesora más feliz del mundo hoy. Esta mañana llegaron los resultados del Certificado Escolar de Cambridge y del 'G.C.E.' y aprobaron todos mis alumnos de francés - no solo aprobaron, sino que tres recibieron nota sobresaliente y los demás recibieron créditos. Me siento muy orgullosa de poderte decir que entre los que recibieron nota sobresaliente está Morris Archibald. Recordarás que te escribí que sería conveniente que aprendiera francés porque si conseguía una beca para ir a la universidad el año entrante iba a necesitar el certificado 'G.C.E.' de un idioma extranjero. En enero de 1962 empezamos con el francés. Después de trabajar duro durante un año tomó el examen en diciembre de 1962, al mismo nivel que los estudiantes que habían estudiado cinco años y, como ves, sacó la calificación sobresaliente. Considero que es un gran éxito y espero que le vaya igual de bien cuando tome el examen para obtener el Certificado de la Escuela Superior. Emanuel Moses también obtuvo el certificado y, por lo tanto, nuestros 'ahijados' se han portado sumamente bien. Seguro te sentirás satisfecho al ver que tu ayuda está dando resultados".

La tradición de llevar a los alumnos al extranjero para enriquecer la experiencia de estudiar un idioma empezó en 1962, un año después de su llegada a St. Kitts.

"Te envío estas fotos del viaje a Martinica con mis alumnos de francés, con sus diferentes trajes elegantes. Temo que la de los que tienen un vestido de baño hacen pensar en Tarzán y los Monos, con el pequeño rubio que está en el centro como Tarzán. Pero su aspecto realmente no significa nada. Considero que son tan buenos como los chicos blancos de la misma edad, y algunos son hasta mejores. La foto de los estudiantes en uniforme es de cuando fuimos a ver al *Préfet* para agradecerle oficialmente su amabilidad. Me pregunto si reconoces a tus *protégés* (protegidos).

También incluyo 'The Sixthformer', una especie de periódico publicado por nuestra 'sixth form' (sexta forma). Lo escriben y lo imprimen ellos mismos con la antigua impresora que alguien donó; a eso se debe la mala calidad del papel, de la tinta, etc., pero lo mando porque contiene un artículo de Morris Archibald con el título 'Mi Primer Examen de Matemáticas' y con la firma Matemático. No tiene ningún valor literario por tener un estilo demasiado florido y artificial, pero te da una idea de que si conoce bien el idioma, porque si bien se supone que el inglés es el idioma oficial, a veces no parece ser así. Parece una paradoja que todos estos candidatos a la escuela superior aprobaron el examen de francés, pero tres de ellos no aprobaron el de inglés. Por lo tanto, no pudieron obtener el certificado.

Martinica 1962

Martinica 1962

Espero que se haya acabado el período de sequía y que los campesinos estén más tranquilos. Aquí también ha estado muy seco y desafortunadamente hubo un incendio terrible en que se quemaron 53 hectáreas de caña de azúcar. Eso representa una gran pérdida y tendrá repercusiones económicas para los trabajadores".

"Acabo de recibir mi copia del *Reader's Digest* del mes de junio y me encantó leer el artículo sobre tu maravillosa labor. Estoy contentísima de que todo el mundo sepa, se dé cuenta, admire y aprecie lo que has hecho. Hay personas ricas en el mundo que dan dinero a obras de caridad, pero ninguno ha dado tanto como tú, nadie se interesa tanto por las personas mismas, y esa es tu verdadera generosidad; las palabras amables, la sonrisa, el aliento, la alegría, el tiempo y la atención personal que siempre has dedicado a los que reciben tu ayuda, todo eso es mucho más valioso que el dinero mismo. He pensado en ti todo el día - no es que necesite este artículo para acordarme de ti, porque pienso en ti constantemente - pero hoy de cierta manera te he sentido más cerca y eso ha facilitado mi trabajo. Especialmente cuando esta tarde llegó tu carta del 11 de junio y me siento mejor en lo que se refiere al cheque que enviaste para el viaje de los alumnos de español.

Incluyo un boleto para nuestra fiesta. Espero que pienses en nosotros y nos desees suerte ese día. Hemos anunciado el espectáculo por radio. Desde el año pasado tenemos una estación inalámbrica propia, aunque funciona solo unas pocas horas al día. Dicen que mañana saldrá algo en la prensa local y por eso te enviaré mi carta sólo después de que se publique para incluirlo. Esta tarde los muchachos van a salir a tratar de vender boletos. Es el primer día después de los exámenes de prueba, así que tenemos que empezar enseguida a preparar el espectáculo, antes de que lleguen los resultados y se desanimen algunos alumnos. Los cantos y bailes se están ensayando con gran entusiasmo. Espero que esta actividad tenga éxito; todo este trabajo y movimiento me ayuda a no pensar en las cosas desagradables, así que cruzaré esos puentes cuando llegue a ellos.

La situación del agua en Hong Kong parece espantosa. En la isla holandesa de Curazao parece que se puede obtener agua dulce del agua del mar. ¿No se puede hacer lo mismo en Hong Kong? Aquí otra vez dejó de llover, así que las plantas se están secando y tienen un aspecto deplorable".

Cuando Horace se enteró de que ella iba a tomarse un poco de tiempo libre para regresar a Chile para un tratamiento médico, le mandó enseguida un cheque.

"¿Qué puedo decir? Acaba de llegar tu maravillosa carta cariñosa y no encuentro palabras para contestarte y expresar mis sentimientos profundos. ¡Tienes una amabilidad sin límites, un tacto infinito y una delicadeza que me hacen sentir muy honrada de ser tu amiga! No te imaginas el consuelo y aliento que es saber que hay alguien que piensa en mi bienestar, aunque esté al otro lado del mundo. ¿Cómo podría entender mal tu carta sabiendo con qué noble espíritu la escribiste? Esa carta es un tesoro, hay que leerla una y otra vez en todos los momentos difíciles porque saber que hay una persona tan excepcional como tú en el mundo es algo que sostiene la fe y ayuda a sobrevivir los tiempos difíciles.

Con tu comprensión e intuición viste de inmediato la causa de todas mis preocupaciones - mi madre y mi tía. Odio escribir cartas largas y quitarte tanto tiempo, pero quiero escribirte con franqueza para que sepas cómo están las cosas.

Tal como lo supones, no soy rica ni mucho menos, aunque mi sueldo es mucho mejor que el que podría tener en Chile. Lamentablemente no tengo derecho a una pensión, pero mientras pueda trabajar nos las arreglamos. Hasta pude ahorrar y comprar un pequeño terreno. El viaje a Chile será financiado de conformidad con el contrato, ida y regreso, así que no lo tengo que pagar. Además, de conformidad con el contrato, seguiré recibiendo el sueldo durante mi ausencia; el director me prometió ayudar a conseguir tres meses de pago adelantado, suma que dejaré aquí para mis viejitas - eso bastará de sobra para ellas y para Charles Archibald, quien vivirá con ellas durante mi ausencia. Naturalmente no sé lo que costarán mis operaciones, pero espero poder pagar eso con el alquiler de la casa que tengo en Chile. Pedí que me depositaran ese dinero en un banco allá desde que supe que iba a necesitar esas operaciones. Si ese dinero no basta, porque el alquiler es mínimo, venderé la casa. Hace rato que lo quiero hacer, pero el valor del peso chileno ha disminuido tantísimo que yo no obtendría ni la quinta parte de su valor si ahora cambiara ese dinero por una moneda extranjera. Ya que el hospital y las operaciones se van a pagar en pesos chilenos, supongo que bastará lo que voy a recibir. Como ves, la situación financiera no es tan mala. Además, siempre pienso que si Dios te regala la vida también te dará la oportunidad de ganártela. Y esto me lleva a lo esencial. Si bien según mi médico chileno tengo una vitalidad excepcional y nueve vidas, como un gato, y también la voluntad para recuperarme rápidamente, una operación es un riesgo y uno nunca puede estar seguro del resultado. Por favor, no pienses que creo que no me voy a recuperar. Confío en que sí, pero no tiene nada de malo planificar y arreglar todo. Mi hijo es independiente, así que no me tengo que preocupar por él; los Archibald y Maurice, gracias a ti, terminarán sus estudios y se podrán sostener. Espero que el primero obtenga una beca. En cuanto a Maurice, creo que el director le va a ayudar. Quedan solo mis dos viejitas. Están en plena posesión de sus facultades y tienen más energía que muchos jóvenes, a pesar de que una tiene 78 años y la otra 76, pero son muy viejas y frágiles y me horroriza pensar en lo que pasaría si se quedaran solas. Naturalmente regresarían a Chile y venderían todo lo que tienen aquí, especialmente el pequeño terreno, y con eso pagarían sus pasajes y les sobraría un poquito de dinero. Mi hijo y mi hermanastra[4] las cuidarían los pocos años que les quedan. Pero no sé si recibirían la atención y el afecto que necesitan.

No pienses que soy mórbida, por favor; he escrito todo esto para que conozcas plenamente las circunstancias y estés de acuerdo con que lo financiero está resuelto. Creo que sí, pero nunca olvidaré tu maravillosa amabilidad y consideración. Me gustaría ser capaz de escribir suficientemente bien para agradecerte debidamente, pero cuanto mayores son mis sentimientos tanto menores es mi capacidad de expresarlos. ¡Perdóname! Sólo puedo decir que siempre estás en mi corazón y, si los deseos se convirtieran en realidad, tendrías toda la felicidad del mundo, pues es lo

---

[4] Sra. Katzen refería a su hermanastra Raisa como su hermana.

que te deseo de todo corazón. Espero regresar aquí y que algún día tengamos la felicidad de ver que vienes de visita, aunque sea por uno o dos días, de paso, en uno de tus viajes a Inglaterra. No te imaginas lo felices que nos sentiríamos todos.

Esta carta es demasiado larga, pero todavía hay muchas cosas que quisiera decirte sobre nuestra fiesta y el gran éxito que tuvimos. Te escribiré sobre eso dentro de unos días, ya que vamos a repetir el espectáculo porque no cupieron todas las personas en la sala. Cuando todo termine te daré los detalles y el informe financiero".

"Todos los días de la semana pasada quise escribirte, pero siempre pasó algo que lo impidió, a pesar de tantas cosas que te quiero contar.

En primer lugar, nuestro concierto. Te mando un programa de la Gran Fiesta y Velada para que tengas una idea de lo que estoy tratando de describir. Todo fue un éxito enorme, todos los actores estupendos, el tiempo muy agradable (al día siguiente llovió tanto que nadie pudo salir), los muchachos se esforzaron tanto por vender boletos y hacer propaganda para el espectáculo que veinte minutos antes de empezar la función la sala estaba llena y no pudimos dejar entrar a todos los que querían. Desafortunadamente los que llegaron temprano fueron jóvenes que pagaban sólo 50 centavos, pero logramos la suma sin precedentes de $360, una suma récord para el espectáculo de una escuela.

A todos les gustaron las canciones francesas, y lo que más entusiasmó al público fueron las canciones y el baile de la *Samba-Tarantelle*, que yo recordaba de mis lejanos días de estudiante y de lo que enseñé a los niños y a las niñas unos pasos que solíamos bailar hace años en nuestras reuniones. Las canciones en inglés, que son muy populares entre los jóvenes de todo el mundo, causaron gran entusiasmo y recibieron muchos aplausos las tres niñas a las que mi madre ayudó a practicar las piezas que tocaron en el piano. Las canciones en español fueron presentadas brillantemente, acompañadas por guitarras y castañuelas, y el baile chileno se tuvo que repetir dos veces. Tuvimos unos momentos muy divertidos al preparar la función. Hicimos los trajes en mi casa, pero lo esencial para los niños eran las espuelas. Lamentablemente en St. Kitts no se puede tener caballos y menos aún espuelas; la profesora que enseña a trabajar con metales fabricó unas que se parecían bastante a las originales. Lo difícil era que no se cayeran, así que decidió unirlas a los tacones de los zapatos. Ahora va a la escuela sólo por las mañanas, el espectáculo se presentaba por la noche, y los niños tienen sólo un par de zapatos. Tenían que pasar el día con el sonido de las espuelas o caminar descalzos, y ambas cosas están prohibidas en la escuela. Al fin descubrimos unos zapatos de tenis viejos y logramos que los niños entraran a escondidas a las salas de clase, después de la asamblea, cuando ya no había peligro de que se notaran los zapatos. Todo eso aumentó la alegría con que se preparó todo. En la noche en que se presentó el espectáculo por segunda vez, en el momento en que uno de los muchachos estaba llegando al escenario, alguien pisó las famosas espuelas y casi las arrancó, no hubo tiempo para arreglar eso, las niñas ya estaban en el escenario y la música había empezado, así que tuvimos que seguir adelante y esperar tener suerte, mientras el pobre chico estaba bailando y las espuelas estaban colgando de un hilo. Por suerte logró terminar el baile sin problema y no con el final negativo que yo tanto temía.

Luego siguió la lotería y la pieza de teatro llamada *La Vigilia* que, como ves, fue escrita y producida por el Club Francés. Naturalmente se presentó en inglés para que el público entendiera y francamente fue una de las obras más divertidas que he visto, con diálogos brillantes y actores excelentes. Probablemente piensas que siento demasiado entusiasmo por mis niños y mis niñas, pero quiero que sepas que realmente hicieron algo que vale la pena. El éxito fue tan grande que decidimos repetir todo a mitad de precio en Sandy Point, al otro lado de la isla, donde viven los Archibalds. Es un distrito muy pobre, la mayoría de los que viven allá se dedican a cortar caña y hay docenas de niños pequeños que nunca han tenido la oportunidad de ver un espectáculo. Morris dibujó afiches, Moses los puso en las paredes y en los árboles para informar sobre el gran espectáculo. Charles alquiló la sala de la iglesia y el piano por la gran suma de $5 (luego redujeron el precio y sólo pagamos $3.50) y rogamos que nos prestaran el camión de un almacén para transportar a los artistas las 14 millas de distancia. Tuvimos que llevar las cortinas de la escuela porque no había en la iglesia y mi pobre madre casi se desmaya cuando vio el piano, que seguro había traído Nelson[5].

Yo tampoco había visto uno parecido. Parecía más bien un armario grande y los que tocaban tenían que pararse encima de una caja porque el teclado estaba tan lejos del suelo. Además, ocho teclas no servían, dos sonaban igual y las demás estaban destempladas.

A pesar de eso tuvimos mucho éxito, aunque durante la función las cortinas se cayeron sobre los que estaban tocando música. En todo caso, después de pagar $6 por la gasolina del camión y darle una propina al chofer, obtuvimos $138, lo cual llevó el total a $498, yo di $2 más, y así le dimos $500 al director para el viaje. La señora más rica de la isla, que ahora está en Inglaterra y oyó hablar de nuestros esfuerzos, le dijo a su secretaria que hiciera una donación de $200; así, con sólo $200 de la suma que nos enviaste tan generosamente teníamos los $900 que necesitábamos. Hay un buque de carga grande que cobra $15 por espacio e íbamos a regresar por avión, por $35.50. Así teníamos todo para los 18 muchachos. Estuve muy contenta porque considero que nos diste demasiado dinero para unas vacaciones, dinero que se debería haber usado para algo más útil. Luego, hace dos días, se dañaron nuestros planes. Supimos que el barco no iba a ir a San Juan pasando por St. Kitts, que después de parar aquí iba a seguir hacia el sur y que, de todas formas, no nos podían llevar porque no había cupo. Creo que perdí la paciencia y regañé al agente del barco. Pienso que está mal decir una cosa y luego cambiarla sin razón. Ahora tendremos que ir por avión a la ida y al regreso. Dos niños no podrán ir porque los padres quieren que vayan a otra parte. Le he pedido una rebaja a la compañía aérea. Si usamos una parte más grande de lo que tuviste la bondad de enviar podremos hacer todo el viaje por el precio actual, pero no hace daño tratar de conseguir una rebaja. Tenemos una reservación para el 6 de agosto. Por favor, piensa en nosotros ese día, cuando empezaré el viaje con mis 16 *"españoles"* y tantos niños tendrán vacaciones gracias a ti.

---

[5] Vicealmirante Señor Horatio Nelson, quien se casó con Fannie Nisbett, la hija de un terrateniente de Nevis en 1787.

Tuvimos una experiencia muy preocupante debido a Noel. Recordarás que te conté que vivía con su bisabuela, que no es una persona normal. Creo que se enloqueció completamente porque acusó a Noel de robarle cosas y decir que la iba a matar, y lo expulsó. Sabes que nunca comía allá porque tú pagas comida que le da un vecino, pero por lo menos tenía un lugar para dormir. Yo no he podido recibirlo en mi casa y traté de encontrar un lugar para él. Pensé que podríamos usar un hueco en el edificio de la escuela, pero el director nos ayudó y permite que Noel utilice una especie de cobertizo para herramientas que hay en su jardín. Así por lo menos tiene un techo bajo el cual puede dormir. Ha mejorado mucho este año, es más estable y responsable, realiza varias actividades que le ayudan a formar su personalidad. No es brillante, pero gracias a tu interés se ha convertido en un miembro útil de nuestra pequeña comunidad escolar".

"Acabo de regresar de St. Martin y me estaba esperando tu carta muy amable del 22 de julio. Me creó la mayor confusión imaginable. La carta es la bondad en persona, pero me espantó y horrorizó ver la letra de cambio incluida. Creo con franqueza y sinceridad que tendré los fondos necesarios; talvez no me expresé con suficiente claridad en mi carta, y con tu cálida generosidad habitual enseguida enviaste este cheque. Pero, querido Señor Kadoorie, realmente, si todo funciona bien seguro me las puedo arreglar. Mi primer impulso fue devolver el dinero enseguida, pero luego pensé que te podías ofender, lo cual es lo que menos deseo en el mundo, pues eres tan amable y generoso que no quiero molestarte ni un momento - pero no quiero aprovecharme de tu noble manera de ser y aceptar ese dinero. Me he sentido muy triste, pero al fin se me ocurrió un plan que espero apruebes; y, por favor, no te ofendas y déjame hacerlo.

He colocado el dinero en una cuenta de depósito del *Royal Bank of Canada* por un período de nueve meses, o sea hasta el primero de mayo de 1964, fecha en que pienso regresar de Chile a St. Kitts, después de todas las operaciones y tratamientos. Si las cosas no salen bien y yo no regreso, mis viejitas podrían obtener ese dinero, ya que el administrador del banco organizó el depósito en una forma que lo permite. Saber que ellas tendrían esa seguridad me alivia muchísimo porque me doy cuenta de que si algo me llegara a suceder ellas quedarían totalmente desamparadas. Espero que no suceda nada y que pueda recuperarme y regresar en mayo a St. Kitts. Eso significaría que puedo volver a trabajar en la escuela y ocuparme de mi madre y de mi tía. Te ruego que cuando regrese me permitas devolverte el dinero. Eso me haría sentir muy feliz. Espero que lo entiendas y me permitas hacerlo. Acepto la letra de cambio como una especie de préstamo que se debe usar sólo en caso de emergencia (cosa que espero que no suceda) durante mi período difícil. Eso me permitiría ir a operarme con tranquilidad de espíritu, al saber que, si sucediera lo peor, mis pobres viejitas, que no tienen quien se ocupe de ellas y a quienes quiero tanto, no se tendrían que preocupar.

No sabes lo feliz que estoy de haber pensado en ese plan - espero que así tú no te vas a ofender y yo no me voy a tener que preocupar. Quiero decirte ahora cuánto valoro tu amistad, tu maravillosa sensibilidad y tu comprensión. No sabes lo que significa para mí tu consideración y cuánto aprecio que haya alguien, aunque sea muy lejos, a quien pueda recurrir si lo necesito y que lo va a entender. Que Dios te bendiga".

"Dentro de una hora mi Club de Español y yo nos vamos a San Juan de Puerto Rico, donde espero que podamos aprovechar el idioma. Los muchachos están entusiasmadísimos. Para todos los 16 muchachos es la primera vez que van a viajar en avión y solo tres de ellos han salido de la isla de St. Kitts para ir en un transbordador o un barco de vela a una isla cercana, así que es una gran aventura. A última hora dos dijeron que no podían ir porque no tenían los US$11 necesarios para pagar la comida que les da el ejercito americano. Les di el equivalente de esa suma del cheque generoso que enviaste para ese fin, y van a ir. El resto lo llevo por si sucede algo - con 16 jóvenes siempre es posible que a alguno le duelan los dientes, o se corte, o sufra un golpe, etc. Tú estás sufragando una parte importante de los gastos y los muchachos te están muy agradecidos porque les das la oportunidad de tener unas vacaciones tan encantadoras (espero).

Te mando el programa de nuestra Noche de Discursos porque estoy muy orgullosa de tus 'ahijados' que, como verás, ganaron premios. Me alegro en particular por Maurice Pinney, quien, como verás, tiene un premio adicional por su interés especial por el colegio, y se acercó a recibirlo personalmente, cosa que hubiera sido impensable hace un año. Es un muchacho que ha cambiado mucho y sobre el que has tenido una gran influencia.

Pasamos un gran susto por el huracán *Arlene*, que se estaba dirigiendo hacia nuestra isla y Puerto Rico. Creo que los muchachos tenían más miedo de perder o tener que aplazar el viaje que de los daños que podían suceder, pero por suerte el huracán se calmó y estamos seguros. Una vez más, muchas gracias por tu amabilidad al hacer posible este viaje, y te deseo todo lo mejor en cuanto a salud y felicidad".

"Acabamos de regresar de Puerto Rico y encontré tu amable carta del 29 de julio que me estaba esperando. Pasamos un tiempo delicioso en San Juan y los muchachos se divirtieron muchísimo. Fue una gran experiencia para todos, no solo desde el punto de vista académico, ya que aprendieron muchas palabras y expresiones nuevas en español, sino también en cuanto a los conocimientos y la perspectiva en general. Para la mayoría era la primera vez que se iban de su pequeña isla y no tenían ni idea de que en otros lugares había tanto que ver y aprender. Nunca habían visto tanto tráfico, tantos automóviles nuevos, tiendas, escuelas, y costumbres tan diferentes. No tenían ni idea de que en otros lugares la gente tiene otras formas de vida. Todo era nuevo: el avión, el aeropuerto de San Juan, que es como un pequeño pueblito, los ascensores - un chico se quedó en un ascensor automático y siguió subiendo y bajando hasta que al fin logramos sacarlo - las lindas playas, las fábricas, los museos, las escuelas vocacionales. Les llamó la atención que en todas las escuelas el almuerzo es gratis, no como obra de caridad sino como parte de las actividades escolares. A mí eso también me parece admirable y me gustaría que nosotros también lo tuviéramos[6].

Nos recibieron muy bien. Llegamos dos horas tarde y nos recibió el comandante del Fuerte Buchanan, un caballero de aspecto militar, con tantas cintas en el uniforme que mis muchachos estaban mudos de admiración; también estaba un delegado de la Organización del Caribe, y dos

---

[6] Todos les estudiantes se fueron a casa para el almuerzo.

miembros del Departamento de Estado, que nos dieron la bienvenida y le dieron a cada muchacho un fólder con información sobre Puerto Rico, un mapa de la isla y un regalo: cada muchacho recibió un sombrero de paja típico. El *Departamento de Estado* había preparado todo un programa para nosotros, y nos llevaron a dar vueltas por la ciudad y sus alrededores en autobuses y automóviles. También habían organizado dos conferencias, picnics, visitas a escuelas y a la universidad - así que nuestros diez días fueron muy ocupados. Fue muy agradable y todos los muchachos lo apreciaron. En una escuela hubo una fiesta con canciones y bailes, y me temo que a algunas señoritas les dio mucho pesar que se fueran los muchachos. Fue increíble el progreso del español durante las conversaciones con las señoritas. No sé si ese vocabulario va a ser útil para el Examen de Cambridge, pero en todo caso lograron gran fluidez.

Como sabes, nos alojamos en el Fuerte Buchanan y la disciplina militar también fue muy buena para los muchachos. Naturalmente los horarios eran un poco sorprendentes, el desayuno a las 5:15 de la mañana, la cena a las 5 de la tarde y había que apagar las luces a las 10 pm. el almuerzo era a las 12 - pero con frecuencia nos lo saltamos por ir a ver las escuelas que estaban muy, muy lejos - tomaba más de una hora llegar de la ciudad al Fuerte. San Juan en realidad son tres ciudades diferentes que abarcan una superficie casi igual al total de St. Kitts.

Cada niño aprendió algo, inclusive buenos modales y cortesía. Hasta me felicitaron por su comportamiento. Todos ahora son más maduros y han ganado peso. El ejército de EEUU alimenta mejor que la marina francesa. Es una comida más equilibrada, con una buena porción de verduras frescas y una cantidad ilimitada de leche. Los muchachos no podían creer lo que veían cuando recibieron su primer desayuno; probablemente pensaban que estaban soñando porque era tan temprano por la mañana.

En general me parece que Puerto Rico, o la parte que vi, es un sitio muy progresista, parece que no falta trabajo, ya que hay mil fábricas, la educación primaria y la secundaria son gratuitas, hay algo de agricultura, crianza de pollos, comercio, y naturalmente turistas y el comercio que eso atrae. Además de estas ventajas también tienen algo para la mente y el alma - museos, galerías de arte, bibliotecas, la universidad, un conservatorio de música, teatros y cines. Pero el ritmo de vida es demasiado norteamericano, un ajetreo constante. Es agradable ir de visita, pero no creo que me gustaría vivir allá permanentemente.

Con mucho gusto incluyo el informe de Charles. Me siento orgullosa de él. El de Morris es bastante bueno, pero temo que el de Noel todavía es decepcionante. No he podido reunirme con él desde que regresé hace dos días, pero quiero tener una larga conversación con él y ver qué se puede hacer cuando se vaya de la escuela en diciembre. Es una bendición que no siga con la bisabuela, al menos vive rodeado de gente normal, el lugar donde vive es adecuado, no hay goteras en el techo, y usa el dinero que le das para comprar comida y ropa, parte de lo cual consigue del director a cambio de algunos trabajitos como conducir el automóvil y hacer mandados, una especie de intercambio tácito. El director es muy amable, pero tiene una familia grande y no se puede hacer cargo de otro muchacho. Además, pienso que Maurice debería buscar un trabajo lo más pronto posible cuando termine los exámenes en diciembre para que no se acostumbre a estar a la deriva y a vivir de manera precaria teniendo apenas lo suficiente para sobrevivir. Con tu típica amabilidad estás dispuesto a seguir ayudando a los muchachos y quieres que prepare una especie de presupuesto. Eres demasiado generoso. Esperemos un poco para ver lo que se puede hacer. Estoy casi segura de que Charles seguirá siendo un alumno - profesor durante algún tiempo, así que no es un problema muy urgente todavía, y a lo mejor nos las podemos arreglar sin más ayuda. Moses y Morris seguirán siendo estudiantes hasta julio, luego tienen que esperar los resultados de Cambridge - eso es un período muy difícil pero todavía está lejos, así que, repito, Maurice es el único problema. Voy a hablar detenidamente con él y ver qué se puede hacer. Una vez más, muchas gracias por todo lo que has hecho, no solo por tus 'ahijados' sino también por los dieciséis 'españoles', en lo que se refiere a mí, sólo puedo expresar mi agradecimiento con oraciones por tu salud y felicidad".

"Me parece que hace siglos que no tengo noticias tuyas y estoy empezando a preocuparme un poco. Espero no haberte ofendido sin querer, y que si no escribes es porque estás muy ocupado o te has ido de vacaciones. Sería tristísimo para mí haberme expresado, sin querer, de una manera que te ha disgustado. También espero que estés bien de salud y que Dios no permita que tu silencio se deba a una enfermedad.

Mis planes de viaje están casi listos. Me voy en avión a Caracas y luego tomaré un barco en La Guaira. Es el *M/S Panamá*, un pequeño buque de carga de Johnson Line que lleva 12 pasajeros. Debe partir a finales de diciembre o el primero de enero de 1964. Le he escrito a mi cirujano de Chile, pero todavía no he recibido respuesta. Tendré que volver a escribirle porque mi licencia se ha reducido a tres meses en vez de cinco, y como quiero viajar por mar para descansar y proteger mi salud antes y después de las operaciones (viajar tomará hasta dos de los tres meses) es necesario preparar detalladamente mi calendario médico. En cierto sentido me alegro de que voy a estar lejos solo tres meses porque me tranquiliza en cuanto a mis viejitas. No me gusta dejarlas solas porque son tan viejas y frágiles. Los muchachos te mandan muchos saludos. Morris agradece que le hayas escrito, pero todavía no ha recibido la carta y la está esperando con ilusión".

"Tenemos noticias sobre la posibilidad de que Maurice Pinney entre a la organización SPCC[7]. El Padre Walker, el sacerdote anglicano, escribió a la organización para preguntar si el muchacho tenía alguna oportunidad y parece que sí. El 27 o el 29 de noviembre vendrá un representante de la organización de visita a St. Kitts y va a entrevistar a Maurice. Esperamos que le dé una buena impresión, pues de eso depende su futuro. Apenas termine la entrevista te escribo para contártelo. Está bastante tranquilo en cuanto a presentar sus exámenes. El pobre Charles se desespera cada vez. Morris se controla más, y Maurice, cosa sorprendente, ha adquirido mucha confianza.

Finamente empezó en serio la temporada de lluvias. Es un alivio, pero a pesar de eso parece que los agricultores piensan que la cosecha de caña de azúcar se ha visto muy afectada por el largo período de sequía.

---

[7] La Sociedad para Promover Conocimiento Cristiano - fundada por un sacerdote anglicano, Tomás Bray en 1698.

La fábrica y el sindicato ya han iniciado conversaciones sobre los salarios. Espero que lleguen pronto a un acuerdo porque la cosecha debe empezar durante la segunda parte de enero. El año pasado las negociaciones duraron tanto, sin lograr un acuerdo, que empezaron a cortar caña apenas en marzo y eso creó mucha miseria entre los trabajadores.

Seguro estás muy contento con el regreso de tu hermano después de su viaje alrededor del mundo. ¿Cuándo vas a hacer uno tú para que vengas a St. Kitts?"

"Esta carta debería haber sido escrita hace muchos días, pero estaba enredada con tantísimo trabajo que apenas me liberé hoy, agotada y temblorosa. Por fin terminaron los exámenes, y el semestre, los informes, las reuniones de profesores y los seminarios son cosas del pasado. Ahora tengo que ocuparme de toda la cantidad de cosas que tengo que hacer antes de tomar mi licencia, y me da vueltas la cabeza al pensar en eso. Lo primero es darte un informe sobre el dinero para los muchachos. Voy a abusar de tu paciencia y esbozar las medidas que quiero tomar, y te pido que me avises lo más pronto posible si no estás de acuerdo, porque probablemente me voy el 27 y no quiero hacer nada que no apruebes.

Maurice Pinney ha tenido sus entrevistas, parece que ha dado una buena impresión, pero tendremos el resultado apenas la semana entrante porque el caballero ahora tiene que presentar un informe sobre él al comité de Londres. Espero lo mejor. Si lo aceptan tendrá que pagar su pasaje, pero cuando llegue a Inglaterra se harán cargo de él y no nos tenemos que volver a preocupar.

Recordarás que tengo tus $800 en una cuenta de depósito fijo que se debe retirar el 21 de diciembre y otros $500 en la cuenta de ahorros de ese banco. Tenía la intención de dejar $800 para los cuatro muchachos, para cuando se vayan de la escuela, reservando $200 para cada uno, y dejar los $500 para los gastos de Morris y de Moses hasta julio. Eso tomaría hasta $300 del total y así quedarían $200 que me gustaría usar para comprar ropa para Charles y también algo para los otros. Charles formará parte del personal de la escuela como reemplazo temporal - mejor dicho, mientras lo necesiten, y recibirá un sueldo diario calculado sobre la base de $85 mensuales, lo cual significa que le pagarán $85 durante el año escolar pero no durante las vacaciones. Si aprueba el examen de educación superior aumentará su sueldo. Eso sería posible en marzo de 1964, cuando se conozcan los resultados de Cambridge. Como va a empezar a enseñar el 3 de enero, pero le van a pagar apenas a finales del mes, he pensado en comprarle alguna ropa puesto que no puede seguir poniéndose el uniforme. Si Maurice aprueba recibirá de inmediato $200 (de $800) para el pasaje y alguna ropa comprada con parte de los $500. Morris y Moses obtendrían la ropa y los libros que necesiten, y yo les guardaría su parte de los $800, $200 para cada uno hasta que terminen sus estudios en la escuela. La parte de los $800 que le corresponde a Charles se guardaría para él, para cuando empiece a continuar con sus estudios. Va a tomar todos los exámenes posibles de admisión y para obtener becas, y si tiene la suerte de lograr algo ese dinero ayudaría mucho. Lo único que me preocupa es cómo guardar ese dinero. Hasta ahora ha estado a mi nombre, pero como me voy por tres meses, durante los cuales me van a hacer todas esas operaciones, no sé si es conveniente que siga siendo así porque, aunque no es probable, siempre existe la posibilidad de que no sobreviva. Por otra parte, como voy a dejar una carta con instrucciones sobre lo que se debe hacer si no regreso, supongo que puedo incluir las instrucciones para los muchachos. Por favor escríbeme unas líneas diciendo lo que opinas. Probablemente me voy el 27. Sé que debería haber escrito antes, pero a lo mejor alcanzo a recibir tu respuesta. Si crees que es demasiado tarde, talvez me podrías escribir a Chile, *Colegio Inglés, Casilla 205, La Serena*. Por favor manda la carta certificada porque el correo se pierde fácilmente allá. O escríbeme a La Guaira (Venezuela), Curazao (Antillas de los Países Bajos), Cristóbal (República de Panamá), Guayaquil (Ecuador) o Lima (Perú), poniendo lo siguiente en el sobre: *Pasajera del M/S Panamá, C/O Johnson Line*. Perdona esta carta tan incoherente. Volveré a escribir dentro de unos días, pero quiero enviar esta carta mañana temprano por si logro recibir tu respuesta antes de partir. Con mis mejores deseos".

"Gracias por tu carta del 9 de diciembre, que acabo de recibir. Seguro has estado muy ocupado y agradezco que hayas pensado tanto en la distribución de los recursos para las necesidades futuras de los muchachos cuando has estado inundado de trabajo y problemas.

Estoy totalmente de acuerdo con lo que sugieres sobre la mejor forma de usar el dinero y también espero que a los muchachos les siga yendo bien en los estudios y en sus carreras en el futuro. Te deben estar muy agradecidos por todo lo que has hecho por ellos.

Sí, sería bueno que escribieras una carta con tus instrucciones para retirar el dinero si es necesario y cuando sea necesario, tal como lo indicas. Pero estoy seguro de que vas a enfrentar la dura prueba de las operaciones con fuerza y valor, y espero sinceramente y con confianza que todo salga bien, que te recuperes y puedas continuar con la noble labor que estás realizando al ayudar a que tantos estudiantes tengan una buena educación.

Escribo con prisa esta carta porque quiero que la recibas antes de irte de St. Kitts. Como lo sugeriste, enviaré una copia al *Colegio Inglés en La Serena*, Chile. Te deseo todo lo mejor".

En un esfuerzo por asegurar que Madame Katzen no estuviera demasiado estresada por las operaciones y para que no tuviera tantas dudas sobre el resultado, Horace envió otra carta asegurándole que todo iba a salir bien. En vista de la cantidad de veces que había mencionado la posibilidad de no sobrevivir las operaciones, entendía que unas pocas palabras de él para tranquilizarla con aprecio ayudarían mucho a contrarrestar toda debilidad de su espíritu indomable en el momento en que tenía que hacerse operar.

1964

El primero de enero de 1964 Madame Katzen viajó por avión de St. Kitts a Caracas, Venezuela, de donde pensaba seguir por barco a Chile. Hacía casi exactamente tres años que se había ido de Chile a St. Kitts en busca de una nueva vida para ella, para su madre y para su tía. La única manera de describir el impacto que ella había tenido en el breve período de tres años transcurridos desde su llegada a la *Grammar School* sería decir que era algo épico. Su gran energía, la cantidad de horas que dedicaba a sus alumnos, a su trabajo y a la vida de la escuela parecían una contradicción del hecho de que al tener casi 50 años al llegar era la mayor de las profesoras. Habían sido tres años difíciles, sobre todo debido a una enfermedad secreta que le quitaba energía, y su constante preocupación por las 'viejitas'. Tenía que volver a cargar sus pilas. Estaba ansiosa de terminar con la cirugía y esperaba poder descansar lo más posible durante su licencia de tres meses.

"Ahora estoy en Caracas esperando el barco, que debe llegar a La Guaira mañana para seguir al día siguiente hacia Chile. Fue terrible dejar a mis pobres viejitas y espero que no les suceda nada durante mi ausencia. La tristeza de dejarlas por ahora domina todos mis sentimientos, pero quiero volver a decirte lo agradecida que estoy. Por lo menos sé que si me llegara a suceder algo ellas estarían seguras hasta que todo se resuelva y regresen a Chile.

En cuanto a los muchachos, todavía no hay noticias sobre las perspectivas de Maurice, pero el padre Walker, el sacerdote anglicano, confía en que todo saldrá bien y que se irá a Inglaterra en febrero. Por eso le di $200, la parte que le corresponde de los $800 tuyos que están en la cuenta de depósito. El padre Walker guardará ese dinero, que se usará para el pasaje. También le di $50 para ropa. Le pedí a Maurice que nos informara apenas sepa algo definitivo. Compré ropa para los otros cuatro muchachos y pagué la matrícula y los almuerzos del próximo trimestre escolar de Morris. Ahora quedan $200 para cada muchacho y unos pocos dólares para emergencias en el banco. Espero que estés de acuerdo con todo esto.

Vine a Caracas pasando por Trinidad para tener una entrevista con el embajador de Francia en Puerto España. Desde hace un año y medio hemos estado en contacto de vez en cuando porque he tratado de convencerlo de que ofrezca una beca a un buen estudiante de francés. El año pasado me prometió que iba a enviar a uno de mis muchachos a Francia por un año a condición de que nosotros pudiéramos pagar la mitad del pasaje. Podrás imaginar que pensé en Charles, porque se lograría el dinero necesario con lo que él puede ahorrar dando clases hasta septiembre, más los $200 tuyos y lo que yo pueda darle. En Francia no pagaría matrícula, le darían los libros y el gobierno francés pagaría la comida, el alojamiento y el viaje de regreso a St. Kitts. El embajador estuvo muy amable y me invitó a una fiesta y a almorzar, lo cual me hizo sentir sospechosa, y con razón. Ahora dice que no puede enviar al muchacho a Francia este año porque hay sólo dos becas para estudiantes de las Indias Occidentales y esas ya no están disponibles.

Sin embargo, me dijo que si Charles tomaba y aprobaba el examen de admisión de la Universidad de Barbados[8] le daría una beca para ir allá.

Debo decir que ahora no confío mucho en sus promesas, pero he escrito a St. Kitts con instrucciones detalladas para Charles sobre el examen y pidiéndole al director que le permita tomar el examen. Como Charles me va a reemplazar este trimestre, tendrá que pedirle permiso al director para tomarse los días necesarios. Sería maravilloso que tuviera éxito, espero lo mejor y que no suceda nada malo durante mi ausencia. Otra vez es gracias a ti que tendrá esa oportunidad. Nunca la hubiera tenido si no le hubieras dado los dos años adicionales en la escuela durante los que pudo preparar y conseguir el certificado de estudios superiores. Ahora todo depende de él. No me cabe duda de que va a aprobar el examen, pero me preocupa que, como no estoy en St. Kitts, no va a saber como organizar todo. Nadie de St. Kitts ha intentado ir a la Universidad de Barbados, así que no hay precedentes y se necesitará mucha organización, correspondencia, información, etc.; no sé cómo lo haría porque es muy tímido y nunca insiste cuando son asuntos que lo afectan.

Estaré muy contenta de irme de Caracas. Me recuerda demasiado a Nueva York, el tráfico en tres niveles, el ruido, la prisa; la inestabilidad política, y la exaltación y exageración latinoamericanas. Se insiste siempre en el dinero. Por ejemplo, lo importante no es lo que se hace en la universidad; lo que se repite una y otra vez es que el valor del edificio es 16 millones de dólares y que la carretera de La Guaira a Carcas costó mil

---

[8] Campus de Cavehill de la Universidad de las Indias Occidentales

dólares por yarda. La arquitectura es fantástica, impresionante, pero también es una pesadilla; hay edificios altísimos por todas partes, de formas rarísimas, con las más extrañas combinaciones de colores. No les parece extraño tener en la misma pared pedazos de distintas formas, zigzag y círculos, de color azul, verde, amarillo, rosado y morado. Me da la impresión de que estoy caminando por un escenario de un productor de teatro loco. Claro que vale la pena verlo, pero estaré contenta de huir de todo eso y estar tranquila en el barco. Estoy decidida a no pensar en hospitales ni en operaciones. Espero que estas tres semanas sean un descanso total y espero con gran placer el barco *M/S Panamá*.

¿Me escribirás a *La Serena*? Me encantaría tener noticias tuyas y sería muy alentador. Hoy es el primer día de un nuevo año. He pensado mucho en ti hoy, y aprovecho esta oportunidad para enviarte mis mejores deseos de salud y felicidad. Una vez más te agradezco todo lo que has hecho por mí, por mi familia y por todos los niños que no conoces y nunca has visto, pero a quienes has dado tantas oportunidades y tanta felicidad. Que Dios te proteja, te bendiga, facilite tu camino, dándote la paz interior que es la mayor bendición".

"Muchísimas gracias por tus amables cartas. No te imaginas lo feliz que me sentí al recibirlas. Tu amistad es algo que para mí tiene más valor que todo lo demás y tener tus cartas me va a ayudar a encarar esta experiencia desgarradora. Ahora estoy en el hospital, lista para la operación, que tendrá lugar mañana; por ahora no tengo miedo y espero que eso sea una buena señal. Mañana es martes y los chilenos dicen que el martes no te cases ni te embarques. El que le corten algo a uno no es ninguna de esas dos cosas, así que espero que todo salga bien.

El viaje fue encantador, excepto la última semana, cuando de repente sentí unos dolores tan fuertes que pensé que se había acabado todo - fueron cuatro días de agonía y temía que el capitán me iba a hacer desembarcar en algún lugar. Pero creo que el médico tiene razón, seguro tengo nueve vidas, como un gato, porque ahora otra vez estoy llena de energía, aunque me tomó tiempo recuperarme; por eso no escribí antes; no quería sonar desdichada, pero si hubiera escrito en ese momento probablemente sí habría dado esa impresión.

Como me fui hace tres años veo a Chile como extranjera y no me gusta nada. No sé cómo lo pude aguantar tanto tiempo - la suciedad física y moral, las estafas, los robos hasta insignificantes, la mentira y la corrupción. Para darte una idea de la situación, casi me roban la cartera, los taxistas trataron de cobrar más de lo debido, en todos los almacenes me trataron de estafar. En cuanto al colegio, me recibieron fríamente y me sentí como si entrara a un territorio enemigo. Ahora deseo más que nunca cortar todas mis relaciones con el *Colegio Inglés*, vender la casa grande y regresar lo más pronto posible a St. Kitts. Allá me siento mucho más en mi casa, tengo la sensación de que pertenezco a la isla. Allá los muchachos, el personal y la gente en general son muy amables conmigo. Sólo me voy a quedar con la casa pequeña por si tengo que regresar a Chile cuando sea vieja.

Acaban de venir las enfermeras a decir que me acueste a dormir. Supongo que debo intentarlo, aunque no tengo ganas. Quería escribirte esta carta, nadie sabe lo que me va a suceder mañana, pero esta carta va a ser enviada porque quiero que sepas que he pensado en ti y he rezado por ti todo el día porque gracias a ti no tengo que tener miedo por mis seres queridos. Aprovecho la oportunidad para decirte que eres el hombre más noble y generoso que he conocido, y que pensar en ti, en lo que haces por la humanidad y en tu bondad con todos me ha dado la fuerza y el deseo de ayudar a los demás; tu amistad ha sido el mayor tesoro que he poseído".

Horace, preocupado por su pesadilla médica, le volvió a enviar palabras tranquilizadoras.

"Sobra decir que últimamente he pensado y rezado mucho por ti. Hay que tener fe y plena confianza en que todo saldrá bien. Tus generosos comentarios sobre mí son características tuyas. Sólo piensas en los demás; y ¿lo que tú misma has logrado? En todos los lugares donde has estado has aliviado los sufrimientos y llevado felicidad, conocimientos y esperanza de una vida mejor para los niños pobres. ¿Acaso hay algo más valioso?

Nunca olvidaré tu trabajo en Shanghái. Tantos niños se beneficiaron de tus esfuerzos incansables, realizados en gran medida tarde en la noche. Ellos y yo tenemos una deuda de gratitud que no se puede expresar con palabras. Espero que ahora te sientas mejor. Por favor, cúrate pronto porque tus numerosos alumnos te necesitan urgentemente".

"Parece que todavía no ha sido mi turno y estoy recuperando la vida lentamente. Todavía me siento mareada y débil, tengo bastante dolor, pero los médicos están satisfechos con mis posibilidades. Hubo tres cirujanos; la operación duró más de dos horas y me hicieron transfusiones de sangre constantemente. Ahora estamos esperando los informes de patología, pero piensan que van a poder certificar que estoy en buen estado de salud. Como esto es Chile, se había programado la operación para la mañana y después de que ya me habían puesto las inyecciones preliminares y me estaba empezando a dormir tranquilamente, decidieron aplazarla y al fin me operaron al final de la tarde. Eso no fue el último problema. Al día siguiente hubo una huelga general y todas las enfermeras y el resto del personal se fueron y dejaron solos a los pacientes. A eso me refiero cuando hablo de la falta de valores morales de este país. Afortunadamente ayudaron algunos voluntarios y el ejército se hizo cargo, lo cual está bien, porque los soldados por lo menos limpiaron el sitio, lo cual era urgente; parece que nadie se daba cuenta de lo sucio que estaba el lugar. Los soldados limpiaron el suelo y las pequeñas cocinas, bañaron y alimentaron a los bebés y prepararon comida para los pacientes. El hospital estaba muy tranquilo porque no se permitían visitas, así que pudimos descansar bien. Hoy la situación vuelve a ser normal. Como los médicos me han permitido moverme en la cama, le escribí una nota breve a mi madre y ahora te estoy escribiendo esta carta".

"No te puedes imaginar el consuelo que han sido tus cartas durante este período. Las he vuelto a leer constantemente y creo que fue solo gracias a tu bondad que no me sentí nerviosa, sabiendo que mis pobres viejitas no iban a quedar abandonadas ni pobres. Espero salir pronto del hospital y después de resolver algunas cosas estaré encantada de subir al *M/S Suecia*, otro barco de la Johnson Line, alrededor del 10 de marzo, y navegar a St. Kitts. Es un lugar pobre, pero limpio y honesto. Estoy muy contenta de poderte devolver el 'fondo fiduciario' apenas regrese. No sabes lo importante que ha sido para mí tenerlo por si acaso se necesitaba. Que Dios te bendiga y te proteja siempre por ser tan bondadoso".

"Hoy en algún momento abandonaremos las aguas chilenas y la próxima escala será en Callao, Perú. No sabes lo feliz que estuve al irme de Chile, como el antiguo dicho de 'sacudir el polvo de nuestros pies'. Tuve la tentación de tirar los zapatos al mar cuando nos fuimos de Valparaíso. Creo que nunca he sido más infeliz que durante las últimas semanas en *La Serena* antes de la partida. Supongo que la salud tuvo mucho que ver con eso porque además de perder muchísimo peso me pusieron tantas inyecciones y me dieron tantos medicamentos para combatir la infección que es un milagro que esté viva. Todavía no he recuperado toda mi energía, pero desde que estoy en el barco me siento mejor, no tan lánguida e indiferente. Me encantan los barcos, aunque el Suecia asusta un poco porque se mueve mucho sin razón aparente. Me estoy relajando y espero ser pronto de nuevo la persona que era antes. Todo es muy limpio y solo se goza del cielo y del mar, no hay nadie que lo ponga a uno de mal humor. No debes pensar que me he vuelto pesimista y misántropa, es solo algo temporal y cuando vuelva a trabajar todo estará bien.

Tengo el gusto de informarte que a todos mis alumnos les fue bien en los exámenes de francés y español para el certificado de educación superior. El director de la escuela me ha mandado una carta con todos los detalles y las calificaciones individuales. Te transmito con mucho gusto la noticia porque Charles obtuvo la mejor calificación que hemos tenido para el francés este año. De hecho, obtuvo la única *A* de toda la escuela. Ya presentó los exámenes de admisión y para becas de la Universidad de Jamaica[9] y de Barbados, y si aprueba el embajador de Francia le ayudará a obtener la beca. Las notas de Morris también son buenas, pero esta vez no suficientemente buenas para obtener la beca de 'Leeward Islands' porque otro estudiante tuvo mejores notas, pero esperamos que vuelva a la escuela para intentarlo otra vez en junio. También hizo el examen para obtener una beca de la Universidad de Jamaica y de la Organización del

---

[9] Campus de Mona de la Universidad de las Indias Occidentales.

Caribe. Tengo mucho deseo de regresar, de ver lo que hacen y ayudarles a seguir adelante. No he tenido noticias de Maurice Pinney, a pesar de haberle dado algunos sobres con mi nombre y una estampilla. Probablemente no me ha escrito por no haber aprobado el examen para obtener el certificado de estudios superiores. Espero que no se haya cancelado lo que le ofrecieron en Inglaterra y que ya se haya ido a Londres.

He extrañado muchísimo St. Kitts y sé que mis viejitas han estado muy tristes sin mí; por eso he estado tan contenta de regresar. Ha sido maravilloso recibir tus cartas tan cariñosas en Chile; me ayudaron mucho y no sé como agradecértelas. Me ayudaron a superar unos momentos muy desagradables cuando me sentía muy mal. ¿Tendré alguna vez la oportunidad de hacer algo por ti?

Te escribiré apenas llegue a St. Kitts. Voy a desembarcar del Suecia en Curazao y continuaré por avión. Es una lástima que Johnson Line no tenga barcos que van a las Indias Occidentales. Sólo hay un pequeño barco de vapor que va de Curazao a St. Kitts, pero es algo errático, el capitán puede ir en la dirección contraria si no quiere ir a la isla y, como es el dueño del barco, a veces tiene caprichos extraños".

"Tengo mucho que decirte, y también tenemos que discutir algo de importancia fundamental, así que, por favor, ten paciencia conmigo porque voy a quitarte mucho tiempo. Voy a ser egoísta al respecto, pero trataré de ser lo más breve posible.

En primer lugar: Maurice Pinney se ha ido a Inglaterra en barco. Tú pagaste el pasaje y lo llevaron en un barco que transporta azúcar, así que bastaron los WI$200 (dólares de las Indias Occidentales). Un barco de pasajeros hubiera costado el doble. Espero que le vaya bien. Lo van a buscar cuando llegue para llevarlo al centro S.P.C.K. donde se van a ocupar de él y lo van a entrenar. Es lo mejor para él porque empieza una vida totalmente nueva y termina con St. Kitts, donde siempre fue infeliz. Allá nadie se va a ocupar de su pasado. Últimamente ha tenido más confianza en sí mismo y espero que todo le salga bien. Prometió escribirme al llegar a Inglaterra, lo cual será dentro de unos días, ya que el viaje dura dos semanas y se fue hace 10 días. Prometió portarse bien y dijo que te iba a escribir al llegar.

Morris y Moses empezarán a presentar los exámenes para obtener el certificado de estudios superiores dentro de unos días. Tienen una actitud positiva y esperan aprobar. Morris está tratando de obtener una beca en secreto; sería maravilloso que la obtuviera. El último 'ahijado' que has adquirido es James Connor, que estudia todo lo que puede; tuve que mandarlo donde el médico porque tenía muy mala salud por estar desnutrido y por falta de sueño. Ahora ha mejorado muchísimo su salud y su apariencia en general porque toma los remedios que le han recetado, come mejor y tiene tiempo para dormir. Dos muchachos más se han beneficiado de tu generosidad. Te envío la carta que uno de ellos le escribió al director. El otro estaba en una situación similar, sin zapatos para ir a la escuela, sin dinero para pagar la matrícula, y como los exámenes estaban a punto de empezar, no los hubiera podido tomar y habría perdido el año. Espero que estés de acuerdo con eso.

Ahora me voy a referir al tema más importante de esta carta y no sé cómo empezar. No estoy segura de tener derecho a seguir abusando tanto de tu generosidad, pero eres la única esperanza de salvación en este caso. Es algo que otra vez tiene que ver con Charles Archibald. Temo tener que explicar este asunto con todos sus detalles, por favor ten paciencia y lee todo.

Hace un poco más de dos años, cuando se publicaron los resultados del certificado de educación, como Charles obtuvo las mejores calificaciones que se habían obtenido jamás en el territorio y como tuve la oportunidad de hablar con el señor Bayle, el embajador de Francia en Trinidad y Tobago, le mencioné el muchacho, él se interesó mucho y pidió que le mostrara algo de su trabajo. Le enviamos varios ensayos, traducciones y otros ejercicios, y el resultado fue que el embajador prometió intentar enviarlo a una universidad en Francia con una beca del gobierno francés. Te podrás imaginar lo contentos que estábamos todos. A Charles le gusta mucho el francés y siempre ha querido enseñarlo, pero naturalmente no podía ni pensar en ir a Francia. Transcurrió un año entero durante el cual, por solicitud del embajador, seguimos enviando a Trinidad varios ensayos, etc. Él contestaba diciendo que le parecían interesantes y que estaba sorprendido de lo bien que Charles maneja el francés. Luego, durante la segunda mitad de 1963, dejó de mencionar la beca del gobierno francés y al final dijo que no se la iba a dar porque solo tenían dos y ya se las habían dado a unos muchachos de Trinidad. No entiendo por qué había hecho esa promesa, puesto que seguro sabía que no le podía dar la beca a alguien que no era de Trinidad. Sin embargo, me pidió que lo fuera a ver al ir a Chile en diciembre de 1963 para hablar de lo que se podía hacer.

Para hacer eso, en vez de ir a Curazao y luego directamente al Canal de Panamá y a Chile, tomé una ruta mucho más larga, pasando por Trinidad y Venezuela, sin que eso me molestara porque tenía la esperanza de obtener la beca para Charles. Pero cuando me encontré con el embajador me dijo que si bien no podía darle la beca para Francia, le podía dar una para la Universidad de las Indias Occidentales si lo admitían allá. Es un examen que Charles hizo en febrero pasado.

Naturalmente se sentía desalentado después de esa terrible desilusión, pero hizo todo lo que pudo para el examen. Bueno, hace tres semanas recibimos el resultado. Charles fue aceptado y le mandaron la oferta oficial de Jamaica. Estábamos encantados, le enviamos el documento al embajador y le avisamos a la universidad que se aceptaba la oferta - tuvimos que hacerlo porque querían saber inmediatamente si iba a ir.

Imagínate nuestra sorpresa, o más bien el horror, cuando recibimos una carta del embajador diciendo que estaba muy contento de que hubieran aceptado a Charles, pero que él, el embajador, no podía hacer nada más para ayudarle. No sé qué pensar de su conducta. ¿Por qué hacer una promesa si no se tiene la intención de cumplirla? Te podrás imaginar lo que Charles sufrió y el efecto que eso ha tenido. Que se destruyan esas brillantes visiones y esperanzas.

Aunque me da vergüenza pedir otra vez algo para la misma persona, sabiendo lo generoso que eres, ¿puedo usar tu dinero para enviarlo a la Universidad de las Indias Occidentales en Jamaica o en Barbados? En tu última carta me preguntaste si le garantizarían un empleo en una escuela aquí a un estudiante que se graduara como profesor. No sólo hay garantía de eso, sino que se pelearían por él. En el territorio casi no hay profesores graduados. Por eso nos alegró tanto el interés que había manifestado el embajador. No sólo tendría asegurado el futuro un muchacho, sino que podría transmitir sus conocimientos a otras generaciones de alumnos; les ayudaría a seguir el mismo camino. Pero una vez más, todo depende del dinero ¡Odio eso!

Tengo que darte una idea de lo que costaría. Aunque con frecuencia los precios se citan en libras, lo que se utiliza en realidad es el dólar de las Indias Occidentales. En Jamaica usan la libra, que tiene el mismo valor que la libra de Inglaterra, aunque los billetes son un poco diferentes. Una libra inglesa (o jamaiquina) corresponde a WI$4.80 (dólares de las Indias Occidentales) si se compra y WI$4.75 si se vende. Lo que tan amablemente me confiaste corresponde a 1000 libras de Jamaica, pero cuando deposité el dinero en el Royal Bank hubo que convertirlo a dólares de las Indias Occidentales porque en St. Kitts no se puede hacer un depósito en libras inglesas. Se recibirán unos intereses el primero de agosto.

Los gastos para la universidad serían los siguientes: 30 libras para la matrícula y los exámenes, 8/10 libras para actividades adicionales, 170 libras para el alojamiento y la comida en la universidad durante los nueve meses. Eso es un total de 208/10 libras por año. Además, hay una fianza de 25 libras que devuelven al final de cada año que el estudiante pasa en la universidad, pero eso no incluye los libros, ni otros gastos, ni el alojamiento durante las vacaciones. El viaje entre Jamaica y St. Kitts y Barbados es barato para un muchacho porque puede viajar en un buque de carga; eso dura tres días, pero se puede hacer. La licenciatura en educación que prometió el embajador se obtiene en tres años, los dos primeros cuestan 208/10 libras cada uno y el tercero 50 libras menos. Pero, como ya lo mencioné, eso no incluye los libros, ni las vacaciones, ni otras cosas.

Realmente no sé qué hacer. Por una parte, es gastar muchísimo dinero para una persona. Naturalmente se haría algo muy positivo. Por otra parte, talvez quieres darle el dinero a otro muchacho. Claro que después de graduarse Charles podría empezar a reembolsarte el dinero poco a poco porque tendría un sueldo decente.

Por favor mándame pronto tu respuesta. Si decides patrocinarlo, tenemos que enviar los documentos necesarios y empezar a preparar todo.

De todas formas, haznos saber lo que decides. No hay nada peor que la incertidumbre y vivir alternando la esperanza con la desesperación. Talvez quieres enviar a Charles por un año y podemos ver si puede obtener un trabajo de medio tiempo para pagar parte de los gastos. Realmente no sé qué hacer. Dentro de unos pocos días termina el año escolar, lo cual significa que Charles ya no seguirá siendo alumno - profesor y, como no está capacitado para hacer otra cosa, sería difícil encontrar algo.

Además, nació para ser profesor. Eres la única persona que le puede ayudar, pero ambos nos damos cuenta de que no tenemos derecho a pedirlo.

Disculpa esta carta tan larga. Espero que sea clara, pero temo haber sido un poco incoherente en cuanto a este asunto. Nada duele tanto como la injusticia. Habría sido más fácil aguantar las cosas si el embajador nunca hubiera mencionado sus promesas.

Una vez más te pido perdón. Es una carta muy egoísta, pero ya es demasiado larga como para añadir algo más para mejorarla. No soy buena para escribir cartas, no sé cómo expresar lo que siento".

"Ha llegado tu carta maravillosa y bondadosa. Qué generoso y comprensivo eres y cuánta alegría nos has dado a todos. ¡Si vieras cómo le cambió la cara a Charles cuando oyó la noticia de su suerte increíble! Parece como si caminara en el aire y se ha ido a escribirte una carta.

En cuanto a la remesa que enviaste. ¿Qué hago con ella? Mi carta realmente debió ser muy incoherente. Cuando te hablé de Charles quería preguntarte si podía usar el 'fondo fiduciario' para enviarlo a hacer esos estudios. De ninguna manera imaginé que ibas a enviar otro cheque.

Yo no quería tocar el 'fondo' antes del primero de agosto para no perder los intereses, ya que es dinero depositado por un período fijo. He pagado los gastos diversos, los libros, el subsidio semanal para Connor y los zapatos con dinero de la cuenta de ahorros que abrí para los muchachos en 1961 con los cheques que les enviaste antes. Todavía tengo dinero suficiente para comprar lo necesario para Moses y Morris el mes entrante, antes de que empiecen a ser alumnos - profesores, ya que por suerte el director los escogió para eso. Con estas compras y el dinero para Connor creo que probablemente se acaba lo que hay en la cuenta de ahorros, y pensaba depositar ahí los intereses del 'fondo fiduciario'. Ahora, habiendo recibido este nuevo cheque de valor igual al del 'fondo fiduciario', la suma - WI\$9.500 (2.000 libras @ WI\$4.75) - es tan grande que me siento incómoda con la responsabilidad de manejar tanto dinero. ¿Quieres que pague de una vez los tres años de estudios de Charles? En ese caso él no tendría problema con continuar sus estudios si me llegara a suceder algo. ¿Y qué debo hacer con el resto del dinero? Siempre hay alumnos con necesidades, así que una parte se podría transferir a la cuenta de ahorros de los muchachos y el resto se podría mantener en un depósito fijo (si son mejores los intereses, de lo cual me voy a enterar en el banco el lunes) hasta que otro alumno empiece a prepararse para una carrera, o para comprar lo que se necesita para alguien, o para pagar su pasaje para ir a un sitio para capacitarse como hiciste para Maurice Pinney; ¿o prefieres que te devuelva una parte?

Me siento terriblemente culpable al pensar en la cantidad de dinero que ya has gastado, y este nuevo cheque me llena de remordimiento. No quiero que pienses que me estoy aprovechando de tu bondad y que esto es una extravagancia innecesaria.

No hay que preocuparse por que Charles pueda obtener un buen puesto como profesor después de graduarse. El otro día hablé con el funcionario encargado de la educación y él mencionó que durante muchos años todos los que se gradúen van a tener más ofertas de lo que puedan aceptar. Parece que la población de St. Kitts está compuesta sobre todo de niños menores de 15 años y desafortunadamente no hay suficientes escuelas ni profesores.

Sin embargo, los que terminan los estudios no quieren quedarse a enseñar en las escuelas primarias porque el salario es extremadamente reducido; un profesor de escuela primaria con un diploma de un sitio donde capacitan a los profesores de escuela primaria nunca gana más de 500 libras al año, lo cual es más o menos W.I.\$ 200 por mes; pero esa es la suma máxima y todos tienen que empezar con un salario inicial de aproximadamente W.I.\$100 si ya tienen un contrato, o W.I.\$85 si son alumnos-profesores. Como el alquiler de una casa cuesta entre \$60 y \$100 y las pensiones más baratas y de condiciones espartanas cobran \$90 al mes, tienes una idea de lo poco adecuado que es el salario. Una persona que tiene un diploma empieza ganando W.I.$200 al mes y acaba ganando al máximo $420 al mes.

Lamentablemente, no muchos jóvenes tienen los medios necesarios para estudiar en las universidades o centros de capacitación, y estos últimos no tienen muchas ventajas. Tiene problemas gravísimos la economía de St. Kitts. Por eso son tan malas las condiciones de vida.

Nuestro Ministro Principal y el administrador de la fábrica de azúcar se acaban de ir a Inglaterra para tomar un curso sobre los medios y métodos para ayudar al desarrollo de las islas más pobres del Caribe. Espero que aprendan algo allá y lo apliquen con buenos resultados aquí. Me parece que una de las causas es que no hay pequeñas empresas agrícolas, ni pequeñas industrias y empresas privadas. Toda la tierra pertenece a unas pocas familias ricas que han dividido la isla en fincas para sembrar caña y poseen todas las fuentes de ingreso. Otra razón me parece que es que hay tan poca vida familiar, hay tantos hijos ilegítimos criados por personas desconocidas y crecen con una mente y una personalidad pervertidas. ¡A pesar de todo eso, en términos generales, este pueblo tiene tantas cualidades buenas!

Estoy pensando ir a St. Martin por unos días o talvez una semana. Allá es muy tranquilo para descansar en agosto porque no es temporada de turismo. Me quedo en un pequeño lugar al lado de la playa y me gusta dormir arrullada por el sonido de las olas. No hay gente gritando ni peleando. El descanso perfecto. Creo que lo necesito porque el último trimestre ha sido un poco agotador. Estoy haciendo algo nuevo ahora y probablemente te vas a reír cuando te diga que ahora, a mi edad, he decidido aprender a conducir. Lo quiero hacer porque existe la posibilidad de adquirir un pequeño automóvil a través de la escuela, y como a mis viejitas les cuesta mucho trabajo ir de un lado a otro, sobre todo cuando hace calor, a todas nos hace ilusión que yo pueda llevarlas de un sitio a otro en la isla que, como te he escrito, es la más hermosa del Caribe. Yo no sabía que hay que aprender tantas cosas para dominar el arte de conducir y ahora respeto a todas las personas que saben hacerlo.

Cuando aprendí a mantener el automóvil en la carretera, hacer los cambios, encender y apagar el motor y usar el freno pensé que ya sabía todo lo necesario. Ahora veo lo equivocada que estaba. Hemos empezado a conducir hacia atrás, hacia las cosas, expresión adecuada porque es exactamente así, y los muros, los árboles, los postes no saben cómo quitarse de en medio cuando me les acerco. Hay muchos peligros al conducir en St. Kitts porque además del tráfico habitual, los niños y los perros, las calles también están llenas de cabras, ovejas, pollos, y lo peor de todo son los patos que invaden las calles pequeñas y estrechas. Es como caminar por una cuerda floja en un circo.

Sin embargo, lo disfruto. No estoy segura de que lo disfruta el instructor. Es uno de mis colegas y tiene una paciencia infinita, para no decir valor, porque hay que tener mucho valor para estar sentado en el mismo automóvil que la persona que está aprendiendo y no saber qué es lo que ella va a hacer. De todas maneras, espero que vengas a St. Kitts para poder llevarte a pasear por la isla. Ojalá nos visites cuando tengas vacaciones, aunque sea solo por uno o dos días. Estamos sólo a tres horas y media de Nueva York. ¿A lo mejor vas a la feria?[10] Sería maravilloso que nos visitaras, que vieras la isla y a los muchachos a los que has ayudado que están aquí".

"Temo no haberme expresado con claridad cuando te pregunté si sería aceptable pagar los tres años de estudio de Charles. Nunca pensé darle a él el dinero. Jamás lo haría, en primer lugar, precisamente por la razón que mencionas. Algunos parientes y amigos menos afortunados podrían empezar a pedirle ayuda y él no se podría negar a hacerlo; en segundo lugar, no está acostumbrado a tener dinero adicional en efectivo y puede sentirse tentado a gastarlo mal.

Pensaba pagarle directamente a la universidad. Creo que el mejor plan sería pagar un año a la universidad y dejar el resto en el banco en un depósito que se pueda usar solo para pagar a la universidad. Como conozco al administrador del banco canadiense, es decir el *Royal Bank of Canada*, le pediré que me aconseje. Si aceptan que Charles viva en la universidad, lo

---

[10] La Exposición de Nueva York en Flushing Meadows, Queens 1964-65

cual es muy práctico y mucho menos caro que las otras opciones, solo necesitará un poco de dinero por mes para los materiales, la lavandería, etc, lo cual se le puede dar a él personalmente.

Como el trimestre de la universidad comienza el primero de octubre, consideré que sería bueno que él no perdiera el tiempo en julio, agosto y septiembre. Me agrada decirte que le conseguimos un trabajo temporal en una oficina del gobierno - el Departamento de Abastecimiento, que no sé qué significa. Ganará muy poco, pero algo es algo y se lo podrá dejar a la madre cuando se vaya a Jamaica, cosa que sé que le agradaría, y el resto contribuirá a comprar lo que necesite. Hemos escrito a Jamaica para aclarar lo del alojamiento. Hay una demora porque el procedimiento se detuvo cuando el embajador de Francia no le dio la beca a Charles. Te informaré apenas reciba una respuesta de Jamaica.

Una organización de jóvenes de la isla francesa Martinica ha invitado a dos de los miembros mayores de mi *Petit Cercle Français*[11] a ir a *Fort de France* a dar varias conferencias sobre St. Kitts. Les pagaron el pasaje de ida y vuelta y los gastos en Martinica. Envié a Charles, que tiene que ocuparse de su francés, y a Slack, un muchacho que en octubre se va a Canadá a estudiar medicina y también necesita ese idioma. Se quedaron allá una semana entera, regresaron hoy, y parece que al público le gustaron mucho las presentaciones. Me siento muy orgullosa porque se ve que realmente dominan el idioma si pudieron dar sus 'conferencias' en él. Durante la ausencia de Charles, Morris lo reemplazó en el Departamento de Abastecimiento, así que no hubo problema.

El conducir sigue adelante. No temas que voy demasiado rápido. El instructor me dice que probablemente tendré problemas por ir demasiado despacio. Mientras tanto parece que todos los patos han tenido cantidades de patitos amarillos, y todos se divierten en los charcos en la mitad de la calle *de los patos* - por lo menos he aprendido a conducir a paso de tortuga".

"Gracias por aprobar los gastos para ayudar a los muchachos. Estoy muy contenta con eso porque desde la última vez que te escribí he tenido

---

[11] Club de francés

que gastar más dinero tuyo para pagar los exámenes de Cambridge de tres muchachos, y cada uno cuesta 4 libras. Pratt, tu viejo amigo, es uno de ellos. Otro es Swanston, y el tercero es George Best, a quien no conoces. Había que enviar el dinero a Cambridge la semana pasada y como estos muchachos no pudieron conseguirlo, no habrían podido hacer el examen en junio. Hay que pagar todo antes del 8 de febrero. Eso hubiera significado que no habrían conseguido el certificado de nivel *0* (que antes se llamaba certificado de la escuela), sin el cual es imposible conseguir trabajo. Hasta la oficina de correos y la policía lo exigen. Por lo tanto, les has dado la posibilidad de encontrar un trabajo mejor al salir de la escuela.

Hablando de finanzas, ¿seguirás dándole la misma cantidad a Connor el año entrante? El director piensa que sería un estudiante muy bueno de la *forma seis* y probablemente después sería un alumno-profesor. Sin la suma de W.I.\$120 que le das mensualmente (aproximadamente 4 libras - 3c) no podría seguir en la escuela.

Desde el punto de vista económico, este año no será brillante para la fábrica y el sindicato todavía no ha llegado a un acuerdo sobre el salario. Las negociaciones, las peleas y las discusiones empezaron en octubre, estamos a mitad de febrero y todavía no hay un acuerdo; parece que no existe la posibilidad de lograr uno pronto. Durante todo este tiempo se ha estado deteriorando la caña. Habría que empezar a cortar la caña en enero, cuando tiene el mayor contenido de azúcar - se necesitan sólo 8 toneladas de caña para producir 1 tonelada de azúcar, luego a medida que pasa el tiempo se obtiene menos azúcar, en julio se necesitan 14 y 15 toneladas de caña de azúcar para producir 1 tonelada de azúcar. Por consiguiente, cuanto más tiempo se espera menos azúcar se obtiene y, como el azúcar es el único recurso de la isla, habrá mucha miseria y pobreza.

Estoy muy contenta al decirte que nos visitó el cónsul general. Tiene la sede en Puerto Rico, pero ha visitado todas las pequeñas islas del Caribe. El administrador (de St. Kitts) lo llevó a nuestra casa. Yo reuní a los niños y a las niñas del club francés y conversaron tan bien con los invitados en francés que el cónsul estuvo muy satisfecho. Dijo que habíamos cantado *La Marseillaise* con tanto sentimiento y de manera tan correcta como si hubiéramos nacido en Francia, nos felicitó, nos regaló tres abonos a revistas francesas y también nos dio una colección de discos y de libros. Todos nos sentimos muy orgullosos, sobre todo cuando dijo que en ninguna otra isla del Caribe había encontrado un grupo tan agradable de jóvenes que hablaran un francés excelente. Espero que mis alumnos no piensen que ahora ya no tienen que esforzarse - los exámenes tendrán lugar dentro de unas semanas. Nuestras vacaciones de abril serán extremadamente breves, sólo diez días, lo cual no es un gran descanso si se considera que antes hay que hacer muchas cosas, como informes, actas, etc.".

"Las clases empezaron esta mañana y apenas llegué me entregaron tu carta del 26 de agosto. Te la agradezco mucho porque este saludo tuyo el primer día del trimestre es como una bienvenida y lo considero un buen augurio y, además, es muy amable y me hace sentir muy contenta que apruebes todos mis arreglos financieros.

Incluyo un recibo del tesorero de la Universidad de las Indias Occidentales con las sumas correspondientes a cada año. El recibo es por 700 libras, pues como te expliqué en la carta anterior, además del alojamiento, los gastos adicionales, la matrícula, los exámenes y el dinero de reserva, envié 49 libras y 10 c para libros, bata y examen médico, lo cual es obligatorio al ingresar.

También verás una foto de tu 'ahijado' más reciente, James Connor, sonriendo feliz - la razón de eso son cuatro dientes nuevos por los que pagaste 3 libras, lo cual me parece muy barato porque lo ha transformado totalmente; antes se sentía incómodo por los dientes que le faltaban. Supongo que los perdió debido a la desnutrición. Ahora tu subsidio resuelve eso. Tiene mucha más vitalidad y se está convirtiendo en un gran jugador de críquet. También se está esforzando por ser el primero de su clase.

Charles se va a ir a finales de septiembre y la universidad nos acaba de avisar que le regala un pasaje de St. Kitts a Jamaica. ¿No te parece estupendo? Yo creía que a eso tenían derecho sólo los que tienen una beca del gobierno.

En cuanto a Stacie Hudson, la alumna-maestra que está ahorrando para seguir sus estudios de música, Bernard Bryant, y el otro muchacho que está intentando obtener suficiente dinero para continuar con sus estudios mientras sigue aquí con la carrera de alumno-profesor, no necesitarán ayuda antes del verano de 1965, y para entonces se podrá renovar el dinero del depósito fijo y algo de eso se podrá usar para ayudarles. Creo que si se les da dinero para la ropa y el pasaje podrán continuar con sus estudios, porque son de familias 'normales' en el sentido de que tienen padres y madres y hogares reales, aunque no son muy ricos. Eso les permite ahorrar parte de lo que ganan, lo cual no es mucho - unas 25 libras al mes - y se distribuye en tres partes: los gastos de la familia, sus propias necesidades y ahorros para sus estudios. Ambos tienen talento y quieren transmitir a otros los conocimientos que adquieran, lo cual es valioso.

No puedo decir lo agradecida que estoy de que permitas que use algo de tu dinero para ayudar a otros muchachos y muchachas pobres en momentos de necesidad. Sé lo mucho que haces para ayudar a los pobres de Hong Kong y los resultados maravillosos que estás obteniendo allá. Es extremadamente generoso enviar ayuda a estos niños de acá, que nunca has visto, pero a quienes has dado unas oportunidades espléndidas. Espero que Dios te recompense y nosotros sólo podemos rogar por tu salud y felicidad.

También incluyo una pequeña foto de mi playa preferida, a donde he estado llevando a mis viejitas esta semana. Es un lugar lindísimo y estoy feliz de haberles podido ofrecer esas pocas horas de placer. Conducir a veces todavía es inseguro, sobre todo cuando estoy sola en el automóvil, pero me gusta mucho. claro que he tenido unos momentos interesantes cuando me estaciono en el lugar equivocado o cuando he tenido encuentros con cabras, ovejas y vacas; también cuando estaba conduciendo durante el día con las luces encendidas me desconcertó que en el camino todos me hacían gestos y gritaban hasta que me di cuenta de lo que pasaba; pero por lo general la gente es muy considerada y, como dice el instructor, ahora todo el mundo en la isla sabe que hago algo que es nuevo para mí y tratan de ayudar. Considero que la gente es mejor y más bondadosa de lo que se reconoce.

Nos asustó mucho el último huracán *Cleo*, y ahora empieza otro, *Dora*. Ojalá no llegue a las islas. *Cleo* llegó a unas millas de distancia de la isla francesa Guadalupe, destruyó las plantaciones de banano y dejó a 20.000 sin hogar.

Gracias otra vez por todo. No te puedes imaginar la alegría que me da ser tu socia al ayudar a otros. Que Dios te bendiga".

"¡Qué horriblemente angustioso es el resultado del tifón! ¡Qué terribles los daños a las propiedades y qué pérdidas de vida irreparables! Me imagino lo ocupado que debes estar, pues como te conozco adivino cómo te esfuerzas por ayudar a esa gente, toda tu vida está dedicada a dar socorro, ayuda y felicidad a tantas personas que estarían en una situación totalmente miserable sin tu ayuda generosa. Ojalá Dios te recompense por todo lo que has hecho y sigues haciendo.

Cada vez que empieza un nuevo trimestre me parece que tengo más trabajo. Antes tenía un período libre todos los días. Ahora no lo tengo ni los lunes, ni los miércoles, ni los jueves, y también me lo quitaron los martes. Es cierto que tengo dos los viernes, y eso es muy bueno porque tengo trabajo extra al escribir los informes sobre lo hecho en la semana, pero me gustaría tener unos ratos de descanso los otros días. Las clases, la preparación y la corrección me toman hasta la medianoche casi todos los días, y ahora tengo dos clubes cada semana, uno de los muchachos de la clase de español los lunes y otro de los de la clase de francés los viernes. También hay que preparar las reuniones de los clubes, por ejemplo, cocinando, pues la mitad de estos muchachos siempre tiene hambre, así que les preparo algo de comer y siempre toman un buen té antes de empezar la reunión. Es maravilloso ver el progreso que hacen de una semana a otra. Vale la pena el esfuerzo. Los resultados del certificado escolar llegaron la semana pasada. Estaba esperando lo peor porque estuve fuera todo un trimestre, pero para mi gran satisfacción aprobaron todos mis alumnos de francés y de español. Es cierto que hubo solo cuatro resultados sobresalientes, el resto fueron créditos, y dos simplemente aprobaron, lo cual ni se menciona en los certificados; pero a pesar de eso estoy contenta.

Lo de conducir sigue funcionando bien y me ha resultado muy útil. El sábado pasado estaba en la escuela preparando el trabajo de la semana siguiente, ya que en general le dedico a eso los sábados y los domingos por la tarde, había unos muchachos jugando fútbol por su cuenta, uno se resbaló y quedó herido, se rompió el brazo, y me alegró tener el automóvil y poder llevarlo rápidamente al hospital; no podrás creer que no había ningún médico de turno. Llamé a los tres médicos que tenemos y no conseguí a ninguno.

Por suerte, la enfermera jefa se ocupó del caso y sabía lo que debía hacer. La isla es demasiado pobre para pagar un buen sueldo y atraer a médicos competentes. Si hay un accidente el sábado o el domingo toca esperar hasta el lunes para ver a un médico".

"Te escribo para darte una noticia maravillosa. Morris obtuvo la muy deseada beca de 'Leeward Islands'. Se le otorgó por sus resultados sobresalientes en el examen de nivel avanzado de Cambridge, al que se presentó en julio. Todos los que están en ese nivel de los estudios sueñan con tener esa oportunidad porque significa un curso completo en una universidad de primera clase, independientemente de lo que dure. Pagan el pasaje, la matrícula, los gastos de alojamiento y comida, desde que se va de la isla hasta cuando regresa. La única obligación que tiene es regresar a St. Kitts por cierto período después de graduarse.

No te imaginas lo contentos que estamos todos. El director está tan orgulloso del honor que eso representa para nuestra escuela que nos dio un día libre. Yo ni puedo expresar mi alegría con esa noticia. Gracias a tu extraordinaria generosidad, Charles tiene una oportunidad de ir a la universidad y yo sé lo mucho que Morris deseaba continuar con sus estudios. Charles naturalmente le hubiera ayudado al regresar, porque tendrá un buen puesto, pero eso serían muchos años de espera. Morris es muy reservado, pero se ve lo feliz que está. Está enseñando muy bien y trabaja mucho en matemáticas y física porque quiere estudiar física nuclear y electrónica en la universidad. Tienes que estar muy satisfecho porque estos muchachos te deben mucho y sin tu ayuda nunca podrían soñar con tener esa oportunidad. Morris este año seguirá siendo alumno-profesor en la escuela y se irá en septiembre de 1965 a la universidad.

También hay otro muchacho, Robert Swanson, brillante, que podría ser el primero de su clase, pero en realidad es prácticamente el último porque nadie se ocupa de él en su casa, y yo a veces le compro ropa. Espero que estés de acuerdo; no quería molestarte, y espero que no consideres que soy demasiado extravagante. Es un caso muy triste, sobre todo porque él es inteligente y básicamente bueno; pero no tiene hogar, nadie lo aconseja ni lo cuida. Ahora tiene 15 o 16 años, el período más difícil de la adolescencia, cuando los niños necesitan tanta paciencia, amor y comprensión, y él no tiene a nadie que se lo dé. La culpa la tiene la forma de vida en la isla, la ilegitimidad es increíble, supongo que eso proviene de la época de la esclavitud, pero la esclavitud ya no existe desde hace años y años, y aumenta el número de niños que no tienen familia. Swanston vive con una especie de tío, el padre murió y le dejó algo, pero su familia legal, es decir la del padre, impugnó ante un tribunal el testamento y logró que lo declararan nulo, y como la madre desapareció el muchacho está desamparado. Desafortunadamente, como está solo, ha hecho malas amistades cuya influencia hace que su situación sea cada vez peor. Creo que lo único que hace bien es estudiar francés y español. Trato de hablar con él cuando se me presenta la oportunidad, pero es tiempo perdido. Debería cambiar de ambiente, pero ¿cómo hacerlo? Demasiada asistencia financiera tampoco es buena, así que trato de prestarle la atención que puedo y satisfacer sus necesidades más urgentes en cuanto a alimentos y ropa. Si los que lo rodean empiezan a pensar que hay dinero disponible eso crearía muchos problemas y ningún beneficio, así que ni pensar en darle dinero. Siento no tener tiempo libre, ya que seguro cambiarían las cosas si pudiera prestarles a algunos de esos niños la atención que necesitan".

"Gracias por tu carta muy amable del 6 de noviembre con la que enviaste también una para Morris, que llegó hace unos días, y pido disculpas por no haber contestado antes. Es muy amable que lo hayas felicitado y él está muy orgulloso de tu carta. Ya escribió a varias universidades y estamos esperando las respuestas para ver dónde puede estudiar. Hay otra cosa positiva - acaba de aprobar el examen de conducir y la licencia le llegó esta tarde. Conduce muy bien, con cuidado y de manera sensata hasta ahora, y espero que siga así.

Me alegra saber que estás mejor de salud. Por favor, hazle caso al médico y tómate las cosas con calma por un tiempo. Estoy contenta de que termina el trimestre el 4 de diciembre, ya que me voy a tomar una semana entera y pasarla con tranquilidad, totalmente aislada, en St. Martin.

Me gustaría quedarme más tiempo, pero es imposible. Además, no me atrevo a dejar solas a mis viejitas durante más tiempo. Mi madre cumplió 80 la semana pasada y, aunque está llena de energía, existe la debilidad y la vejez y no puedo irme mucho tiempo. Mi salud tampoco está muy bien porque me siento terriblemente cansada. Los dolores de cabeza se deben naturalmente a la tensión nerviosa y me vendrá muy bien el descanso. No tenemos buenos médicos en St. Kitts, y supongo que debería volver a hacerme un examen médico general porque a veces me parece que estoy volviendo a tener los mismos dolores, aunque no sé si es imaginación mía. Mejor ni pensar en eso.

Vino de visita de Inglaterra a la isla Sir Christopher Cox[12] y cuando hablé con él tuve una sorpresa muy agradable. Parece que estuvo en Hong Kong hace un tiempo y se reunió contigo. Fue maravilloso hablar de ti y él admira que le hayas dado a Charles becas para ir a las universidades. Charles escribe regularmente y es sorprendente como mejora su francés de una carta a otra. Gracias por él".

"He regresado de St. Martin y Anguilla y encontré tu amable carta y tu linda tarjeta. La tarjeta es hermosa, una verdadera obra de arte, especialmente valiosa porque tú la mandas y porque me trae muchos recuerdos de China, de un pasado feliz y de momentos que no volverán.

Estuve una semana en St. Martin, siete días de perfecta tranquilidad, que lamentablemente pasaron volando, pero fue una bendición dormir. Seguro me estoy volviendo muy perezosa. Parece que nunca duermo lo suficiente. Pero, sin broma, me doy cuenta de que necesito un período de

---

[12] Asesor Educacional al Ministerio de Desarrollo Exterior (1964-1970)

descanso más largo y un examen médico completo, pero tengo que aplazarlo por un tiempo. No me atrevo a dejar solas a mis pobres viejitas por un tiempo más largo, están envejeciendo, aunque se niegan a admitirlo, mi tía está muy fuerte, pero mi madre está cada vez más débil. Desafortunadamente no se puede llamar por teléfono directamente de St. Martin a St Kitts, hay que hacerlo a través de Curazao, luego Trinidad, Barbados y finalmente St. Kitts, por todo el Caribe, y luego la conexión es tan mala que no se entiende ni una palabra y uno acaba más preocupado que nunca. Todas las islas británicas del Caribe están bien comunicadas, pero St. Martin no pertenece a ese grupo por ser medio francesa y medio holandesa. Sin embargo, están construyendo una nueva estación de radio y de teléfono, así que seguro pronto habrá una comunicación directa.

Espero poder hacerme un examen médico en abril, cuando termine el próximo trimestre. En St. Kitts hay varios médicos, pero temo que no son muy buenos y el hospital no tiene aparatos modernos de rayos X, etc. Talvez voy a ir a Jamaica o a Miami, los pasajes cuestan lo mismo. Tengo que viajar por avión para ahorrar tiempo. Naturalmente preferiría ir por mar - cuesta casi lo mismo y me gustan mucho los barcos - pero tenemos sólo dos semanas en abril, y además están las viejitas, que se niegan a permitir que otra persona se quede con ellas durante mi ausencia. Por lo tanto, me puedo tomar máximo diez días.

Después de St. Martin fui a Anguilla y era mi primera visita a esa isla. Es famosa por sus playas, y con razón, porque todas son increíblemente blancas, no hay arena negra ni oscura, y el mar es de color azul turquesa transparente; pero la isla es casi totalmente plana, solo hay luz eléctrica si tienes tu propio motor, y el agua es muy escasa. ¡Ni hablar de las carreteras!

Dos de mis antiguos alumnos son de allá y, como sabían que iba, consiguieron un jeep y durante casi cinco horas nos sacudimos pasando por acantilados, rocas y piedras, hasta que nos rechinaron los dientes y al final yo no estaba segura de tener todavía la cabeza encima de los hombros. Llegamos a la pista de aterrizaje apenas unos minutos antes de la salida del avión, pensé que no lograríamos llegar a tiempo, pero nos divertimos con la emoción. El piloto era muy amable y dijo que me hubieran esperado de todas maneras - son aviones muy pequeños, sólo para cinco pasajeros, y en ese viaje éramos solo cuatro y uno de ellos era un perro labrador.

Dentro de dos días es Navidad, todo el mundo está muy animado, hay gente haciendo compras, carnavales, personas cantando canciones de Navidad de casa en casa - y dentro de poco volvemos a la escuela, pues el trimestre empieza el 4 de enero.

Espero que el nuevo año te traiga salud, felicidad y paz interior. Mis viejitas y yo te deseamos todo lo mejor del mundo".

1965

"Gracias por tu amable carta del 4 de enero, que debería haber contestado hace varios días, pero como de costumbre, estamos inundados de trabajo, no solo por el comienzo del trimestre, sino también porque los exámenes de mitad de año empiezan el lunes, hay que preparar las preguntas y, como me gusta cortar los esténciles, eso toma tiempo.

Todavía no soy muy eficiente al teclear en la máquina y no se deben cometer errores en los esténciles, así que tengo que hacerlo lentamente. Además, ahora tengo funciones adicionales, pues una profesora tuvo que irse a la isla vecina de Antigua por diez días y he heredado su grupo de alumnos además del mío por ese período. Pero parece que al fin todo está organizado y me puedo tomar unos minutos para escribirte esta carta que debería haber escrito hace tiempo porque es una especie de "estado de cuentas", que espero apruebes.

Con tu dinero he pagado la matrícula de Pratt y le he comprado ropa - estuvo enfermo y necesitaba ayuda. También compré una camisa para Connor y unos pantalones para Swantson, quien se presentó en la escuela con una vestimenta terrible y por eso lo mandaron a su casa. Ahora de nuevo está presentable y debo decir que está haciendo un buen esfuerzo en las clases de francés y español. Me gustaría poderle dedicar más tiempo. Seguro con ayuda podría mejorar, es realmente inteligente y, hasta ahora ha tenido buena voluntad, por lo menos conmigo. Pero temo que sólo le va bien en francés y en español. Es una lástima que todos los profesores estamos demasiado ocupados para poder interesarnos realmente por los alumnos. Seguro la situación sería muy diferente si pudiéramos conocer mejor a los niños; creo que la mitad de ellos necesitan que los entiendan, que les den consejos y afecto, más de lo que necesitan que les enseñen matemáticas, ciencias, literatura e idiomas.

También les conseguiste algunos libros de ejercicios, medias y pagaste los juegos. Pero los mayores gastos son lo que le das cada semana a Connor y la ayuda que hay que enviarle a Charles a Jamaica. Recordarás que pensábamos que había que darle mensualmente una pequeña cantidad para jabón, gastos corrientes para reparaciones y adquisición de ropa y libros. ¿Sería posible darle 5 libras al mes o piensas que es demasiado? Los libros son lo caro, gasta poco en lo demás, y como le compré camisas que no hay que planchar las lava él mismo. Sin embargo, hay que mandar algunas cosas a la lavandería. Su progreso en la universidad es excelente. Como tuvo un mes entero de vacaciones de Navidad pensamos que era mejor que viniera acá, así que viajó en el barco *Federal Palm*, tres días y tres noches, y el viaje de ida y vuelta, sin comida, costó 10 libras. El viaje fue tormentoso, así que no importó lo de la comida.

En general navega bien, pero después de llegar duró tres días sin equilibrio. Una sorpresa desagradable es que la universidad cobra 7 chelines por día si se queda allá (sin comida), lo cual me parece malvado.

Para los muchachos ahora hay un poco más de 500 libras en la cuenta de ahorros, y también el depósito fijo, así que hay suficiente para tus 'ahijados' para dos o tres años si todo sigue igual. Talvez vamos a obtener una beca del gobierno para Stacie Hudson, la que quiere estudiar música. El ministro jefe al principio no quería, pero está empezando a escuchar la voz de la razón".

"El equipo de críquet 'Australian Eleven' estuvo en St. Kitts para un juego. Venían de Jamaica, donde jugaron con las Indias Occidentales, e iban a Trinidad, donde deben jugar con el equipo 'Winward Islands Eleven.' Toda la isla estaba agitada y el gobierno declaró un día de fiesta nacional para que todo el mundo estuviera libre y pudiera ir a ver el juego - eso muestra que todos aquí están locos por el críquet. Naturalmente estaba previsto que iba a perder el equipo 'Island Eleven,' y así fue, pero algunos jugaron muy bien. Algo positivo fue que esa interrupción me permitió ponerme al día, así que al fin puedo contestar tu amable carta que recibí hace algún tiempo y que no contesté por falta de tiempo. Te ruego que me perdones.

Estamos sumamente ocupados en la escuela y dentro de una semana tenemos que prepararnos para el día de los deportes, que es el primero de abril, pero requiere muchas horas de preparación. Aunque no soy atleta, ayudo a mantener las actas, a controlar la participación y a saber quiénes son los candidatos. Mi trabajo real tiene lugar el día del evento porque tengo que preparar el té para más de setenta invitados: los jueces, el administrador y los que lo acompañan, los ministros, los magistrados y todas las demás personas importantes. No solo hay que preparar y servir el té, sino también sándwiches y tortas, decorar la sala con flores y palmeras y darle un 'toque femenino' a la ceremonia, porque soy la única mujer de todo el personal. Después del día de los deportes hay que limpiar, calcular los resultados y porcentajes, hacer un informe sobre lo hecho, ir a reuniones del personal, etc., todo lo cual toma varios días de las dos semanas que se supone que son las vacaciones de Semana Santa. Creo que no voy a poder tomar las vacaciones que había previsto, a pesar de que las necesito urgentemente. El trimestre pasado fue breve, pero no agradable, pues fue el más estresante porque al final tienen lugar los exámenes de Cambridge. Gracias por aprobar los gastos relacionados con los exámenes. Es muy generoso que quieras seguir ayudando a James Connor el año entrante. Es muy buen estudiante de idiomas y está progresando muchísimo. Swanston ha estado y sigue estando enfermo; tiene fiebre y creo que es gripe. Me da lástima el pobre muchacho, debe ser terrible pensar que nadie se interesa por uno. Sólo problemas y nada de cariño - sin embargo, se puede lograr mucho con él con un poco de bondad.

La situación del azúcar es cada vez peor. Siguen las negociaciones, no se ha logrado un acuerdo todavía, el contenido de azúcar en la caña va a empezar a disminuir pronto, la caña se está secando porque tenemos un tiempo especialmente seco, y lo peor es que ha habido varios incendios.

Eso es muy malo porque puede causar más disturbios. Es desastroso para la economía de la isla. Me temo que nos esperan unos tiempos muy difíciles.

Si la situación está tranquila pienso ir unos días a Barbados y parar en Martinica por el camino. Me gustaría pasar unos días en un barco, pero hay pocos que paran aquí, sobre todo ahora que no hay azúcar para exportar, así que tendré que ir en avión, lo cual no me gusta tanto como viajar en barco".

"Me imagino la emoción que sintieron cuando el equipo Australian Eleven jugó con St. Kitts. En Hong Kong también les gusta mucho el críquet. Ayer llegó aquí el equipo Worcestershire, los campeones de Inglaterra, y van a jugar con nuestro equipo. Yo personalmente prefiero el fútbol, que me parece mucho más interesante.

Parece que todo el trabajo difícil para la escuela lo tienes que hacer tú, aunque debo decir que no creo que estarías contenta si no te tocara. Me gustaría poder asistir al día de los deportes para gozar del té excelente que preparas.

Lástima que no puedes tomar las vacaciones de Semana Santa completas, sobre todo porque tienes que descansar después de tu seria operación. Pero me alegro de que por lo menos puedas ir unos pocos días a Barbados. Siento que no puedas hacer un largo viaje por mar ya que te gusta tanto viajar en barco. Yo, personalmente, soy el peor navegante del mundo.

En Hong Kong todo está muy bien. Las azaleas silvestres y otras plantas están floreciendo y pronto también florecerán los lirios. Nuestra finca experimental sigue creciendo y los animales y las aves se consideran los mejores de la colonia y los aprecian mucho aquellos a quienes se los damos. Lo último que tenemos es un pollo que enreda al campesino tres veces más que cualquier otro pájaro. Espero que tu madre se sienta mejor. Que Dios te bendiga, y con buenos deseos".

"Barbados es una isla muy activa, con muchas industrias, fábricas, tiendas y hoteles por todas partes. Hay aviones y barcos que llegan todo el tiempo, y muchísimo tráfico; es cierto que casi todas las calles son de una sola vía, pero los automóviles pasan constantemente, sin interrupción. Hay muchísimos turistas y barcos de crucero que paran en la isla casi todos los días. Todo eso ayuda al comercio y por eso la isla se ve próspera. Es muy diferente de la pobre St. Kitts, pero yo prefiero la paz y tranquilidad de nuestra pequeña isla.

El hotel es muy cómodo, construido sobre una base de cemento que sobresale en el mar y es como si estuvieras en un barco. La playa es segura y hermosa, con arena suave y amarilla y agua azul - verde como en St Martin. Es muy transparente. Estuve en un barco de vidrio y fue una experiencia interesantísima; hay unos escombros antiguos, pasamos por encima y vimos los peces que entraban y salían de las escotillas. Es un lugar bastante barato, a pesar de todas las comodidades, pero tiene una gran desventaja - demasiada gente y demasiado ruido. Claro que fue muy interesante ver un sitio nuevo, pero en cuanto al resto, nada se puede comparar con St. Martin. La mayor ventaja naturalmente es el teléfono, pues pude llamar y hablar con mis viejitas. Espero que estés bien; dices muy poco sobre ti mismo en tus cartas".

"Siento muchísimo que tu madre haya tenido un ataque al corazón, pero me alegro de que aparentemente se haya recuperado completamente. Es bueno que pueda pasar mucho tiempo en el jardín porque el aire fresco es excelente para recuperar la fuerza. Estoy de acuerdo, no hay que tratarla como si fuera medio inválida, debe vivir una vida normal sin exagerar.

Espero que pueda seguir estando contigo durante muchos años felices. Gracias por tu amabilidad y por ocuparte de los muchachos para satisfacer sus necesidades.

Es satisfactorio saber que les está yendo tan bien. Me dio mucha risa el dicho español que citaste, pero estoy seguro de que con tu importante influencia ninguno de los muchachos va a ser un desagradecido cuando termine los estudios.

¡Si alguna vez dejas de enseñar y abres un restaurante seré tu primer cliente! ¡Recuerdo lo bien que cocinabas en los días de Shanghái, aunque esas comidas deliciosas no son muy buenas para el peso!

Es amable que sugieras que tome unas vacaciones pronto. No será posible por un tiempo porque Lawrence y su familia se fueron la semana pasada a Australia y a Inglaterra y no regresarán sino dentro de un par de meses".

"Estuve una semana en St. Martin. Fue un buen descanso. ¡Cómo me gustaría pasar más tiempo allá! Es el lugar ideal para relajarse y recuperar la energía, pero no fue posible. También fui a Saba. Si tienes un mapa puedes encontrar esa isla diminuta. También es holandesa y sólo tiene dos millas de ancho y dos millas de largo, pero es muy alta porque es apenas la parte superior de un volcán extinto. El resto seguro se hundió en el mar en la última erupción. Es una isla muy extraña, pintoresca y aislada porque es muy difícil llegar hasta allá.

La costa está llena de arrecifes y de rocas como dientes de sierra, así que es casi imposible llegar a la tierra desde el mar. Sólo unas embarcaciones deportivas lo logran. Los barcos tienen que quedarse lejos y las personas y la carga llegan a la costa en unas barcas de remo, y hasta esas en general se inundan por el camino. Como la isla es la cima de una montaña, no hay lugar para construir un aeropuerto, pero el año pasado construyeron una pequeña pista de aterrizaje en una roca. Tiene solo 1.300 pies, no yardas, y sólo pueden aterrizar unos aviones pequeños para 6 pasajeros, los Dornier Sol, que aterrizan casi verticalmente. Te podrás imaginar lo aterrador que fue aterrizar en Saba, especialmente ya que el avión antes de bajar dio tres vueltas a la pista, una vez para ver cómo estaba el viento - a veces cuando hay vientos y corrientes fuertes el piloto regresa sin tratar de aterrizar - la segunda vez porque unos americanos que estaban en el avión querían sacar fotos, y la tercera vez porque unas cabras estaban en la pista. Cada vez parecía que las alas iban a tocar las rocas. Después de aterrizar nos subimos en un jeep, la única forma de transporte, y subimos más y más hasta *Bottom*, la capital, que está exactamente en el centro del antiguo cráter, que por suerte está extinto. Estoy convencida de que un jeep es una versión de una cabra de las montañas, porque la carretera, como una espiral plana subía en forma casi perpendicular por una serie de vueltas y curvas en forma de 's', ni siquiera una 'S'. La carretera se agarra a la montaña, el jeep se agarra a la carretera y los pobres pasajeros se agarran al jeep y esperan que todo salga bien. Al ir hacia abajo tuvimos una vista magnífica de las rocas muy altas y de la espuma mucho más abajo y pude imaginar lo que sucedería si el vehículo no tuviera tracción en las cuatro ruedas. Pero fue una experiencia muy interesante, hay partes de la isla que son realmente hermosas, sobre todo las plantas, una gran variedad de orquídeas, de color marrón oscuro con partes de verde de almendras, plantas silvestres que crecen por todos lados.

En St. Kitts ahora hay una breve estación de lluvias que luego se convierte en el período de los huracanes. Ayer tuvimos la peor tormenta que he visto aquí. Simultáneamente había truenos y relámpagos, nos quedamos sin electricidad y mis pobres perros y gatos se escondieron todos debajo de mi cama".

"La semana pasada fuimos a recoger guayabas. Fuimos al campo y por primera vez vi todos esos árboles silvestres cubiertos de frutas. Hay tantas que no entiendo por qué nadie ha creado un pequeño negocio de poner las fruta en latas, hacer mermelada, guayaba con queso y dulces. Podría ser una verdadera industria, sobre todo si hay suficientes turistas para comprar eso.

Tener sólo la industria del azúcar limita la economía de la isla. Especialmente puesto que la fábrica y los trabajadores nunca se ponen de acuerdo sobre el salario, la cosecha siempre empieza demasiado tarde y se pierde mucho azúcar porque no paran de discutir.

Dentro de poco más de dos semanas empiezan las clases. Voy a tratar de ir uno o dos días a Nevis antes de eso para dormir bien. Nunca duermo bastante en la casa. Nevis es muy cerca, a cinco minutos en avión y hay teléfono, así que puedo estar en contacto con mis viejitas. Están muy frágiles e indefensas - pero ambas son extremadamente independientes y se niegan a aceptar que alguien se quede con ellas mientras no estoy.

Espero que estés bien y no trabajes demasiado. Una vez más te agradezco todo lo que haces por esos muchachos que nunca has visto. Espero que nunca dejen de agradecértelo. Siempre pienso en ti como la persona más generosa que he tenido el privilegio de conocer".

"¡Qué día! Las clases empezaron esta mañana. Hay aproximadamente sesenta alumnos nuevos, 8 profesores nuevos (16 en total) y el director se fue ayer a Trinidad para asistir a una reunión especial. Ya nos organizaremos y estoy contenta de que hayan empezado las clases. Mi estadía en Nevis fue sumamente breve, pues cuando ya tenía todo empacado y estaba lista para salir llegó la advertencia de que se acercaba el huracán *Betsy*, y como estábamos en la zona de peligro no me atreví a dejar solas a mis viejitas. Al fin logré ir, pero solo por dos días. De todas formas, lo gocé mucho.

Tuvimos algo muy interesante. Al regresar recibimos una carta de Puerto Rico para Bernard Bryant ofreciéndole una beca parcial para *World University* patrocinada por el Instituto Americano Internacional de San Juan. No es una beca completa, pero le dan la oportunidad de conseguir el resto porque le asignan un trabajo en la universidad; pero debía estar en San Juan el segundo día del mes. Te imaginas la prisa para conseguir el pasaporte y el pasaje, renunciar a su puesto de alumno - profesor, conseguir el dinero, etc. Estábamos casi listos para que tomara el avión el día anterior, pero el avión llegó temprano y lo perdió. Al día siguiente el avión estuvo atrasado cinco horas, así que hubo suficiente tiempo. Ahora estoy esperando tener noticias suyas. Estoy un poco nerviosa con ese asunto. Nunca había oído de la *World University* y temo que, como sucede con muchas empresas americanas, si no es una estafa por lo menos no es una institución seria y bien establecida. Me agrada que va a tener un trabajo adicional para completar la beca, así la apreciara mucho más. Espero que sean dignos de confianza. Pagué su pasaje y le di para comprar ropa y materiales. Las cosas son mucho más baratas en San Juan y Bernard es un joven muy serio al que se le puede confiar dinero, su pasión son los libros y hay muy buenas librerías allá. En total, como te dije, gasté WI$500 del fondo para él. Ayer despedí a Stacie Hudson - tenía muchísimo miedo de irse, pero tiene un vuelo sin escalas y la va a recibir alguien de *Trinity College of Music*. Como tiene una beca completa no tuve que añadir nada".

"Todos los días durante las dos últimas semanas he tenido la intención de escribirte, pero no he podido hacerlo. Es muy tarde, pero no me quiero acostar sin enviarte estas pocas líneas porque no sé cuándo voy a tener la oportunidad de escribir. Ahora tenemos 370 alumnos y de éstos me corresponden 140, en diferentes grupos, así que hay una cantidad de trabajo terrible, especialmente en algunos días en que tengo todos los siete grupos y ni un período libre para corregir 140 libros. No me molestaría el trabajo si los nuevos alumnos tuvieran el mismo nivel que los nuestros. Hago todo lo posible, pero no parece que haya mucho progreso. Es cierto que hemos tenido solo tres semanas de clases, pero parecen siglos.

Quería escribirte para darte noticias de los muchachos. Bernard ha tenido varias aventuras en Puerto Rico. La *World University* parece que está en el período de creación y organización, sin local permanente. Llegó hacia finales de la tarde, nadie de la organización fue a recibirlo y le tocó ir solo a buscar el sitio. Cuando llegó al edificio todo estaba cerrado y no sabía dónde estaban las personas encargadas. San Juan es un verdadero nido de ladrones, y además hablan español; el pobre Bernard habla muy bien francés, pero no sabía nada de español cuando se fue de St. Kitts (aunque ha aprendido bastante durante el mes que ha vivido allá); se le acercaron muchos choferes de taxi y guías que ofrecieron llevarlo a donde quisiera. Afortunadamente es un joven sensato y se fue a la estación de policía más cercana, y allá tuvieron la bondad de buscar a un amigo mío cuya dirección yo le había dado a Bernard a última hora y que le pudo ayudar. Al día siguiente ese amigo lo llevó donde la persona que organiza esta *World University*, y parece que ahora todo está bien. Espero que obtenga algo que valga la pena - en todo caso está yendo a las clases y trabajando, lo cual le ayudará a sufragar sus gastos. Si resulta que no es adecuada la *World University*, tratará de ingresar a la Universidad Interamericana, que es conocida y seria.

Morris se fue a la Universidad de Bangor. Fue muy triste verlo partir, se veía tan pequeño y perdido, pero tiene mucha fuerza de voluntad y seguro le irá bien.

Charles regresó a Jamaica en el barco *Federal Palm*, que salió el sábado por la noche. El pasaje costó 5 libras por tres días y tres noches, así que debió llegar hoy. Espero que en el segundo año de universidad le vaya tan bien como en el primero.

Matthew finalmente encontró trabajo, así que podrá ser independiente. Le di $10 (dinero de las Indias Occidentales) a Swanston, como premio tuyo. Espero que sea un buen estudiante, pero su entorno es terrible. Si tuviera un hogar decente podría llegar a ser un miembro útil de la sociedad, pero con las cosas como están tengo mucho miedo por él.

A James Connor le está yendo muy bien. Además de ser un buen alumno y un excelente jugador de críquet, decidió formar parte del equipo de fútbol de la universidad y ya le fue bien en el primer juego de una serie de juegos para obtener la *Copa de la Isla*.

Habiéndote dado todas las noticias de los muchachos, te deseo mucha felicidad y espero que estés bien".

"He recibido una carta de Morris. Llegó a la Universidad de Bangor, Gales, después de un viaje muy interesante y se está acostumbrando a su nuevo ambiente. Las cosas le parecen extrañas, pero está decidido a aprovechar su beca. Bernard escribe constantemente - lo cual para él es una proeza. Estudia mucho y le dieron el puesto de editor del periódico universitario, eso naturalmente es lo que le interesa, así que está muy contento.

Esta carta no es tanto para darte noticias de tus 'ahijados', sino más bien para pedirte consejos para mí misma. Aplacé el escribirte durante mucho tiempo porque no tengo derecho a preocuparte con mis asuntos personales. Pero como conozco tu bondad sin límites, me tomo la libertad de hacerlo, ya que es algo de lo que no sé nada, pero a ti te puede parecer sencillo. ¿Sabes algo de los asuntos financieros de América Latina? Es algo que me 'aplasta', como dicen los muchachos. Tengo que empezar desde el principio y espero que tengas la paciencia necesaria para leer esto. Cuando me fui de Chile seguí siendo propietaria de parte del colegio y tenía algunas otras propiedades, la casa grande en que estaba el colegio y una pequeña cabaña en las afueras de *La Serena*; es una casa pequeña, pero está rodeada por un pedazo de tierra grande y en un lugar muy lindo. Cuando renovaron mi contrato y vi que a mis dos viejitas les gusta St. Kitts y se han instalado bien y están muy cómodas, pensé que me gustaría construir una cabaña aquí, porque sería cruel molestar a las dos viejitas, empacar todo y volver a Chile con ellas; además el director quiere que me quede aquí mientras pueda.

Por eso no seguí pensando en el colegio de Chile y cuando me fui de vacaciones decidí vender la casa en que estaba, a fin de conseguir dinero para construir la cabaña aquí. Desafortunadamente eso fue hace dos años, antes de las elecciones de Chile, y como se esperaba que ganaran los comunistas a nadie le interesaba comprar nada. Me fui sin venderla, pero le di un poder al cónsul de Inglaterra para que vendiera la casa si se le presentaba la oportunidad. La junta del colegio decidió construir un edificio nuevo y no les interesaba comprar ese terreno, aunque está en un sitio muy bueno, en el centro, a una cuadra y media de la plaza principal. En resumen, el cónsul finalmente encontró un cliente y vendió la casa - por menos de la mitad de su valor".

Madame dijo también que el escudo chileno, la moneda usada por el cliente, no se podía convertir legalmente en dólares de Estados Unidos y que su valor estaba disminuyendo constantemente. Existe, sin embargo, la posibilidad de convertir los escudos en dólares en el mercado negro. Le pidió consejos a Horace.

"Te he molestado con esta historia por lo siguiente. ¿Sabes lo que se puede esperar de las finanzas chilenas en el futuro? ¿Piensas que puede volver a subir el valor del escudo o crees que no hay ninguna esperanza? Realmente no sé qué hacer. Por una parte, es posible que pierda todo, por otra, si consigo los dólares en el mercado negro la suma me alcanzará máximo para construir un gallinero porque construir una cabaña en St. Kitts podría costar alrededor de US$10.000. ¿Qué opinas? Me doy cuenta de que lo que me puedes decir es una conjetura, pero tienes tanta experiencia en asuntos financieros que seguro tienes una idea más clara sobre lo que se puede esperar. El cónsul es una persona muy honesta y se puede tener confianza en él, pero lamentablemente sabe muy poco de finanzas y, además, es bastante viejo, tiene más de 76 años (es un cónsul honorario) y a lo mejor no ve las cosas con mucha claridad. Por favor no pienses que pido tu opinión sólo para poder echarle la culpa a alguien si las cosas salen desastrosas. Sólo quiero la franca opinión de alguien competente para hacerlo. Si prefieres no dar una opinión, dímelo, porque no quisiera hacerte sentir incómodo.

Parece que por fin terminó nuestro período de huracanes, por lo menos según el dicho 'October, all over' (octubre, todo se acabó), así que se guardan las lámparas especiales, los postigos contra tormentas y otras cosas. Ha llovido un poco, hace más frío y los jardines otra vez tienen vegetación exuberante y se ven verdes. En la escuela todo va bien, aunque parece que no termina nunca. A Swanston por ahora le está yendo bien. A Connor le está yendo estupendamente, pero veo que pronto tu ejército de 'ahijados' va a tener otro recluta - tiene muy buenas posibilidades, es estudiante del grupo 'quinta forma' pero, como sucede siempre, es tan pobre como el proverbial ratón de la iglesia".

"Yo no sé nada de Chile y por eso no puedo darte consejos. Mandé unos telegramas a algunos banqueros americanos de Nueva York y acabo de recibir un telegrama con la respuesta siguiente:

CONSENSO AQUÍ QUE EL ESCUDO CHILENO SEGUIRÁ PERDIENDO MUCHO VALOR. LA TASA DE CAMBIO HOY 3.40 POR DÓLAR DE EEUU, PERO TENEMOS ENTENDIDO QUE DISPONIBLE SOLO PARA TRANSACCIONES DE MERCANCÍAS. TENEMOS ENTENDIDO QUE TALVEZ POSIBLE REMESA MEDIANTE AGENTES CON TASA HOY 4.09 POR DÓLAR DE EEUU".

"He pensado mucho en tu problema y siento decir que no encuentro una solución aceptable.

En vista de la situación política de Chile da lástima que hayas vendido la casa y la tierra en que se encuentra, porque bienes raíces podrían haber sido una protección contra la pérdida de valor del escudo. Pero no conviene mantener el depósito fijo, por buena que sea la tasa de interés, porque no protege de la depreciación de la moneda.

Si la cantidad es muy importante para ti, aunque perderías más vendiendo en el mercado libre para obtener dólares de Estados Unidos, sugiero que lo hagas lo más pronto posible. Por otra parte, si no es muy importante, yo haría una inversión en acciones chilenas, lo cual sería una protección contra la devaluación de la moneda chilena. No sé nada de la bolsa chilena, pero seguro puedes entrar en contacto con alguna empresa conocida de agentes banqueros o con tus banqueros para pedirles consejo. Siento no poderte dar consejos sobre el futuro de la situación financiera de Chile".

Cuatro días después Horace recibió otro telegrama de sus amigos de Nueva York y lo remitió rápidamente a Madame Katzen. Le decía que, según tenía entendido, se podía obtener una licencia para enviar escudos chilenos al extranjero mediante bancos locales, pero no había garantía de que se apruebe.

"No sé cómo agradecerte la amabilidad y el esfuerzo que has hecho para obtener toda la información sobre las finanzas chilenas. Nunca soñé con que te iba a ocasionar tanto trabajo y siento remordimientos por todo lo que has tenido que hacer y por el tiempo que has tenido que dedicar a este asunto. Tu primera carta, del 28 de octubre, estuvo seguida por otra, ambas con noticias nada alentadoras sobre el escudo chileno.

Afortunadamente yo ya había tomado la decisión de perder todo ese dinero, por lo tanto, tus cartas simplemente confirmaron mi opinión sobre la situación. Seguro te parece absurdo que haya vendido esa propiedad, pero como no estoy viviendo en Chile no vi otra posibilidad. La casa grande que vendí iba a quedar vacía porque el colegio no iba a seguir ahí y era imposible encontrar a alguien que la alquilara; el manteninmiento y los impuestos son carísimos y no tengo cómo sufragar esos gastos. Para darte una idea, el impuesto que hubiera tenido que pagar por la casa y por la tierra había aumentado de 4 escudos en 1958 a 26 escudos y luego a 58 escudos y luego, el semestre pasado, a 120 escudos. Si no hay un cuidador se llevan todo lo que se pueden llevar, porque en Chile hay mucha gente que se lleva todo apenas tienen la oportunidad de hacerlo sin que los agarren, así que en poco tiempo desaparecerían todas las ventanas y puertas, los grifos, las cerraduras, y hasta los ladrillos y las baldosas desaparecerían misteriosamente. Es muy difícil conseguir un cuidador, es decir uno que sea honesto, que no se vaya de un momento a otro sin avisar, y además cobran mucho. Tengo la suerte de tener un buen inquilino en la casa pequeña, la que guardo para tener a dónde llegar, que es una cabaña muy cómoda, con solo dos dormitorios, una sala y un comedor con una pequeña cocina y un baño, pero con un jardín grande y una ubicación muy linda con una hermosa vista del mar por un lado y de las montañas por la parte de atrás. Está al borde de la meseta, así que no se puede bloquear la vista. El alquiler que recibe mi amigo el cónsul basta apenas para pagar los impuestos y las reparaciones, y espero que esa gente siga viviendo allá el mayor tiempo posible.

Le voy a escribir a mi amigo, el cónsul, para vender los escudos del depósito fijo, independientemente de la tasa de cambio, porque creo que si sigo esperando no voy a obtener nada. Me interesa venderlo porque, como creo haberte dicho ya antes, compré un pequeño terreno aquí, frente a la casa que hemos alquilado, y estaba soñando con construir una pequeña cabaña ahí. He descubierto que hay una compañía que acepta construir una casa a cambio de un depósito correspondiente a la tercera parte del valor total, y el resto se paga mensualmente durante varios años. Esas condiciones son muy razonables, e invertir en construir algo aquí sería mucho más seguro que invertir en acciones en América Latina, sobre todo en Chile, donde el porcentaje de empresarios honestos es aproximadamente 1%. La perspectiva política de Chile también es muy negativa, así que a lo mejor pierdo también la pequeña cabaña - y supongo que debería empezar a pensar en el futuro y por lo menos intentar tener un lugar donde vivir cuando sea vieja.

Los nuevos anteojos parecen muy buenos, por lo menos me he podido adaptar al cambio, pero tengo una cantidad enorme de trabajo atrasado que se acumuló mientras yo no estaba bien. Cuando estaba en Guadalupe traté de organizar un viaje para mis alumnos de francés.

Guadalupe es muy francesa y si bien se usa mucho el dialecto, también se oye el francés puro. El prefecto me prometió un viaje de St. Kitts a Guadalupe en un buscaminas de la marina de Francia, y un movimiento de jóvenes nos va a dejar utilizar su recinto, donde podemos colocar unos catres que nos prestará el ejército francés. Si logro conseguir el viaje de regreso en el buscaminas, podré llevar al grupo y sólo habrá que pagar la comida. Suponiendo que todo eso llegue a realizarse, ¿puedo llevar a algunos de tus 'ahijados' y usar los fondos para pagar los gastos? Quisiera llevar a James Connor, que está progresando de manera excelente en 'form 6', a Eddie Walker, un muchacho de 'form V' que también es muy buen estudiante, pero no tiene solvencia financiera, y a Swanston. Estoy preocupada por Swanston porque no estoy segura de que va a tener éxito en la 'form VI'. Sólo tiene 16 años, lo cual en St. Kitts es muy joven para estar en ese grado, y con la vida que lleva en su casa, temo la influencia negativa. Tiene muchísimo talento para los idiomas y el trabajo mecánico, me refiero a cosas como reparar aparatos eléctricos y radios. Si pudiera ser un pasante de una firma grande seguramente sería un trabajador muy competente, pero, desafortunadamente, aquí solo hay una de esas firmas y por ahora no tienen una vacante para él. Más adelante lo volveré a intentar. Aquí vamos a tener algo muy interesante - una verdadera exposición agrícola. Espero que eso ayude a las pequeñas empresas y beneficie a la economía de la isla. Tendrá lugar mañana y te escribiré sobre ella después de verla".

1966

"Recibí una carta muy amable de tu hermano informándome que finalmente te estás tomando unas vacaciones. Me alegra muchísimo oírlo y espero que realmente estés relajado y descansando. Te deseo que empieces este nuevo año con mucha energía y buena salud.

Lamentablemente nuestras vacaciones terminan hoy y mañana por la mañana empiezan las clases. Ha sido un período muy agradable y lleno de aventuras. Hemos realizado nuestro tan esperado y deseado viaje a Guadalupe.

El buscaminas llegó a las seis de la mañana y se embarcaron mis catorce muchachos y cuatro muchachas, aunque a última hora uno de los muchachos se hirió una mano, tuvo que ir de emergencia al hospital y casi no llega el barco. Afortunadamente el encargado del gobierno tenía que ir hasta donde estaba un barco de vapor que se encontraba anclado en la bahía, cerca de nuestra *Croix du Sud* (Cruz del Sur), y nuestro capitán aceptó esperar unos minutos adicionales y trajeron al muchacho, que fue recibido con gran alegría por sus compañeros. Nos tomó doce horas llegar a Guadalupe, concretamente a *Pointe-à-Pitre*, porque, aunque el tiempo estaba lindo, como nuestro barco era de un tipo especial de fondo plano, estuvo balanceando y cabeceando todo el camino. Dos niñas estaban mareadas, pero afortunadamente algunos muchachos también, así que no se burlaron mucho de ellas, aunque un par de veces tuve que correr detrás de mis 'ángeles' que estaban empezando a tomar fotografías cuando las chicas mareadas estaban a punto de recostarse en la baranda y alimentar a los peces. A mitad de camino se dañó el motor, pensábamos que iba a ser necesario ir en barcas de remo hasta *Pointe-á-Pitre*, pero por suerte los ingenieros lograron arreglarlo, así que llegamos en barco de vapor al puerto, donde nos recibieron el *Préfet* y el presidente de la *Maison des Jeunes* (Casa de los Jóvenes) donde nos íbamos a alojar. Se trata de una organización maravillosa cuyo objetivo es ayudar a los jóvenes no privilegiados - acaban de terminar de construir un lindo edificio de tres pisos para los jóvenes, donde van a poder vivir, cocinar comidas sencillas y llevar una vida normal, dirigidos por personas responsables dispuestas a dedicar dinero y, sobre todo, tiempo a ayudar a esos niños que no tienen familias que se ocupen de ellos. Me gustaría mucho que tuviéramos algo similar en St. Kitts. Aquí se necesita urgentemente.

Desde el punto de vista de la educación, el viaje fue un gran éxito. Los niños no solo hablaron francés todo el tiempo, sino que consiguieron amigos de su edad en la *Maison des Jeunes*, participaron en varias *fêtes* (fiestas), fueron al *lycée* (liceo), donde asistieron a varias clases y entendieron todo, jugaron fútbol (un juego en que los derrotaron en forma ignominiosa 3-0) y luego, como teníamos que cocinar y, por lo tanto, hacer las compras, pusieron en práctica todos sus conocimientos teóricos al mismo tiempo. Las niñas hicieron las compras y cocinaron, los muchachos cargaron las cosas y lavaron los platos. Creo que todos regresamos espiritualmente enriquecidos, aunque financieramente empobrecidos, porque a última hora el buscaminas se dañó y tuvimos que volver por avión y comprar los pasajes.

La compañía fue muy buena y nos dio un precio especialmente bajo; después de unir nuestros recursos tuvimos que pagar 1 libra cada uno y, por lo tanto, como llevé a cuatro 'ahijados' tuyos, sus gastos fueron 6 libras cada uno en vez de las 5 libras previstas. Espero que no lo consideres demasiado extravagante. Voy a administrar los fondos de la manera más limitada posible, aunque al comienzo del trimestre siempre hay gastos adicionales. Por favor escríbeme y dime si consideras que el gasto fue excesivo".

"Hablando de visitas, estamos todos muy emocionados porque la reina está viajando por las islas del Caribe y la nuestra es parte de su itinerario. No solo eso, sino que va a venir a la escuela misma, por el tiempo reducidísimo de diez minutos. Y durante esos diez minutos hay que presentarle la escuela, es decir al director, a dos miembros del personal y a un muchacho y una muchacha que van a representar a los demás; las personas de otras escuelas también van a venir a la nuestra y luego ella va a sembrar un árbol y escuchar la canción de la escuela (compuesta por Bernard Bryant cuando estaba en la 'VI form') y recibir un ramo de flores. Te podrás imaginar todo el movimiento que hay. Aunque la visita es el 22 de febrero, ya está en plena preparación. Se están pintando todas las casas (sobre todo las de la ruta que seguirá la reina), se están arreglando las calles, limpiando las paredes y se está sembrando y regando el pasto. El programa 'Limpio para la Reina' se está aplicando con mucha voluntad y el edificio de nuestra escuela también se está limpiando y pintando de arriba a abajo, adentro y afuera. Me temo que nadie está pensando en las clases, aunque acabamos de tener los exámenes de preparación para los candidatos de los exámenes 'GCE Cambridge'. Me temo que mis alumnos de este año están lejos de ser brillantes. El único bueno es Eddie Walker - nivel O - que es un alumno aún mejor desde el viaje a Guadalupe. David Jones - nivel A - podría ser un buen alumno si tuviera más fuerza, pero desafortunadamente están teniendo efecto ahora los ocho años de desnutrición. ¿Estarías de acuerdo con darle una pequeña ayuda para comprar comida y leche? Él lo agradecería mucho. La fábrica de azúcar de St. Kitts paga su matrícula, pero esa organización no se interesa por nada más relacionado con él y no le importa a quién se le da el dinero.

Ha habido un cambio en nuestra administración y temo que no es para mejor. Hasta ahora siempre habíamos tenido a un administrador designado en Inglaterra. Cuando llegué era una persona encantadora y muy culta, el coronel Howard.[13] Él hablaba un francés excelente y se interesaba mucho por la escuela en general y por mi pequeño club de francés en particular. Desafortunadamente se jubiló el mes pasado y ahora tenemos un administrador que es de las Indias Occidentales. Quizás me equivoque, pero creo que hay cierta negligencia ya en las oficinas del gobierno, y se habla mucho de una nueva constitución, de autogobierno, independencia, etc. Entiendo que cada isla debe ser ambiciosa y tratar de defender sus propios intereses, pero temo que St. Kitts no está lista para gobernarse, no hay suficientes personas capacitadas para dirigir un gobierno y el resultado podría ser el caos total y el comunismo.

Le he escrito al cónsul en Chile sobre mis fondos. Tenías razón, en este período el escudo ha seguido perdiendo valor, así que estoy resignada a aceptar $500 por mi propiedad de $20.000. El cónsul acaba de regresar a Chile de un viaje de seis meses a Inglaterra y prometió hacer el cambio de moneda, lo cual hay que hacer de manera privada en el mercado negro, ya que esas transacciones no se permiten oficialmente.

Mis viejitas te agradecen tus buenos deseos de Año Nuevo y están contentas aquí, trabajando en el jardín, sembrando flores y verduras. Mi madre ha logrado producir fresas, lo cual es un milagro en el clima tropical de St. Kitts".

"Igual que ustedes en el Caribe están preparándose para la visita de la reina, en Hong Kong nosotros nos estamos preparando para la llegada de la princesa Margarita y su marido durante la primera semana de marzo para inaugurar la Semana Británica. Viene un grupo comercial grande y habrá una exposición de toda clase de productos ingleses en el nuevo y grandísimo terminal del océano que ya está casi listo, y en algunas de las

---

[13] Administrador de St. Kitts-Nevis-Anguilla (1956-66).

principales tiendas. Habrá conciertos de la Orquesta Sinfónica de Londres y espectáculos de una de las principales compañías de teatro de Inglaterra y otras atracciones para que la semana sea un gran éxito".

"Esta semana ha habido una gran variedad de actividades. Tienen lugar los preparativos y los ensayos habituales al preparar la visita de la reina, y como parte de eso vino toda la flota francesa (compuesta de dos buscaminas), que trajo al cónsul francés, cuya sede está en Puerto Rico y que está haciendo un viaje oficial por las islas del Caribe. Acaba de llegar de Francia, es muy cortés y bien educado, aunque no tan franco como el cónsul anterior.

De todas maneras, le dimos una gran bienvenida con todo mi club de francés y él se divirtió cantando y jugando a las cartas con los niños. Los capitanes de los buscaminas dieron una conferencia sobre la marina francesa y todos dijeron que nunca habían conocido a un grupo de muchachos y muchachas tan agradables e inteligentes. James Connor recitó un poema en francés - con linda pronunciación - y el cónsul se sintió tan conmovido que le dio las gracias *au nom de la France* (en nombre de Francia) por la manera maravillosa en que demostramos cuánto apreciamos el idioma y la literatura. Nos prometió abonos a varias revistas, lo cual será muy positivo para los que van a presentar exámenes. También vimos cine en mi casa, pues la Alianza Francesa de Trinidad tuvo la bondad de prestarme cuatro películas. Lo difícil fue encontrar un proyector. La escuela tenía uno, pero en septiembre lo mandaron a Puerto Rico para arreglarlo y no hemos sabido nada al respecto desde entonces. La fábrica de azúcar nos dejó utilizar el que tienen ellos, una máquina antediluviana, pero nuestro Swanston logró hacerla funcionar, así que pasamos dos veladas muy agradables y vimos *Côte d'Azur* (Costa Azul) y dos películas sobre la marina, el ejército y la aviación.

También hubo otra cosa. Los dueños de las haciendas donde se ha sembrado algodón no encontraron trabajadores para cosecharlo y se iba a desperdiciar todo. Se nos ocurrió una idea brillante y toda la escuela, el personal y los alumnos, fuimos a ayudar. El resultado naturalmente fue muy limitado, pero fue un gesto para ayudar y hacer entender que el trabajo manual no es algo de lo que hay que avergonzarse, como se considera aquí en general. Yo no tenía ni idea de que el algodón pesa tan poco. ¡Cosechamos y cosechamos durante cuatro horas completas y solo obtuvimos 495 libras! Probablemente por eso no consiguen trabajadores, ya que les pagan 5 centavos por libra. Nuestra salida al campo creó un gran tumulto. He oído que otras escuelas quieren seguir nuestro ejemplo y el administrador de la hacienda dice que está muy agradecido. Pensamos hacerlo de nuevo, pero a las 6 de la mañana, para no perder otro día de clases, porque parece que con todas estas actividades enseñar y aprender ha perdido importancia".

"La reina ya vino y se volvió a ir. Toda la isla estaba hermosamente decorada para darle la bienvenida, con banderas por todas partes, luces de colores y arcos a lo largo de la carretera principal. Se prepararon lindos ramos de flores, sobre todo el que se le entregó en la escuela - queríamos darle algo de nuestro propio jardín y preparamos una canasta con todos los colores imaginables. Fue muy efectivo. Los niños se portaron muy bien, cantaron la canción de la escuela y contestaron de manera inteligente las preguntas que les hizo la reina.

Se sembró el árbol y me alegró no tropezarme con él cuando tuve que hacer una reverencia cuando me presentaron. Nos desilusionó un poco que la reina casi no sonreía y no se veía tan amable como habíamos pensado. Seguro estaba cansada, pues en cada isla querían mostrarle todo lo que era interesante y el resultado es que en todas partes el programa estaba muy cargado, sin tiempo para respirar.

Todo salió muy mal en la fiesta en el jardín de la Casa de la Gobernación porque el nuevo administrador[14] no tenía ni idea de cómo organizar la recepción. Extrañamos mucho al administrador anterior, que era un verdadero diplomático y un hombre del mundo. El de ahora se quedó parado atrás, vestido con un traje blanco arrugado y demasiado grande. Y luego, para colmo de males, empezó a llover en el momento en que la reina salió al jardín y empezaron a tocar el himno nacional. Nadie se podía mover y todos quedamos empapados. Afortunadamente el aguacero duró solo unos minutos y yo tuve la suerte de estar parada debajo de un

---

[14] Señor Frederick Albert Phillips, CVO - el primer hombre negro gobernador de St. Kitts-Nevis-Anguilla (1966-69).

árbol. Todo eso nos hizo reír y eso disminuyó un poco la tensión. En estas islas del trópico, donde puede empezar a llover en cualquier momento, en general las fiestas se hacen en las terrazas, pero parece que esta vez se les olvidó que podía llover.

Gracias por aprobar que se ayude a David Jones. Creo que lo merece. Había otro caso, Ian Crosby, de 'fifth form', que perdió el dinero para pagar el examen de Cambridge cuando estaba yendo a pagarlo. Estaba nerviosísimo, pues los W.I.$17 se habían ahorrado poco a poco y no había con qué pagar los gastos que había que pagar ese mismo día. Espero que no te moleste que lo haya pagado yo con tus fondos. También compré un buen diccionario de francés para James Connor, pues realmente lo necesitaba. Los otros gastos son lo que normalmente se le da a Charles Archibald, James Connor y David Jones.

¡Increíble todo lo que se está haciendo en Hong Kong! Leí un artículo, o más bien toda una sección del Times dedicada a ese tema. Qué contraste con nuestra parte del mundo. Me parece que a St. Kitts le espera un futuro muy negativo. Se perdió toda la cosecha de algodón. La escuela fue a ayudar una secunda vez, pero nadie más. La semana pasada pidieron otra vez los servicios de trabajadores, hasta ofrecieron pagar 1 centavo más por libra si se recogía más de 25 libras. No hubo respuesta. Naturalmente, sé por experiencia que toma mucho tiempo cosechar una libra de algodón. No vale la pena hacerlo por 6 centavos. Pero no sé cómo podrían pagar más si los dueños mismos obtienen 11 centavos por libra cuando lo venden. Felicitaciones por haber descubierto una nueva orquídea".

"Espero que ahora te sientas bien, la gripe es una enfermedad traidora y sus consecuencias crean problemas de salud. Por lo tanto, por favor cuídate y no hagas demasiado. Gracias por las condolencias por mi pobre *Micifuz*. La sigo extrañando mucho, era una compañera muy comprensiva.

Me alegro mucho de que apruebes la ayuda otorgada a los diferentes muchachos mencionados en mi carta anterior. Me siento muy renuente en cuanto a mencionar el caso actual, pero incluyo la carta de Charles para que veas que realmente necesita ayuda. Ambos entendemos que ya has hecho tanto por él que no deberíamos volver a molestarte, y si yo pudiera rescatarlo lo habría hecho, pero lamentablemente no puedo. En su carta verás que tiene que quedarse en Jamaica durante las vacaciones de Semana Santa porque no hay barco que le permita regresar al comienzo del próximo trimestre, y si los estudiantes permanecen en la universidad tienen que pagar el alojamiento y la comida, y es mucho, lo cual me parece el colmo porque la mitad de ellos no tiene suficiente dinero. Va a tener que pagar 18 libras para el alojamiento y la comida y pide 6 libras adicionales para unos libros y camisas. Recordarás que ya se ha pagado toda la matrícula, pero eso no incluía los gastos incurridos durante las vacaciones. 24 libras es mucho dinero y agota el fondo, pero como no tiene cómo pagar la comida y el alojamiento, no se puede hacer otra cosa. Espero que no pienses que gasto el dinero en forma innecesaria y desconsiderada. Charles ha progresado de manera excelente y si todo sigue bien se va a graduar a finales del año entrante - y, como ya te dije, la matrícula ya se ha pagado hasta ese momento. En la carta ves que su francés es perfecto ahora, así que te puedes sentir muy satisfecho con eso, y también puedes ver que pide ayuda a regañadientes, y lo hace solo porque realmente no hay otra salida. Como tengo que enviar el dinero antes del fin del trimestre, espero que no te moleste que envíe de inmediato el cheque, sin esperar tu respuesta. El dinero, o más bien la falta de dinero, crea tantos problemas en la vida y podríamos sentirnos muy felices si no tuviéramos que preocuparnos siempre por el dinero. Por favor, contéstame pronto y dime si apruebas o desapruebas lo que he hecho. Espero ansiosamente tu respuesta.

El trimestre termina el primer de abril y todos estamos esperando con alegría las dos semanas de vacaciones. La semana entrante tenemos el día de los deportes. Durante la semana pasada tuvimos calentamiento y puntos estándar. Algo que te hará reír es que, como hay poco personal, estuve encargada de algunos calentamientos, precisamente los saltos con pértiga.

No sé nada de eso - nunca en mi vida pude saltar por encima de nada, sobre todo una pértiga - observé con admiración cómo esos muchachos pasaban por encima de mi cabeza, pues el estándar es 9 pies. En el día de los deportes por lo general llegan a 10 pies y 6 pulgadas, lo que me parece muy bueno porque no tenemos un entrenador, los muchachos practican solos y siguen las instrucciones de los libros. Es un milagro que no haya huesos rotos, sobre todo al saltar muy alto, pues el año pasado el mejor atleta llegó a 6 pies.

Además de nuestras actividades habituales, hacemos demostraciones a seis voluntarios del Cuerpo de Paz de los Estados Unidos. El mes entrante van a Nigeria, y como las Indias Occidentales son el sitio más cercano donde las escuelas tienen un sistema similar, puesto que en Nigeria los estudiantes también toman el examen *G.C.E. Cambridge* a nivel *O* y *A*, los enviaron aquí para observar nuestros métodos. Creo que hacen algo muy bueno al dedicar dos años de su vida a ayudar a los menos privilegiados, y espero que les hayamos sido útiles, pues se han graduado en universidades estadounidenses, pero no tienen ni idea de lo que es la enseñanza.

Además, el sistema de Estados Unidos es tan diferente del británico que les cuesta trabajo adaptarse. Espero que no los manden a todos al mismo establecimiento en Nigeria, porque esa escuela correría el riesgo de convertirse en una escuela estadounidense.

Nos está yendo bastante bien con la cosecha azucarera, aunque este año el contenido de azúcar es bastante bajo, pero se perdió toda la pobre cosecha de algodón. El futuro no parece muy bueno, porque nuestro nuevo administrador no se interesa por su trabajo, parece que lo que quería hacer es administrar la Universidad de Jamaica, y con su formación y personalidad sería mucho mejor que fuera director de una universidad y no de la isla. Se habla mucho de iniciar una industria de turismo, la isla naturalmente es hermosa, pero no hay ni un hotel que valga la pena, y creo que ningún turista volvería o recomendaría el lugar si no se siente cómodo al venir".

"Pasé una semana encantadora en la pequeña cabaña en la playa *Conaree*, pero el último día tuve una experiencia tan horrible que sigo horrorizada, No me atrevo a mencionárselo a nadie por temor a que se enteren mis pobres viejitas, porque se angustiarían muchísimo. El domingo, el último día, fui un rato breve a la casa a ver si ellas estaban bien y no necesitaban nada, y después volví a la cabaña, me puse el vestido de baño y me fui a nadar. Había mucha gente, así que decidí ir un poco más lejos, hasta una cueva que queda unos diez minutos más lejos a pie por la playa. Ahí hay un laguito no muy hondo donde me baño con frecuencia. La costa tiene una curva, así que es un lugar totalmente escondido.

Cuando salí del agua me detuve para recoger mi bolsa, cuando de repente sucedió algo terrible.

Un hombre me atacó. No te puedo decir lo horrible que fue. Me quedé como paralizada, era algo tan increíble, inesperado y horrible, que por un momento no pude hacer nada - luego empecé a gritar, lo que fue inútil porque las olas al chocar contra los arrecifes hacen muchísimo ruido, y luego él me tiró en la arena y me empezó a asfixiar. No sé cuál fue el motivo, odio racial, violación, robo o simplemente ganas de matar, pero a pesar de mi esfuerzo, pues me di cuenta de que estaba luchando por mi vida, él me estaba ganando y yo sabía que eso iba a durar solo un momento y que me iba a matar. Me salvó la suerte. Un viejo pescador entró a la cueva y el hombre que me estaba atacando huyó. Si el viejo no hubiera aparecido, el hombre me habría asesinado y hubiera podido lanzar mi cadáver al agua sin que nadie se diera cuenta. No sé cómo logré regresar a la cabaña y la conmoción ha sido enorme. El dolor fue terrible, tenía tensión en todos los músculos, la garganta hinchada y casi no podía hablar. Llamé a mi médico, me dio unos calmantes para tranquilizarme y para que mis viejitas no notaran nada, pero el choque moral ha sido inmenso y todavía no lo he podido superar. Yo amaba esta isla, ahora evito a todo el mundo, nada volverá a ser igual, y es muy difícil actuar como si no hubiera sucedido nada. Cuando pienso en lo mucho que has ayudado a esos muchachos, de repente se me ocurre pensar qué pasaría si ellos acabaran siendo como ese hombre. No tengo palabras para decirte cómo me siento, ¿por qué habrá sucedido todo eso?, y si pienso en cómo hubiera podido terminar siento frío en todo el cuerpo. Solamente mencioné este incidente al médico y al director de la escuela. Ambos me dijeron 'trate de olvidarlo porque no se puede hacer nada'. Es cierto, no se puede hacer nada, ni reconocería al hombre que lo hizo si lo volviera a ver, pero quedó destruida mi actitud positiva y la confianza en la naturaleza humana.

Siento haberte lanzado todo este torrente de palabras, pero no lo pude evitar. Contarte toda la historia ha aliviado la carga, por favor perdona que te moleste con todo esto, pero he estado sumamente angustiada y no tengo a nadie con quien hablar aquí. Al comienzo pensé en empacar mis cosas e irme, pero ¿para qué? Además, tengo que pensar en las pobres viejitas, que no deben saber ni sospechar nada, y aquí por lo menos puedo trabajar y tengo un hogar cómodo. Sin embargo, ¿qué futuro nos espera si ahora, sólo unos meses después de irse el administrador blanco, sucede esto? Cuando la isla tenga un gobierno autónomo no habrá ninguna seguridad. Por favor, tengo una gran necesidad de que me escribas y me alientes".

"Tu carta del 23 de abril, que acabo de recibir, me ha estremecido y siento muchísimo lo que te sucedió. Gracias a Dios saliste sana y salva.

Entiendo bien tus reacciones, que son algo natural. Por favor trata de rechazar ese horrible recuerdo. No debes juzgar a una raza por los pecados de un hombre loco. Sé que es más fácil decirlo que hacerlo, pero tú has sido una bendición tan grande para tantos jóvenes estudiantes que estaría muy mal que condenes a todos por culpa de un delincuente malvado.

¿Puedo hacer otra sugerencia? Por más que te guste nadar en un lugar solitario, no lo hagas.

Siempre es más seguro donde hay otra gente, pues es posible que a uno le dé un calambre o que haya una corriente muy fuerte, y también por otras razones es más seguro un lugar donde se puede pedir ayuda y que alguien lo oiga. Me agrada que no hayas dicho nada a las viejitas, pero espero que hayas informado a la policía.

¿Hay alguien en St. Kitts que te pueda enseñar jiu-jitsu? Es fácil de aprender, le da a uno confianza total, y es una protección contra los bandidos. Yo lo aprendí siendo niño, y aunque he olvidado mucho por falta de práctica, sigo convencido de que todas las niñas y mujeres adultas deberían aprenderlo para protegerse. Hasta si un hombre le coloca a uno una pistola contra la espalda no tiene ninguna posibilidad si se trata de una persona que conoce el jiu-jitsu.

No dejes de tener fe en la humanidad. Confío sinceramente en que el tiempo aliviará tu sufrimiento mental".

"Gracias por tu carta bondadosa y comprensiva que recibí hace algunos días, y también por tu segunda carta, que llegó hoy. No te puedo decir lo importantes que han sido para mí, y el valor y el consuelo que me da leerlas una y otra vez. Poco a poco estoy volviendo a la vida normal, aunque el sufrimiento físico y la angustia mental me siguen afectando a pesar de mis esfuerzos por olvidar totalmente esa horrible experiencia. Me he lanzado al trabajo escolar para no tener tiempo para pensar y por lo menos no despertarme durante la noche y revivir otra vez toda la lucha desesperada. Tu sugerencia de que aprenda jiu-jitzu es excelente, aunque yo pensaba que sólo los jóvenes podían dominarlo. Lamentablemente en St. Kitts no hay nadie que me lo pueda enseñar, pero intentaré averiguarlo discretamente y talvez encuentre a alguien que sepa algo al respecto. Hago lo posible por rechazar el recuerdo, pero temo que tendré que dejar de pasar parte del verano en la cabaña en *Conaree*, algo que para mí es tan importante. Empiezo el día a las seis de la mañana y lo termino alrededor de la medianoche y, con excepción de las pocas horas que paso corrigiendo tareas después de comer por la noche, paso todas las horas de trabajo con otras personas - por eso deseo tener unos pocos días de paz y tranquilidad, lejos del ruido, de las conversaciones y hasta de ver a otros seres humanos, y *Conaree* era ideal para eso; la cabaña es pequeñita pero alegre, luminosa y cómoda, queda solo a diez minutos en automóvil de mi casa y tiene teléfono, lo cual me permitía estar en contacto instantáneamente con las viejitas. Siempre me molesta dejarlas e irme a otra isla, sin poderme comunicar inmediatamente. Una vez más te agradezco tu bondad y comprensión y sigo confiando en la humanidad.

Se ha añadido otro muchacho a la larga lista de los que reciben tu ayuda - Simón Rawlings.

Es un muchacho muy serio y sus circunstancias eran difíciles. El padre murió el año en que yo llegué a St. Kitts; estaba conduciendo un camión cuando sucedió algo con el timón, el camión se volcó y él murió instantáneamente. La madre se quedó sola con nueve hijos. Simón, el mayor, tiene trece años. Era muy difícil encontrar trabajo en St. Kitts, así que ella se fue a St. Thomas, donde nadie la conocía, y empezó a trabajar como empleada doméstica. Los niños se quedaron con la abuela, que trabaja en una finca y está lejos de la casa todo el día. A pesar de todo lograban vivir porque la madre les enviaba su salario regularmente. Desafortunadamente, se enfermó hace unas semanas, se envenenó con un pescado y perdió el trabajo; ya está casi bien otra vez, pero no ha podido encontrar trabajo todavía, regresó a St. Thomas apenas pudo y espera encontrar algo pronto.

Ahora estoy en correspondencia constantemente con el nuevo cónsul general de Francia, a través del que espero conseguir una beca para un curso de verano en Guadalupe para Connor y Jones. Hay un curso muy bueno, organizado por profesores de la Universidad de Bordeaux, que les ayudaría mucho para sus estudios. Jones tiene sus exámenes de nivel adelantado este año, dentro de tres semanas y, si los aprueba bien y adquiere experiencia adicional en Guadalupe, el director talvez lo contrata como alumno-profesor en septiembre, lo cual sería un trabajo fijo por lo menos durante un año. Espero que obtenga ese trabajo. Que Dios te bendiga y te recompense por tu bondad con los demás".

"Oímos por radio las terribles noticias sobre los desastres causados por las lluvias y los derrumbes en Hong Kong. Esperamos que no te hayan afectado. Sé que debes estar muy ocupado ayudando a los pobres que han perdido sus hogares y han sufrido tanto. Espero que no haya más tifones por allá. Es tan doloroso ver esas calamidades causadas por la naturaleza cuando no se sabe qué hacer para ayudar. Acabamos de tener el primer huracán del año, *Alma*, que ha causado muchos daños en Cuba. Por favor, ten cuidado y no vayas a los sitios que no son seguros".

"Te agradezco tu carta amable del 25 de junio que, por una vez, puedo contestar inmediatamente porque acaba de cerrar la escuela y estamos relativamente libres.

Siento que los campesinos de los Nuevos Territorios hayan sufrido tanto. Sé que ya les has ayudado y seguro se está haciendo algo para compensar sus pérdidas y para que puedan empezar de nuevo. Tienen mucha suerte porque estás cerca de ellos.

Aquí todo sigue igual, aunque ha habido mucha actividad política, habrá elecciones pronto, después empezará el autogobierno y espero que la vida siga siendo tranquila. No sé si vas a considerar que soy sensata, porque a pesar de haber perdido una casa en Chile he decidido tratar de construir una aquí. Hace poco empecé a investigar y hay un contratista (¡al mismo tiempo es nada menos que el encargado de una funeraria!) dispuesto a construir una casa con un pago inicial y el resto se paga por cuotas durante varios años. Preparé mi propio plan y se lo mostré, él se lo llevó a un capitán jubilado que ahora es un arquitecto (las cosas son raras en St. Kitts ¿verdad?) y este hombre preparó un plan de verdad sobre esa base y ahora Ross, el constructor, me ha preparado un cálculo de lo que costaría. Como hemos recibido un dinero que nos debían, tengo suficiente, con el resto de mis ahorros, para pagar la cuota inicial. Pero después de calcular el costo total he decidido hacerlo de otra manera. Según él, la casa costaría, en nuestra moneda, WI$ 18.000, pero al final acabaría dándole WI$ 27.000 lo cual realmente parece demasiado, ¿verdad? Por eso solicité un préstamo a una empresa azucarera, y si lo recibo puedo construir la casa por $18.000 en efectivo y devolver el préstamo con una tasa razonable del 8%. Eso lo puedo hacer si no hay cambios en el Departamento de Educación, porque el director de la escuela quiere renovar mi contrato cuando termine el actual. Ahora espero que sucedan dos cosas - primero, obtener el préstamo - luego, que la situación política siga más o menos igual. Mis queridas viejitas no se vuelven más jóvenes, y creo que sería muy cruel volver a desorganizar sus vidas, empacar todo y volver a Chile. Les gusta estar aquí, el clima parece que les conviene y están contentas. Por otra parte, con el alquiler que pagamos hubiera podido construir la mitad de la casa durante estos cinco años, y si nos quedamos otros cinco años sería un desperdicio acabar no teniendo nada. ¿Crees que estoy loca al emprender este proyecto?

Mañana me voy a la cabaña de *Conaree*. Seguro piensas que estoy loca porque voy allá otra vez, pero probablemente me quedaré en la terraza y voy a mantener todas las puertas cerradas con llave".

"Veo que piensas construir una casa nueva. Preguntas si me parece que eres sensata al iniciar ese proyecto. Yo personalmente esperaría un poco para ver qué pasa en St. Kitts con el autogobierno. Un país es como un niño - al crecer comete muchos errores y toma decisiones improvisadas.

Si decides hacer la construcción, ve donde el mejor arquitecto, eso te costará más, pero sus conocimientos te garantizarán que vas a tener una casa bien diseñada y construida, que no va a necesitar mucho mantenimiento. Un constructor sin experiencia, o uno que no tiene suficiente dinero, tiende a ahorrar en los materiales de la construcción, reducir el cemento, etc., y el resultado es que el mantenimiento resulta muy caro y crea muchos problemas. También hay que recordar que un edificio siempre cuesta más de lo previsto y además hay que pagar los muebles, los accesorios, la ropa de cama, etc.

Me alegro de que tengas buenas noticias de Guadalupe y espero que todos lo pasen muy bien. Muy bueno que hayas pagado el pasaje de Jones. con muchísimo gusto pagaré el de Connor. Si puedo ayudar en algo más, haz lo que te parezca bien. Espero que goces de tu estadía en *Conaree*, pero toma las precauciones necesarias y no te alejes de la gente.

Ayer hubo un tifón grave, pero afortunadamente causó menos daños de lo que se esperaba.

Dos barcos se chocaron en el puerto, uno se hundió, algunas casas se destruyeron y hubo los derrumbes habituales, etc. y sólo una persona murió debido a un árbol que se cayó. Te deseo todo lo mejor".

"Hace diez días estaba por escribirte porque tenía muy buenas noticias que quería compartir contigo, y de repente mi madre se enfermó gravemente y durante dos días creímos que no se iba a mejorar. Después de la última visita, el médico ahora piensa que pronto estará bien y, si no hay complicaciones, y con buen cuidado de las enfermeras, dentro de unos días estará fuera de peligro. El médico cree que tuvo un pequeño coágulo de sangre que causó una inflamación seguida de una terrible infección. Todo eso estuvo acompañado de un dolor terrible y de fiebre. Desde el viernes ha empezado a bajar la fiebre, aunque sigue alrededor de 100, pero por suerte el dolor ha parado. Sigue consciente y está empezando a interesarse por lo que la rodea - aunque se molesta fácilmente. Considero que eso es una buena señal porque significa que se siente mejor y otra vez quiere que las cosas se hagan a su manera. No sabes lo preocupada que estuve, pero ahora puedo volver a dormir y espero que todo volverá a ser normal. Ella no va a tolerar el tener una enfermera, excepto cuando haya que hacer exámenes de sangre y ponerle inyecciones, y la pobre tiene agujas por todo el cuerpo. Afortunadamente el médico las está reduciendo. Estoy con ella casi 24 horas al día. Está dormida ahora y por eso te puedo escribir.

La primera buena noticia es que el cónsul general me ha dado las tres becas que había prometido y, por consiguiente, Jones, Connor y Morgan - otro de mis estudiantes no privilegiados - pueden aprovechar el curso de seis semanas y pasar el tiempo en condiciones maravillosas, con vivienda cómoda, buena comida y adquiriendo no sólo conocimientos académicos sino también otras experiencias e información general. También fueron dos muchachas que pueden sufragar sus gastos. Yo quería ir a tomar un curso de tres semanas de literatura contemporánea para profesores que dan esos mismos profesores de Bordeaux, porque aquí en St. Kitts no hay forma de enterarse de lo que sucede en el mundo literario, pero lo voy a tener que posponer. Ahora hay buena una conexión aérea entre St. Kitts y Guadalupe y se puede hacer el viaje de ida y vuelta en pocas horas. Eso me permitió dejar a mi madre con una enfermera durante un rato e ir a llevar yo misma a los chicos y chicas a Guadalupe. Eso fue ayer. Apenas tenga otro momento libre te contaré del lugar maravilloso en que los dejé. Mi madre casi ni se dio cuenta de que yo no estaba y ya regresé. El médico le había puesto una inyección y durmió durante casi toda mi ausencia. Él me aseguró que no había ningún peligro si me iba por unas cuantas horas, y estuvo ahí casi todo el tiempo. Desafortunadamente, mi madre alcanzó a echarle un vistazo a la enfermera y eso la irritó mucho.

Ahora, en cuanto a mi segunda noticia. *Wade Plantations* me otorgó el préstamo y puedo empezar a construir la casa. Pero también han surgido dificultades. Todo parecía funcionar bien mientras la relación con el arquitecto y el constructor era oral, pero cuando insistí en tener un contrato oficial, elaborado legalmente y con todos los detalles de la construcción, el contratista se sintió renuente a firmarlo. Eso me convence aún más de que debo insistir en tener ese documento, porque no voy a emprender el proyecto sin tener suficiente seguridad. Hoy hay elecciones en St. Kitts. El contratista, que debía haber firmado el contrato el sábado y no lo hizo, dijo que lo iba a hacer hoy y luego lo volvió a aplazar hasta mañana. Espero que lo logremos. Esta noche vamos a saber qué tipo de gobierno tendremos durante los próximos cinco años. Espero que no sea de tendencia comunista".

"La casa va progresando divinamente. Ya está puesto el tejado, las paredes están limpias afuera y adentro, está listo el cielorraso, y casi han terminado su trabajo los electricistas y los plomeros. El arquitecto y el contratista dicen que dentro de cuatro semanas nos podemos mudar. Mis viejitas tienen muchos planes y observan la casa todo el día sin parar.

Mis alumnos de francés y de español andan por todos lados en la casa y esperan hacer las reuniones en la sala grande especial para los clubes. Por suerte el huracán *Inés* a última hora no llegó a la isla. Espero que *Judith* haya sido el último de la estación y que no tengan que sufrir más las pobres islas".

"Seguro piensas que soy la criatura más desagradecida porque no he escrito durante tanto tiempo, pero como sé lo bondadoso que eres, espero que me perdones. Dos semanas antes de terminar el trimestre se enfermó nuestro director y todos tuvimos mucho trabajo adicional, en parte muy divertido - ninguno de los funcionarios tuvo el valor de ocuparse de las oraciones y de la asamblea al comienzo de su ausencia, así que por primera vez en la historia de la escuela primaria de los varones esas funciones las asumió simplemente una mujer - yo. Luego tuvimos que preparar el calendario de los exámenes de fin de trimestre, pero lo peor fue que tuvimos que hacer la 'Noche de los Discursos' y dos días más tarde la obra de teatro de la escuela, todo sin el director. Yo les enseñé a los muchachos a recibir los premios y organicé la entrega de los premios y tuve que reemplazar al director durante la pieza de teatro para encontrarme con el administrador, conversar con él en los intermedios y entretenerlo.

Nunca había conocido a un hombre con el que es tan difícil hablar. Siempre contestaba sólo con el monosílabo *sí* o *no*, acabando así con todos los temas. Pero todo salió bien, con excepción del caso de la chica que estaba tocando el piano y tocó dos veces el himno nacional. El director sigue en licencia por enfermedad y nadie sabe cuánto va a durar eso. Le están dando calmantes y dicen que el problema es 'sicológico', lo cual no da mucha esperanza.

El nuevo trimestre empieza exactamente dentro de una semana y todavía no se han enviado los informes del trimestre anterior porque el director no los ha podido firmar.

Todos esos problemas de la escuela han sido compensados por nuestra gran felicidad al mudarnos a la nueva casa. El contrato se cumplió plenamente, no se gastó ni un centavo más de lo convenido, y toda la construcción se hizo en 15 semanas. Lo estamos gozando inmensamente, es una casa muy cómoda y ha resultado muy conveniente, pues las viejitas no tienen que subir y bajar escaleras, solo hay un escalón adelante, en la entrada, y otro atrás, todo lo de ellas está en el mismo piso. En cambio, yo gozo del segundo piso y medio de donde tengo una vista tan hermosa que con mucho gusto reembolsaré el préstamo. No me arrepiento, aunque me tome años y años hacerlo.

Todo el mundo fue muy amable el día que quise mudarme. Ocho de los muchachos 'franceses' y 'españoles' más fuertes aparecieron por su propia cuenta y cargaron todos los muebles de una casa a la otra, inclusive el piano y las vajillas, sin romper nada y sin tocar la pintura nueva. Todo eso con bromas, canciones y alegría, hablando francés y español todo el tiempo. Los alumnos que aprenden a trabajar con metales me hicieron un par de portones lindos que son el último adorno de la casa. La fábrica de azúcar me regaló un letrero de metal con el nombre, y todos los vecinos vinieron a ayudar. El jardín está empezando a ser bonito, hoy compré unas rosas rojas carmesí para mi madre y veinte pollitos para mi tía, y ambas están muy contentas".

1967

"¿Cómo agradecer tu bondad? Ya haces tanto dejándome ayudar a esos pobres muchachos, y ahora me envías un regalo tan generoso. Me da vergüenza recibir tanto y no poder darte nada excepto oraciones sinceras rogando por tu felicidad y bienestar. No te imaginas cómo apreciamos lo que haces, lo agradecidas que estamos y el respeto y afecto que sentimos por ti. El regalo que pensamos recibir de ti es algo que siempre hemos deseado, pero nunca pudimos tener. Especialmente mi madre lo deseaba. Es un aparato eléctrico para la cocina que hace todo el trabajo para uno: cortar, mezclar, licuar, batir, en realidad hace todo. Como lo vamos a utilizar todos los días, te vamos a recordar todos los días, aunque no necesitamos un aparato específico para acordarnos de ti, siempre pensamos en ti. ¿Ves lo egoísta que soy al aceptar este regalo?

Incluyo unas fotos de la casa. Lo ampliado es la vista desde adelante, el jardín apenas está empezando, hay solo unas matas de rosas y unas plantas de buganvilla, pero desde que tomaron la foto ya ha habido mejoras, hemos añadido más rosales en la parte delantera y hay nardos en los lados. El jardín de verduras detrás de la casa está progresando muy bien, con lechugas que ya se pueden comer, tomates, berenjenas, pimientos y repollo chino. Aquí las cosas crecen a una velocidad impresionante. También tenemos peras, mangos, varios bananos, lima, limón (limones gigantes de plantas sembradas hace tres años, cuando adquirimos el terreno) y muchas papayas. También hay guanábanas y anones y pasapán, un árbol que puedes ver en la foto en que está el balcón de mi cuarto. La tercera foto representa las famosas portadas que me ayudó a hacer uno de los jóvenes.

La casa es extremadamente cómoda, las viejitas tienen su habitación abajo, sin escaleras, y mi parte está arriba, con una vista maravillosa. Me gustaría que visitaras nuestra isla, me encantaría mostrarte todo, en particular la casa.

En la escuela todo sigue muy confuso. El director no ha recobrado la salud, no fue a iniciar el trimestre. Ha ido dos veces a la escuela, pero no se ha reunido con el personal ni con los alumnos, y parece que el médico piensa que está a punto de tener una crisis nerviosa, si no la tiene todavía. Yo he dirigido la asamblea casi todos los días y los alumnos reaccionan muy bien. Uno de los prefectos lee algo de la biblia, luego yo leo las oraciones, sigue un himno, luego otra oración, luego doy las informaciones, etc. Los muchachos se portan muy bien conmigo, pero no con los otros miembros del personal, y poco a poco se está deteriorando la disciplina. Si yo tuviera la autoridad, es decir, si me nombraran oficialmente para reemplazar al director hasta que se mejore, seguro funcionaría bien, pero como se trata de una escuela de varones, el ministerio no aprueba que una mujer ocupe ese cargo, por lo tanto, seguimos sin director o una persona encargada de reemplazarlo. Eso me entristece mucho porque por más que los muchachos tengan una personalidad positiva, siguen siendo niños y necesitan que los asesoren.

En abril se vence mi contrato, pero el gobierno quiere renovarlo, cosa que me alegra, porque no me gustaría nada llevar a mis viejitas otra vez a Chile. Sin embargo, no voy a tomar vacaciones antes de junio, cuando terminen los exámenes de Cambridge, porque tengo miedo de dejar a los muchachos sin supervisarlos personalmente. Estoy pensando en convertir en realidad un viejo sueño e ir a Inglaterra, Francia y España, pero hay un problema, tengo mucho miedo de dejar solas a las viejitas; están muy frágiles y no podría viajar con tranquilidad pensando en las cosas terribles que podrían suceder durante mi ausencia. Parece muy interesante tu trabajo en la finca y es sorprendente la corriente de aire cálido. ¿Tiene Hong Kong tiene un origen volcánico? Sin duda tus campesinos agradecen mucho la ayuda que les das".

"Afortunadamente ahora han nombrado a un director provisional, un hombre agradable con el que me llevo bien, no muy responsable pero dispuesto a aceptar consejos, y como la mayoría de los funcionarios son antiguos alumnos y los prefectos están dispuestos a colaborar, poco a poco está mejorando la disciplina y la situación vuelve a ser normal. Creo que dentro de una o dos semanas otra vez vamos a estar contentos.

Lamentablemente, el 9 de febrero empieza una serie de juegos de críquet, Barbados contra 'Leeward Islands' (Islas de Sotavento), en un parque que queda al lado de la escuela, así que será difícil realizar las clases.

El gobierno, con razón, ha declarado que el primer día es una fiesta nacional, y el tercer día es un sábado, así que solo habrá problemas el viernes. Es estupendo ver que todo está en orden otra vez. Espero que al director le den otro mes de licencia por enfermedad, cosa que sería conveniente para todos, sobre todo para él. Ahora está en Barbados, donde tiene unos parientes y, como nació allá, probablemente es el mejor sitio para recobrar la salud.

¿Qué es lo que está pasando en China exactamente? No lo entiendo en absoluto. Parece que hay una revolución total y no teníamos ni idea de que pudiera estar en peligro el régimen de Mao - sin embargo, según la BBC, hay provincias enteras que estaban contra él y las noticias suenan como una guerra civil. Lo extraño es que Mao mismo no da instrucciones ni hace transmisiones de radio. Espero sinceramente que la situación no afecte a Hong Kong. Nos preocupamos mucho por ti. ¿Es seguro para ti quedarte allá?

Cada día nos gusta más nuestra casa y, a pesar del viento, el jardín está empezando a ser hermoso. Mi madre ha colocado una tela blanca alrededor de cada rosal, o más bien en tres lados, para protegerlos del viento, y el resultado es que parecen una flotilla de barquitos de vela, un resultado alentador. Ayer cogimos la primera rosa de color carmesí, que es como su nombre lo indica. Es muy grande, parece de terciopelo, suave, oscura y con un olor estupendo.

También van bien las buganvillas, sobre todo las moradas, pero también están empezando a florecer las rosadas. Además, se abrieron los hibiscos y florecieron diez nardos al mismo tiempo.

Estamos esperando tu batidora porque como St. Kitts es una isla pequeña no tienen muchas aquí, pero el agente local de Phillips nos ha pedido una. La aprovecharemos aún más cuando llegue después de haberla esperado con ansiedad. ¡Gracias!"

"Como lo mencioné en una tarjeta postal de Nevis, tuve la gran alegría de recibir la visita de mi vieja amiga Jane Ying. Nos alegró mucho volver a vernos después de tantos años y durante los primeros días estuvimos hablando y hablando tanto que ambas tuvimos laringitis. Había tantas cosas para recordar y habían pasado tantas cosas desde la última vez que nos habíamos visto que realmente seguíamos hablando hasta después de la puesta del sol. Claro que Jane ha cambiado y madurado - supongo que eso nos pasa a todos - pero nos llevamos tan bien como antes. Le encantó la isla. La llevé a ver todos los lugares que hay para ver y, después de examinar los argumentos a favor y en contra, decidió que le gustaría mucho jubilarse aquí.

Claro que eso sería maravilloso. Ambas estamos en circunstancias más o menos iguales en lo que se refiere a la situación familiar, mi hijo se ha independizado, los dos que tiene ella van a hacer lo mismo y, aunque trato de no pensar en eso, llegará un momento en que mis queridas viejitas me van a abandonar y realmente no tendré a nadie. Sería maravilloso que ella viviera aquí. Naturalmente ambas somos demasiado independientes para vivir juntas, así que hemos buscado por toda la isla un terreno para que ella construya su propio hogar. Ella se va a poder jubilar y no seguir trabajando, yo lamentablemente no pertenezco a esa categoría, pero hemos pensado iniciar una pequeña empresa cuando yo no pueda seguir en la escuela. En St. Kitts faltan muchos servicios. He pensado en un pequeño salón de té para los turistas que van a sentirse tentados a venir a la isla - aquí no hay ni uno y, aunque te sorprenda, cocino bastante bien, o al menos eso piensan mis amigos y, si Jane se ocupa de la parte administrativa y saluda a los clientes con su hermosa sonrisa y yo preparo las tortas y los emparedados, podríamos ser buenas socias. Tengo bastante experiencia con los tés porque aquí siempre soy la encargada de esos eventos. Tendríamos una empresa pequeña para poder hacer todo nosotras mismas, excepto lavar los platos, servir la comida y limpiar. ¿Qué opinas de ese plan?"

"Espero que hayas tenido éxito en tu viaje de negocios, que también haya sido divertido y relajado, y que hayas descansado. Solo lamento que no hayas venido a vernos cuando estuviste lejos de Hong Kong. Si hubieras viajado un poco más tarde, digamos en julio, yo talvez habría podido tener la gran felicidad de encontrarme contigo en algún lugar de Europa. Si todo va bien me tomaré unas vacaciones hacia finales de junio. Aún no sé cuándo porque, como no quería viajar por avión y no me gustan los barcos de pasajeros, hice una reservación en un buque de la

Compagnie Générale Transatlantique que transporta bananas y debe salir de *Pointe-à-Pitre, Guadalupe*, e ir a *Dieppe* o a *Rouen*. Debido a la típica falta de organización de los franceses todavía no sé cuándo viajo ni cuál es el nombre del barco. La única nube negra es dejar solas a mis pobres viejitas, es algo que odio hacer, pero realmente necesito un descanso y un cambio total porque el próximo año va a ser muy difícil".

¿Qué está pasando en Hong Kong? Estoy terriblemente preocupada por la situación y tengo miedo de cómo eso podría afectarte. Espero que todavía estés en Europa, pero tarde o temprano vas a tener que regresar. ¿Es seguro para ti estar allá? Aquí en St. Kitts todavía hay paz y tranquilidad, pero ahora no hay ninguna certeza en cuanto a lo que va a pasar en el futuro.

Parece que los gobiernos de todas las pequeñas islas del Caribe (las que llaman estados) están empezando a ver que 'la libertad' después de todo no es tan atractiva. ¿Qué pasaría si Inglaterra decidiera unirse al mercado común y no sigue comprando el azúcar de las Indias Occidentales? A mi juicio, la situación colonial era mucho mejor, pues nuestras islitas son demasiado pequeñas para ser totalmente independientes; la única solución sería una federación, pero hay demasiada mezquindad para que todos se pongan de acuerdo.

Son cada vez más difíciles los problemas de disciplina de la escuela. El director se está empezando a dar cuenta de que la disciplina interna es buena sólo en teoría y no en la práctica, así que todos estamos contentos de que sólo queda un mes de clases. Mis vacaciones empiezan el 21 de junio, pero todavía no sé si cuándo me voy a Europa".

Como Horace estaba de viaje fuera del país, su hermano Lawrence contestó en su lugar:

"Horace y Michel todavía están de viaje, pero piensan regresar hacia finales de la semana entrante.

Entiendo el problema de los cuatro muchachos que quieres enviar a Guadalupe para los estudios avanzados. En todo caso, estoy seguro de que Horace estaría de acuerdo con que se utilice parte de su dinero para pagar sus pasajes.

De paso quiero mencionar que leí hace poco que hubo unos disturbios (en mayo de 1967) en Guadalupe. Parece que ni allá pueden evitar el ambiente general de inquietud. Uno se pregunta lo que le va a suceder al mundo. Talvez la situación del Medio Oriente es la más peligrosa, seguida por Vietnam.

Aquí por suerte parece que la situación vuelve a la normalidad, pero hay un trasfondo de ansiedad y sin duda los disturbios crearon un ambiente de incertidumbre que van a perjudicar la imagen de la colonia y puede demorar o impedir la aplicación de proyectos nuevos que se necesitan urgentemente para emplear a nuestros trabajadores.

Si hay una lección de todo esto, parece ser la promoción de relaciones más estrechas entre la administración y los trabajadores. Ahora es necesario explicar a los trabajadores las razones en las que se basa el empleo - los salarios tienen que depender de la capacidad de vender los bienes que se producen y que compiten con otros, y debe haber una ganancia razonable".

"Muchas gracias por las dos cartas amables. Has sido muy considerado al escribirme y lo agradezco. Debería haber dado las gracias antes, pero no tuve tiempo. Inmediatamente después de la obra de teatro, que acabó siendo un gran éxito, hubo exámenes en la escuela, concretamente mis exámenes, porque me voy de vacaciones dentro de dos semanas y quiero dejar todo en orden, sin nada pendiente. Ahora empezaron los exámenes G.C.E. nivel *O* y *A*, lo cual seguro es igual en Hong Kong.

Espero que la situación del Medio Oriente se resuelva pronto, ya que al fin Egipto aceptó el cese el fuego, pero ha habido muchas tragedias, muchas muertes repentinas, que representan un sacrificio innecesario, que no tiene sentido. Estamos tristes por esa pobre gente, e incluso aquí la situación es muy precaria y no sabemos cuándo nuestras pobres islitas van a estar en una situación similar de luchas y disturbios. Espero que tu hermano no esté cerca de los sitios inseguros y que esté bajo control la situación de Hong Kong.

He tenido muchísima suerte. El cónsul general de Francia en Puerto Rico le ha otorgado una beca a uno de los muchachos, y nuestro gobierno local prometió dos más para un curso en Guadalupe que dan profesores de Francia durante el verano. Estoy tratando de obtener fondos para un chico más y también para pagar los pasajes para ir a la isla francesa. Si no logro obtener todo el dinero necesario, espero que a tu hermano no le moleste que use algo de lo que tan generosamente ha dado para mis pobres muchachos sin hogar. Es difícil imaginar las circunstancias miserables en que viven algunos. Una vez más, muchas gracias, y deseo todo lo mejor para ti, para tu familia y para tu hermano".

"Acabo de regresar a Hong Kong y encontré tus amables cartas del 10 y 12 de mayo que me estaban esperando. Fui a Europa en un viaje de negocios, pero logré ver los famosos jardines Koekenhoff, la exposición de flores de Chelsea y Wisley[15]. Las flores estaban hermosas y habría que ir siempre a verlas. Me sentí preocupado cuando vi en el periódico, justo antes de regresar, que ha habido disturbios en Guadalupe. Espero que todo esté bien en St. Kitts.

En Hong Kong ha habido muchos problemas. Los agitadores comunistas sobornaron a muchos jóvenes, inclusive a niños de las escuelas, para causar los disturbios. Pelearon con la policía y había gente que decía que los mataran, y al mismo tiempo le pedían a la policía que se opusiera a los ingleses, pero la policía no cedió y lograron dominar a los manifestantes. Los chinos y los europeos mayores han considerado que la policía hizo un trabajo maravilloso, y fue creado un fondo para financiar la educación de los hijos de los policías, apoyado sobre todo por los chinos. Eso parece haber molestado a los líderes comunistas, que quedaron mal, y ahora están organizando huelgas en todas las industrias. Pero estoy convencido de que la situación está bajo control y que todo terminará bien, aunque, naturalmente, se ha perdido confianza en la colonia y tomará bastante tiempo recuperarla.

¡Lástima que no nos hayamos encontrado en Europa! Espero que disfrutes mucho de tu viaje. En esta época del año debe hacer muy buen

---

[15] La Real Sociedad Hortícola en Winsley.

tiempo, y naturalmente hay muchos maravillosos museos, exposiciones, etc., para ir a ver.

Me encanta que le hayas dado 200 libras a Karina Hudson. Si necesita más para el tercer año, haz lo que te parezca mejor. Tienes talento para gastar el dinero en lo que más se necesita.

Estoy de acuerdo contigo en que es una lástima que Charles no haya ido a Francia. Eso habría ampliado sus horizontes.

Felicitaciones por el éxito que han tenido tus alumnos en el examen oral de francés. Mencionas a cuatro muchachos a los que les ha ido especialmente bien, y que uno de ellos se va a beneficiar de la beca ofrecida por el cónsul general de Francia. Parece duro que los demás no tengan suficiente dinero para ir a Guadalupe por su cuenta. Espero que tu gobierno responda a tu solicitud. ¿Cuánto costarían sus pasajes? Claro que puedes usar parte del fondo para pagar los pasajes, pero ¿qué pasa con los otros gastos de matrícula, comida y alojamiento, etcétera?

Siento que tengas tantas dificultades con los problemas de disciplina en la escuela. Los jóvenes del mundo entero creen que saben todo y no se dan cuenta de lo que cuesta adquirir experiencia.

Envío mis mejores deseos a las viejitas. Espero que te encuentres bien y que goces de tus muy merecidas vacaciones".

"Es bueno saber que has regresado y espero que no haya más problemas en Hong Kong.

Estaba muy preocupada por la situación y temí que pudiera afectar tu seguridad.

Aquí también ha habido algunos disturbios. No es tan grave como lo que dice en tu recorte[16], pero hubo tiroteos y algunas personas fueron arrestadas y detenidas. Pero los que vivimos en las islas sabemos menos sobre lo que sucede que los que están en otras partes. Nadie está seguro de lo que ocurrió realmente - algunos dicen que el gobierno organizó el ataque y la policía misma disparó contra su propio edificio para dar la impresión de que había disturbios y acusaron inmediatamente a la oposición, lo cual les dio una disculpa para detener a los líderes. Otros dicen

---

[16] Artículo periodístico.

que lo hizo la oposición, y existe una tercera opinión, según la cual los habitantes de Anguilla son los que causaron todo.

Sin embargo, por ahora todo parece tranquilo y mis viejitas han insistido en que me vaya. Todo el mundo me ha prometido que se van a ocupar de ellas, pero me fui con pesar. Si no necesitara tan urgentemente un descanso, no habría hecho caso, pero sé que si no paro de trabajar ahora es probable que tenga una crisis nerviosa. Me voy por dos meses. James Connor va a dormir en la casa durante mi ausencia y creo haber hecho planes para todas las posibilidades.

Gracias por tu generosidad habitual. Nuestro gobierno me ha dado una beca para uno de los muchachos y he pedido otra a la organización de asistencia pública general. Con tu aprobación pago los gastos del viaje de regreso de tres muchachos - 9 libras cada uno. Siento muchísimo no haber podido tomar vacaciones cuando estabas en Europa. No sabes cuánto me hubiera gustado verte.

Te volveré a escribir cuando esté en el barco, al que subiré mañana en Guadalupe. Gracias por todo".

Dos semanas después Madame Katzen fue en avión a Guadalupe y se embarcó en el *SS Sougueta* para iniciar sus vacaciones transatlánticas.

"A las cuatro de la tarde debemos llegar a *Dieppe*. Después de todo ha sido un viaje muy bueno. Tuve dudas cuando vi el barco, es muy pequeño, solo 2.800 toneladas, y tan bajo en el agua que no era necesario tener una pasarela para subir a bordo, bastaba una pequeña tabla de madera. Tuve una cabina muy grande, pero muy espartana, sin alfombras ni sillones, una litera (no una cama) fija en el piso, mesas fijas también, un lavabo anticuado con alambres de metal por todos lados para instalar todo y las únicas dos sillas tenían cadenas que las ataban a unas redes fijas en el suelo. No era un lugar muy alegre.

Las escaleras son extremadamente empinadas y angostas, los umbrales tienen un pie de altura y en todos me lastimé la tibia. Para animarnos el capitán hizo un simulacro de abandono del barco apenas nos alejamos de Guadalupe, así que todos nos pusimos los chalecos e hicimos una fila delante de los botes salvavidas. Sólo hay dos para todo el barco, así que era mejor llegar pronto. La tripulación parecía compuesta de los peores rufianes que había visto en la vida. Después del ejercicio el capitán nos dio a todos unas galletas en forma de barco - no sé si fue por buen comportamiento o como dieta de emergencia. Sabían tan rancias y mohosas que tiré la mía al agua apenas nadie estaba mirando. Sólo había cinco pasajeros más, a dos no los vimos porque estuvieron mareados todo el tiempo, los otros eran franceses típicos, echaban pedacitos de pan en el café y en la sopa, comían las papas fritas y la lechuga con los dedos y el queso con sus cuchillos, pero aparte de eso no eran desagradables. El barco es sorprendentemente limpio y ordenado, cosa extraña para un barco francés, sobre todo uno que transporta plátanos. No pertenece a la *Compagnie Générale Transatlantique*, sólo lo alquilan. La comida es excelente y por primera vez en años pude dormir todo el tiempo que quería.

Al pasar por *Pointe-à-Pitre* fui a la *École Normale* para acabar de organizar lo de los muchachos: Swanston, Sargeant, Jones y Perkins. El primero tiene la beca otorgada por el cónsul general de Francia en Puerto Rico, Sargeant y Jones tienen ayuda del gobierno de St. Kitts y hemos conseguido los fondos necesarios para Perkins después de nuestra obra de teatro.

Espero que no te moleste que haya tenido que usar algo de tu dinero para los pasajes porque no habían podido conseguir todo. También le di algo a Eddie Walker (si lo recuerdas, es mi alumno muy brillante de francés y español que tuvo que dejar de estudiar y ponerse a trabajar).

Consiguió un trabajo en Barbados que le permitirá trabajar y seguir estudiando en la universidad al mismo tiempo, pero no tenía suficiente dinero para el pasaje a Barbados, así que tú se lo diste.

En cuanto nos dejen desembarcar en *Dieppe* pienso ir a París y luego seguir a España. El 18 tengo que estar en Londres, donde espero recibir correo, ¿me mandas unas líneas si tienes tiempo? Reservé una habitación en el Club Central Y.M.C.A. Gt. Russel Street, London WC1.

Voy a ir a dar una vuelta por Inglaterra y Escocia, pero estaré constantemente en contacto con el 'Y' hasta finales de agosto.

Espero gozar de mi viaje, pero naturalmente no puedo sentirme realmente de vacaciones cuando pienso en mis pobres viejitas que están en St. Kitts. Creo haber previsto soluciones para todas las posibilidades, pero sé que van a extrañar el toque personal de atención y afecto sin lo cual la vida siempre es poco satisfactoria y deprimente.

Según las noticias, parece que Hong Kong está un poco más tranquilo y espero que estés bien. Naturalmente en las noticias francesas no se menciona a St. Kitts. Perdona mi manera de escribir poco clara en el barco, sin mesa ni asiento. En el *Sougueta* no nos ofrecen esas comodidades y el viento está bastante fuerte".

"Gracias por tu carta del 31 de julio, que me estaba esperando en el *Y* cuando regresé de mi gira, que gocé mucho. Después de Wales fui a Cornwall, visité los sitios históricos, y el castillo en ruinas del rey Arturo, entre otras cosas, en Tintagel; luego fui a Devon, parando un tiempo en Plymouth, seguí a Winchester y Bath, y después regresé a Londres. Sigue haciendo mucho frío, pero después de comprar varios suéteres Shetland en Escocia, así como también una gabardina, zapatos impermeables y una sombrilla, ya no estoy temblando de frío y puedo gozar de lo que me rodea. La gente me mira con sorpresa y me dice que están en pleno verano.

Sólo puedo decir que no me gustaría venir en invierno. El tiempo sí parece maravilloso para las flores, y nunca había visto jardines tan maravillosos con tantas flores de tantos colores. Después de unos días de turismo intensivo en Londres, estoy pasando unos días de descanso con amigos en Bournemouth. Ayer me llevaron a un paseo muy interesante en automóvil y paramos un rato en la playa, donde a pesar del viento helado (y probablemente agua del ártico) ¡la gente se estaba bañando! Me empezaron a rechinar los dientes nada más de verlos.

De aquí vuelvo a Londres para ir a más museos, teatro, ballet, ópera y música. Luego iré a Grimsby, para quedarme unos días con la antigua directora de la escuela secundaria femenina de St. Kitts. Me iré de Inglaterra por Hull el día 21 para ir a Suecia a fin de embarcarme en el barco *MS Bolivia* de la Johnson Line en Gothenburg. Después de la experiencia no muy satisfactoria en el barco francés decidí viajar con los suecos, en los que se puede confiar. Por lo menos saben cuál es el nombre de sus barcos y cuándo salen. Me alegraría que tuvieras tiempo para escribirme unas líneas que puedes enviar a la siguiente dirección: *M/S Bolivia*, Johnson Line, C/O Fallenius & Lefflers A.B., Gothenburg, Suecia. (Salgo de Gothenburg el 25 de agosto).

Me han preocupado mucho las noticias que he leído sobre Hong Kong. Son muy inquietantes. ¿Cómo se las arreglan los habitantes con raciones de agua tan pequeñas? Eso debe crear problemas sanitarios y de salud terribles. Pienso con frecuencia en ti y espero que estés bien. La primera llamada que recibí en Londres fue de Morris Archibald, que vino a Londres de Bangor para pasar el verano y buscar unas cosas en las bibliotecas. Ya terminó con éxito dos años en la Universidad de Bangor y le falta un año más para graduarse. Recuerda agradecido toda la ayuda que le diste".

"Gracias por tu amable carta, que me entregaron al embarcar en el *Bolivia* en Gothenburg. Fue una bienvenida muy agradable y me hizo sentir aún más cómoda en el barco. Me gustan mucho esos barcos de Johnson Line, buques de carga con 12 pasajeros. Son muy cómodos y ya he viajado en tantos que realmente me siento como si estuviera en mi casa. Creo que si fuera rica viviría permanentemente en uno de esos barcos.

La estadía en Inglaterra fue muy agradable e interesante, pero ensombrecida por el frío. En Suecia hacía mucho más calor y ahora, en Noruega, el puerto que está más al norte de todo mi viaje, el tiempo está tan lindo que finalmente se ha derretido todo el hielo en mis huesos y me paseo con sandalias y una falda de verano. Estamos pasando, o hemos pasado, porque nos vamos dentro de una hora, dos días en Oslo. Lo lindo de viajar en un buque de carga es que hay mucho tiempo en los puertos. Lo he aprovechado muy bien y he pasado los días visitando todos los sitios interesantes, los auténticos barcos vikingos, el barco polar *Fram*, el Museo Popular de Noruega y el parque de esculturas de la Universidad de Vigeland, y al final también vi el centro de esquí de Holmenkollen. El país es hermoso, con bosques de pinos, abedules y castaños, muy diferentes de nuestras palmeras de coco y colores brillantes.

Antes de volver al barco compré un periódico inglés y después de verlo quedé aterrada con las terribles noticias sobre los acontecimientos de China y Hong Kong. Estoy muy preocupada por ti. ¿Estás seguro? Por favor piensa en ti mismo. La situación parece muy amenazadora. ¿Talvez podrías irte por un tiempo? No puedo evitar el imaginarme todo tipo de atrocidades que podrían ocurrir. Por favor hazme saber cómo estás. Si envías la carta al barco en Curazao, Países Bajos, Indias Occidentales, seguro la recibo, pues llegaremos allá alrededor del 12 de septiembre, y después del 16 estaré de nuevo en St. Kitts".

"Estoy muy contento de que estés gozando realmente de tus vacaciones. Lástima que haya hecho tanto frío en Inglaterra, pero parece que el tiempo en Noruega y Suecia lo compensó. Igual que a ti, a mí me gusta el calor, pero en Hong Kong a veces la humedad es difícil de aguantar.

Hong Kong está pasando por un período difícil. Es consecuencia de lo que sucede en China. Resulta extremadamente difícil saber lo que realmente está sucediendo aquí, pero se puede decir que es algo muy similar a unas elecciones políticas de estilo sudamericano, a gran escala. La revolución y la contrarrevolución han llevado a una falta de disciplina que ha creado un caos. Los niños ya no respetan a los padres ni a los maestros, y los funcionarios ya no pueden aplicar las reglas por temor a la crítica de las multitudes desordenadas.

A pesar de todas mis dificultades, creo que, a menos que haya accidentes, Hong Kong acabará siendo más fuerte que nunca porque la colonia está demostrando el valor económico que tiene para Asia en general. Además, sin duda, su disponibilidad como base neutral será util para la reconstrucción de cualquier gobierno estable que se establezca en algún momento en Beijing.

Me agrada decirte que la situación del agua ha mejorado debido a dos tifones que pasaron cerca de la colonia. Fue algo positivo, no causaron daños, pero permitieron que tuviéramos agua cuatro horas todos los días en vez de cada cuatro días.

Confío en que estés recibiendo buenas noticias de las viejitas y que estas vacaciones te hayan dado el descanso que necesitabas tan urgentemente. Con mis mejores deseos".

Los tres meses libres que tuvo Madame le hicieron muchísimo bien. Había viajado y descansado y estaba ansiosa por volver a las salas de clase.

"El ministro de educación ha decidido aplicar su idea de unir la escuela secundaria femenina y la escuela secundaria de varones en un solo establecimiento al que el gobierno ha dado el nombre pomposo de *Escuela Secundaria Basseterre de Educación Secundaria General*. Sin preparación ni planificación adecuada, las escuelas se juntaron y el resultado es caos y confusión total. Nos falta todo: libros, salas, muebles y profesores. Después de dos semanas de clase todavía no hay un calendario, trabajamos día por día, y a las 9 de la mañana nos dicen qué clases habrá ese día - como los alumnos están en la misma situación, no saben qué libros llevar, traen los que no son, todo el mundo llega tarde, los profesores no tienen tiempo para preparar las clases porque no saben cuáles les va tocar dar, y toda la disciplina es espantosa.

Es doloroso ver cómo una escuela maravillosa, de gran calidad, se deteriora día tras día y no poder hacer nada. Creo que todavía se podría hacer algo, y si el director insistiera la situación se podría arreglar, pero si se sigue perdiendo el tiempo se va a perder todo. Nuestro ambiente político tampoco es muy bueno, y lo más triste es que de alguna manera se está promoviendo el odio racial de manera hábil e imperceptible. Cuando llegué a St. Kitts no había ninguna diferencia por motivos de 'color', pero ahora definitivamente está surgiendo la hostilidad y con frecuencia me preocupa el futuro.

Charles va a regresar a Jamaica el sábado. Creo que no va a necesitar más ayuda porque espero que la beca de la universidad va a alcanzar para sufragar los gastos para vivir. Es extremadamente amable que preguntes si necesita más ayuda, pero creo que podemos esperar a ver. Karina Hudson también regresa a Jamaica el sábado. Habrá bastantes estudiantes en ese barco porque va de Trinidad a Jamaica y recoge pasajeros en todas las islas por el camino.

James Connor está dando clases en la escuela secundaria Sandy Point y, según lo que he podido ver, ha resultado ser un funcionario joven bueno y digno de confianza. Su francés es excelente y, gracias a ti, ahora tiene más confianza en sí mismo. En enero tratará de presentarse al examen de admisión y para obtener becas en Jamaica, y espero que obtenga algo. Creo que por ahora no necesita ayuda. En la escuela hay varios alumnos cuya situación es difícil. Si no encuentran la manera de pagar la matrícula te avisaré para que me des instrucciones.

Las noticias de Hong Kong no son muy alentadoras. Esperamos que no corras peligro; es tan difícil prever lo que va a suceder que sólo podemos rogarle a Dios que te proteja".

"Me alegró mucho recibir tu carta del primero de noviembre. Muchas gracias por escribir, sé que estás muy ocupado y es extremadamente amable que te tomes el tiempo para hacerlo.

Espero que sea interesante tu viaje a Etiopía. Naturalmente nos encantaría que pasaras por St. Kitts. Probablemente viajarás por avión y, aunque nuestra isla es muy pequeña, hay muchas compañías aéreas que aterrizan aquí: B.O.A.K., K.L.M., Caribair, y hay conexiones con Air France y Panam en Antigua. Sería maravilloso que le echaras un vistazo a St. Kitts mientras sigue siendo una isla hermosa, relativamente pacífica. Temo que el futuro será bastante negativo - a tal punto que si yo estuviera sola y fuera un poco más joven pensaría seriamente en probar la suerte en otro lugar. Esta isla parecía ser la respuesta, me encantaba y estuve muy feliz aquí durante los últimos cinco años. Ahora, no sé.

Nunca había habido problemas raciales aquí, pero desde que se convirtió en un 'estado' asociado con Gran Bretaña, se están calentando los sentimientos raciales de manera artificial, y es muy fácil convencer a la gente sencilla, cosas negativas inventadas crean violencia y, al final, terribles sufrimientos. En la escuela las cosas no están mejorando, todo lo contrario, no hay disciplina y los profesores tienen que ir a tantas reuniones y hacer tanto trabajo que no tiene casi nada que ver con la enseñanza, que se está deteriorando de manera alarmante el nivel académico. Después de desperdiciar dos horas en reuniones casi todos los días, tengo que corregir de noche y el resultado es que mis ojos me han empezado a molestar todo el tiempo.

Probablemente voy a tener que pedir unos días para ir a Guadalupe, donde hay un buen oftalmólogo. Todo eso me hace sentir muy infeliz. Me gusta mucho enseñar y trabajar con los niños, pero me he dado cuenta de que desde mi regreso no he podido hacer nada bueno en el trabajo. ¿Sabes de algún lugar donde necesitan una profesora de francés y español? ¿O debería dejar de enseñar y ver si me va mejor con un salón de té que estábamos pensando abrir con Jane Ying?

Una cosa buena de tu viaje a Etiopía es que al menos por unos días estarás lejos de Hong Kong y de sus actividades. Casi todos los días hay alguna noticia preocupante sobre bombas y disturbios, y tengo mucho miedo de que, aún si no corres un peligro real, puedes estar en una situación desagradable, y con frecuencia pensamos y rezamos por tu seguridad. Jane está pensando hacer un viaje a Hong Kong. Creo que no está muy contenta en los Estados Unidos.

Recibí una carta muy interesante de Eddie Walker. Parece que es el estudiante más joven allá y han descubierto que su español es tan bueno que lo ascendieron al curso de segundo año. Es algo muy satisfactorio porque significa que podrá terminar sus estudios en tres años en vez de cuatro, pero no estoy segura de que va a poder seguir trabajando y estudiando al mismo tiempo. De ser necesario ¿se le podría dar un poco de ayuda del fondo? Hasta ahora, durante este año escolar, he gastado muy poco dinero de ahí, solo para comprar unos libros, uniformes, etc. Te deseo un buen viaje, pero te pido que tengas cuidado, ahora hay tanto peligro en todas partes. Que Dios te bendiga".

"Siento mucho que estén surgiendo problemas raciales y que no hayan mejorado las condiciones en la escuela.

Lo que me preocupa aún más es que te están molestando los ojos - claro que debes consultar al especialista en Guadalupe. Los ojos son muy valiosos y no debes arriesgar que se te dañe la vista por trabajar demasiado.

Preguntas si deberías dejar de enseñar. La respuesta, naturalmente, es 'no'. Hay pocas profesoras (en realidad no conozco a ninguna) que sean tan competentes como tú y sería un pecado que los niños no pudieran aprovechar plenamente tu talento. Jane Ying seguro va a querer regresar a Hong Kong, ya que vivir en Estados Unidos no es tan agradable como vivir en Hong Kong, y entonces tendrías que ocuparte sola del salón de té (hasta yo echo de menos Hong Kong a pesar de los problemas y de que mi viaje va a durar sólo cinco semanas).

¡Bravo a Eddie Walker! Por favor decide cuál es la mejor manera de ayudarle a él y a cualquier otro alumno al que quieras ayudar.

Tengo que terminar o llegaré tarde al aeropuerto. Con mis mejores deseos y pido disculpas por esta carta tan corta".

1968

"Espero que hayas tenido un viaje agradable y con descanso a Etiopía, y que hayas encontrado todo bien a tu regreso. Te escribo para desearte un feliz año nuevo, salud y éxito en todas tus actividades, paz y que se cumplan todos tus deseos. También espero que este año llegues tan cerca a St. Kitts que decidas parar a visitarnos, aunque sea por uno o dos días, o en una escala entre dos vuelos, para que veas esta linda isla mientras todavía es más o menos pacífica y no la hayan destruido las luchas políticas y raciales.

El final de 1967 no fue muy feliz para mí. El trabajo adicional afectó seriamente mis ojos, así que finalmente tuve que pedir dos días libres y volar a Guadalupe a consultar a un especialista. Naturalmente me aconsejó algo imposible - dejar de trabajar con los ojos hasta conseguir los nuevos anteojos, que son complicados y se tienen que traer de Francia. Eso fue el 11 de diciembre. De alguna manera logré llegar al final del trimestre y ahora he tenido dos semanas de descanso, usando mis ojos lo menos posible - y es muy difícil no leer, ni escribir, ni coser, ni escribir a máquina, ni tocar el piano. El problema es que no han llegado los anteojos nuevos y el próximo trimestre empieza el lunes. La situación en la escuela sigue siendo caótica, no podemos trabajar bien y el resultado es que todo el personal está buscando otro trabajo en otras islas. ¡Y ésta era una de las mejores escuelas de las Indias Occidentales!

Debido a nuestro 'estado de emergencia' tuvimos una temporada de Navidad muy tranquila, sin carnaval ni baile en la calle, y hasta sin cantantes de canciones de Navidad, y esta situación va a continuar durante seis meses - no puedo entender por qué, y cuesta una cantidad enorme de dinero.

He enviado 5 libras del fondo a Eddie Walker para que compre libros; está haciendo un gran esfuerzo, trabajando y estudiando al mismo tiempo, y aunque su situación económica es difícil sigue optimista y encara los problemas con alegría, sentido común y buen humor. Espero que pueda salir adelante.

Tengo que contarte una maravillosa sorpresa que recibí ayer: un telegrama del cónsul general de Francia en Puerto Rico (él está encargado de todas las Indias Occidentales), en que me dice que su gobierno me ha otorgado un premio, me ha nombrado *Chevalier de l'Ordre des Palmes Aacadémiques* (Caballero del Orden de las Palmas Académicas). Es un honor inesperado, que me deja muy sorprendida, porque no estoy segura de merecerlo. Te deseo todo lo mejor, y que Dios te bendiga y te dé felicidad en este año 1968".

"Estoy muy contenta de que hayas tenido unas vacaciones buenas y descansadas. Tu carta suena relajada, y espero que no te lances a trabajar con demasiada energía y pierdas todo el beneficio de la breve interrupción. ¡Seguro tuviste un viaje maravilloso! Nunca he ido a ninguno de los sitios que mencionas, deben ser muy interesantes. Según las noticias. Etiopía parece ser uno de los pocos lugares donde no hay disturbios. Me gustaría ver Mauritius, pero no ahora, con todos los disturbios que hay. El mundo se está convirtiendo en un lugar terrible; en todas partes hay guerra real, guerra fría, agresión, miseria, injusticia y pobreza. Hay sitios hermosos, en que todo el mundo podría vivir en paz, trabajar y ser feliz, pero debido a la envidia y la codicia de los seres humanos pronto no habrá ningún lugar donde se pueda vivir con tranquilidad. Hasta esta isla encantadora está viviendo un tiempo difícil e inseguro.

Finalmente llegaron mis anteojos. Me ayudan mucho, pero he descubierto que si no duermo lo suficiente los ojos todavía me molestan, aunque eso no es nada si lo comparo con antes de tener los anteojos. Gracias por ofrecer conseguirme unos anteojos en Hong Kong. Eres muy amable y si surge la necesidad seré egoísta y te molestaré con eso. Estos anteojos, sólo los lentes, costaron 60 dólares de Estados Unidos, pero valió la pena gastar ese dinero porque me ayudan mucho. El desorden de la escuela ahora es aún peor porque se fue otro profesor, así que los que antes tenían dos clases al mismo tiempo en dos edificios ahora tienen que estar en tres sitios simultáneamente. Sin embargo, debo decir que mis prefectos están realizando una labor excelente y la disciplina ha mejorado mucho, aunque tenemos que ser muy diplomáticos para no dar la impresión de molestar a los demás".

"Me preocupa mucho tu salud. La gripe le quita a uno mucha fuerza - no deberías haber vuelto a trabajar antes de recuperar plenamente la salud. Mi consejo llega tarde porque ya empezaste a trabajar, pero, por favor trata de no exagerar.

Lástima que se haya deteriorado la disciplina de la escuela - los muchachos parecen estar totalmente descontrolados. También es lamentable que las salas de clase no estén en buenas condiciones. Eso es de esperarse en un país joven que acaba de adquirir su independencia.

Jane Ying me mandó tus amables mensajes con Joshua Abraham - yo también te deseo todo lo mejor. Entiendo que no esté feliz en los Estados Unidos - allá la vida es muy difícil.

Me alegra oír que John Stapleton y Noel Parks están trabajando muy duro. Y yo no te había dicho que recibí unas cartas muy amables de Noel Parks y Naomi Knight. Por favor dales las gracias de mi parte.

Le hablé a la señora Tebbutt (la secretaria privada de Laurence) del gatito que cuidaste. En ese sentido ella es muy parecida a ti - recoge a los gatos de la calle y alimenta a docenas de ellos. Parece que todos la conocen y se reúnen todos los días delante de su apartamento. Ella ama a los animales. Una vez me dijo que sabía que en Hong Kong había una mujer que tenía una culebra como mascota que podía andar de un lado a otro dentro del apartamento. Una cosa es segura: yo nunca quisiera ir a ese apartamento.

En la finca, que se ha convertido en algo bastante interesante y famoso, nos han molestado las ratas, pero ahora han aparecido docenas de gatos. Parce que uno de ellos ha llegado a un acuerdo con unos pollos - se sienta al lado de ellos y nunca los preocupa. A cambio de eso, los pollos le permiten comer las ratas que tratan de robar su comida. Desafortunadamente, no hay un acuerdo entre los gatos y nuestros patos - han desaparecido dos hoy".

"Mi hermana se fue ayer, así que tengo unos minutos para contestar tu amable carta que - me da vergüenza decirlo, llegó hace bastante tiempo; pero estuvimos tan ocupadas que no pude hacer nada más que ocuparme de ella. Con la mala suerte habitual, el día que ella llegó llovió muchísimo, cuando durante tres meses habíamos tenido una de las peores sequías en años; las colinas estaban resecas, las plantas deshechas, el cielo nublado, el mar gris, y todo se veía horrible.

Mis hermosas descripciones de campos verdes, arena dorada, cielo azul y mar de un azul profundo parecían un puro invento, y por eso mi hermana - en la forma amable habitual de las hermanas - me acusó de mentir tan mal como siempre. Aquí nunca llueve más de unas horas, pero esta vez el mal tiempo naturalmente duró tres días enteros. Por suerte durante los once días restantes de su estadía salió el sol y cuando ella se iba a ir hasta los cerros empezaban a parecer verdes; entonces recuperé mi buena reputación. Ella gozó de su visita, sobre todo porque aquí sigue siendo tan tranquilo, lejos del ruido y movimiento de las grandes ciudades, y la gente es amable y generosa, aunque menos que cuando yo llegué.

Su partida se complicó porque el avión salió dos horas tarde y tuvo que pasar una noche en Puerto Rico, que fue desagradable. La llamé por teléfono esta mañana, antes de que se fuera a Jamaica, donde toma el avión para regresar a Chile (donde vive), y parece que se ha recuperado algo. Hace unos minutos me llamaron de Jamaica para decir que algunos de mis alumnos que están estudiando allá en la universidad se están encargando de ella, la van a llevar a pasear y van a garantizar que llegue bien al avión.

Esta vacación escolar ha sido extremadamente breve, solo dos semanas, y las clases vuelven a empezar el lunes 22. Es el último trimestre, el más estresante, y espero poder lograr que mis alumnos aprueben los exámenes. Odio perder un solo día, y aquí desde el comienzo vamos a perder tiempo porque el cónsul general de Francia llega el martes 23, con esa famosa Orden de las Palmas Académicas, así que voy a tener que cancelar unas clases, porque él quiere que mis alumnos y alumnas vayan al barco de guerra, el *Croix du Sud* (Cruz del Sur) (es sólo un buscaminas), y pasen casi todo el día allá. Como la tripulación no habla inglés, los niños tendrán la oportunidad de practicar su francés.

Mis gatitos están creciendo, así como su apetito; lamentablemente no son animales domésticos y por eso no puedo encontrarles un hogar; a lo mejor van a ser más mansos con el paso del tiempo. ¿Cuándo te mudas a otra oficina? Debe ser un trabajo enorme. Por favor no exageres y no te canses demasiado".

"Me alegró mucho recibir tu carta del 27 de abril y saber que apruebas los gastos para ayudar a algunos estudiantes. Puedes estar seguro de que voy a considerar cuidadosamente cada caso antes de gastar un solo centavo. La situación de la isla es cada vez peor porque todo tiene que ser importado, el costo de vida ha subido mucho después de la devaluación de la moneda, ahora ha entrado en vigor otro aumento para cubrir el déficit presupuestario, y habrá uno más cuando St. Kitts empiece a ser miembro de CARIFTA[17], una especie de mercado común de las islas del Caribe. Parece que algunos productos eran más baratos en St. Kitts y hay que aumentar los precios para que sean iguales a los de las otras islas. Yo hubiera pensado que sería lo contrario, porque se supone que un mercado común mejore las condiciones. Los salarios naturalmente no han cambiado y, por lo tanto, como dice en los periódicos, 'hay que apretarse el cinturón'.

Te envío algunas informaciones sobre la ceremonia en que el cónsul general de Francia me entregó la condecoración. Espero que no pienses que soy demasiado vanidosa y que me creo muy importante porque te envío eso; naturalmente algunos discursos son demasiado elogiosos, pero creo que te puede interesar que el cónsul habló en francés y James Connor tenía un micrófono e hizo la traducción simultánea al inglés - como nunca había hecho ese tipo de trabajo ni había visto el discurso creo que lo hizo de manera encomiable. Los muchachos y las muchachas cantaron muy bien, pero debo reconocer que me alegré mucho cuando todo terminó. Lo que siguió fue mucho más agradable. El cónsul y la tripulación del buscaminas fueron a una reunión del club de francés en mi casa, hubo un ambiente relajado, como de familia, todo el mundo se divirtió, las visitas participaron en todos los juegos y canciones, hubo una competencia de recitación y luego descubrimos que el cónsul toca muy bien el piano, así que hubo un concierto en que tocaron él y algunos muchachos. Después nadie quería regresar a su casa, así que el cónsul invitó otra vez a los muchachos a ir al barco y vieron una película francesa (la noche anterior habíamos ido a un cóctel y todos mis alumnos se portaron muy bien). Al día siguiente, cuando ya se había ido el buscaminas, todos mis alumnos dijeron que habían practicado tanto el francés que les hubiera gustado tomar de inmediato el examen oral.

Durante la visita tuve una conversación muy interesante con el verdadero comandante de la marina francesa, que había venido de Martinica especialmente para la ceremonia y regresó al día siguiente. Me prometió

---

17 Libre Comercio del Caribe

enviar en julio el buscaminas para que yo pueda llevar algunos muchachos a Martinica por dos semanas. No pueden ir las niñas porque ellos se van a alojar en el Fuerte y a ellas no se les permite ir allá".

"Acaba de llegar tu carta del 14 de mayo. ¿Cómo puedo agradecer tu bondad, tu generosidad y tu consideración? No te puedes imaginar la felicidad, la ayuda y el alivio que ofreces a tantos de nuestros jóvenes pobres. Si vieras el agradecimiento que se refleja en sus ojos cuando se les resuelven tantas situaciones desesperadas. La semana pasada Danny Douglas, el muchacho enfermo cuya visita al médico y cuyos medicamentos has pagado tuvo otra recaída y de nuevo no pudo ir a la escuela. Mañana es su examen oral de francés y lo desespera la idea de no poderlo presentar y no aprobar esa materia. Decidí ir a su casa a verlo. Me gustaría que vieras las condiciones en que vive la familia, en una casa diminuta que parece una caja, con habitaciones tan pequeñas que apenas caben dos personas, pero todo está totalmente limpio.

No hay padre, la madre tiene todo tipo de trabajos diferentes para subsistir y parece que no les va muy bien porque los problemas del chico se deben a su debilidad por falta de comida.

Por eso no se puede recuperar, no tiene fuerza. Espero que no te moleste que lo alimente durante un tiempo, hasta que terminen los exámenes y pueda realizar el trabajo adicional que hace habitualmente para ganar algo. Es un chico muy honesto, así que los sábados le ayuda al cajero de uno de los tres supermercados. Éste es su último año en la escuela, se irá después de la 'quinta forma' porque no puede pagar la sexta, pero espera conseguir un trabajo y estudiar de noche. Por eso el certificado de nivel O es tan importante para él. Si lo tiene, puede contar con un trabajo que paga WI\$90-\$100 al mes (aproximadamente 20 libras); si no lo tiene, puede ganar sólo la mitad. Logré convencer a la persona que da el examen, al director y al supervisor de los exámenes de que lo dejen hacer su primer examen en la casa (porque sigue en la cama), así que temprano mañana por la mañana voy a llevar a la persona que da el examen a la casa del muchacho, mientras el director supervisa a los otros candidatos para que no puedan comunicarse. Como ha comido bien durante tres días se siente más fuerte, así que espero que le va a ir bien y entonces le habrás ayudado a otro niño más.

La manera en que funcionan las cosas en esta isla está mal. Hay tantos niños ilegítimos, no deseados. La educación realmente debería empezar con eso. Deberían lograr entender la miseria y el dolor que afecta a esos pobres niños abandonados. A los jóvenes de estas islas se les debería poder enseñar a ser responsables, debería haber centros y clubes para que se dediquen a actividades constructivas, y naturalmente deberían tener capacitación vocacional.

Para qué sirve enseñarles latín a esos muchachos, si lo que se necesita son mecánicos, electricistas, carpinteros y constructores. En St. Kitts hay aproximadamente veinte sectas y religiones diferentes, pero creo que ninguna realmente enseña lo que es la moral, y la gente seguirá sufriendo hasta que entiendan que la familia, el trabajo y la honestidad son las únicas fuerzas que los van a sostener y darles felicidad.

Siento haber empezado a sermonear. Esa no era mi intención. Nuestros exámenes 'G.C.E. de Cambridge' tendrán lugar al otro lado de la ciudad, en el antiguo hospital, que ahora está vacío porque hay uno nuevo. Lo siento porque me gusta ver a los chicos y chicas cuando entran, y a ellos les gusta sentir que hay alguien cerca que los quiere y desea que les vaya bien. Una última palabra de aliento, un abrazo y una sonrisa pueden alentarlos y causar milagros. Creo que voy a llegar tarde a la escuela cada vez que mis alumnos tengan exámenes. Se lo dije al director. He sido puntual durante siete años, y creo que es más importante acompañar a los que toman exámenes que llegar a la escuela.

Todos tus nuevos 'ahijados' están estudiando bien y esperan aprobar los exámenes. Te agradezco otra vez tu bondad infinita. Te aseguro que no se va a gastar ni un centavo que no sea necesario. Manejo con mucho cuidado el dinero que me has confiado. Que Dios te bendiga y te proteja de todos los males. Nunca había tenido el privilegio de conocer a alguien tan noble y generoso como tú. Todos te damos las gracias".

"Apenas hoy puedo contestar tu amable carta del 29 de mayo que recibí hace bastante tiempo. Estamos en medio de los exámenes, pero lo que nos ha angustiado a todos es que mi madre de repente tuvo un ataque al corazón, sin haber sentido nada antes. Se estaba sintiendo bien y contenta cuando de un momento a otro tuvo ese ataque y casi la perdimos. El médico se estaba ocupando de un caso de emergencia, no pude encontrarlo, y si hubiera podido encontrarlo también habría sido demasiado tarde si no hubiéramos tenido los medicamentos necesarios a mano. Desde cuando tuvo un ataque cardíaco en Chile siempre he tenido esas pastillas porque los médicos me explicaron que es un espasmo y que si el corazón no vuelve a latir en pocos segundos no va a funcionar nunca más. No sabes la angustia y la desesperación que sentimos. Gracias a Dios ahora otra vez está bien y se dedica de nuevo a la jardinería y a otras actividades en que insiste. El médico dice que la dejemos hacer lo que quiera, pero me gustaría que se lo tomara con calma".

En camino a Martinica a bordo del dragaminas HMS Arcturus – Julio 1968

"Espero que haya sido agradable tu viaje a Europa y que hayas aprovechado la vacación.

Sólo siento que siempre que viajas excluyes a St. Kitts. Aquí somos muchos los que estaríamos encantados de saludarte - aunque fuera por unas horas en una escala entre aviones.

Yo también he viajado un poco desde la última vez que te escribí. Gracias a Dios mi madre se volvió a sentir bien, y en ese momento el

comandante de la marina francesa en Martinica decidió enviar un buscaminas para mí y algunos de mis alumnos. Aunque no me gustó mucho
dejar solas a mis viejitas fui a *Fort-de-France* con 16 muchachos. Pasamos
dos semanas como invitados de la marina francesa, alojados en Fort St.
Louis, en Martinica, y hubo un buen programa para los muchachos -
pescar, nadar, remar, viajes en barcos de vela y excursiones.

Los muchachos se divirtieron muchísimo y esta vida 'marina' tuvo
mucho éxito porque después del entrenamiento como marineros nadie
se sintió mareado a pesar de que tuvimos un balanceo y cabeceo en que
la hélice pasó más tiempo en el aire que en el mar. Nos detuvimos en
Marie-Galante, otra hermosa islita francesa con arena blanca, playas dora-
das y mar color turquesa. A mi regreso encontré muy bien a mis viejitas,
pero el director, que durante mi ausencia debería haber enviado a otro
grupo de estudiantes a un curso de seis semanas en Guadalupe, se olvidó
completamente de ellos y uno de mis alumnos no pudo ir por problemas
con su pasaporte. Había ocho alumnos inscritos, pero solo siete fueron, y
cuando yo bajé del buscaminas encontré a la oveja perdida esperándome
en el puerto para que le ayudara. Las oficinas de pasaporte son una locura. Creo que escogen intencionalmente a los más incompetentes y desin-
teresados. Le estaban prometiendo el documento al pobre muchacho
cada día, y cuando fui allá descubrí que todos sus papeles estaban encima
del escritorio desde hacía un mes y no los habían enviado a St. Lucia, la
isla donde autorizan los pasaportes. Te podrás imaginar lo que sentí y lo
que les dije.

Afortunadamente nos ayudó uno de los jefes del ministerio y se resolvió el problema con llamadas y telegramas. Pero como el curso de
Guadalupe ya había empezado una semana antes, no quisieron recibir al
muchacho. Yo fui con él a Guadalupe y con gran 'elocuencia' logré que
lo aceptaran. Creo que habría tenido un efecto sicológico negativo si el
muchacho no hubiera podido tomar el curso; habría sido difícil superar
la frustración, sobre todo porque es pobre y era una oportunidad única,
ya que todos los gastos se iban a pagar con unos fondos canadienses que
habíamos logrado obtener.

Al ir a Guadalupe vi a nuestros siete alumnos, y me siento muy orgullosa de poder decir que mis alumnos están entre los mejores de los 180 jóvenes del Caribe, de América Central y de América del Sur que participan en el curso.

Creo que no voy a hacer el viaje de vacaciones que había planeado. Está empezando el período de los huracanes y es mejor no tentar la suerte y dejar de nuevo solas a mis viejitas.

Antes de ir a Guadalupe le pedí al médico que fuera a ver a mi madre. La encontró sembrando flores y verduras y se negó a dejar de hacerlo y que la examinara - le dijo que mejor examinara al perro. Otra persona se habría ofendido, pero él entró a la casa de buen humor y desde adentro, por la ventana, con el perro en los brazos, la llamó para decirle que necesitaba que le ayudara a tener el perro. Por lo tanto, mi madre tuvo que entrar a la casa y el médico la examinó enseguida. Ahora tengo una cantidad de medicamentos - algunos para ella y pastillas y un líquido para el perro. Es fácil darle las pastillas con carne, pero no sé si alguna vez has tratado de darle una cucharada de medicina a un perro. Si no lo has hecho, te aconsejo que no lo intentes".

"Gracias por tu carta amable del 9 de octubre. Espero que hayan llegado bien tu hermano y su esposa y que hayan tenido un viaje agradable en Europa. No hay nada más maravilloso que viajar. Me gusta tanto hacerlo que estaría dispuesta a ir a cualquier lugar del mundo si me avisan media hora antes.

Tengo 600 libras en un depósito fijo y todavía hay WI\$1.600 (320 libras) en la cuenta de ahorros. Ya envié un cheque de 100 libras a la Universidad de las Indias Occidentales en Jamaica para Karina Hudson, siguiendo tus instrucciones; y envié 20 libras a Eddie Walker. También creo que es mejor darle las otras 30 libras más tarde, una parte en enero y la otra en abril - 50 libras de una vez puede tentarlo a gastar el dinero demasiado rápido. No te imaginas la felicidad que has dado con tu ayuda a esos pobres chicos abandonados. No sé por qué hay familias en condiciones tan lamentables en St. Kitts; tantos niños pobres, sin hogar, con hambre, ilegítimos y no deseados. No es culpa de ellos el que los hayan traído al mundo. El gobierno realmente debería ocuparse de enseñarle a la gente a ser más responsable, pero las condiciones son tales que todos los adultos tratan de irse de la isla para encontrar un trabajo mejor remunerado en otro lugar - y cuando se van dejan a varios bebés aquí. ¿Y quién se ocupa de ellos?

La escuela sigue caótica. Para colmo de males tenemos una epidemia de dengue. La mitad del personal ha tenido la enfermedad en algún momento, lo cual significa naturalmente que tienen una presión adicional los sobrevivientes. He tenido la suerte de haberme escapado hasta ahora, pero me siento tan cansada y agotada que temo que también me voy a enfermar. Es tan difícil enfrentar tantos problemas todo el tiempo que a veces me pregunto si vale la pena. Siento terminar en forma tan negativa, pero no voy a tener tiempo para volver a escribir la carta".

"La vida en la isla es cada vez mas difícil, la prolongada sequía ha afectado gravemente la cosecha de azúcar y parece que nuestro gobierno todavía no se ha dado cuenta de que toda la economía no debería depender solamente del azúcar. Me temo que va a pasar mucho tiempo antes de que las autoridades aprendan a ser independientes de hecho y no solo en el papel.

La escuela sigue caótica y la semana entrante debemos estar listos para los exámenes que van a decidir cuáles son los candidatos para los exámenes de Cambridge. Debido a la situación actual, en que los alumnos pasaron tanto tiempo sin profesores, el resultado será muy desalentador para los niños; ellos no tienen la culpa de no poder aprobar un examen porque no los han preparado debidamente. Entre todos los problemas y dificultades hay una noticia alegadora. Uno de mis alumnos de 'sixth form' (sexta forma) ha sido aceptado en la Universidad Fitzwilliam en Cambridge para estudiar derecho internacional, y la primera parte de sus estudios es un curso de dos años de idiomas modernos.

Presentó un examen al llegar y te imaginarás lo orgullosos y contentos que estuvimos cuando le dijeron que debido al nivel de su conocimiento de inglés y de francés podía hacer ese curso en un año en vez de dos.

Hoy hemos pasado un día muy tranquilo y feliz en la casa; mi madre cumplió 84 años. Espero que Dios me permita tenerla muchos años más. Hago lo posible por que se sienta contenta y cómoda, pero a veces quisiera poder tener más paciencia con ella. Otra vez muchas gracias por la familia Douglas y tu generosidad con todos los demás.

Finalmente ha llegado la lluvia, pero a pesar de eso no son muy buenas las perspectivas en cuanto al azúcar, y esa es la única fuente de ingresos en St. Kitts. Por consiguiente, es cada vez más negativo el futuro de la isla. Me preocupa que aquí también han surgido propagandistas que promueven problemas raciales - cosa que nunca había existido y eso, junto con las dificultades económicas, puede tener consecuencias desagradables. Espero equivocarme y que mi pesimismo se deba sólo a que tengo demasiado trabajo y estoy demasiado cansada".

"El otro día encontré esta oración y al decirla pensé en ti; es algo que todos pedimos y tú ya lo lograste. Dice lo siguiente:

Dios, permite que yo no pida tanto consuelo, sino que consuele a otros; que no trate de ser comprendido, sino que comprenda; que no pida ser amado, sino que ame; porque es al dar que recibimos.

Me hizo pensar en todo lo que has hecho por los jóvenes no privilegiados, y ahora no sé cómo agradecerte lo que has hecho por la familia Douglas. La madre vino a dar las gracias. Casi no se puede mover, así que la llevé a su casa, pero ella quería escribirte a ti especialmente. Dijo que su situación se había vuelto tan desesperada que solo un milagro podía salvarlos y, por lo tanto, considera que su familia se salvó gracias a ti y todos rezan por tu felicidad. Ellos te van a escribir personalmente para agradecerte, pero ni ellos ni yo podemos expresar el alivio, la alegría y la felicidad exquisita que sentimos (ellos y yo). Nuestra gratitud no tiene límites. Gracias una y otra vez".

"Dominica es una isla hermosa, casi todo es una selva tropical porque llueve casi todos los días, y allá se enorgullecen de tener 365 ríos, dos lagos de agua dulce, saltos de agua espectaculares (eso es cierto, fui a verlos) y varias fuentes de agua caliente y azufre. El viaje del aeropuerto a la ciudad dura casi dos horas, ya que queda a 32 millas de distancia, y las carreteras suben y bajan por las montañas, cruzando bosques impenetrables en ambos lados. El interior de la isla no tiene carreteras, no hay mapas, y se les advierte a los turistas que no deben ir allá sin un guía local competente. También hay plantaciones - sorprendentemente de naranja, toronja, limón, cacao, café, nuez moscada, coco y plátano. Eso hace pensar que se trata de un isla rica - pero no lo es; de hecho, parece más pobre que St. Kitts. He visto pocas ciudades tan sucias y escuálidas como Roseau, la capital, aunque el nombre promete belleza ¿verdad? Naturalmente hay belleza natural en todas partes, los jardines botánicos y las afueras de la ciudad son algo maravilloso, pero la mayoría de las casas son chozas medio destruidas y es increíble la cantidad de borrachos y enfermos mentales que andan por las calles. Después de ir una vez a la ciudad ya no tenía ganas de volver, pero sí fui para no juzgar con la primera impresión. Sin embargo, fui con una monja (que había sido trasladada de St. Kitts para acá) como protección.

El hotel es muy tranquilo, está construido sobre el cimiento de un antiguo fuerte, en la cima de una roca, así que mi habitación y el balcón están encima del mar, la vista es maravillosa y se oye todo el tiempo el sonido de las olas que golpean las rocas. Me encanta. La única desventaja es que no hay playa y me tengo que contentar con ver el mar. Estoy tratando de descansar, aunque es difícil; todavía estoy demasiado cansada para dormir bien.

Afortunadamente puedo llamar a la casa todos los días y estar en contacto con mis pobres viejitas, que parece que me extrañan tanto como yo a ellas. Hoy mi madre dijo que hay una carta tuya esperándome. Muchas gracias. Es muy amable que te tomes el tiempo para escribirme. Te deseo todo lo mejor para el Año Nuevo".

1969

Me agrada mucho informarte que después de ver al administrador de la compañía azucarera el domingo pasado y de hablar con él personalmente me aseguró oficialmente que Rudi Jeffers, el muchacho de la "forma seis" cuyo padre murió recientemente en St. Thomas, va a recibir la beca, así que eso también está resuelto. Ahora que se han pagado todos los exámenes, creo que no habrá más gastos importantes del fondo, que tiene bastante dinero y nos durará mucho tiempo - si todo va bien en la isla. Estoy escribiendo esta carta en la casa y por eso puedo mencionar algo sobre la situación problemática de la escuela.

Como te dije en mi última carta, el desorden de la escuela está peor que nunca. Pensaba que antes había un caos, no sé cómo llamar la situación actual. Nuestro director ha sido acusado de varios delitos políticos - que no estoy muy segura de que se han cometido - lo han suspendido, una comisión de servicio público ha estado examinando la cuestión, mientras tanto el personal se ha dividido en dos grupos, se ha interrumpido la enseñanza como protesta y los niños se están enloqueciendo. Hay carteles y anuncios, amenazas de todos lados, y eso puede significar que el gobierno despida a todo el personal y no sólo al director. La situación en Anguilla también está empeorando y está llegando a un clímax, y parece que esa hermosa isla está a punto de caer en la lucha y el colapso total. Nunca he intervenido en la política y ni sueño con empezar con esas actividades ahora, pero es muy difícil y delicado tratar de ser neutral - hasta ahora me han acusado ambas partes, lo cual no es una situación envidiable. No sé cómo terminará todo y estoy muy preocupada - no por mí sino por mis pobres viejitas, que no están suficientemente bien como para irse a otra parte, inclusive si yo tuviera los medios para hacerlo. Perdona que termine con algo tan negativo. Trataré de ser más positiva la próxima vez. Una vez más, gracias por tu regalo generoso a la familia Douglas y por toda la ayuda que han estado recibiendo los otros jóvenes".

"Desafortunadamente todavía reina el caos en la escuela. Nadie sabe cuánto tiempo va a durar.

Mientras tanto, el personal está tan ocupado con los asuntos políticos y con las pruebas de críquet que empiezan mañana, que prácticamente nadie piensa en el orden y la enseñanza. El ruido en las salas de clase es abrumador porque los profesores casi nunca llegan a tiempo, si es que llegan; dos miembros del personal están en licencia por enfermedad, otro se ha ido a Jamaica por una semana, otro prefiere descansar en su casa e ir a la escuela cuando ya pasó la mitad del día, el ministro de educación se fue a una reunión en Trinidad y el secretario permanente se fue a Barbados. No es sorprendente que muchos alumnos desaparecen después de pasar lista, andan por la ciudad y se meten en líos. Me alegra que todos mis alumnos siguen siendo fieles y no pierden mis clases, aunque con el desorden circundante es difícil concentrarse y estudiar. Temo que todos mis colegas me ignoran, pero eso ya no me duele. Sigo pensando que mi deber es ocuparme de los niños, los cuales confían en mí y a los que debo enseñar, y apoyar al director, que en su forma confusa es honesto y siempre ha tratado de defender los intereses de la escuela. El personal insiste mucho en que es leal al director, pero me parece que la mejor manera de hacerlo es intentar que la escuela siga funcionando en la forma más normal posible para que no lo puedan acusar de nada más.

Toda esta situación es extremadamente preocupante y desesperante. Estoy terriblemente cansada y lo que más deseo es irme, aunque sea un fin de semana y dormir y descansar. Sí hubo un momento encantador; ayer nos visitó un buen pianista que dio un recital excelente y durante dos horas logré olvidar todos mis problemas.

No puedo agradecerte suficientemente la conclusión de tu carta. Es difícil que puedas imaginarte el consuelo y la ayuda que eso representa para mí. No quiero insistir en eso, pero es un gran consuelo saber que hay un amigo al que le puedo mencionar todos mis problemas, que los entiende y contesta con una carta amable. Te lo agradezco sinceramente".

"Estoy pasando tres días en Nevis, una linda isla a donde me escapé esperando descansar un poco. Desafortunadamente está demasiado cerca de St. Kitts, hay demasiadas personas que me conocen y se acercan amablemente a conversar y a entretenerme, cuando lo único que quiero es dormir y descansar. De todas formas, el cambio me hace bien, al menos no tengo que ocuparme de la casa ni tengo problemas, y tengo unos momentos para pensar y analizar la situación muy complicada de la escuela y de la isla. Temo que voy a aburrirte otra vez con mis asuntos, pero cuando pongo todo por escrito en una carta para ti me parece que veo las cosas con más claridad, y te agradecería mucho que me dieras tu opinión sobre la situación. Por favor, no pienses que hago todo esto para pedir consejos a fin de tener a quién echarle la culpa si las cosas salen mal. No se trata de eso. Talvez me puedes hacer unas sugerencias, lo cual necesariamente sería valioso en vista de toda la experiencia que tienes con momentos difíciles.

Ahora tengo que enfrentar dos problemas. Uno es inmediato y el otro va a surgir en el futuro cercano, pero es mejor estar lista desde ahora. Nuestro director ha sido tratado de manera injusta y cruel. Después de treinta años de servicio lo han despedido sin prestaciones, es decir sin un centavo y sin posibilidades de conseguir un trabajo en esta isla. Todos hemos firmado una solicitud al gobernador y él ha apelado - cosa que naturalmente no servirá para nada porque la comisión está compuesta de miembros del gobierno. El problema es que, como ha presentado una apelación, el ministerio de educación dice que no se puede nombrar a otro director antes de que se resuelva el asunto, y eso significa que el nuevo trimestre, que empieza dentro de una semana, será tan caótico como el que acaba de terminar. Mi problema consiste en saber cómo seguir trabajando sin tener un verdadero ataque de nervios. Temo el comienzo de cada día y regreso del trabajo totalmente agotada después de una lucha sin sentido, inútil y frustrante. Se acabó la disciplina, los niños vienen a la escuela - no para ir a las clases porque no entran a las salas de clase y no estudian - sino sucios, mal arreglados, de aspecto descuidado, y se han vuelto groseros, descarados y agresivos.

Los exámenes 'G.C.E.' empiezan dentro de cinco semanas. Considero que no tengo el derecho moral de abandonar la batalla y dejar de enseñar, cosa que han hecho casi todos los demás miembros del personal. Muchos de esos niños no pasarán otro año en la escuela y, por consiguiente, es esencial que obtengan un certificado ahora para que puedan conseguir un trabajo cuando se vayan de la escuela. Todos mis alumnos asisten a las clases, pero es cada vez más difícil enseñarles con el caos que nos rodea, con el ruido constante y los gritos de los otros 'estudiantes' que se oyen por la ventana durante mis clases. La presión de seguir a pesar de tantas dificultades es algo abrumador y temo enfermarme, y entonces ¿qué pasaría con mis pobres viejitas?

Mi segundo problema está vinculado al primero. Mi contrato termina en septiembre de 1970 y no sé si lo debo renovar o no. Si no lo renuevo, tengo que empezar a buscar algo ahora, para tener algo que hacer. Además del desorden y del caos de la escuela, que creo que se podría resolver si se encargara un hombre honesto y de carácter fuerte, hay otro factor. Tengo mucho miedo de que pronto se va a plantear el problema racial, y cuando se trata de un asunto relacionado con el 'color' todo es posible y otra vez tengo miedo por mis viejitas. Regresar a Chile es lo que menos me gustaría hacer, allá las condiciones de vida se han vuelto espantosas, y nunca podría ganar lo suficiente para satisfacer nuestras necesidades porque es muy inadecuada la relación entre los sueldos y los gastos. Además, como pensaba que nos íbamos a quedar a vivir en St. Kitts, me aconsejaron que consiguiera la nacionalidad británica, y la solicité. Sin embargo, al recibirla descubrí que se trata de la ciudadanía de un estado asociado a Gran Bretaña, y eso complicaría muchísimo las cosas si decidiera regresar a Chile.

Siento molestarte con todos estos problemas, pero como digo yo, 'es pensar en papel', y si se te ocurre la más mínima solución, por favor escríbemela; pero de ninguna manera debes pensar que asumes una responsabilidad si lo haces.

Todos tus 'ahijados' están bien. Cedric Pemberton ha mejorado de manera maravillosa. Voy a enviar 20 libras a Eddie Walker a Barbados. Recordarás que dividí en tres partes las 50 libras que autorizaste que le enviara. Por favor disculpa esta carta egoísta. Sé que me perdonarás".

"Me alegro de que hayas pasado tres días en St. Nevis, pero siento que no haya sido un buen descanso. En cuanto a los asuntos que mencionas en tu carta:

<u>Problema inmediato</u>

Tu salud tiene que tener prioridad absoluta. Hace mucho tiempo que estás trabajando demasiado y, a menos que descanses de verdad, corres el riesgo de tener una crisis nerviosa, lo cual sería perjudicial para ti, para tus dos 'viejitas' y para los alumnos a los que quieres ayudar.

<u>Exámenes 'G.C.E.'</u>

Después de unas semanas de descanso volverás sintiéndote bien y capaz de hacer muchas en beneficio de tus alumnos que si sigues dándoles clases ahora. Así también habrá tiempo para que se calmen las cosas.

Tu contrato

Antes de tomar una decisión sobre si debes renovar tu contrato, tómate las vacaciones. Yo personalmente creo que las condiciones van a mejorar y vas a querer renovar el contrato por las siguientes razones:

a) Tienes un hogar en St. Kitts.

b) Las "viejitas" también están contentas allá.

c) Te has ganado el respeto de los adultos y de los alumnos con los resultados excelentes de los exámenes de tus alumnos.

d) Si te fueras a otro lugar, eso sería volver a comenzar desde el principio. Es motivo de orgullo para ti que tus alumnos te sean fieles y sigan estudiando seriamente.

Cambio de la situación política

¿Por qué buscar problemas que a lo mejor nunca se van a presentar? El gobierno de un país que acaba de adquirir su independencia con frecuencia comete errores mientras madura y, por consiguiente, hay que pensar un poco en el futuro, pero te aconsejo que no lo hagas antes de regresar de tus vacaciones.

Ciudadanía

Aunque tu ciudadanía británica es limitada, te permite ir al 'Commonwealth' y a otros países. Lamento que sea un problema si deseas regresar a Chile.

Naturalmente espero, y creo, que las cosas van a salir bien pero, por favor, recuerda que tienes buenos amigos que quieren apoyarte en los momentos difíciles".

"¡Qué bueno que me hayas escrito como lo hiciste! ¡Estoy muy agradecida, es muy alentador saber que siempre puedo contar con tu amistad para ayudarme a aclarar las cosas!

Estoy de acuerdo con que la salud es un problema prioritario. Lamentablemente ha sido imposible un viaje por el mar, aunque lo hubiera aprovechado mucho, porque los exámenes orales tienen lugar dentro de dos semanas, y además un viaje de dos semanas en un buque de carga es demasiado caro y causaría un desequilibrio en mi 'balanza de pagos'. Sin embargo, como solución intermedia, durante los últimos tres días de la Semana Santa alquilé la pequeña cabaña de la playa de *Conaree* y estuve allá tranquila, tomando el sol y nadando. Eso me dio un poco de energía y, además, hay otra cosa positiva, pues nuestro antiguo director, el que estaba encargado de la escuela cuando yo llegué y que ahora es el secretario permanente del ministerio de educación, ha regresado por un tiempo a la escuela para dirigirla hasta que terminen los exámenes. Está teniendo dificultades porque casi todo el personal está molesto con su presencia y le crean situaciones desagradables, pero por lo menos ahora hay un poco de orden, las campanas suenan puntualmente, los alumnos otra vez se están poniendo uniformes decentes, se quedan en las salas de clase, hay silencio en los corredores durante las horas de clase y, aunque sea de mala gana, la mayor parte de los profesores van a sus clases - por lo tanto no hay desorden causado por los niños descontrolados como durante el último trimestre. Ese orden naturalmente es sólo algo aparente, creo que se ha causado un daño muy profundo y será difícil que los alumnos vuelvan a estudiar normalmente y recuperen el sentido del deber. De todas maneras, debemos agradecer ese descanso temporal. Al menos puedo trabajar en paz y los niños y las niñas tendrán una oportunidad de aprobar sus exámenes.

En cuanto al futuro, naturalmente entiendo todas las dificultades que surgirían si me fuera de St. Kitts. Si no fuera por la animosidad racial que se instiga de manera artificial y constante, ni soñaría con pensar en un cambio. Tengo que estar lista para la posibilidad de que el gobierno no quiera renovar mi contrato, aunque yo sí quiera hacerlo cuando termine en septiembre de 1970. Por eso creo que, de manera discreta, voy a averiguar si hay posibilidades de empleo en otro lugar, con la esperanza de que nunca surja esa necesidad. Sé lo difícil, casi imposible, que sería 'empezar de nuevo' sin contactos en un lugar desconocido, especialmente con mis viejitas. Creo que no podrían aguantar un clima frío, y la conmoción podría ser demasiado para ellas. No se están volviendo más jóvenes, y siempre surgen cantidades de achaques y enfermedades cuando están cómodamente instaladas aquí en su casa. Como dices, para qué buscar problemas que talvez nunca van a aparecer. Espero que nunca suceda. Sólo mi reciente pesimismo me desalienta tanto. Debe ser porque todos mis amigos se han ido o se irán pronto de St. Kitts. Aunque dedico todo el tiempo al trabajo en la escuela, a veces se necesitan amigos para conversar tranquilamente. Cuando empiecen las vacaciones de verano tendré que cambiar de ambiente, como medida terapéutica".

"Siento que no hayas hecho un viaje por el mar porque pienso que hubiera sido muy bueno para ti. Tres días en la playa de *Conaree* son un cambio agradable pero no una vacación. Pero espero sinceramente que en cambio sí te tomarás unas buenas vacaciones durante el verano.

Me alegro de que haya vuelto el antiguo director a la escuela y haya creado un poco de orden. Estoy de acuerdo contigo en que el daño ha sido profundo, pero no insuperable. En Hong Kong y en muchos otros países el comportamiento estúpido de los niños, alentado por profesores todavía más estúpidos, que tienen quejas imaginarias, también ha causado muchos daños. Ahora los jóvenes sólo piensan en sí mismos. Esto no sólo lo alientan los profesores sino también los comerciantes, que se benefician muchísimo al satisfacer los deseos de la nueva generación más joven.

En cuanto a la situación en septiembre de 1970, tienes razón al hacer averiguaciones discretas sobre la posibilidad de trabajar en otra parte. Pueden cambiar muchas cosas de aquí a entonces y no puedo pensar que alguien que tenga sentido común deje vencer el contrato de una profesora estelar cuyos alumnos siempre aprueban los exámenes. Aunque es mejor trabajar en la escuela, podrías considerar la posibilidad de dar clases por tu propia cuenta.

Siento que tengan un período de sequía grave. Aquí por suerte hemos tenido buen tiempo, pero esta mañana, temprano, hubo una tormenta terrible, con relámpagos y truenos constantemente, que duró varias horas. Fue algo espectacular y le recuerda a uno lo insignificantes que somos. Con mis mejores deseos para ti y las viejitas".

"Como puedes ver, estoy en Montserrat, a donde me ha enviado el departamento de educación para el examen de los candidatos de español del 'Cambridge G.C.E.' Ya terminó el examen, se entregaron todas las calificaciones, se ha elaborado el informe, y ahora puedo descansar una hora antes de tener que ir al aeropuerto. La vista aquí es maravillosa, el hotel está muy bien ubicado, en una roca con una terraza desde la que se ve el Caribe, que tiene un azul brillante esta mañana, después de la lluvia de anoche, y al otro lado se ven las montañas tan verdes que hoy Montserrat realmente corresponde a su nombre de isla esmeralda.

Ha sido bueno tener esta interrupción y salir de St. Kitts - aunque sea solo por 48 horas. La situación allá sigue siendo muy tensa y desagradable. El gobierno ha estado gastando el dinero público de manera irresponsable, el costo de vida aumenta constantemente, los salarios no cambian, hay nuevos impuestos, y por eso todo el mundo está descontento. Como de costumbre, eso conduce a que se encuentre un chivo expiatorio, en este caso - la raza blanca. Anguilla no quiere volver a la administración de St. Kitts[18] y nuestro gobierno está muy molesto - no sólo por el desprestigio, sino también porque los fondos británicos destinados a Anguilla ahora se enviarán allá directamente, así que no existirá la oportunidad de usar una parte aquí para cosas no específicas. El ministro de educación ha decidido unir la escuela superior, que tiene unos 700 alumnos, con nuestra escuela, sin planificar que haya salas y muebles adicionales, ni lo más importante: profesores y un director adicional. Eso se hará en septiembre y, por lo tanto, podemos esperar otro año escolar caótico. El director que despidieron ha encontrado un buen puesto en Puerto Rico y se va al final de la semana. También se van otros miembros del personal. He recibido unas pocas respuestas a mis cartas y, a juzgar por ellas, debo intentar que me renueven el contrato en St. Kitts;

---

[18] En 1971 un acuerdo provisional fue elaborado con Gran Bretaña por el cual Anguilla fue permitido separarse de los Estados Asociados de St. Kitts-Nevis-Anguilla. En 1980 Anguilla se desvinculó de St. Kitts y Nevis.

la enseñanza es una profesión en que sólo las personas jóvenes (de 22 a 35 años de edad) son bienvenidas.

Repito que es muy grande el riesgo de ir a otra parte para mis pobres viejitas. La agitación sería demasiado para su fuerza física y mental. También he tenido poca suerte al buscar un buque de carga cómodo para hacer un viaje breve por el Caribe en el verano. O cuesta demasiado o no aceptan a una mujer que viaja sola. He descubierto una sola posibilidad: un viaje de Trinidad a Surinam, pero tendría que embarcarme en Trinidad, el barco es de una compañía que no conozco, *Alma Steamship*, y me han dicho que los buques no pertenecen a la compañía, solo los alquila, y viajan con el pabellón de Liberia. Como no tengo muchos deseos de caer en un nido de ladrones, asesinos o piratas, he escrito a la oficina principal en Nueva York para pedir más detalles antes de comprar el boleto.

Para terminar la carta tengo una buena noticia - todos mis candidatos han aprobado sus exámenes orales a nivel *O* y *A*, tanto en español como en francés. Claro que la prueba real será el examen escrito, pero estos resultados han mejorado el estado de ánimo - tanto de los niños como el mío".

"Estoy muy contenta de saber que talvez algún día vas a ir a las Indias Occidentales. Tengo que describírtelas en una forma espléndida para tentarte. En las Bahamas y en Bermuda hay demasiada gente, aquí todavía se encuentran lugares hermosos sin gente, así que se puede gozar de la belleza y tranquilidad de la naturaleza. En los días entre semana *Conaree* es un sitio maravilloso, no hay nadie, y yo voy allá en automóvil todas las tardes para tener unos minutos de paz. Allá también encontré una perra abandonada, la criatura más afectuosa y cariñosa.

No sé cómo alguien puede ser tan cruel, irse y dejar que su mascota se muera de hambre. Es evidente que le pertenecía a alguien, no es una perra salvaje y es muy inteligente. Me gustaría llevarla a la casa, pero es demasiado grande, no les gustaría a mis gatos ni a mi perro, el cual le gruñe a esta perra, a la que llamo *Chienne Chienne*. Todos los días le llevo comida y ella siempre me espera en el mismo lugar de la playa. Las primeras veces trató de seguirme a la casa, lo cual fue terrible y patético, pero como ahora sabe que voy a regresar al día siguiente se queda allá, melancólica y triste, mirando cómo me alejo en el automóvil. En general, cuando llego me recibe de manera frenética, y hasta entra y sale del automóvil saltando por la ventana, cosa que aterra a mi tía.

En la escuela todo está peor que nunca y todos desean que termine el trimestre. Los exámenes 'G.C.E.' escritos terminarán al final de esta semana. Temo que a los alumnos no les ha ido muy bien. A los míos sí, pero me añadieron diez apenas dos meses antes del examen y aunque logré que aprobaran el examen oral sería un milagro que aprobaran el escrito, sobre todo el de francés, que este año ha sido muy difícil. Hay que esperar hasta septiembre para ver los resultados finales y no sirve para nada preocuparse ahora".

La política de la isla, la política de la escuela, su horario pesado, ocuparse de sus viejitas, todo eso hizo que ese semestre fuera uno de los más difíciles desde que estaba en St. Kitts. Una vez más buscó paz y tranquilidad en alta mar, esta vez en el buque de carga *SS Discover*.

"Soy la única pasajera de un buque de 9.000 toneladas que va a Surinam. Es el barco más extraño en que he viajado, no tiene mástiles, ni grúas, ni compuertas cubiertas de lienzo. Todo el barco es plano, largo y angosto, el espacio desde la proa hasta la popa se utiliza para llevar bauxita, y solo en la popa hay una estructura extraña para la tripulación, el capitán y los pasajeros, en varias cubiertas, hasta muy arriba. El alojamiento es maravilloso, como soy la única pasajera me han asignado la habitación del dueño y me siento como una princesa.

Desafortunadamente el viaje es muy corto, me embarqué en Trinidad y desembarco en Paramaribo. Me quedaré ahí uno o dos días y después iré en el barco *Alcoa* por el río, a través de la selva, a Moengo, donde se carga la bauxita. Luego, con el mismo barco o con el *Pathfinder* o el *Wanderer* vuelvo a Trinidad, y después regreso a la casa en avión.

Estaré en Paramaribo 7 u 8 días. Como esos barcos tienen que navegar por los ríos y evitar los bancos de arena, tienen un fondo totalmente plano y por eso se mueven muchísimo. Apenas nos alejamos de Trinidad todo empezó a caerse de las mesas, durante la noche casi me caí de la cama varias veces y tuve que poner mis cosas en el suelo - el estante más bajo, como dice el capitán - para que no se cayeran ni se rompieran. El barco es alquilado por Alcoa Co., tiene el pabellón de Liberia, fue construido en Escocia y tiene una tripulación de Noruega. Ayer llovió todo el día y la vista era bastante miserable, Hoy salió el sol, la situación es muy diferente, y me dará pesar bajar del barco cuando lleguemos a Paramaribo esta noche.

No estoy segura de que haya sido sensato hacer este viaje, porque, aunque es corto y el más barato que encontré, es bastante caro; pero tranquilizo mi conciencia diciéndome que necesitaba unas vacaciones. Un cambio de ambiente era esencial porque tenía que recuperar un poco de energía y descansar. En septiembre habrá tantos problemas que voy a necesitar mucha fuerza para sobrevivir. Han escogido un nuevo director entre el personal actual. Es un hombre joven - que tengo que acoger con beneplácito - pero por desgracia no cree en la disciplina ni en el orden, es descuidado en la forma de vestirse y de trabajar, y lo peor es que es el presidente del movimiento local 'Poder Negro'. Esto último parece absurdo, St. Kitts es una comunidad predominantemente negra y no veo ninguna razón para que aquí haya uno de esos partidos. ¿A quién se va a oponer ese movimiento?

El Cónsul General de Francia me ha hecho un regalo: una beca para que uno de mis muchachos vaya seis semanas a Guadalupe. *La Alianza Francesa* prometió enviarme dinero para que otro muchacho vaya a ese curso, pero se ha demorado el cheque. No hubo tiempo para consultarte, así que espero que no te moleste que le haya dado ese dinero del Fondo. A mi regreso probablemente voy a encontrar el cheque y en seguida lo depositaré en la cuenta. El curso empezó el 15 y no aceptan que nadie llegue tarde. Espero que estés de acuerdo".

"¡Qué hora tan absurda para empezar a escribir una carta! Menos mal que no la tienes que leer a esta hora. El tiempo y las olas no esperan a nadie, y el *MV Pathfinder* está anclado más allá del banco de arena más lejano, a la entrada del río Surinam, hasta que el agua esté a un nivel que le permita llegar. Me dijeron que estuviera lista a la 1:30 am y desde entonces el agente de la compañía Alcoa me llama cada 20 minutos con la buena noticia de que hay que esperar un poco más.

El *Pathfinder* no va a parar en Paramaribo, el agente me llevará por el río en la lancha de la compañía y allá se supone que con maniobras acrobáticas me suba al barco. Por suerte está oscuro y no me voy a marear al ver el agua que corre abajo.

Paramaribo es una ciudad bastante grande, con calles anchas y palmeras a ambos lados. Hay algunos buenos almacenes, se puede comprar de todo, aunque es bastante caro. Hay mucho tráfico de bicicletas, pero las carreteras están divididas, de manera muy sensata, en carriles paralelos: para los peatones, las bicicletas, los automóviles, los peatones. La gente es muy amable, y aunque representan cinco razas diferentes - chinos, javaneses, indios, negros y holandeses, casi todo el mundo habla inglés y todos lo entienden. No es difícil orientarse ni conseguir lo que uno quiere".

Cuatro días más tarde Madame Katzen escribió:

"Estamos en camino a Trinidad después de un viaje maravilloso por la selva. Subimos y bajamos por el río Surinam, por los ríos *Commewijne* y *Cottica*; éste último en algunos lugares era tan estrecho que las ramas de los árboles a veces tocaban las cubiertas. El *Pathfinder* es hasta más pintoresco que el *Discoverer*; fue construido en Escocia y lo remodelaron más tarde en Japón. Lo partieron en dos e introdujeron un centro nuevo - como un sándwich - y luego agregaron la popa y la proa. Me preocupé por si íbamos a llegar enteros después de cruzar el océano, pero parece que lo hemos logrado. Lo que añadieron hizo que el barco fuera más largo que el ancho de los ríos, así que te puedes imaginar la emoción cada vez que había una curva en el *Cottica*, y yo creo que en cada milla había una curva que era como una horquilla. Nos acompañó oficialmente un remolcador, y oficiosamente cantidades de negros en canoas aparecían para darnos la bienvenida. Las canoas eran muy rápidas y hechas de troncos huecos, pero lamentablemente la civilización ha llegado hasta acá y varias canoas tenían motores por fuera. La selva estuvo fascinante, árboles espesos unidos con trepadoras que llegaban hasta el río, y a veces alcanzábamos a ver unos pájaros de colores brillantes.

Los ríos están llenos de lodo, como el *Whangpoo*, pero cuando se pone el sol los colores son maravillosos, el agua de color dorado con matices de perla y la selva de un color esmeralda oscuro, más misteriosa que nunca. Al salir del río y entrar al mar parecía que estábamos en el fondo del río debido a las 11.000 toneladas de bauxita, pero en el mar nos movemos de manera aún más alegre que en el *Discoverer*.

Estoy agarrando el escritorio con la mano izquierda para no acabar en el suelo. Incluyo una foto del barco cuando flota a lo largo del *Cottica*. Ha sido un viaje muy agradable y estoy muy contenta de haberlo hecho. Vamos a llegar a Trinidad esta noche. Nos movemos muy lentamente porque se dañó la hélice debido a un tronco que había en el río".

"Encontré tu carta del 15 de julio al regresar de mi viaje. Estás haciendo una labor maravillosa, fábricas en Bangkok y Singapur - un túnel del puerto - muchas personas te deben bendecir por las oportunidades que les das, con empleo para los trabajadores y todas las ventajas para los que van a utilizar el túnel en el futuro, para no mencionar los productos de la fábrica, aunque no tengo ni idea de lo que significa el nombre *Tai Ping*.

La perra *Chienne Chienne* de *Conaree* estaba loca de alegría cuando regresé.

Había organizado que durante mi ausencia la alimentaran unas personas que están construyendo una casa en la playa, y ahora he alquilado la pequeña cabaña de aquí y la perra está conmigo de día y de noche durante una semana. He tratado de encontrarle un hogar, pero nadie la quiere, así que supongo que tendré que seguir viniendo todas las tardes para darle comida; eso está bien mientras no vaya a la escuela, pero cuando empiecen las clases será difícil. Es tan afectuosa y alegre que no la puedo abandonar así no más.

Mis viejitas están bien, pero, aunque mi ausencia fue breve puedo ver que mi madre está cada vez más débil. Haría lo que fuera para que esté bien y para darle todo lo que quiera.

Por correo normal te he enviado una copia del anuario de la escuela de 1967-1968, que acaban de terminar. Lo preparó el director que fue tratado de manera tan injusta. Empezó el libro en 1967 para publicarlo en 1968, pero debido a todos los problemas se aplazó la publicación. Como él ahora está en Puerto Rico, el libro se imprimió allá. Te dará una idea de lo que era la escuela antes de que empezará la nueva política en materia de educación. Se han abandonado casi todas las actividades y los niños ya no se ven tan limpios y bien vestidos como en las fotos. Ahí verás a varios de tus 'ahijados', aunque, como el libro es de 1967-1968, la mayoría estaba en la 'forma 4' y sus fotos no aparecen ahí. Pero sí encontrarás a Danny Douglas, a Naomi Knight y a John Stapleton. Entre los alumnos-profesores verás a Emanuel Moses, uno de los primeros muchachos que recibieron tu ayuda, y a David Jones, a quien le ayudaste a estudiar en Guadalupe. En el grupo de la 'forma 4', entre los que intentaron pasar los exámenes de nivel O está Lance Brown, que terminó la 'forma 5' y gracias a ti pudo tomar el examen de Londres nivel O. Sólo queda el cascarón de la escuela, el espíritu se perdió, pero al menos tendrás una idea de cómo se veía. No sé por qué el director decidió dedicarme el libro, fue una sorpresa, me enteré cuando me envió una copia. Creo que no merezco algunas de las cosas halagadoras que escribió.

Dentro de unos días estaré en la casa de manera permanente. Nos han dicho que las reuniones del personal van a empezar pronto, así que se acabaron los paseos por las islas. He tenido un buen descanso y estoy lista para empezar a trabajar".

"Estoy de regreso en la casa y no pienso moverme de acá hasta las próximas vacaciones. Terminé mis vacaciones yendo a Nevis, donde pasé unos días con los únicos amigos que me quedan ahí. Antes vivían en St. Kitts, pero ahora se han jubilado en Nevis. Esto antes era una plantación de azúcar grande, que ahora está en ruinas; han reconstruido la casa vieja para que se pueda vivir en ella, la hermana y el hermano inválido viven allá, ellos viven en una cabaña pequeña que han construido y yo me alojé en la antigua fábrica de azúcar - una torre con paredes de piedra de tres pies de ancho, en que me sentía como una princesa en un castillo medioeval. La vista era impresionante. Como había sido un molino de viento, está en la ladera de una montaña, en una especie de meseta; abajo se veía un valle de un verde exuberante y más allá unas colinas llenas de bosques, con el brillo del Atlántico por un lado y el del Caribe por el otro. Tuve un descanso muy bueno - primero el viaje a Surinam con una escala en Barbados, luego los diez días en *Conaree* y al final los tres días en Nevis. Ahora estoy lista para enfrentar las reuniones y las discusiones del personal.

Felicitaciones por la nueva niñita. Le deseo una vida llena de salud y felicidad, y espero que se parezca a su tío abuelo bondadoso, noble y generoso.

La Alianza Francesa envió el cheque que había prometido, pero desafortunadamente se equivocaron de nombre. Lo devolví para que lo corrigieran y luego lo depositaré en la cuenta del Fondo para reembolsar lo que había pedido prestado para pagar el curso de Kevin Perkins a Guadalupe. ¿Puedo seguir ayudando a Eddie Walker cuando regrese a Barbados el mes entrante? La economía no está floreciendo, así que no sé qué trabajo van a poder encontrar. Casi todos los jóvenes se están tratando de ir de la isla para buscar trabajo en otra parte. La única industria de la isla es el azúcar, de lo cual parece que hay demasiado en el mundo, así que nuestro gobierno está tratando, con razón, de conseguir otras fuentes de ingreso. Pero no estoy segura de que lo estén haciendo de la manera correcta.

Se habla mucho de la industria del turismo, pero hasta ahora se ha hecho muy poco para atraer a la gente, y mientras se espera ese futuro brillante la industria azucarera se ha deteriorado de manera alarmante, lo cual significa un futuro sombrío. Yo no sé nada de economía, pero me parece que antes de eliminar una industria bien establecida habría que tener otra organizada de manera igual o mejor para reemplazarla.

Yo estaría más bien a favor de la cría de pollos. Mis viejitas, a pesar de su edad, tienen mucho éxito con unos cuantos pollos. Sembrar verduras no es algo muy seguro porque con frecuencia racionan el agua y, con este calor, un día sin agua significa el fin de las lechugas, los repollos, los tomates, etc., que crecerían muy bien con suficiente agua. Espero que tu finca experimental se esté recuperando de la devastación del tifón *Viola*;

es tristísimo ver el daño que causan esas tormentas. *Camille* no pasó por aquí, pero es aterrador el daño que causó en los Estados".

"Como estoy muy lejos probablemente puedo ver la situación con más claridad que tú, que estás tan cerca. Me parece que el hecho de que la escuela 'se ha tranquilizado' es un gran logro después de los disturbios recientes. Lástima que se hayan ido algunos profesores competentes y con experiencia, pero si, aunque sea unos pocos de los profesores nuevos aceptan tus consejos podrán mostrar lo que pueden hacer y van a adquirir 'prestigio'. Eso alentará a los otros a esforzarse más por enseñar mejor.

En la actualidad los jóvenes nunca escuchan a las personas mayores porque piensan que saben todo, hasta que algo funcione mal y los golpes que reciban fortalecen su carácter, les dan la experiencia que necesitan y el deseo de salir adelante.

Es difícil para los profesores mayores y para los padres ver que su esfuerzo por ayudar a los jóvenes a evitar los escollos no se aprecia, pero igual que nosotros tuvimos que superar obstáculos, la generación joven actual tiene que hacerlo también.

El hecho de ser la única profesora blanca al comienzo puede crear resentimiento entre los profesores jóvenes, pero a medida que maduren verán que tú les facilitas las cosas, aumentará tu popularidad y recibirás el respeto que mereces.

Siento que hayas tenido tantas dificultades con tu madre, pero me encanta oír que se está mejorando. Por favor dile que le deseo todo lo mejor. Ahora tienes que tratar de descansar más para seguirte sintiendo bien.

Cuando le vuelvas a escribir a Eddie Walker, dile que le envío mis buenos deseos y dale la ayuda financiera que consideres adecuada. Está muy mal que no tenga suficiente comida por falta de dinero.

Yo realmente creo que la felicidad real se obtiene siendo bondadoso con los demás. Sé que tu bondad con *Chienne Chienne* no sólo la hace sentir feliz a ella, sino también a ti y, algo que es mucho más importante, te relaja y te hace pensar en otra cosa y no sólo en los numerosos problemas cotidianos que tienes que enfrentar. Cuídate. Con mis mejores deseos".

"Esta carta se debería haber escrito hace muchos días, pero no tuve energía para hacerlo.

Mi madre no se siente bien. Ha estado enferma todo el mes y todavía no sabemos qué le pasa.

El médico viene todos los días, a veces dos veces al día, le han puesto tantas inyecciones que no hay ningún sitio del cuerpo que no le duela por eso, y ha estado perdiendo peso de manera alarmante. Afortunadamente no tiene dolores causados por la enfermedad misma - ojalá supiéramos cuál es la causa. Hay una infección que sin duda es de la vesícula, pero la causa sigue siendo un misterio. Su temperatura es menos que lo normal durante dos días, y luego sube a 103 al día siguiente. Ahora además tiene ictericia y debe seguir una dieta muy estricta.

De todas maneras, no tiene apetito y tiene que abandonar los bocaditos con que la tentábamos antes. Tengo muchísimo miedo de que su corazón no aguante los fuertes cambios de temperatura.

Lo único agradable ahora son los paseos diarios a *Conaree* para alimentar a la pobre *Chienne Chienne*, que parece haber aprendido qué hora es porque siempre me está esperando cuando llego a la pequeña calle al lado de donde seguro vive. Si vieras la cara de felicidad de esa perra - ¡y hay gente que dice que los animales no tienen sentimientos! Además, dos veces por semana voy al hospital. Uno de mis alumnos de la 'forma 3' quedó gravemente herido después de un accidente de automóvil y parece que va a tener que permanecer en el hospital por lo menos cuatro meses. El muchacho tiene tantos deseos de aprender español que voy a darle clases dos veces por semana, cuando tengo una hora libre al comienzo del día, así que voy al hospital a las 8:30 y llego a la escuela a tiempo para dar la segunda clase del día. Está aprendiendo mucho, sigue al mismo ritmo que sus compañeros de clase y se le ilumina el rostro cuando me ve. Fue bastante difícil obtener permiso para entrar al hospital a esa hora, pero después de un mes entero todos los pacientes y las enfermeras se han acostumbrado a verme y nadie trata de impedírmelo".

"Es muy alentador saber que hay alguien con cuya compasión puedo contar, aunque esté a muchas millas de distancia. Gracias a Dios mi madre se ha sentido mucho mejor las últimas dos semanas, ayer la fiebre sólo le subió a tres puntos (no grados) más de lo normal, y espero que haya sido un incidente aislado y no vuelva a suceder. Ella nunca iría a un hospital - en primer lugar, se sentiría muy infeliz allá sola y, en segundo lugar, aunque tenemos un edificio muy moderno, eso es casi lo único que hay, como con todo aquí. Las enfermeras tienen buena voluntad, pero no son muy capacitadas, no hay suficientes, y no hay un médico residente - en realidad la mitad del tiempo no hay ningún médico en el hospital. Tantas personas han terminado ahí su vida que pocas están dispuestas a ir allá. Espero que nunca nos toque llevarla allá.

Me alegro mucho de que tu sobrino haya regresado y que esperas a tu hermano dentro de un día. ¿Eso significa que ahora vas a tomar unas vacaciones? ¿Existe alguna posibilidad de que pases suficientemente cerca de nosotros como para hacer una escala, aunque sea breve, en St. Kitts? Sería maravilloso que todos tus 'ahijados' te conocieran y a todos nos encantaría llevarte a pasear. Sin embargo, debo decir que esta semana aquí no ha sido un lugar agradable y temo que el futuro va a ser aún peor. Un aprendiz fue suspendido de la fábrica, es decir la fábrica de azúcar, nuestra única industria, y ese hecho ha sido utilizado como pretexto para disturbios y una huelga, el administrador y su familia han sido insultados a pesar de que él no estaba en la isla cuando al aprendiz lo mandaron a la casa por el resto del día, y anoche incendiaron y casi destruyeron la oficina principal de la fábrica. Han aprovechado ese asunto los políticos, los que apoyan al 'poder negro' y, naturalmente, ha sido inevitable que el aspecto racial tenga prominencia. Podrás imaginar que ahora nuestra situación es todavía más incómoda que antes.

Mi noticia muy positiva es que el español del pequeño que está en el hospital está progresando de manera notable. No sólo sigue al mismo nivel que toda la clase, sino que está más adelantado que algunos de los mejores alumnos. Espero que se cure pronto su pierna, pero no se está haciendo mucho al respecto. Hace casi dos meses que está ahí y las enfermeras no quieren o no pueden decirme nada sobre su progreso. Puede moverse en la cama, pero no le permiten mover la pierna, está enyesado - desde el pie hasta la mitad de la pantorrilla y desde debajo de la rodilla hasta una parte del muslo".

"Saludos desde St. Martin, a donde he venido a pasar el fin de semana para descansar y dormir. Me gustaría quedarme más tiempo, es un sitio muy tranquilo. La isla es hermosa y, como nadie me conoce, estoy segura de poder descansar totalmente. El mes pasado se estableció la conexión telefónica con St. Kitts, así que apenas llegué llamé a la casa, pude hablar con mi mamá y ahora estoy lista para gozar de dos días enteros - si mi conciencia me lo permite, pues, aunque éste es el lugar más barato de la isla, me siento un poco culpable al pensar en lo que cuesta.

La parte holandesa se ha desarrollado mucho en los cuatro años transcurridos desde la última vez que estuve aquí, han construido muchos hoteles y los turistas americanos han estropeado completamente el sitio - por eso estoy en la parte francesa, que no ha cambiado; no había nadie en la playa y en el lugar donde me alojo todos - los empleados, la administración, los clientes - siguen siendo corteses, no se oye ruido, ni gritos ni radios escandalosos, así mis pobres nervios se pueden curar. Bañarse no es bueno, hay demasiadas rocas, en la parte holandesa, sí hay playas de arena hermosas, pero fui a pasear y vi peces, cangrejos y caracoles entre las rocas".

1970

"¡Qué enorme alivio haber recibido tu carta! Sin tener noticias tuyas y soñando contigo con angustia, me estaba preocupando cada vez más. Cuídate por favor, tu salud es valiosa, la oficina puede esperar; no vuelvas a trabajar antes de recuperarte 100%. Deseo sinceramente que te recuperes del todo y rápidamente, rezo, y espero que ya te sientas fuerte y lleves una vida normal. ¿Por qué no te tomas unas vacaciones de verdad y dejas por un tiempo el trabajo? No hay nada como un viaje tranquilo por el mar para recuperar la salud y la energía para vivir. Por favor piensa un poco en ti mismo.

El pobre Christopher Coker, el chico que se había roto una pierna y al que le daba clases de español en el hospital ha regresado a la casa, pero con mucha tristeza. A su madre, que también quedó herida en el mismo accidente y también se estaba mejorando, tuvieron que hacerle una pequeña operación en el pie - y se murió por la anestesia. No morir en el accidente, sufrir, luego estar casi bien, y después morir en la mesa de operaciones porque no hay personal competente en el hospital. ¡El padre, que fue el responsable del accidente, se chocó con otro automóvil la semana pasada! Es algo que no puedo entender.

Gracias a Dios, mi madre sigue sintiéndose más o menos bien. La cuido lo más posible y a veces se enoja conmigo, pero le gusta trabajar en el jardín y sigue haciéndolo durante muchas horas, sin darse cuenta de que está cansada - y luego viene la reacción. No me importa que me regañe; que esté de mal humor, pero viva.

Esta mañana fue nuestra primera reunión del personal. Parece que este trimestre va a ser aún más difícil que el anterior, por lo menos para mí, pues el director dice que no tiene lugar para mi horario y que voy a tener que dar una o dos clases después de las horas normales. Eso es muy molesto porque hace que los días sean muy largos y estresantes para los niños y para mí. Otra profesora, con grado universitario, acaba de renunciar porque le parece demasiado frustrante trabajar en estas condiciones. Eso significa que va a ocupar ese puesto tan importante una persona joven, no capacitada y sin experiencia. ¡La actitud de los habitantes de nuestra isla también está cambiando porque se le da tanta importancia al 'Poder Negro'!

Mi estadía en St. Martin fue maravillosa - naturalmente demasiado breve, pero eso era inevitable. Nos tomaremos unas vacaciones de verdad cuando Jane y yo ganemos la lotería o una rifa; como no hay ni lotería ni rifas en St. Kitts, Jane compra boletos para las de Hong Kong.

Por ahora me tengo que contentar con unos pocos fines de semana, así uno aprecia el placer aún más, pero un descanso tan breve no da suficiente fuerza para el trimestre siguiente. Sí pude pasar los últimos tres días en la cabaña de *Conaree* - fue maravilloso. *Chienne Chienne* se quedó conmigo y con ese guardaespaldas yo me sentí bien protegida. Ella estaba 'frenéticamente' feliz, creo que no solo por la buena comida, sino porque se sentía "integrada", le gusta que le hablen, se sienta y escucha y da la impresión de que entiende todo.

Me sacaron una foto con ella y si sale bien te mando una copia para que veas lo hermosa que es *Chienne Chienne*".

"Mi madre de nuevo está enferma, hace tres días que su temperatura está fluctuando otra vez entre menos de lo normal y 103 grados, el médico otra vez viene por la mañana, por la tarde y por la noche. Hoy finalmente está empezando a interesarse por las cosas y la fiebre ha permanecido constantemente en el nivel de 98 grados. Me parece que el médico está tan desconcertado como yo en cuanto al origen de la enfermedad. Sólo sabemos que algo no funciona con la vesícula o con los conductos biliares porque otra vez está muy amarilla, pero parece que él no sabe qué es lo que ha causado la ictericia. Si fuera más joven la operaría para ver qué pasa y sacar lo que no funciona. Pero a su edad no es posible operarla. Cada vez está más débil, pierde más peso y se ve peor. Tengo mucho miedo de que el corazón no aguante y se detenga. La última semana ha sido realmente espantosa. La preocupación, el temor por su vida, el no poder hacer nada, es demasiado difícil aguantar todo eso. ¡A pesar de eso tener que salir de la casa a las 8:00am y regresar solo después de las cinco, sin saber lo que se va a encontrar! Voy rápido a la casa a la hora del recreo y, naturalmente, también durante los 40 minutos de la hora del almuerzo, pero el resto del tiempo es pura tortura".

"La cosecha azucarera acaba de empezar hoy. Todo el mundo está con buen ánimo, y aunque debería haber comenzado al principio de enero, las personas con experiencia dicen que hay buenas posibilidades de producir 46.000 toneladas de azúcar, lo cual es una promesa de prosperidad para nuestros trabajadores de esa industria. Lamentablemente hay mucha sequía, lo que no parece bueno para la industria.

Mencionas que estás muy agotado antes de tus breves vacaciones. Espero que te sientas mejor y que sigas algunos de los consejos muy razonables que me has dado a mí: no trabajes demasiado. Es más fácil decirlo que hacerlo ¿verdad? A pesar de eso, trata de seguir tus recomendaciones".

"¿Cómo puedo agradecer tu maravillosa generosidad? Acaba de llegar tu cheque para el fondo. Mañana por la mañana pondré la mitad en el depósito a plazo fijo y la otra en la cuenta de ahorros para tener dinero disponible cuando se necesite. Todavía hay bastante en esa cuenta, pero como termina este año escolar en junio, algunos muchachos talvez van a necesitar ayuda. No te imaginas el alivio y la felicidad que les das a muchos de ellos. No sólo es valiosa la ayuda inmediata que das ahora, cuando se necesita urgentemente. Espero que tu bondad tenga un efecto duradero, porque como esos muchachos y muchachas reciben tu ayuda ahora, a una edad en que son muy impresionables, talvez eso cambiará también su actitud en el futuro, los curará de la amargura y les mostrará lo mala e inútil que es su actitud actual llena de egoísmo, odio y prejuicio racial. Espero que siempre recuerden la ayuda que les has dado, sin conocerlos, sin haberlos visto, pero ofreciéndoles la oportunidad de hacer algo con su vida. El caso más destacado es el de tu primer 'ahijado', Charles Archibald, a quien ayudaste durante seis años en la escuela y tres años en la Universidad de las Indias Occidentales. Al terminar su licenciatura, sólo gracias a tu ayuda, recibió una beca para seguir estudiando en la universidad y ahora recibió un premio especial y lo van a enviar a Suiza para hacer investigaciones y estudios de relaciones internacionales. Hace siete años el chico casi se estaba muriendo de hambre, era tan pobre que hubiera tenido que irse de la escuela sin llegar siquiera al nivel O, que se necesita para trabajar de mensajero en una oficina. Ahora, gracias a ti, tiene un futuro brillante, una carrera diplomática en que espero que pueda hacer algo por su pueblo, puesto que por lo menos él sí agradece y entiende perfectamente los beneficios que ha recibido de ti y se da cuenta de que la violencia, el odio y el 'Poder Negro' no lograrán que haya felicidad y paz en el mundo.

Me alegra mucho informarte que mi madre no ha tenido fiebre durante casi cuatro semanas, el color amarillo ha desaparecido de su piel y está empezando a verse como antes. Espero y ruego que eso signifique que se ha recuperado del todo. Naturalmente la enfermedad la ha dejado irritable y caprichosa, pero estoy tan contenta de que esté viva que estoy dispuesta a aguantar todas sus rabietas y furias, aunque a veces no sé qué hacer para satisfacer todos sus caprichos. Está de nuevo en el jardín, gozando mucho de sus plantas.

También tengo el gran placer de que una amiga de Chile se está quedando con nosotras. Es una joven que era profesora de baile en mi colegio de *La Serena* y decidió probar su suerte aquí. Vivía con nosotras en Chile y es como un miembro de la familia y, aunque parezca egoísta, espero que eso me permita irme unos días en el verano si mi madre está bien, ya que sé que se ocuparía de mis pobres viejitas. No he tenido unas vacaciones verdaderas - sin tener que preocuparme de lo que sucede en la casa - desde hace mucho tiempo, y sé que las necesito urgentemente. Ahora mi problema es la falta de sueño. Parece que hay tanto que hacer que nunca puedo terminar todo, aunque me acuesto alrededor de la medianoche y me levanto antes de las seis. Si pudiera hacer una siesta de diez minutos durante el día me sentiría muy bien, pero lamentablemente no lo puedo hacer. Los miércoles y los jueves sí tengo un tiempo libre y pongo la cabeza en mi mesa en el cuarto de los profesores y duermo unos minutos - a pesar del ruido. Hoy es jueves, he tenido mis diez minutos de 'ojos cerrados' y me siento con mucho aliento. El trimestre termina dentro de un mes exactamente. Entonces dormiré veinticuatro horas. Como de costumbre, he hablado solo de mí misma, ni siquiera he preguntado por tu salud, y tú tampoco la mencionas en tu carta. Espero que estés bien. Una vez más te doy las gracias por tu bondad inestimable".

"Espero que hayas tenido un viaje agradable al Japón y que te haya gustado la *Expo '70*.

Hemos leído mucho sobre eso y nuestra compañía aérea tenía unas lindas fotos con las que intentaba convencer a la gente de hacer el viaje. A pesar de que ofrecen un precio especial, creo que no van a conseguir pasajeros. Además, la mitad de la gente de St. Kitts no sabe dónde queda el Japón.

Te escribo desde *Conaree*. Mi madre se ha sentido un poco mejor esta semana, así que hice una breve visita a unos amigos que viven en Nevis. No sé si en mi última carta mencioné que una buena amiga, una muchacha chilena que era profesora de baile en mi colegio de *La Serena*, ha venido a vivir en St. Kitts para ver cómo le va aquí. Fue conmigo a Nevis, donde nos hizo una presentación y bailó partes del ballet de Cascanueces, la Bella Durmiente y el Lago de Los Cisnes. Bailó cuando bajaba el sol, en un prado con flores tropicales y palmeras como telón de fondo. La luz era maravillosa, mejor que en cualquier escenario, todo parecía mágico. Nos gustó mucho y por unos momentos olvidé todos mis problemas.

La temperatura de mi madre se ha convertido en mi barómetro. Cuando es normal, hace buen tiempo y todo está bien, pero eso son pocos días y muy espaciados, y cuando le sube la fiebre el barómetro baja y estamos en una especie de niebla en que apenas puedo ver el camino. Temo que el médico tampoco sabe lo que pasa, no encontramos la verdadera razón por la cual se obstruyen esos conductos biliares.

Naturalmente mi madre piensa en lo peor y está segura de que tiene un tumor maligno que los aprieta, pero espero que se equivoque, porque nunca he oído que eso da fiebre. De todas maneras, le doy gracias a Dios de que no sienta dolor porque eso sería insoportable.

Conaree ahora es algo hermoso, con colores maravillosos, el mar de un brillante azul verdoso, con un azul más profundo a lo lejos. Alquilé la cabaña por unos días, como terminó la época del turismo el dueño me cobra la mitad, y está encantada *Chienne Chienne*, que enseguida vino a quedarse con nosotras - ¡y esta mañana nos trajo otra familia! ¡Son SIETE! ¡Imagínate encontrar un hogar para todos ellos!"

La Marcha de los Soldados de Juguete de Cascanueces

"La escuela está en desorden, sin disciplina, orden ni respeto. Controlo mucho a mis alumnos de francés y español, y por eso temo no ser muy popular con los demás profesores y con muchos alumnos.

Debo decir que en general mis chicos y chicas tratan de estudiar y responder. La semana entrante son sus exámenes orales de francés y español de nivel *O* y *A*. Creo que tienen buenas posibilidades con esta parte del examen, pero en la parte escrita, como hay mucho inglés y su inglés es terrible, creo que muchos no van a aprobar los idiomas extranjeros porque no saben inglés, que se supone que es su idioma materno.

Además de todos nuestros problemas, hubo unas lluvias torrenciales - cosa poco habitual en esta época del año. Las carreteras estaban inundadas y dañadas, barro, arena, piedras y todo tipo de desechos caían de la montaña y acababan en la ciudad, convirtiendo las calles en ríos, y muchos lugares de la isla quedaron incomunicados. Cuando pasó la tormenta trajeron buldóceres, tractores y otras máquinas para limpiar las calles. Por suerte no hubo muertos, pero hay una gran devastación y lo peor es que no hay agua. Las tuberías se taparon con el fango, algunas se rompieron, y el resultado es que en nuestra parte de la ciudad no hay agua - por eso, además de todo lo que tengo que hacer, ahora todos los días voy en automóvil a la fábrica de azúcar y lleno botellas y baldes, y el agua pesa mucho. Cuando construyeron mi casa quería añadir una cisterna, porque cuando hay un aguacero en pocos minutos se llenan los baldes, pero no lo pude hacer. El año pasado instalé un tanque de 400 galones, pero como hay que llenarlo desde la red principal y la base no lo soportaría, tuve que colocarlo en una estructura especial y, debido a la amenaza de los huracanes, no lo han colocado suficientemente alto para llevar agua a mi 'apartamento'. La vida no es color de rosa, pero trato de estar de buen humor, y si no fuera por la enfermedad de mi madre podría tomarme todo con calma. Mi amiga chilena, la Señorita Hilda Soto, es una buena compañera y me ayuda muchísimo. Estoy feliz de que va a estar aquí el 24. Tengo que ir a Montserrat y a Nevis para los exámenes de francés y español nivel *O* y *A*, y ella se va a ocupar de todo en la casa".

"El 30 de mayo fue nuestra *soirée* (velada). Incluyo el programa. Todos mis muchachos trabajaron mucho, tuvimos que preparar todo tipo de cosas para el escenario; uno de los que más me ayudaron, Robert Swanston, un futuro ingeniero electrónico, colocó todos los alambres para las luces y el sonido; otros se convirtieron en carpinteros y el tercer grupo en pintores. Todos nos divertimos, los escenarios se veían muy profesionales. En particular la torre de *Barba Azul*. El espectáculo tuvo mucho éxito, nadie olvidó nada, todos los trajes quedaron perfectos y hasta las pelucas permanecieron en su puesto durante el gran duelo de *Barba Azul* y los soldados. Con el dinero también nos ha ido bastante bien, aunque no tenemos suficiente para enviar a los cinco chicos que quiero enviar. Cada beca es $140. Ahora tengo bastante para dos muchachos y el cónsul de Francia prometió ocuparse de uno más, Winston Hicks, un muchacho de 18 años de edad, mi 'administrador financiero', que ha estado encargado de todos los asuntos financieros, fue el principal pintor y casi se rompió el cuello cuando se cayó de la escalera, pero parece que no le sucedió nada grave. Todavía quedan dos muchachos más, así que cuando terminen los exámenes voy a empezar a pedir y rogar que nos den ayuda.

Nuestro gobierno se ha negado a dar becas, lo cual es una lástima. Los muchachos hablan un francés excelente, tres de ellos probablemente van a ser estudiantes-profesores en septiembre, así que es una buena inversión. Un curso de seis semanas con buenos profesores universitarios de Francia, en un ambiente francés, es la mejor manera de preparar a esos jóvenes para su profesión. Sin embargo, parece que el ministerio de educación no lo entiende.

Srta. Soto y Sra. Katzen

Acabo de recibir una carta del ministerio en la que me informan que el gobierno quiere renovar mi contrato por otro período de tres años. Estoy contenta, porque, aunque las condiciones de trabajo son muy difíciles y pagan muy poco, por lo menos no me tengo que ir y desorganizar la vida de mis pobres viejitas. Si acepto el contrato tengo que pasar 84 días en el extranjero y no sé cómo puedo dejar aquí a mi pobre madre anciana, a pesar de que la Señorita Hilda Soto está dispuesta a ocuparse de ella. Tendría que irme en septiembre. No puedo pensar en eso ahora".

"En primer lugar, la familia Douglas. Le he dado a la Señora Douglas lo que quedaba de su dinero y ahora pueden seguir de manera independiente. Espero que te lo agradezcan siempre. Yo, por mi parte, no sé cómo agradecer tu bondad.

En lo que se refiere a los cinco estudiantes de Guadalupe, he podido conseguir dinero y becas para cuatro. Como has sido tan generoso y has dicho que puedo usar parte del fondo si es necesario ¿puedo enviar al quinto muchacho? Es muy buen estudiante, ahora va a entrar al curso VI B, ya que aprobó los exámenes internos VI B. Además de ser un buen estudiante es honesto, trabajador y bien educado. Lo agradecería mucho y creo que se lo merece.

El médico acaba de recibir unas pastillas nuevas y durante las dos últimas semanas mi madre ha tenido una temperatura normal. Es un gran alivio, precisamente en el momento en que empezaban los exámenes en la escuela. Se ha empezado a interesar de nuevo por las cosas, ha ido al jardín y a la cocina, y hasta ha hecho un par de paseos en automóvil.

El ambiente de la casa ha cambiado radicalmente. Caminamos normalmente y no en la punta de los pies, hablamos y hasta bromeamos y nos reímos. Estaba empezando a pensar en mis vacaciones y en un viaje en un barco de carga para recuperarme y dormir bien, cosa que necesito mucho, cuando de repente surgió otro problema para el que tengo que encontrar rápidamente una solución.

Me siento renuente a escribirte sobre eso, pero es una carga tan pesada que cedo a la tentación de contarte mis preocupaciones. Además, talvez si pongo todo por escrito se me ocurre una salida.

Creo haber mencionado en mi última carta que el gobierno de St. Kitts ofreció renovar mi contrato por otros tres años. Estaba muy contenta porque ahora no quiero cambios, mis viejitas están demasiado débiles y frágiles para mudarse y quizás mi madre no lo aguantaría. Ayer, sin aviso previo, me dijeron que iban a cambiar las condiciones del contrato y eso me tiene muy desilusionada.

Mi sueldo neto actual (después de las deducciones) es 78 libras. De eso 40 libras son para los gastos del hogar: la comida, la electricidad, el teléfono, el agua y el mantenimiento - jabón y otros productos de limpieza, etc, reparaciones y reemplazo de productos obsoletos - 14 libras son para pagar la comida que doy a mis alumnos del club de francés y de español. Eso me deja 24 libras para todo lo demás - ropa, el automóvil, gastos imprevistos y unas pocas obras caritativas.

De todo eso tengo que ahorrar lo que pueda para pagar tres pólizas de seguro (casa, muebles y automóvil) y guardar algo para pagarle al médico por medicamentos y emergencias.

El costo de vida en la isla ha ido aumentando constantemente mientras los sueldos no han cambiado, pero me las he podido arreglar y creo que podría seguirlo haciendo si no fuera por la casa.

Cuando llegué a St. Kitts la situación en materia de vivienda era muy difícil. Ahora está aún peor. Una casa sin amoblar cuesta por lo menos 20 libras al mes, es difícil de conseguir y, en general, cuesta 25 libras y hasta 30 libras. Es un desperdicio al pagar 20 libras mensuales de alquiler y no recibir nada a cambio que empecé a pensar en construir algo. Con miras a ese fin vendí una de las dos casas que tenía en Chile - de manera desastrosa porque no recibí nada digno de mencionar - pero, como en ese momento se creó el plan de asistencia en el exterior, decidí pedir un préstamo para la construcción porque con ese plan tendría una suma de incentivo mensual suficiente para pagar esa deuda. Eran 42 libras 16 chelines y 10 peniques. Pedí un préstamo de 3.000 libras, añadí las 1.000 libras que había ahorrado y construí la casa. Eso fue hace tres años y medio, el plan iba a estar en vigor hasta 1976 y, como el gobierno había prometido que estaba incluido en mi contrato, todo parecía perfecto.

Ahora, de repente, el ministerio me ha informado que esta subvención termina el primero de septiembre. ¡Te puedes imaginar mi consternación! He estado pagando puntualmente lo que debo a *Wade Plantations* y en tres años han recibido 1.360 libras. Como los intereses lamentablemente son bastante elevados, todavía les debo aproximadamente 2.200 libras - y realmente no sé cómo voy a poder hacer puntualmente los pagos mensuales después de septiembre.

Desde que se enfermó mi madre he reducido todos los gastos, he dejado las invitaciones, he reducido la vida a la forma más sencilla, y hasta he cancelado todos los abonos de periódicos y revistas. No tenemos empleada ni hacemos ropa nueva. No sé en qué más puedo ahorrar. Podría dejar de servir sándwiches al club de francés y de español, pero sé que probablemente es la única comida buena que reciben algunos niños ese día. Es inútil vender la pequeña casa que aún tengo en Chile - obtendría muy poco y no podría sacar el dinero del país. Además, si tuviera que volver a Chile - Dios no lo permita - tendría un lugar donde vivir. No tengo joyas, y el médico y la farmacia ya han consumido todos mis ahorros.

No quiero pensar en vender la casa. No podría recuperar lo que vale, ya que nunca se pintó el techo, solo parte de los baños y de la cocina tienen baldosas, y el terreno no está bien cercado. Si lo vendo por las 2.200 libras que le debo a *Wade Plantations*, tendríamos que buscar otro lugar para vivir, eso de nuevo significaría pagar entre 20 y 25 libras de alquiler cada mes, y yo no tengo ese dinero. Además, si no me dan otro contrato podría dar clases de francés y español en mi casa - si tengo una casa. Talvez podría renunciar a mis vacaciones y usar el dinero del pasaje para pagar parte del préstamo - pero el subsidio para el pasaje son sólo 200 libras y no sé si el gobierno permitiría que lo usara para otra cosa. También me doy cuenta de que necesito esas vacaciones, mi vista se ha deteriorado mucho, con la falta de sueño y lo que tengo que corregir de noche, necesito ayuda médica antes de que sea demasiado tarde, y no la puedo conseguir aquí.

Hace algún tiempo me ofrecieron el puesto de directora de la escuela de la fábrica de azúcar, pero pagan aún menos y no hay subvenciones. A pesar de intentarlo, no veo una salida. ¿Sé te ocurre alguna?

Le he escrito al secretario permanente de educación par rogarle que vuelva a considerar su decisión, pero creo que no hay mucha esperanza de que lo haga. Si logro descansar y me vuelvo a sentir fuerte voy a dar unas clases en el instituto de enseñanza nocturna. Me he negado a hacerlo hasta ahora porque significa dar más clases y corregir más textos por la noche, y en general estoy demasiado agotada para dar clases después de trabajar todo el día - pero como último recurso supongo que tendré que intentarlo.

Lamento haberte contado todos mis problemas, pero me siento un poco mejor después de haberlos compartido con alguien, y talvez se te ocurre algo que a mí se me escapa.

Ahora me estoy preguntando si debo enviarte esta carta, pues puedes creer que te pido dinero como ayuda, y no quiero que pienses eso. He escrito todo eso porque no tengo un amigo con quien puedo hablar de esta situación, y necesito comprensión y apoyo moral, ya que, con la enfermedad de mi madre, las condiciones de trabajo desagradables en la escuela, mi agotamiento, y ahora ese golpe del ministerio, realmente creo que no aguanto más. Te pido que me escribas pronto con unas palabras de consuelo".

"Estoy pasando unos días en Londres antes de ir al continente. En primer lugar, quiero decirte lo contento que estoy de que tu madre esté mejor. Espero que pronto se recupere del todo.

En cuanto a tu problema, hiciste lo debido y es un honor para mí que compartas conmigo tus preocupaciones. Estoy totalmente de acuerdo con tu punto de vista de que no debes abandonar tu trabajo a pesar del comportamiento vergonzoso del gobierno de St. Kitts. Nadie ha hecho tanto como tú por los jóvenes de esa isla y se vio lo agradecidos que están todos cuando te condecoraron recientemente. Es una vergüenza que el ministerio de educación elimine de repente tu subsidio de vivienda.

Para aliviar tu angustia, envío inmediatamente un telegrama, cuya copia adjunto, con instrucciones para que de Hong Kong te envíen enseguida tres mil libras, que espero aceptes como regalo. Sugiero que pagues la hipoteca de tu casa y hagas todas las reparaciones necesarias. Por favor, ve donde un buen oftalmólogo y tómate unas vacaciones bien merecidas, porque es esencial que sigas bien de salud.

Estoy sumamente agradecido por todo lo que haces por nuestros protegidos. Es muy buena noticia que la familia Douglas ahora pueda salir adelante sola. Claro que puedes pagar lo necesario para el quinto alumno de Guadalupe. Espero que le vaya bien.

El martes salgo para unas vacaciones de 12 días en el continente; iré a Viena, a las Dolomitas, a Venecia y a Milán. De ahí seguiré a América y espero poder ir a los parques nacionales de la costa occidental de Estados Unidos y a las Montañas Rocosas de Canadá antes de regresar a Hong Kong. Deseo todo lo mejor para ti y las viejitas".

"Me pregunto dónde estás ahora; es tan extraño escribir sin conocer tu dirección, es como enviar la carta al espacio - la enviaré a Hong Kong y espero que te llegue pronto.

¿Cómo agradecer todo lo que haces? Regresé el viernes de Nevis, donde pasé dos días, y encontré tu telegrama, que me dejó totalmente anonadada. Una hora más tarde llegó otro de Hong Kong y anoche recibí tu carta de Londres.

No sé cómo responderte. Mi primer impulso fue enviar un telegrama a tu oficina de Hong Kong para revocar tu instrucciones - y luego pensé que sería descortés y hasta mala educación contestar de esa manera a tu acción noble y generosa. No hay ninguna razón para que hagas ese regalo tan generoso y creo que no tengo derecho a aceptarlo.

Es cierto que a partir de septiembre no voy a poder seguir haciendo los pagos y *Wade Plantations* sin duda nos expulsará. El ministerio no ha contestado todavía a mi solicitud de volver a considerar su decisión y cuanto más se demore tanto menos probable es que siga recibiendo ese subsidio de vivienda.

Estoy muy tentada de aceptar tu ayuda - tengo que pensar todo el tiempo en mis pobres viejitas desamparadas. ¿Podría considerar que no se trata de un regalo permanente sino de un préstamo que puedo reembolsar poco a poco? Sé que suena ridículo, hasta descarado, como pensar en llenar un tanque vacío con un cuentagotas - pero me sentiría menos avergonzada y codiciosa, como si me hubiera aprovechado de tu corazón bondadoso y generoso. El lunes iré a *Wade Plantations* para averiguar cuál es la situación exacta de mi deuda y luego, tal como lo sugieres, la cancelo, después mando a hacer los arreglos necesarios en la casa ¿y puedo devolverte lo que sobre? Si después ocurre un milagro y me siguen dando el subsidio de vivienda mensual cuando regrese de las vacaciones, si es que me voy, te reembolso inmediatamente. Así mi conciencia no me torturaría con tanta crueldad. Si no hay más subsidio de vivienda, te enviaré lo que sobre de mi sueldo - eso naturalmente cada vez sería diferente y sería solo una gota en el océano en comparación con lo que me estás enviando, y probablemente me tomará años y años devolver todo lo que tan generosamente me envías ahora. ¿Me permites hacer eso? Por favor di que sí.

Te volveré a escribir apenas tenga toda la información de lo que le debo a *Wade Plantations*, pero quiero enviar esta carta mañana a primera hora, si me demoro puedes pensar que soy una desagradecida. ¡Es tan difícil expresar lo que quiero decir! ¡Las palabras tienen tan poco sentido!

Sólo unas pocas palabras sobre la vida aquí: los muchachos se han ido a Guadalupe para el curso de seis semanas. He escrito todos mis expedientes, he preparado los informes y he dejado en orden todos mis asuntos en la escuela. Después de eso, aprovechando la situación de la salud de mi madre, fui a pasar dos días en Nevis. Conozco allá a unas personas que a veces me dejan usar su casa. Está muy lejos de todo, no hay tráfico, ni ruido, ni teléfono. Es un lugar maravilloso para dormir y descansar uno o dos días.

Mi madre lleva un mes sin fiebre. Ayer, de repente, le subió a 101.4, pero hoy ha vuelto a ser normal, así que espero que haya sido sólo por la emoción que le causó mi regreso. Naturalmente no sabe nada del subsidio de vivienda, del contrato, etc. Temo que no aguantaría tantas preocupaciones.

Una vez más, le ruego a Dios que te bendiga. No encuentro palabras para agradecerte, todo lo que pueda escribir no te puede dar una idea de mi agradecimiento y de la felicidad que me has dado. Espero que tengas unas vacaciones tranquilas y agradables y que puedas descansar y relajarte".

"¡Me gustaría tanto saber cómo agradecerte todo lo que estás haciendo! Has dado esperanza, ayuda, una nueva vida a muchos jóvenes y a sus familias aquí, y ahora literalmente me has salvado, pues debo reconocer que realmente estaba desesperada, no sabía qué hacer y me estaba enloqueciendo con tantas preocupaciones. A *Wade Plantations* no le hubiera importado expulsarnos y se me partía el corazón al ver a mis pobres viejitas frágiles, sin saber qué hacer, cómo darles esa terrible noticia y qué medidas tomar. El ministerio simplemente ignoró mi solicitud, la semana entrante tengo que llamar a la persona encargada del personal de las organizaciones para ver qué se puede hacer. Eso fue lo que me dijeron cuando volví a escribirles la semana pasada. Tú has cambiado todo eso, aún si me toma años y años reembolsarte poco a poco el dinero, tengo la seguridad de que mis viejitas no perderán su hogar y podrán vivir allá en paz. ¡Que Dios te bendiga!

No quería molestarte con asuntos de negocios mientras estás de vacaciones. Cuando regreses a Hong Kong te enviaré un estado de cuentas con los recibos del banco, el recibo de *Wade Plantations* y el cálculo del contratista.

¿En dónde estás ahora? ¿En Londres, en Europa o en camino a Canadá? Sea dónde sea, espero que estés descansando y que tengas unas buenas vacaciones. Lo mereces, y viajar es muy agradable. ¿Cómo viajas en Europa? ¿Con tu propio automóvil? Pienso que es la única manera de ver y aprovechar todo. ¿Te acuerdas de Morris Archibald? Fue uno de tus primeros 'ahijados' y luego obtuvo una beca de tres años en una universidad de Wales. Durante sus vacaciones logró trabajar para ir a Francia y luego recorrió toda Europa haciendo 'autostop', caminando y montando en bicicleta. Dice que lo disfrutó mucho.

St. Kitts está pasando por un período de ansiedad. Debido a diferentes circunstancias, entre otras el tiempo y la cosecha de azúcar, que iba a ser excepcional, resultó ser una gran desilusión. En esta época del año en general se han producido 30.000 toneladas de azúcar y este año han sido sólo 17.000, y el ambiente político está muy inestable. Es cuestión de querer correr antes de saber caminar. Probablemente todos los países 'nuevos' pasan por esa etapa.

Los sueños no pueden gobernar un país. El sentido común es mucho más importante. Es bueno tener proyectos, pero también hay que implementarlos".

"Esta carta es para darte la bienvenida a tu regreso. Espero que hayas tenido unas buenas vacaciones, he pensado en ti y rezado por ti constantemente, y no pasa un día sin que piense en ti y admire tu bondad y tu generosidad. Todavía no puedo creer que realmente se nos acabó la pesadilla, a veces me despierto durante la noche, muerta de miedo, y entonces me acuerdo de que nos has rescatado, que le hemos pagado a *Wade Plantations* y que ya no corremos el peligro de que nos saquen de la casa. No te puedes imaginar los días y las noches terribles que viví y no sé cómo te voy a poder agradecer todo lo que has hecho por nosotras.

Wade Plantations recibió lo que le debíamos y tengo su recibo para enviártelo cuando sepa que estés en Hong Kong. El contratista ya puso una pared entre el terreno de nuestra casa y el de los vecinos del lado izquierdo - una pared sólida, así que ahora nuestras flores y otras plantas, las frutas y las verduras, así como también mis mascotas están protegidas de sus ovejas, perros y niños. Los vecinos del lado derecho son muy amables, tenemos relaciones excelentes con ellos, así que la cerca de alambre que mandamos a arreglar basta para separar nuestros jardines.

Se ha pintado el techo - el contratista dice que era el momento apropiado; no hubiera durado mucho más sin empezar a descomponerse y pudrirse. Se han colocado dos tanques, uno vinculado a la red principal para garantizar que haya agua cuando esté cerrada la represa, lo cual sucede todos los días de las 8 de la mañana a las 6 de la tarde, y de las 8 de la noche a las 6 de la mañana. Con un tanque que no funcionaba la situación de nuestra casa era muy difícil. Yo llenaba todos los baldes y las ollas disponibles cada vez que no iba a haber agua, y el tiempo y esfuerzo que eso requería era muy grande e innecesario. El otro tanque es para guardar agua de la lluvia; ese lo terminan la semana entrante porque los chorros salen de los aleros. Luego van a poner los azulejos en la cocina y en los baños y después te voy a poder enviar una lista de los costos y gastos, y te podré devolver el resto si lo hay. Con cada cosa adicional aumenta mi agradecimiento.

Gracias a Dios mi madre está bien. Hace dos semanas el médico dijo que podía reservar mi pasaje para ir a Chile, luego de repente ella tuvo problemas con el corazón y el médico dijo 'suspenda todo y no se comprometa'. Ahora se ha recuperado otra vez y él dice que no ve ninguna razón para que yo no haga el viaje. Por una parte, tengo muchísimo miedo de dejar a mis pobres viejitas, aunque mi amiga chilena, la bailarina, se va a ocupar de ellas, es digna de confianza, honesta y como un miembro de la familia. Por otra parte, me doy cuenta de que no puedo iniciar un nuevo contrato sin un buen descanso - y eso sólo es posible si me voy un rato de mi casa. Sé que eso parece egoísta, pero si me quedo en la casa sin un descanso acaba conmigo la constante preocupación y la falta de sueño. No dudaría en hacerlo si supiera que al regreso la voy a encontrar viva y tan bien como está ahora. ¡Es una lástima no poder saber lo que nos espera, ni siquiera dentro de uno o dos meses! Los pobres que se ahogaron en el *Christena*[19] no pensaban que iban a morir de una manera tan horrible cuando iniciaron un viaje de placer. No podemos predecir el futuro. A pesar de eso tengo que esperar que todo funcione bien. Si realmente me voy.

Siento haber terminado otra vez con algo pesimista. Esa no era mi intención. Por favor escribe cuando tengas un momento libre, sé que será difícil porque acabas de regresar, así que voy a tener paciencia y voy a esperar".

Una vez más la esperaba un viaje tranquilo por el océano. La Señora Katzen estaba de nuevo en su salsa al ir a Chile en el *Seattle*.

"Un incendio en el barco, un vagabundo, 12% de la tripulación que no subió al barco y se quedó en La Guaira (Venezuela), la cabina del capitán fue asaltada y los cables de nylon del barco robados cuando estábamos esperando un lugar en el puerto de Buenaventura (Colombia) -

---

[19] La *Christena*, Un barco diario entre St. Kitts y Nevis

todo eso hizo aún más interesante un viaje encantador. El incendio empezó en el sistema de alarma en caso de incendio, todas las baterías se dañaron, y como el barco no puede navegar si no funciona la alarma estuvimos esperando dos días mientras traían el equipo por avión de otro país porque en Venezuela, el lugar del incendio, no había nada adecuado.

Me alegró mucho la demora, cada día adicional en el barco me parece un beneficio adicional. Apenas me instalé en mi cabina me acosté a dormir y dormí y dormí hasta que no pude dormir más. El viaje ha sido agradabilísimo, muy tranquilo y relajante - con excepción de los pocos incidentes interesantes que mencioné antes - lamentablemente no lo he podido aprovechar plenamente, pues todavía no he recibido cartas de mi casa y ya casi he llegado al final del viaje, ya que voy a desembarcar la semana entrante en Valparaíso. En un momento me sentí tan ansiosa que envié un telegrama a mis viejitas. Me contestaron que estaban bien y que ya habían enviado ocho cartas. Eso me alivió, pero no he tenido más noticias, nadie sabe dónde están esas ocho cartas.

Hay sólo tres pasajeros más en este barco de 9.000 toneladas, son muy agradables, pero también si no lo fueran, hay tanto espacio que nadie puede molestar a los demás. El capitán es un viejo amigo, ya había hecho otro viaje con él. El tiempo estuvo maravilloso al comienzo, pero desde que estamos cerca del Ecuador, hace una semana, ha empezado a hacer mucho frío - 62 grados - llueve duro, hay viento fuerte y un mar embravecido. Como ya hemos entregado casi toda la carga, el barco está muy liviano y nos sacudimos todo el tiempo. Anoche casi me caigo de la cama, y en Matarani (Perú), el último puerto donde paramos, cuando tuvimos que recoger al piloto, el pobre no pudo subir al barco durante más de diez minutos, estábamos bamboleando hacia arriba y hacia abajo, el barco de él se estaba moviendo de manera errática y casi se estrella con el nuestro.

He tenido tiempo para reflexionar, sobre todo, tu bondad innata y tu generosidad. No puedo decirte cuánto valoro tu amistad, es imposible compensarte por todo lo que has hecho. El reembolso financiero empezará apenas regrese a St. Kitts. En cuanto a tu bondad, solo puedo pedirle a Dios que siempre te proteja y te dé tanta felicidad como tú les has dado a los demás".

"Muchas gracias por tus dos cartas, una la recibí en la casa de mi hermana y la otra ayer, aquí en Valparaíso. Me alegró mucho oír que has vuelto a tu casa con buena salud, pues tu carta suena relajada y contenta. Me doy cuenta de lo bien que te va con el progreso de tu finca.

Creo que no hay nada más fascinante que ver producir a la tierra, y siempre me maravillan las hermosas verduras y flores que salen de unas pocas semillas en nuestro pequeño jardín.

Me imagino lo orgulloso que te sientes al ver tus cosechas de frutas, sobre todo en una tierra que se considera que no tiene valor. Mi madre siempre dice que cada planta responde al amor y al cuidado, independientemente de la mala calidad de la tierra.

Con mi tendencia habitual a tener problemas, a duras penas logré salir de Santiago antes de que se declarara el estado de emergencia. Seguro has oído que no fueron definitivos los resultados de las elecciones. Allende obtuvo 31.000 votos más que Alessandri, lo cual significa que el congreso va a tener que decidir definitivamente cuál de los dos va a gobernar. El congreso se va a reunir mañana y todo el país está en crisis, hay manifestaciones, reuniones, y ahora también por todos lados bombas y disparos. Ayer atacaron y le dispararon al jefe de estado mayor, el general Schneider; sigue inconsciente, a pesar de que lo han operado dos veces, por eso hay estado de emergencia, se han prohibido todas las reuniones y detienen y revisan todos los vehículos que salen de la capital. Han arrestado a muchas personas y hay un ambiente de pánico. Durante el mes pasado miles de personas abandonaron el país, todos los trenes y aviones están llenos hasta finales de noviembre, y hasta el Río de Janeiro, que lleva sólo 8 pasajeros, está lleno. Llegó al puerto esta tarde, pero tendrá que esperar hasta mañana para tener dónde atracar. Valparaíso es un puerto importante y tiene solo cuatro atracaderos, lo cual es increíble. El barco se va a descargar y cargar durante dos o tres días, y en general los pasajeros pueden embarcarse sólo dos horas antes de partir, pero el capitán me ha permitido subir a bordo mañana temprano, apenas el barco atraque. Es muy considerado de su parte y me alegra mucho. En primer lugar, estaré fuera de esta crisis política, en paz, a bordo del barco y, en segundo lugar, tendré el placer de explorar tranquilamente el barco.

Amo los barcos, si fuera un hombre probablemente habría sido un marinero, pero como sólo soy una mujer apenas puedo ser una pasajera".

"Aquí estoy, de regreso en St. Kitts. Los hermosos días idílicos del *dolce far niente* (agradable no hacer nada) se acabaron y me he lanzado a hacer una cantidad de cosas, ya que he estado ausente durante más de dos meses y te podrás imaginar la cantidad de trabajo y otros asuntos de que me tengo que ocupar.

En la casa todo está perfecto. Me dio mucha alegría encontrar a mis viejitas en excelente estado de salud, gracias a Dios y a nuestro buen médico. Mi madre de nuevo se ocupa de su jardín, lucha con las malas yerbas y las hormigas, produce una cantidad de remolachas y lechugas, y tiene varias otras matas de verduras que están creciendo. Las mascotas me dieron una gran bienvenida, hasta *Minette*, mi gata noble decidió ronronear y recostarse en mis piernas y *Pelotón*, el perro, ladró, saltó y corrió, a pesar de ser gordo y casi se ahoga con el asma, los siete perros perdidos llegaron por la noche y *Chienne Chienne* estaba enloquecida, reconoció el automóvil desde muy lejos y para encontrarse conmigo entró por la ventana.

Entre todas las cartas que me estaban esperando - como no me remitieron ninguna durante mi ausencia - encontré una tuya del 10 de septiembre y me angustió mucho la segunda parte.

Querido Señor Kadoorie ¿qué pasa con tu mano derecha? Nunca lo has mencionado y estoy muy preocupada al enterarme de que te crea problemas, y lo peor es que te habían dado información equivocada sobre la situación. Tiene que haber sido una gran preocupación la perspectiva que te predijeron hace dos años y me alegro de que el especialista que has consultado ahora tiene una opinión diferente. Te deseo todo lo mejor para tu salud. Dios no puede permitir que sufras. Has hecho tantas cosas buenas, has ayudado a tantos, has cambiado tantas vidas ofreciendo esperanza y recursos donde había miseria y desesperación, sería cruel e injusto que la tristeza fuera una sombra en tu vida. Te pido que me mantengas informada sobre tu salud, a pesar de que no te puedo ayudar, estaré pensando en ti y rezando por ti".

"Gracias por tu carta certificada del 15 de diciembre con todo lo que contiene. Guardo todo por si se necesita como referencia en el futuro. Por ahora, gracias a tu gran generosidad, puedo transferir todas las escrituras y los documentos relacionados con la casa a mi nombre - hasta ahora, debido a la hipoteca, casi todo estaba a nombre de *Wade Plantations*. El abogado se está ocupando del cambio, pero como sucede con todo en St. Kitts, hay que esperar siglos para que hagan algo. Imagínate que, aunque he ido a trabajar desde el 9 de diciembre mi contrato todavía no se ha elaborado y no sé cuáles serán las condiciones y el sueldo. Lo único que me han dicho es que el nuevo contrato será sólo de dos años y no de tres como antes.

La cocina y los baños quedaron lindos. Conseguí unos azulejos verdes en Puerto Rico para mi baño y tuve la suerte de encontrar aquí unos azules para el de mis viejitas. En cuanto a la cocina, tuve la suerte de enterarme de que vendían muchos azulejos a mitad de precio porque hubo un incendio en el depósito donde estaban y pude escoger lo que quería. El albañil era un trabajador extraordinario que no desperdiciaba ni un minuto, llegaba a las 7:30 de la mañana y se iba después de las seis de la tarde, así que yo le daba desayuno, almuerzo y comida todos los días y él hizo una labor excelente. Yo misma pinté las puertas con la pintura que sobró del techo y ahora lo único que falta es pavimentar la terraza, 14' por 7', pero he decidido esperar hasta que el contratista tenga unas 'banderas' o unas baldosas que sean más baratas porque sobran en otro edificio. Primero pensé usar cemento, pero debido a la lluvia repentina el contratista dice que habrá lugares en que la superficie quedaría desigual. Por consiguiente, es mejor esperar. Todavía no puedo preparar mi presupuesto porque no sé cuál será mi sueldo. Cuando lo sepa podré empezar a pagarte.

La última parte de tu carta me hace sentir muy feliz y me da algo para esperar y en qué pensar. Me refiero a las vacaciones que talvez vas a tomar para ir a las islas del Caribe y a América del Sur.

No te preocupes por América del Sur, pero por favor ven al Caribe. Hay un vuelo diario de Nueva York a St. Kitts, desafortunadamente no es sin escalas, hay que cambiar de avión en Puerto Rico, pero no es un viaje que cansa, se va en 'jet' de Nueva York a San Juan de Puerto Rico y luego en 'prop-jet' a St. Kitts. También se puede ir por Antigua y cambiar de avión allá.

Nos encantaría verte. Primero, conocerías a muchos de tus 'ahijados', aunque la mayoría ahora está en otra parte estudiando en una universidad o trabajando - has ayudado a muchos en todos estos años, pero los que reciben tu ayuda ahora estarán aquí para darte la bienvenida. Luego verás la casa y todo lo que se ha hecho ahí y, en tercer lugar, podrás descansar y ver la belleza de esta isla; sería un descanso maravilloso para ti y felicidad para nosotros. Por favor avísame con tiempo para poder encontrar a alguien que me reemplace en la escuela para dedicarte todo mi tiempo - si estás dispuesto a aceptar que sea tu guía. Ven, por favor, y no nos desilusiones. Con mis mejores deseos de Año Nuevo para ti y los tuyos. Espero que se cure tu mano".

1971

"Por fin regresé a Hong Kong, después de que me hicieron una operación bastante seria en los Estados Unidos. Me agrada poder decir que estoy bien y que me siento mucho mejor y más fuerte que antes. Me he recuperado totalmente, pero tengo que tener cuidado durante uno o dos meses más. Al regresar me recibieron en el aeropuerto la familia y un grupo grande de amigos. La manera en que fui acogido por el personal, los choferes de bus y los agricultores me ha ayudado a olvidar el pasado.

Tengo entendido que durante mi ausencia le escribiste varias cartas a mi hermano, cosa que te agradezco mucho. No he tenido tiempo de leerlas, pero lo haré lo más pronto posible. También tengo entendido que me enviaste una tarjeta con tus buenos deseos. Has sido muy considerada. Agradezco tu amabilidad y tu consideración".

Más tarde, el mismo día, Horace escribió lo siguiente:

"Desde que te escribí esta mañana he tenido tiempo para ver las cartas que me enviaste el 28 de febrero, el primero de marzo y el 7 de marzo, y tu amable carta del 23 de marzo dirigida a mi hermano. También he tomado nota de las cartas de Larry Woods e Inez Butler. Me encanta que les ayudes y que hayas decidido seguir ayudando a los que están estudiando en Barbados. Por favor, ayuda a los que más lo necesiten.

Tuviste razón en cuanto a la huelga de la oficina de correos de Inglaterra. Es absurdo que las cartas de St. Kitts tengan que ir a Inglaterra antes de llegar aquí. Aprecio que pienses en mí y te aseguro que estoy muy agradecido.

Te felicito por la oferta de un contrato con aumento de sueldo de que te ha informado el ministerio. Espero que ya hayas recibido el dinero. Si no, confío en que les has vuelto a escribir.

En tu carta del 7 de marzo mencionas que estás ansiosa por reembolsar lo más pronto posible la suma que se te ha enviado. No te apresures, por favor, pero si insistes, sugiero que abras una cuenta de ahorros en tu nombre y deposites ahí lo que quieras dedicar a esa cuenta. Creo que sería más fácil y más barato que enviarme el dinero cada vez".

"Nuestro año escolar finalmente ha llegado a su amargo y doloroso fin; tuvimos la última reunión del personal esta mañana, he firmado todos mis informes, entregué las actas de mi trabajo, he entregado los comentarios detallados sobre cada uno de mis 102 alumnos, he preparado el informe general con todos los detalles, ya que soy la jefa del departamento de idiomas modernos, he entregado el nuevo programa de estudios, y se supone que ahora puedo descansar.

Está diluviando, pero toda la pared que da al mar está compuesta de ventanas y, aunque tuve que cerrarlas, puedo ver el océano con las olas que se rompen en el arrecife con espuma blanca en contraste con el agua gris, y puedo oír el ruido de las olas. Es hermoso, hasta con colores oscuros. *Chienne Chienne* naturalmente ahora vive conmigo, está contenta acostada a mis pies después de comer un enorme almuerzo. ¡Temo que es inminente la llegada de otra serie de *chiennes chiennes* y *chiens* (perros) pequeños, y habrá que buscar más hogares!

La única sombra en el panorama es que la semana pasada mi madre se cayó en el jardín y tiene una herida grave en la rodilla. Tiene que descansar mucho, el médico dice que debe permanecer en la cama por lo menos una semana. Estuvo acostada tres días, pero ha declarado que se va a levantar mañana. Debido a ese problema paso casi todo el día en la casa y vengo a *Conaree* por la tarde, cuando ella está en la cama, lista para la noche. Luego regreso a la casa temprano a la mañana siguiente. Sin embargo, unas pocas horas son tan relajantes que siento que recupero la fuerza y la energía cada vez que respiro el aire del océano. La gran ventaja es que hay un teléfono, así que estoy en contacto con la casa, y el médico, que la visita constantemente, cada vez me informa.

Querido Señor Kadoorie, por favor no te ofendas, pero antes de recibir tu carta, apenas recibí mi nuevo sueldo (pagado desde diciembre de 1970), hice un arreglo con mi banco para que te enviaran cada mes, no una gota en el balde sino una gota en el océano, para empezar a reembolsar mi deuda - que ninguna cantidad de dinero en el mundo puede reembolsar; no sabes la tranquilidad y la felicidad que nos has dado con tu gesto bondadoso. Por favor, no te sientas molesto, pero permíteme que mientras dure este contrato, hasta diciembre de 1972, siga haciendo esas remesas microscópicas. Probablemente es la última vez que el gobierno renueva mi contrato[20] y quién sabe si voy a poder seguir pagando después; dame la satisfacción de por lo menos tratar de devolver alguito, mientras tengo la posibilidad de hacerlo.

Tenía planeado ir una semana a otra isla para descansar totalmente - a St. Martin o a Barbados, pero todo depende de mi madre; si está bien me voy, si está mejor, pero no 100% bien, talvez voy a pasar un fin de semana largo en Nevis, que queda sólo a cinco minutos de distancia en avión y tiene conexión telefónica. La desventaja es que conozco a demasiadas personas allá y no podré descansar. Si voy, tengo que estar de regreso a mediados de agosto, cuando es la estación de huracanes y prefiero estar en la casa. Las clases comienzan en septiembre y tenemos que empezar a ir a la escuela el primero de septiembre. El ministerio quería que diéra-

---

[20] Diez años después de su llegada en St. Kitts, la Señora Katzen ahora tiene 60 años.

mos clases adicionales durante todo el mes de agosto, pero me negué a hacerlo. Si no descanso ahora no estaré lista para enfrentar otro año escolar estresante".

Madame escribe desde Barbados:

"El médico dijo que la 'situación de la salud' en la casa permite que deje a mis pobres viejitas por unos días y me vaya a descansar lejos del entorno familiar. Después de tres días me siento como un ser completamente diferente. Mañana regreso por avión a la casa. He descansado y me he relajado totalmente. Aquí, lejos de la casa, no tengo que hacer nada más que descansar acostada en el sol, gozando con la música de las olas. En St. Kitts paso medio día en la casa, mientras que aquí no tengo absolutamente ninguna obligación y ninguna responsabilidad, y llamo todas las noches por teléfono a mi madre. Lo que más me atrae es un lindo barco de vela que tiene el hotel para los huéspedes y paso todo el día en él. Te mando una foto. Es una yola y se construyó para vivir ahí. El hotel usa ese barco sólo para navegar y han descuidado totalmente la parte donde se puede vivir. Hay dos cabinas cerradas, sucias y llenas de basura, nadie las usa nunca. ¿No es incomprensible la gente? ¡Tienen algo tan maravilloso y no lo aprovechan! el 'capitán' y su ayudante viven en la tierra - y sólo suben al barco si alguien quiere navegar. ¿Te gusta navegar? ¡La manera silenciosa en que se mueve un barco de vela es un milagro, no hay ruido de motores, solo el viento y el sonido del agua!

Tengo que empezar a trabajar el primero de septiembre - sólo faltan dos semanas y dos días. Este año escolar probablemente será todavía peor que el anterior. El gobierno ha declarado que no va a gastar dinero en libros - los niños tienen que comprar sus libros. Dios sabrá dónde porque no hay buenas librerías en St. Kitts. La escuela los pedía de Inglaterra, pero no lo seguirá haciendo.

Espero que tu salud siga mejorando constantemente y que ya estés casi 100% bien.

Por favor escucha a tus médicos y no trabajes demasiado. Como dicen mis viejitas: el trabajo no es un lobo y no se va a escapar".

"Parece que hace siglos que no he tenido noticias tuyas. Voy a la oficina de correos todos los días con la esperanza de encontrar una carta tuya, pero hasta ahora no ha llegado nada y estoy empezando a sentirme muy inquieta. ¿Estás bien? Talvez no escribes por estar demasiado ocupado - pero todos los médicos te han aconsejado que no trabajes demasiado y estoy segura de que les haces caso. Por favor dame noticias, hasta unas pocas líneas de tu secretaria serían bienvenidas; todas seguimos muy preocupadas.

Estoy muy triste. He perdido a una amiga muy querida y fiel. Ya no existe *Chienne Chienne*. Empezó a sentirse enferma y estaba hinchada, así que la hice subir al automóvil y la llevé donde el veterinario. Al verla dijo que parecía muy grave y después de examinarla dijo que tenía cáncer. Le pedí que la operara y que hiciera todo lo posible por salvarla, pero durante la operación vio que estaba invadida por la enfermedad, así que le pedí que le diera otra inyección mientras estaba anestesiada para que nunca se volviera a despertar. Supongo que, en teoría, eso era lo mejor, pero igual fue horrible. No fui capaz de ir a *Conaree* durante un mes entero, apenas hoy me obligué a ir. Era tan cariñosa que hasta cuando el veterinario le estaba poniendo la inyección antes de la operación se recostó contra mí, puso la cabeza en mi hombro y la pata en mi mano. Tantos delincuentes y personas malvadas y crueles siguen viviendo y haciendo sufrir en otros lugares mientras esta criatura, tan buena y dulce, tuvo que perder el precioso don de la vida".

"Como vas a ir a Australia seguro estás mejor de salud. Espero que no hagas demasiado y no te canses. Supongo que no es razonable de mi parte, pero cuando no recibo noticias de las pocas personas que quiero y estimo se me ocurren todo tipo de cosas negativas, así que te pido que me perdones.

Aquí todo está yendo de mal en peor. Un profesor estuvo fuera una semana debido a que se envenenó con un pescado, otro no ha venido en dos semanas. No sé por qué, ya que viene todos los días en automóvil a traer a dos colegas y luego simplemente regresa a su casa. Un grupo de alumnos sólo tuvo 12 de 35 horas de clase la semana pasada. Con todos esos niños corriendo de un lugar a otro es muy difícil dar clases, pero debo reconocer que mis alumnos de francés y español siempre llegan a tiempo y hacen todo lo posible por estudiar. Sin eso sería muy frustrante.

Mi único descanso es ir a *Conaree* y quedarme allá diez minutos todas las tardes para oír el ruido de las olas y gozar de la vista y del aire. Hasta eso es un poco triste porque extraño a *Chienne Chienne* que llegaba corriendo apenas oía el automóvil.

La semana pasada estaba cansadísima y al estar ahí sentada empecé a pensar en el futuro.

¿Puedo compartir contigo mis pensamientos? Tus consejos son los más valiosos que puedo recibir y si piensas que mi plan es absurdo, dímelo francamente. No sé si te escribí que mi contrato actual termina en diciembre de 1972 y no es muy probable que lo renueven. Naturalmente el gobierno me puede contratar mensualmente después durante un año o dos, pero luego tendría el mismo problema de buscar otro trabajo, con menos posibilidades de conseguirlo, puesto que la edad y el paso del tiempo no me favorecen.

De repente tuve una revelación. La playa de *Conaree* es muy larga, tiene muchas millas, ahora allí hay quince cabañas y casas, un pueblo muy cerca - y ni una sola tienda de ningún tipo. ¿Crees que sería buena idea abrir una? Estoy segura de que no hay que aprender mucho para administrarla, mis viejitas tenían una en Chile hace años y se las arreglaron muy bien. En seguida empecé a buscar un lote pequeño, todos los sitios son paralelos, un lado da al océano y el otro a la carretera. Estoy buscando algo estrecho para construir una pequeña choza - al decir choza en realidad me refiero a algo muy chiquito - frente al océano para nosotras y con una habitación como tienda frente a la carretera. Pagaría el lote con la suma que debo recibir al terminar mi contrato, luego puedo hipotecar nuestra casa, o más bien tu casa, puesto que la pagaste, y podría hacer la construcción con el dinero de la hipoteca.

Luego nos mudaríamos a *Conaree* y alquilaríamos la casa donde vivimos ahora, hay una gran escasez de vivienda en St. Kitts, creo que sería muy fácil alquilarla. Así podríamos pagar los intereses. Las viejitas se ocuparían de la tienda por las mañanas, pues yo conseguiría un trabajo a tiempo parcial en alguna escuela para sufragar nuestros gastos hasta que la tienda nos dé ganancias. Lo esencial es encontrar un lote adecuado. Hay uno hermoso, pero es enorme 136.85 pies, frente del océano, cuando nos bastarían 36 pies. El dueño no lo quiere dividir. Hay otro de tamaño adecuado, pero ya tiene una casa y, por lo tanto, es muy caro. Hay uno pequeño perfecto - 35x50 pies, pero el dueño está en Inglaterra, así que le voy a escribir para preguntar si está dispuesto a venderlo. Escríbeme lo que piensas de mi idea. Tengo un poco más de un año para resolverlo, pero debo encontrar algo. Si pudiera vender mi casita de Chile eso ayudaría, ya que nunca podré regresar a Chile, pues por haber adquirido la nacionalidad británica el gobierno chileno no quiere que vuelva. Disculpa esta carta egoísta".

"Siento que las cosas vayan de mal en peor en la escuela. Sin embargo, me alegro de que a tus alumnos les este yendo bien.

En cuanto a tus problemas, mi primera reacción es que has dedicado toda tu vida a la enseñanza y has tenido mucho éxito, a todos tus alumnos les ha ido bien y, por lo tanto, no me parece sensato que lo abandones para tener una tienda - una nueva actividad. Yo averiguaría a comienzos de 1972 si es posible que se renueve tu contrato por un período razonable.

Cabaña en la playa de *Conaree*

Piensa en la posibilidad de tener tu propio colegio para un pequeño número de alumnos o en dar clases privadas parte del tiempo y tener el resto para hacer lo que quieras. Es cierto que al envejecer hay menos oportunidades de conseguir trabajo, pero también es cierto que la experiencia que has adquirido durante tantos años te ha convertido en un 'súper maestro' y podrías dedicar parte de tu tiempo libre a dar clases particulares a algunos estudiantes.

En cuanto a la tienda en la playa de *Conaree*, si hay 15 cabañas y un pueblo cerca se necesita una tienda, independientemente de quién la administra. Es un trabajo especializado y para tener clientes debe ser atractiva. Si la administraras tú misma debería funcionar bien, pero siempre existe la posibilidad de que no tenga éxito. Tienes razón al averiguar lo del lote angosto. Yo también pediría información detallada sobre el terreno bonito de 136.85 pies al frente del océano. Fíjate que, si construyes sólo una tienda pequeña en ese terreno tendrías la posibilidad de construir algo más en el futuro y, si es barato, probablemente aumentará su valor. ¿Cómo se compara eso con el precio del lote apropiado pero que ya tiene una casa? ¿Cuánto costaría el lote pequeño perfecto de 35.50 pies, cuyo propietario está en Inglaterra?

Cuando tengas todos los detalles sobre lo mencionado y hayas calculado lo que costaría construir la casa será más fácil juzgar qué es más atractivo y qué te podrías permitir.

Es importante que desde todas las casas y desde el pueblo haya acceso al sitio y que sea una buena inversión, es decir, que aumente su valor por lo menos 18% anualmente. También hay que pensar en la posibilidad de que no sea buena la situación de St. Kitts por razones políticas o de otra índole, en cuyo caso las casas podrían estar desocupadas y entonces talvez no sería buena idea tener una tienda.

A lo mejor se podría vender la casa donde vives y con ese dinero, más la prima especial que te van a dar, comprar un terreno nuevo y construir una casa pequeña con una tienda de buen tamaño al lado de la carretera. Como hay escasez de vivienda en St. Kitts probablemente el precio de los lotes aumentaría si la situación política es buena.

Siento no poder contestar con más detalles tus preguntas, pero antes de saber lo que te he mencionado es difícil darte más consejos".

"Es muy amable que hayas escrito y me hayas dado tu opinión, y te lo agradezco muchísimo. Temo que voy a ser muy egoísta y voy a seguir escribiéndote sobre el tema, ya que no tengo a nadie aquí con quien pueda hablar de estas cosas y me ayuda mucho darte todos los detalles, y te ruego que me des tu franca opinión sobre todos los aspectos de la cuestión. Empiezo hoy esta carta, pero tendré que seguirla escribiendo mañana y pasado mañana porque estoy esperando varios detalles sobre los lotes de *Conaree* e información sobre el costo de la construcción. Todo eso estará en la segunda parte de la carta y espero que tengas paciencia para leer todo.

En primer lugar, en cuanto al problema de la enseñanza. Como dices, me he dedicado toda la vida a enseñar y es lo único que sé hacer bien. Definitivamente no pienso dejar de enseñar mientras pueda hacerlo. Lamentablemente el gobierno no opina lo mismo y se discutió mucho antes de darme el contrato actual que, dicho sea de paso, es de dos años y no de tres como los anteriores. Ahora hay todavía menos posibilidades de obtener otro contrato, y si me lo dan tendré el mismo problema uno o dos años más tarde, con la diferencia de que seré uno o dos años mayor y habré gastado más energía y más fuerza, puesto que nuestras condiciones de trabajo y la disciplina general se están deteriorando tan rápido que cuesta un esfuerzo enorme trabajar. Sé que después voy a poder conseguir un puesto a tiempo parcial, pero el sueldo de eso es muy bajo, no pagan durante las vacaciones - solo cuentan los días de trabajo.

Playa de *Conaree*

En cuanto a las clases particulares, hay mucha demanda sólo durante el mes antes de los exámenes y pagan poco y de manera irregular, en algunos casos nunca.

Si hay otra fuente de ingresos entonces enseñar parte del tiempo sería algo muy positivo como algo adicional, pero temo que no bastaría como única fuente de ingresos. Por eso, como me queda un año entero (o talvez más), quiero hacer planes para tener una salida, algo para empezar o continuar. Si espero hasta que haya muy pocas posibilidades de ganar algo enseñando será demasiado tarde para empezar algo completamente nuevo. De ahí la idea de abrir una tienda muy sencilla en un lugar donde no hay ninguna.

No se me ocurriría abrir una tienda en una ciudad donde hay mucha competencia, ni tendría nada complicado, ningún producto perecedero, sólo latas, artículos de uso doméstico, papelería, etc. Yo misma la administraría, junto con un trabajo a tiempo parcial, y mis viejitas - que son muy buenas para las cuentas y adquirieron experiencia con una tienda en Chile - podrían encargarse mientras estoy en la ciudad. Si pudiera vender la casa y el terreno de Chile podría comprar un lote en *Conaree* y construir una cabaña sin hipotecar la casa donde vivo y entonces, aún si la tienda no tuviera mucho éxito podría obtener del *Chalet La Serena* y de un sueldo por un trabajo a tiempo parcial lo necesario para vivir.

En cuanto a los lotes de *Conaree*: (1) El lote angosto. Tiene que separarse de uno grande y el dueño ha decidido no hacerlo, así que no es posible. (2) El grande de 136.85 pies al frente del océano es hermoso, plano y de forma rectangular perfecta - 340 pies de profundidad. El dueño no lo quiere dividir y quiere vender todo por W.I.$ 20.000 (dólares de las Indias Occidentales), lo cual son U$ 10.000 (dólares de Estados Unidos), así que tampoco es posible. Además, es demasiado grande, aproximadamente un acre y medio. (3) El tercer sitio con una casa muy bien construida pero pequeña en un lote de 20 pies al frente del mar se vende por 5.000 libras, es el que queda más lejos y está bastante aislado (4) El cuarto lote, cuyo dueño está en Inglaterra, es perfecto. La parte que queda frente al océano es más grande de lo que yo creía, 48 pies, y el lote es suficientemente ancho para construir una casa para vivir en ella y una tienda al lado de la carretera. Está en el camino de la playa, casi al frente de la playa y al otro lado de la carretera hay una vía de peatones que lleva al pueblo. El acueducto pasa por el borde del lote y hay un poste de electricidad en la esquina. Es el mejor lote desde cualquier punto de vista, incluso como inversión. No cuesta nada hacer las averiguaciones, le he pedido al abogado encargado del terreno que se ponga en contacto con el dueño para preguntarle si el lote realmente se vende y cuál es el precio. Hablé con la persona que fue el dueño original de todos esos terrenos. Vendió todo hace aproximadamente diez años por doce centavos (moneda de las Indias Occidentales) el pie cuadrado. El valor de toda esa tierra ahora es de 45 a 50 centavos el pie cuadrado. Si pudiera comprar ese lote no construiría una casa de inmediato. Mientras tenga un puesto como profesora y mientras mis viejitas puedan trabajar en su amado jardín; seguiríamos viviendo en el *Chalet La Serena*. Sin embargo, construiría una pequeña cabaña de una habitación, con un baño y una pequeña cocina como una especie de refugio para mí. Entonces no tendría que irme de la isla para las vacaciones, con lo cual ahorraría mucho, y podría pasar allá un rato los fines de semana y al salir de la escuela para descansar del ruido constante de la escuela y del barrio. Hasta los 10 minutos diarios en *Conaree* me dan vitalidad y no sabes cómo lo necesito.

Durante este período de un año o más espero prepararme poco a poco para construir algo y para mudarme. Estoy pensando en una habitación con dos compartimentos pequeños y separados, sin cielorraso, sin baldosas, sin pintura ni piso, solo cemento, que cuesta aproximadamente $12 por pie cuadrado. Podría pedir eso como préstamo del banco dando el terreno mismo como garantía, pues después de pensarlo detenidamente he decidido no hipotecar nunca la casa en que estamos viviendo. Tu casa. Apenas el abogado me dé todos los detalles sobre el lote te escribo. El problema es que me han dicho que hay otras dos personas interesadas en comprarlo.

Está a punto de terminar nuestro trimestre, pero antes del fin tenemos la noche de los discursos y una feria, sin hablar de los exámenes, los informes, las actas del trabajo, etc. ¡Creo que nunca en la vida había estado tan cansada! Es increíble lo estresante que es el trabajo, pero ¿acaso hay paz en algún lugar del mundo? Tengo miedo de abrir un periódico o de encender el radio. Lo único alentador es que mis dos viejitas están bien y contentas. ¡Qué epístola tan larga! Perdona que sea tan locuaz".

"Probablemente piensas que no soy sensata o que soy tonta - pero compré el lote en *Conaree*. Llámalo la suerte, o la influencia del subconsciente, o lo que quieras, el hecho es que sucedieron varias cosas simultáneamente y me hicieron sentir que debía aprovechar la oportunidad. Recordarás que mencioné que había otras dos personas interesadas en comprar el lote. Una era el dueño original, que le había vendido ese terreno al dueño actual por 12 centavos el pie cuadrado. Quería recuperarlo y ofrecía el doble de lo que había recibido aproximadamente doce años antes, pero el dueño actual quería más, 40 centavos por pie cuadrado. La segunda persona finalmente cambió de opinión y decidió comprar otro lote, al otro lado de la isla, frente al Caribe - *Conaree* está frente al Atlántico. Me tocaba a mí tomar una decisión. Por una extraña coincidencia el cónsul británico en Chile, que se ocupa de mi casita en *La Serena*, logró de alguna manera enviarme el dinero del alquiler de los últimos 18 meses - un verdadero *tour de force* (gran logro), así que obtuve mil dólares de Estados Unidos. Naturalmente te debería haber remitido inmediatamente ese dinero para reembolsar algo más de mi deuda, y seguro lo habría hecho si no hubiera surgido esa oportunidad de comprar el terreno de *Conaree*. La tentación fue demasiado grande. Añadí todo lo que había ahorrado para las vacaciones de Navidad, para un viaje a St. Martin, cambié los últimos cheques viajeros que me quedaban del viaje a Chile del año pasado y le pagué todo al abogado encargado de la venta.

Todavía debo bastante dinero, pero él está dispuesto a esperar hasta diciembre del año entrante, cuando voy a recibir la prima al acabar mi contrato actual - y, un milagro increíble, dice que no voy a tener que pagar intereses. Puedo tomar posesión del terreno inmediatamente y voy a recibir un contrato de venta oficial de la oficina de los abogados apenas esté registrado en la notaría.

Te estoy escribiendo esto con mucha prisa, pero la semana entrante, cuando cierre la escuela, te escribiré muy detalladamente y haré un bosquejo del lote y de sus alrededores para que tengas una idea de lo que he adquirido. Sólo temo que juzgues que no soy muy honesta, debería haberte enviado el dinero que recibí de Chile, pero creo que nunca había deseado algo tanto como este pedacito de tierra en la playa. Hay muchas posibilidades para el futuro debido a eso. Espero que lo entiendas y me perdones cuando te escriba todo sobre el tema la semana entrante.

Envío esto ahora. Es muy tarde, pasada la medianoche, y me tengo que levantar a las 5.30 am, pero quería darte estas noticias inmediatamente".

"Felicitaciones por haber comprado el lote en *Conaree*. Todavía no sé muy bien qué lote compraste, si el grande de 146.85 pies o aquel cuyo dueño está en Inglaterra y que te parecía perfecto. En todo caso, estoy encantado de que hayas podido comprar uno de ellos y espero que seas muy feliz con él.

Es realmente muy buena suerte que el cónsul británico en Chile te haya enviado el dinero del alquiler. Parece que el abogado encargado de la venta ha sido muy amable.

Naturalmente no te juzgo de manera negativa y cualquier persona sensata habría hecho lo mismo. Propongo que en vez de reembolsarme el dinero que envías regularmente lo uses para comprar el sitio nuevo. Por favor, recuerda que si te puedo ayudar con dinero o de otra manera no debes dudar en hacérmelo saber".

1972

"Estoy muy contenta de saber que piensas que he sido sensata al comprar ese pedazo de tierra. Tiene una ubicación realmente hermosa y no te imaginas la paz y tranquilidad que siento cuando voy allá y me quedo, aunque sea unos diez minutos. Cuando construyan la cabaña pienso ir todos los días apenas terminen las clases y llevar lo que tengo que corregir y preparar para las clases y así podré trabajar mucho mejor y al mismo tiempo descansar por el mero hecho de poder trabajar con tranquilidad. No sabes lo cansada y agotada que termino por el constante ruido y desorden que hay en la escuela, y también en el barrio cuando regreso a la casa. Esa cabaña será mi refugio ahora y nuestro hogar en el futuro, puesto que el sitio es muy apropiado para una tienda.

La segunda parte de tu carta me preocupa mucho. Querido Señor Kadoorie, tu sugerencia es muy generosa y me siento tentada de aceptarla, a pesar de que sé que sería sumamente egoísta e incorrecto hacerlo. 1.000 libras es mucho dinero, y quién sabe cómo y cuándo terminaría de reembolsarlo. ¡10 libras por mes significan cien meses o sea 8 años! Mientras exista mi contrato actual está bien, pero ¿qué pasa después de diciembre? Si lo renuevan puedo continuar, pero si no, tendrá que haber un intervalo hasta que funcione la tienda. Espero conseguir un trabajo a tiempo parcial, lo cual naturalmente me daría menos dinero, y para poder alquilar el *Chalet La Serena* voy a tener que construir dos habitaciones en la cabaña para que se muden allá las viejitas, así que los 8 años se convertirían en 10 o 12. Además, ya te debo mucho. Realmente no sé qué hacer. Todavía no he firmado los documentos necesarios en el banco porque el contratista sólo puede empezar la construcción la semana entrante y tengo que pagarle $1.000 de las Indias Occidentales cuando comience. Acaba de terminar el carnaval de Año Nuevo en St. Kitts, un momento muy extraño para ese tipo de evento, pero toda la isla estaba enloquecida, con grupos musicales con instrumentos de percusión de la mañana a la noche y durante toda la noche durante una semana entera, y la gente estaba disfrazada y bailando en la calle. No había nadie disponible para trabajar y ahora todos están durmiendo. No quise retirar dinero del banco demasiado pronto porque se empieza a pagar intereses desde el día en que se acepta el dinero y no quiero pagar intereses si no estoy usando el dinero. El lote de *Conaree* va a tener que ser la garantía y me siento renuente a hacerlo. Primero pensé rechazar tu generosa oferta, ahora creo que voy a descartar mi cargo de conciencia y decir gracias, si me lo quieres prestar lo acepto con mucho gusto. Desde la última vez que te escribí a mi madre le tuvieron que hacer una pequeña operación, quitarle la uña de un dedo del pie, y está perfectamente bien de nuevo. Pero estas emergencias implican cuentas médicas.

Hay una cosa que quiero proponer. ¿En vez de depositar 10 libras mensuales en la cuenta de los niños puedo añadir eso a las 25 libras que te mando para que la remesa mensual sea de 35 libras? Tengo una suma considerable en la cuenta de los niños, ya que no he tocado todavía los últimos dólares americanos que tuviste la amabilidad de enviar para ellos, así que eso basta para bastante tiempo porque tengo en cuenta todo antes de gastar algo. Voy a ayudar a varios chicos y chicas a pagar los exámenes 'G.C.E. Cambridge', pero hay más que suficiente para dos años. Me siento mejor si se te envía a ti. Sé que me estoy aprovechando de tu bondad y que no lo debería aceptar, pero no tengo suficiente fuerza para resistir la tentación. Que Dios te bendiga".

"Gracias por tu carta de "bienvenido de regreso a la casa" del 28 de marzo. Regresé hace aproximadamente dos semanas y te podrás imaginar lo ocupado que he estado poniéndome al día con todo lo ocurrido durante mi ausencia.

Mi viaje a Australia y a Sudáfrica fue parte de negocios y parte de placer. En la zona meridional y oriental del continente africano fue más de placer que de trabajo. He llegado a la conclusión de que no me van a comer los leones porque en una oportunidad en que el jeep se dañó en la selva y no pude ponerme en contacto con el campamento, porque la radio tampoco funcionaba, tuve que caminar casi una milla por el territorio de los leones. Afortunadamente ese día no vi ninguno, pero al día siguiente, en el mismo lugar y a la misma hora, vi once leones hambrientos y me di cuenta de la suerte que tenía al estar vivo.

Fue interesante la estadía en Kenya, donde fui a ver varios parques de animales, entre ellos Samburu, Treetops, Keehorak y el de Nairobi. Era uno más interesante que el otro. El último día antes de regresar vi tres leones seguidos por cinco guepardos que saltaron delante del automóvil para matar un impala.

Siento oír que trabajas demasiado - no vale la pena. Por favor piensa en tu salud y tómatelo con calma. Me encanta oír que la semana entrante van a terminar tu cabaña en la playa y espero que lo pases bien allá. Muchos saludos para ti y las viejitas".

"Me imagino lo ocupado que estás ahora y espero que no trabajes demasiado y pierdas el beneficio del placer y del descanso de tus vacaciones, aunque haya sido sólo en parte vacaciones y sobre todo trabajo.

Tuve un breve descanso, en la escuela hubo casi dos semanas de vacaciones. Lamentablemente mi pobre madrecita tuvo una recaída de sus problemas de salud - una obstrucción del conducto biliar - y durante la primera semana tuvo fiebre, dolores fuertes y su piel se puso muy amarilla, pero el médico logró salvarla de nuevo, su color se volvió primero como un limón amarillo brillante y luego como una calabaza anaranjada madura y ahora está casi normal. Así es como ella misma lo describe, y mientras podamos hacer bromas sobre el tema todo va bien. Durante los últimos dos días se ha vuelto a sentir casi normal, así que me pude dedicar a la cabaña de la playa, que ahora tiene el nombre grandilocuente de *Vientomarsol* que en español quiere decir una combinación de viento, mar y sol. La construcción ya está lista, el contratista ya hizo todo lo que iba a hacer y ahora yo aprovecho los últimos tres días de vacaciones para hacer que sea cómoda y atractiva. He pintado la parte de adentro, la habitación grande de un 'rosado suavecito' que es muy bonito, y los dos cubículos que son el baño y la cocina de un color verde claro con matices de hielo. De repente las habitaciones parecen más grandes. Hoy empecé a pintar los marcos de las ventanas de color marrón español y mañana espero pintar el suelo de ese mismo color. Nuestro experto en trabajos de metal y sus compañeros de clase me hicieron cuatro rejas para las ventanas muy lindas que parecen de estilo español. Las pinté de color negro para que se vean como si fueran de hierro forjado y hacen que la casa se vea muy elegante. Además de verse bonito es algo muy seguro, así que mi 'castillo' se ha convertido en una fortaleza inexpugnable. Ahora estoy muy ocupada haciendo cortinas y he pintado y forrado dos viejas sillas del patio y un pequeño sofá cama que compré hace once años, cuando llegué a St. Kitts. Todo eso ahora se ve bastante nuevo y la casa está suficientemente amoblada para vivir en ella. Pedí prestado un escritorio de la escuela y he llevado una cantidad de libros y otras cosas de la escuela; el lunes, cuando empiecen las clases, espero llevar todo el trabajo de correcciones y preparación a *Vientomarsol* y trabajar allá en paz. He rodeado el sitio de alambre de púas y de una puerta de madera, y ahora me siento segura y en mi casa allá. En el verano pienso iniciar algo 'adicional' a la tienda que todavía no existe. Hay una cosa que puedo hacer además de enseñar, y es cocinar. He intentado hacer dulces - caramelo blando y cremas, y he preparado diferentes variedades que han sido muy bien recibidas, no sólo por la familia sino también por los amigos y colegas. Como no se ha invertido dinero en equipo y local no pierdo nada con intentarlo, y si los dulces se venden bien puedo organizar el negocio. ¿Qué opinas de eso? Puedo cocinar tranquilamente en *Vientomarsol* y talvez me permiten mostrar mis productos en un supermercado local, en general por eso cobran una comisión de 10%. Te daré más detalles sobre el proyecto, me parece que vale la pena intentarlo porque no se corre ningún riesgo.

Espero que el banco te esté enviando cada mes la 'gota en el océano' con que con gran optimismo espero poder reembolsar el dinero de la construcción. Hasta entonces la casa es tuya y espero que la vengas a ver algún día".

"Te estoy escribiendo desde *Vientomarsol* y no sabes cómo me gustaría que la vieras y gozaras de su belleza y tranquilidad. Apenas esté presentable la parte de afuera voy a sacar fotos para enviártelas. Lo que me falta es tiempo. Vengo por una hora y hago más correcciones y preparo más clases que en el doble de ese tiempo si estoy en la escuela. Un vecino que tiene un criadero de pollos me ha hecho un regalo genial: tres docenas de pequeñas palmeras de coco, que había que sembrar enseguida. Llevé a un trabajador del barrio y él me hizo los huecos, los llenamos de tierra - porque mi lote es de pura arena - y sembró todo en tres filas de doce cada una, para hacer una 'avenida'. Estaré feliz si la mitad sobrevive, pero necesitan una cantidad de agua enorme. Vengo todas las tardes con un par de baldes para regar las plantas - son treinta y seis - dos baldes de agua para cada una. ¡Te aseguro que es un buen ejercicio!

El grifo está en la casa, no pude ponerlo cerca de la verja porque la abriría cualquier persona que pasa por ahí y la manguera es demasiado corta, así que hay que usar baldes de agua. Lo gozo inmensamente".

"Pido disculpas por no haber contestado antes, pero estaba tan triste que no era capaz de hacer nada. Se murió mi pobre perro, *Pelotón*, que tenía desde hacía once años y estábamos muy tristes. Era como un miembro de la familia, conocía todas nuestras costumbres, todas lo queríamos, y a pesar de ser muy pequeño, no era más grande que un gato, era extremadamente inteligente. Probablemente piensas que soy una vieja loca sentimental, pero todas lloramos por él, y cada vez que regreso de la escuela tengo que mirar donde siempre me esperaba. Mi madre también lo extraña muchísimo, siempre la acompañaba, la seguía por el jardín y estaba siempre con ella cuando yo no estaba en la casa. Naturalmente era muy viejo para un 'Lilliput terrier', sabíamos que se iba a morir pronto, pero a pesar de eso fue un golpe terrible cuando sucedió. El único consuelo es que tuvo una vida muy feliz".

"Ahora, para hacerte sonreír, ¡hice mi primera 'venta' de dulces! Me hace reír la palabra venta, porque fueron dos cajas pequeñas y dos grandes, pero me pidieron cuatro de cada una para mañana y recibí el dinero de las que vendí - la suma enorme de tres dólares. Hablé con el dueño de una tienda que es pequeña, pero tiene muchos clientes, para preguntarle si puedo tener allá algunos dulces para vender. Él amablemente dijo que sí y los dulces se vendieron enseguida. Eso me divierte y me agrada, porque demuestra que se pueden vender los dulces ya que no los compraron sólo para hacerme un favor. No sé quién los compró y los que los compraron no saben quién los preparó, así que fue una venta 'bona fide', no un favor.

Cuando termine esta semana voy a tener tiempo para pensar, para hacer planes para el futuro y para preparar dulces. Seguro recuerdas que mi contrato termina en diciembre. En septiembre tengo que preguntar si el gobierno de St. Kitts lo piensa prolongar. Si lo hacen, muy bien. Si no, tendré que buscar un trabajo a tiempo parcial y abrir la tienda - lo que requiere una gran cantidad de planificación y esfuerzo, y como no tengo experiencia tomará mucho tiempo, o puedo desarrollar la fábrica de dulces, lo cual es mucho mejor porque no requiere muchos gastos de instalación, no se necesita ayuda para el trabajo, que se puede hacer a cualquier hora del día (o de la noche) en la casa, cuando me convenga, y es algo que sé hacer. ¿Qué opinas?

Ahora estamos observando ansiosamente el tiempo - no solo los huracanes nuestros sino también los tifones de ustedes. Me horroriza escuchar la radio cuando empiezan a dar noticias sobre todas esas calamidades.

Vientomarsol es hermosa, pero hasta ahora no he podido pasar allá más que una o dos horas. Pienso en ti y te bendigo cada vez que entro a la cabaña".

"Mi 'negocio' de dulces continúa, aunque muy humildemente. Ahora tengo un pedido fijo de ocho bandejas por semana, es cierto que son muy pequeñas, pero Roma no fue construida en un día. Me gusta preparar los dulces, aunque es un proceso que requiere una tranquilidad total, algo muy difícil cuando mi pobre madrecita no está bien. Con cada episodio queda tan débil y frágil que me duele el corazón cuando la miro y después no tengo energía para hacer nada. Creo que estoy muy cansada y que a eso se debe mi depresión y mi pesimismo. Mejor no hablar más de ese tema.

Siento mucho lo de tu *Shea Shea*. Las mascotas se convierten en miembros de la familia y cuando se mueren uno está triste y las extraña, especialmente si nos acompañan siempre y manifiestan tanta confianza y afecto".

"Acabo de tener una sorpresa muy agradable. El gobierno de Venezuela ha invitado a seis de mis alumnos de español del último grado a pasar una semana en Caracas. La cámara de comercio de Venezuela va a pagar los pasajes y todos los gastos. Es una maravillosa oportunidad de mejorar su español y se están preparando para el viaje con la aprobación del ministerio de educación. Parece que Venezuela quiere establecer relaciones culturales y un intercambio de estudiantes con las Indias Occidentales. Por eso han invitado a seis estudiantes de Antigua, Montserrat y St. Kitts para iniciar el proyecto. Lo único que me preocupa es que van solos. Tienen entre 17 y 19 años, pero hubiera preferido que los acompañara una persona mayor. Sin embargo, como todo ha sido organizado por los gobiernos de esos países supongo que no me tengo que preocupar.

Ahora estoy segura de que en *Conaree* mis enemigos son los cangrejos. La semana pasada varias hierbas estaban destrozadas y eché pesticida alrededor de las plantas que quedaban. Eso fue hace cuatro días. Las plantas sobrevivieron, pero he encontrado cangrejos muertos alrededor de ellas todos los días.

Mis viejitas están tan bien como pueden estar y, gracias a ti, la vida está estupendamente relajada. Espero que todos tus días sean felices, como debe ser si se cumplen nuestras oraciones".

"A veces pienso que estoy soñando y que me voy a despertar y ver que nada es real - pero tus cartas confirman que todo sí existe realmente. Todavía no me he acostumbrado a la idea y nunca podré expresar cómo te lo agradezco. El Sr. Becket, el administrador del *Royal Bank of Canada* regresó esta mañana y me dijo que recibió la información de Hong Kong y que me avisará cuando reciba la de Nueva York. Hay tiempo de sobra, pues espero que prolonguen mi contrato hasta junio, y entonces no necesitaré nada antes y ni siquiera en ese momento, pues espero conseguir un trabajo a tiempo parcial y dedicarme a mi negocio de los dulces. Estoy muy orgullosa de mi progreso en ese negocio, la gente realmente está pidiendo mis dulces. Desafortunadamente ahora no puedo producir más, el trabajo de la casa y el de la escuela de tiempo completo y horas extras me ocupan todo el tiempo, así que sólo puedo hacer cuatro hornadas por semana.

Tengo una 'ahijada' nueva, una chica muy seria, inteligente y buena, cuya matrícula ya pagaste el trimestre pasado. Ahora está en la 'forma 6' y aprobó todos los cursos del nivel O con notas excelentes. Se llama Nov Ward. Como de costumbre, es de un hogar dividido y no solo le falta comida sino también cariño y afecto. Reemplaza a Arnold Thompson, quien consiguió un puesto de profesor en la aldea de *Cayon*, a siete millas de Basseterre. Te doy las gracias en nombre de ellos.

Tengo problemas con mis ojos, así que he decidido escribir a mano y no en a máquina y espero que puedas entender mis garabatos".

"Este ha sido el trimestre más difícil, agotador y frustrante. El ministerio dice que no hay profesores disponibles, han usado como profesores de tiempo completo a algunos de nuestros antiguos alumnos de la 'forma 6' y a algunos de los actuales los usan como profesores de medio tiempo. Todavía son alumnos de la escuela, inmaduros, no preparados e incapaces de asumir un cargo de tanta responsabilidad. Aún así nos faltan profesores y el nuevo director no ha podido preparar un buen calendario; tiene el de lunes, martes y miércoles, pero no lo ha podido terminar y cuando llega el jueves debemos considerar que es lunes.

El viernes se convierte en martes y el lunes de la semana siguiente es miércoles, después de lo cual el martes es lunes y todos acabamos totalmente confundidos. Añade a eso que casi todos tenemos que estar en dos o tres clases diferentes al mismo tiempo y tendrás una idea del lío en que estamos. Yo, por ejemplo, tengo que enseñar español en la tercera 'forma' al mismo tiempo que francés en la cuarta y en la sexta. Como tenemos tres edificios y cada grupo está en uno diferente, ¿cómo puedo ocuparme de todos al mismo tiempo? Uno de los profesores tenía que estar en cuatro lugares al mismo tiempo y decidió no ir a ninguno y quedarse en la sala de los profesores. ¡Te puedes imaginar lo que es la disciplina cuando los niños se pasan el día entero sin supervisión! Tampoco hay suficientes asientos y escritorios y los alumnos andan por el edificio arrastrando sus asientos o cargándolos en la cabeza - eso a lo mejor es pintoresco, pero definitivamente es ruidoso y desordenado. Además, las clases que sí tienen lugar constantemente se interrumpen porque el ministro quiere hablar con los alumnos o porque es la semana de la salud y vienen enfermeras a dar conferencias o porque hay que mostrar una película, etc. Dos profesores se han ido por tres años para seguir estudiando, han recibido una beca del gobierno, lo cual quiere decir que el gobierno sabe que faltan profesores y empeoran la situación. Por suerte dos miembros del personal que han estado ausentes ahora van a regresar para el segundo trimestre y eso va a ayudar.

Con la ayuda de Dios mis viejitas están lo mejor posible y a pesar de todo estamos contentas y felices, gracias a ti. Creo que he ganado la guerra - hace tres días que no hay cangrejos muertos, mis plantas están bien, y hasta está floreciendo la planta que perdió la mitad de las hojas debido a mis enemigos, los cangrejos, los saltamontes y las lagartijas".

"Esto es para saludarte en Año Nuevo y desearte salud, felicidad y todo lo mejor del mundo. Te escribo con *la mort dans l'âme* (la muerte en el alma) como dicen los franceses.

Estoy terriblemente angustiada. Esta Navidad ha sido la peor y la más triste. Una semana antes de terminar las clases se enfermó mi tía, le dolía una pierna debido al bloqueo de los canales linfáticos y luego tuvo una trombosis venosa. Ya está un poco mejor, pero se tiene que quedar en la cama y no se puede mover. Hace una semana también se enfermó mi pobre madrecita, primero con una infección - empezó como algo que parecía un envenenamiento causado por alimentos, pero luego se descartó esa razón porque siempre sabemos lo que come; fue algo tan virulento que después de cuatro días estaba tan deshidratada que solo era carne y huesos.

Estuvo en situación comatosa un día y una noche, luego se mejoró, pero hoy, a pesar de que el médico controló la infección, está en peligro su corazón. No puedo escribir más. Perdona que con estas cosas tristes dañe el ambiente feliz de los días de fiesta, pero tenía que hablarte de mi tristeza, aquí no tengo a nadie con quien compartirla. Perdona si no te escribo durante un tiempo, tengo que dedicar todo el tiempo a mis seres queridos y al trabajo de la casa".

1973

"Mi madre está sobreviviendo, pero su recuperación es sumamente lenta, está extremadamente débil y a pesar de las inyecciones y pastillas sigue teniendo muy poco apetito, tratamos de convencerla de que debe comer, yo corro a buscar lo que le apetece porque el médico dice que es muy importante que recupere lo que perdió durante las dos semanas terribles de su enfermedad. Tiene de nuevo su voluntad y su mente funciona perfectamente bien, pero su cuerpo está tan débil que apenas puede caminar, y naturalmente quiere reanudar su vida anterior, cocinar, trabajar en su jardín y tocar piano. Sé que para ella es esencial sentir que sigue teniendo una vida útil, si no puede hacer nada se imagina que sólo es una carga, lo cual retrasa aún más su recuperación. Tenemos que tener en cuenta este factor sicológico, pero me duele mucho verla tratar de arrastrarse de un lado a otro con brazos y piernas tan débiles e inestables.

Se cansa muy pronto, se irrita y nos regaña, pero eso no me importa, lo bueno es que todavía está con nosotras, el resto no importa.

La escuela está funcionando, pero no soy la única que cuenta los días que faltan para que termine el trimestre, los demás profesores están igual de frustrados. Además, me siento cansada, no me atrevo a sentarme durante un examen en la clase cuando todo está silencioso porque temo que me voy a quedar dormida. Sin embargo, de nuevo puedo ir a mi *Vientomarsol* ahora que mis viejitas están mejor. La primera vez que volví allá después de tres semanas de abandono encontré yerbas silvestres por todos lados, unas ovejas lograron entrar a pesar de la cerca y se comieron algunas plantas, pero poco a poco estoy poniendo todo en orden. Gracias otra vez. Que Dios te bendiga y te proteja".

"Estoy muy contenta de que te gusten las fotos de *Vientomarsol* y me encanta que apruebes el proyecto de una habitación adicional en *Chalet la Serena*. Puedo organizarlo ahora que tengo tu aprobación. Considero que es una especie de inversión, puede aumentar mucho el valor de la casa y contribuir a la comodidad de mis viejitas. Ahora hay sólo dos dormitorios en la casa, uno abajo para ellas y otro arriba para mí. Voy a hacer un dibujo aproximado del piso de abajo con el proyecto para que veas en qué estoy pensando. La habitación estará conectada con el dormitorio actual, pero también tendrá una entrada separada para que pueda ser realmente independiente. Tendrá su propia ducha - debajo del tanque de agua que hice instalar hace varios años, un inodoro y un lugar pequeño para colocar un lavamanos y un calentador, para tener todo a mano en caso de necesidad. Apenas tenga los cálculos de la persona que va a hacer el trabajo te daré los detalles, porque como voy a usar los intereses - quiero decir una parte de ellos - de la enorme fortuna que me has ofrecido, quiero que sepas exactamente lo que se está haciendo.

Hay algo que quiero mencionar, pero no sé cómo hacerlo. Con mucha gratitud he aceptado la enorme cantidad de dinero que has depositado a mi nombre y vamos a usar el valor completo de los intereses, pero me gustaría mantener intacto el capital y enviártelo siempre y cuando abandone este mundo. ¿Cómo lo organizamos? Si me muero antes que mis viejitas, naturalmente te pediría que las dejaras usar los intereses

mientras estén vivas, y después debes recuperar el dinero. ¿Cómo se debe hacer eso? Por favor asesórame".

"No sé cómo expresar con palabras mi gratitud por la maravillosa y
profunda manera en que entiendes mi problema. Siempre me persigue la
idea de que si me sucediera algo quedarían desamparadas mis pobres
viejitas - se pueden defender en la casa, pero no saben nada de asuntos
financieros y no tendrían ayuda ni protección de nadie. Lo lógico es que
yo las sobreviva, pero actualmente hay tantos peligros que nunca se sabe
lo que puede suceder.

Le he escrito al señor Slade, pero no he podido darle todos los detalles sobre el destino final de todos los activos. Con razón él quiere preparar un testamento, aunque me parece que no es justo porque todo lo que
tengo es tuyo y eres tú y no yo quien debe tomar las decisiones sobre
este asunto.

Pero como eso es lo que deseas, voy a escribirle otra vez, pero no
ahora mismo, hay que pensar en este asunto y concentrarse, y por ahora
creo que no soy capaz de hacerlo. No te puedo decir lo cansada que estoy, me siento tan agotada que no puedo hacer nada bien. Este año escolar nos ha costado más de lo que podíamos ofrecer y todos los miembros
del personal que son responsables han tenido tanto trabajo que están a
punto de derrumbarse. Por lo menos a mí me sucede, pues además de la
presión del trabajo y del ambiente desagradable he tenido la constante
tensión en la casa. Si no fuera por tu magnífica y generosa acción de aliviar mis problemas económicos, seguro habría sucumbido hace tiempo.
Por eso siempre pienso en ti por la mañana, durante el día y por la noche, y constantemente rezo por tu salud y tu felicidad, eso es lo único
que puedo hacer.

Estoy en Nevis, a donde vine para los exámenes 'Cambridge G.C.E.'
de idiomas modernos. Hay muchos candidatos, tuve que pasar la noche
aquí y ahora tengo un rato libre para escribirte. Enviaré la carta desde St.
Kitts porque con frecuencia la oficina de correos de Nevis es peor que la
nuestra".

"Estaba preparándome para escribirte cuando recibí tu carta, pues
quería decirte que acaban de llegar los primeros dividendos de tus accio-

nes, con fecha primero de junio. *Royal Bank of Canada Trust Company* de Nueva York ha enviado al banco de St. Kitts U$2.900 (dólares de EEUU), que se han depositado en mi cuenta como 5.437,52 dólares de las Indias Occidentales.

Eso, junto con lo poco que yo tenía es precisamente lo que necesito para pagarle al contratista la nueva habitación y el garaje de *Vientomarsol*, así que ahora es posible terminar y pagar todo. No sabes lo maravilloso que es poder darse el lujo de pagar esas cosas adicionales. Es un sueño convertido en realidad, todo gracias a tu bondad. He pedido que la segunda parte de los dividendos, que se debe recibir el primero de julio, se quede en Nueva York, y voy a retirar $200 mensuales, lo cual, junto con el sueldo de mi trabajo a tiempo parcial seguramente nos va a bastar. Todavía me parece increíble que el año entrante no voy a tener que pasar todo el día en ese lugar ruidoso, sucio y desagradable. Voy a dar clases sólo por la mañana y no me voy a tener que ocupar de una cantidad de actividades extracurriculares que realizan los empleados de tiempo completo y que los obligan a permanecer en la escuela o haciendo cosas para la escuela hasta muy tarde. Gracias a ti voy a poder dejar de trabajar a toda velocidad y en condiciones de gran presión, lo cual ha drenado toda mi fuerza y energía. Me voy a poder quedar en la casa todas las tardes y ocuparme de mis pobres viejitas, que necesitan mucha atención, y claro que también tengo el proyecto de las tortas y los dulces.

Todo eso es posible solamente debido a ti. ¿Te sorprende que te bendigo todo el tiempo? ¡Falta solo un mes, las clases terminan el 13 de julio, después estaré libre! Suena demasiado bueno para ser realidad. Seguro eso te parece terriblemente egoísta, pero no te puedes imaginar lo cansada que estoy, y la perspectiva de trabajar menos y que mis pobres viejitas tengan una vida cómoda me da valor para llegar al final del año escolar".

"Me alegro mucho de que hayas descansado en tus vacaciones. Viajar en automóvil por Escocia tiene que haber sido encantador en esta época del año - aunque a mí me da un poco de frío hasta en verano - y también el que hayas ido en tu propio vehículo sin tener que depender de los buses y de los aviones es muy relajante. En cuanto a París, siempre está lleno de interés y de encanto. Es bueno saber que regresaste bien. Con tantos disturbios, accidentes y piratería aérea me alegra que hayas llegado a la casa sin problemas.

Durante tu ausencia recibí una carta del señor Slade y le contesté lo mejor que pude. Sigo pensando que no tengo derecho de dejar tus activos a mis parientes y a organizaciones de caridad - a mis viejitas si me sobreviven sí, pero en cuanto a los demás, siento que estoy entregando algo que no me pertenece. Pero si insistes voy a hacer lo que deseas y apenas terminen las clases trataré de aclarar las cosas.

Acabamos de empezar los exámenes de la escuela, con la supervisión de los estudiantes, la corrección, la evaluación, etc. que eso conlleva. Estoy agotada y sin energía, como un trapo, incapaz de hacer nada. Sé que tengo que descansar en un lugar totalmente distinto. Un viaje por el mar en un buque de carga lento y tranquilo me haría sentir normal de nuevo muy rápido, como siempre, pero creo que ahora no lo puedo hacer. Como termina mi contrato tengo derecho a un pasaje de ida a Chile, o a la suma equivalente si quiero ir a otro lugar, y eso me permitiría fácilmente pasar varias semanas en un buque de carga, ¡pero no puedo dejar a mis pobres viejitas, que dependen tanto de mí, son tan débiles e indefensas y constantemente necesitan ayuda y atención! Ninguna persona a la que se le paga podría ofrecerles los miles de servicios que sólo el amor y el afecto pueden prever y dar. Además, siempre existe el miedo a la soledad. Se sintieron totalmente perdidas y abandonadas cuando fui a pasar un día y una noche en Nevis. Si mi hermana hubiera venido a quedarse con nosotras como lo había planeado podría haberme atrevido a irme un par de semanas, pero en la situación actual no me atrevo. Además, nosotros también estamos viviendo una crisis. Nuestro gobierno y la única línea aérea que nos conecta con el mundo en general han tenido problemas y el resultado es que la línea aérea ha suspendido indefinidamente los vuelos que salen de St. Kitts, así que estamos separados de todos los otros lugares. Ni siquiera sé si vas a recibir esta carta.

Estamos esperando algo muy positivo. Mi vieja amiga Jane Ying piensa visitarnos. Está en Hong Kong por unas semanas y después, el 22 de julio, viene a St. Kitts. Hemos oído que el gobierno y la línea aérea van a resolver sus diferencias y se podrá venir sin problema.

La habitación está lista y se ve muy bonita, pero ¡lamentablemente! el garaje de *Vientomarsol* todavía está en el reino del futuro. No hay cemento en la isla, ni una bolsa, y nadie sabe cuándo van a traer más. Se han interrumpido todas las construcciones. ¡Qué lástima! Estaba esperando poder pasar unas semanas en *Conaree* cuando terminen las clases, en el verano, pero me siento renuente a someter el automóvil al viento del mar durante muchas horas. La guerra de los 'cangrejos' continúa y todos los días recojo algunas 'víctimas' - hay una larga fila de cadáveres en la terraza para que los demás tengan miedo y se vayan. A pesar de todas las pestes siguen creciendo las plantas - es hermoso ver los hibiscos, las buganvillas y otras plantas que producen flores nuevas cada día".

"St. Kitts está de nuevo en el mapa, finalmente estamos recibiendo el correo - pero se ha acumulado tal cantidad que tomará días y días distribuirlo. Los aviones van y vienen, llegan las visitas, entre ellas Jane Ying, que llegó anoche. Esperamos pasar juntas dos semanas agradables. Tenemos tantos planes y tantas cosas que queremos hacer, y acabaremos sentadas todo el tiempo conversando sobre lo sucedido desde que nos vimos por última vez, hace cinco años.

Las clases terminaron el viernes, ya no tengo que ir a más reuniones, he entregado todo mi trabajo, pero naturalmente no he tenido tiempo para preparar la casa para la visita de Jane. No importa porque somos amigas desde hace tanto tiempo que no le va a molestar un poco de polvo.

Ha llegado el cemento y los obreros han empezado a construir el garaje. Espero que dentro de una semana podamos pasar la mayor parte de los días y de las noches en *Vientomarsol*, ahora sólo voy a regar las plantas, pero apenas terminen el trabajo y el lugar esté otra vez limpio vamos a poder gozar del mar y del sol y Jane va a tener el descanso y la tranquilidad que necesita después de la vida agitada de los Estados Unidos. ¡Qué lugar tan horrible para vivir! Es el último lugar del mundo que escogería para pasar allá mi vida.

He recibido una carta del gobierno en que me piden que siga enseñando parte del tiempo, sólo por las mañanas, y me ofrecen un sueldo neto de aproximadamente 63 libras mensuales.

Gracias a tu bondad, con el ingreso mensual de $200 del segundo grupo de acciones que tan generosamente nos has dado, vamos a poder vivir muy cómodamente. He usado los intereses del primer grupo de acciones para construir la nueva habitación, el depósito, el garaje y la parte adicional en *Vientomarsol*. No te imaginas lo felices y agradecidas que estamos, pues sin tu ayuda nunca hubiéramos sobrevivido. Que Dios te recompense por tu magnanimidad".

"El tiempo ha volado. Jane Ying se volvió a ir después de una visita de un poco más de dos semanas. Lo pasamos muy bien y creo que tuvo el descanso que tanto deseaba. Parece que el modo de vida en los Estados Unidos es de una presión constante, se corre todo el tiempo de un lado a otro. ¡No me sorprende que Jane tenga úlceras! Pero aquí no la molestaron, comió todo lo que quería, durmió muchas horas y llevó una vida tranquila y relajada. Probablemente sus úlceras se deben sobre todo a la tensión nerviosa. Fuimos brevemente a Nevis y a Anguilla, sólo de un día para otro, pues yo tenía miedo de dejar a mis viejitas por más tiempo. El médico sabía lo de los viajes y prometió estar en la casa en cinco minutos si lo llamaban. Por suerte no fue necesario y todo salió bien. Me tuve que preocupar por Jane misma, pues es alérgica a los gatos y yo tengo tres, sin hablar de los ocho vagabundos que vienen todas las noches a comer.

Por suerte no pasó nada. No estornudó ni una vez, a pesar de que supuestamente la presencia de un gato en la habitación basta para causar un ataque de asma. Uno de mis gatos, muy peludo, tuvo que ser expulsado de la cama de Jane todos los días. Nos dio mucha tristeza cuando ella se fue, y para olvidar la tristeza me he dedicado a limpiar la casa, a cambiar todo y a restaurar el orden público.

El garaje de *Vientomarsol* finalmente está listo y ahora puedo guardar el automóvil, pero el espacio es tan limitado que tengo que tener mucho cuidado al dar la vuelta. Tengo unos ojos muy extraños que no me permiten calcular la distancia, me tengo que concentrar mucho, pero me voy a acostumbrar a hacerlo.

Quiero hacerte una pregunta sobre uno de mis alumnos pobres, una especie de 'ahijado' tuyo 'parte del tiempo'. No sé si te acuerdas de él, se llama Robert Swanston y era uno de mis mejores alumnos. Como siempre, no tiene ni padre ni madre, ni otros parientes. tuvimos la suerte de lograr que la fábrica de azúcar de St. Kitts le diera un trabajo y luego logró ir a la Universidad de las Indias Occidentales en Barbados. Hizo todo tipo de trabajo, ayudó a otros estudiantes a aprender francés y español, tocó música con un grupo, y fue carpintero y pintor. Hizo todo eso mientras estudiaba, ayer obtuvo los resultados de los exámenes de primer año y aprobó todos. Me parece maravilloso, pero naturalmente está cansadísimo, pues ha trabajado demasiado y está desnutrido. ¿Puedo darle algo cada mes de tu fondo para ayudar a los estudiantes que lo necesitan? Tengo casi 3.000 dólares de las Indias Occidentales en esa cuenta y Swanston realmente necesita y merece ayuda. Por favor di que sí".

"¡Que buena memoria tienes si recuerdas a Robert Swanston! Estoy muy contenta de saber que puedo ayudarle. Realmente lo merece. Sé que debe haber sido muy difícil trabajar y estudiar al mismo tiempo y hacerlo con tanto éxito. Sin parientes que lo alienten, sin que lo feliciten o lo consuelen cuando lo necesita, es una maravilla que no haya caído en tentaciones; la adicción a las drogas se ha convertido en algo muy común en las universidades y eso lleva siempre a violar las leyes y a cometer delitos y, a pesar de eso, él ha logrado evitar todas esas tentaciones. Eso no es poca cosa.

Ahora quisiera darte unas buenas noticias. Nuestros resultados del examen 'G.C.E. Cambridge, nivel A' acaban de llegar y te puedes imaginar lo contenta que estoy. Todos mis ocho estudiantes aprobaron con las mejores notas. Es mi último grupo de estudiantes que se va a graduar y realmente le han dado 'un sello de oro' a mi enseñanza - es un dicho español que significa que algo termina de la mejor manera posible".

"Has adquirido una nueva ahijada. Espero que no te importe. Se llama Cynthia Weeks. Ha obtenido notas excelentes en todas las materias, incluido el inglés, y debería pasar al nivel A.

Pero su familia es muy pobre, tiene sólo parientes lejanos. Su madre murió cuando se hundió el ferry *Christena* hace cuatro años, su padre ya había muerto y ella vive con una tía. Gracias a su talento obtuvo una beca para seguir estudiando en la "sexta forma". Esa beca sirve para pagar la matrícula y los libros, pero la tía no quería que volviera a la escuela porque tenía que comprar el uniforme. Por eso quería que Cynthia fuera una "alumna profesora", pero como sólo ha llegado al nivel *O* le pagarían poquísimo y le darían el dinero a la tía. Si lograra ser "alumna profesora" de nivel *A* ganaría mucho más dentro de dos años. Creo haber convencido a la tía de que le conviene que Cynthia siga en la escuela para la 'sexta forma' y tú has tenido la amabilidad de comprarle el uniforme. Así Cynthia vuelve a la escuela mañana. Sólo tiene dieciséis años".

"El trimestre comenzó el lunes y yo he empezado mi trabajo de medio tiempo. Es muy diferente de mi puesto anterior y creo que puede ser muy interesante si puedo hacerlo de conformidad con mi plan y si logro que colaboren las personas interesadas. El departamento de educación quiere que yo oriente y ayude a los profesores jóvenes de idiomas modernos, porque no tienen experiencia ni capacitación y saben muy poco de la enseñanza del francés y del español. Desde el lunes he empezado a ir a todas las escuelas secundarias - y después de ver tres he descubierto que ninguna de las escuelas tiene un programa o un método. No hay libros de referencia para los profesores ni para los alumnos y por eso en esas escuelas ninguno de los candidatos aprobó el examen 'G.C.E.' de lenguas modernas. Me va a tocar organizar todo eso, preparar un programa de estudios para todas las escuelas, enseñar a los profesores jóvenes a compartir sus conocimientos, capacitarlos para que planifiquen las clases, enseñen, den tareas a los alumnos, las corrijan, etc. Esa actividad requiere viajar por toda la isla para ver todas las escuelas, cinco acá y dos en Nevis. Algunos profesores fueron alumnos míos y será fácil trabajar con ellos, pero hay otros que no me miran con simpatía. Espero que no haya dificultades y que este año sea interesante y fructífero. Trabajo sólo por la mañana - excepto cuando voy a Nevis y tengo que salir temprano por la mañana y regreso por la noche, pero eso es sólo una vez cada quince días. El resto del tiempo estaré más en la casa ocupándome de mis viejitas. Las noticias de Chile[21] son tan terribles que nos preocupan muchísimo".

"He terminado las visitas a las cinco escuelas secundarias de St. Kitts y a las dos de Nevis y he descubierto unas cosas alarmantes. Ninguna tiene un programa de estudios de lenguas modernas, muchas tienen libros de texto anticuados en los que sólo se enseñan los verbos y que no despiertan el interés de los alumnos por hablar y practicar el idioma, a muchos profesores no les interesa en absoluto obtener resultados, no quieren trabajar ni preparar las clases ni corregir las tareas, muchos no están capacitados y no tienen experiencia; sólo mis antiguos alumnos que hablan francés y español tratan de enseñarles a sus alumnos a hacer eso y que les guste aprender idiomas extranjeros. Algunos consideran que soy una especie de enemiga y resienten mi presencia, pero espero que con mucha diplomacia y paciencia voy a logar que cambien de actitud para que colaboren más. Lo primero que he tenido que hacer es preparar un programa de estudios adecuado para todas las escuelas secundarias, así que durante la última semana he estado muy ocupada elaborando un programa detallado para cada año, con lo que se debe enseñar y la manera de hacerlo, incluyendo consejos, sugerencias e instrucciones para los profesores que no tienen experiencia; en resumidas cuentas, he estado preparando un programa de estudios que al mismo tiempo es un curso de capacitación para los profesores. Ya lo he terminado, el ministerio hizo aproximadamente cien copias de este 'tratado'. Esta mañana las he encuadernado y mañana empezaré a distribuirlas, acompañada por el jefe de los inspectores de las escuelas. Confío en que vamos a tener mucho éxito si todos los profesores colaboran conmigo. Claro que sólo en teoría; estoy trabajando medio tiempo. Preparar el programa, escribirlo a máquina, etc. me ha tenido ocupada todo el día y parte de la noche, pero he gozado estos diez días de organizar y crear, que es algo que me encanta. Dices que esperas que lo que me pagan corresponda a lo que estoy haciendo. Puedes juzgarlo - mi sueldo neto es aproximadamente 65 libras mensuales, así que puedes ver que no sé qué hubiéramos hecho sin tu

---

[21] Salvador Allende fue derrocado en un golpe de estado el 11 de septiembre 1973.

gran generosidad. El costo de vida aumenta todos los días, la gente apenas gana lo suficiente para satisfacer sus necesidades, y muchos no compran tortas y dulces, así que hasta ahora no ha tenido mucho éxito mi negocio. ¿Te sorprende que te bendecimos todos los días por tu bondad y que constantemente rezamos por tu salud y tu felicidad?"

"Ha sido muy bienvenida tu carta del 23 de octubre a pesar de que casi nunca nos das noticias tuyas. Espero que estés bien y no trabajes demasiado - pero como te conozco seguro sí lo estás haciendo. Cynthia está muy contenta de regreso en la escuela y Swantson escribe que está estudiando mucho. Ambos agradecen muchísimo tu ayuda y tratan de responder debidamente a tu amabilidad.

El trabajo me tiene ocupada todo el tiempo, pero progresa muy lentamente, requiere perseverancia, paciencia, tacto y también determinación, la proverbial mano de acero en un guante de terciopelo - sin embargo, hasta ahora los resultados no han sido espectaculares. Talvez voy a tener que quitarme los guantes o sólo usar unos muy delgados de nylon. A veces me pregunto por qué esos profesores escogieron esa profesión, ya que a muchos no les interesan las clases ni los niños; ¡después de dos meses de clase y de ver a los alumnos todos los días, algunos no saben sus nombres ni reconocen sus caras! ¿Cómo puede haber contacto, confianza o deseo de progresar si el niño sabe que al profesor no le importa si va o no va, si estudia o sólo pierde el tiempo? Algunos de esos profesores no saben qué enseñar ni cómo hacerlo. ¡Una de las profesoras me dijo francamente que debe enseñar francés pero que no lo sabe hablar! En cuanto a preparar las clases, corregir las tareas, eso simplemente no existe, y por eso las clases son tan aburridas y surgen los problemas de disciplina. Si un niño está ocupado e interesado ni se le ocurre portase mal, ser grosero o indiferente. Perdona, ahora te estoy aburriendo.

Tenemos mejores noticias de Chile. Mi hermana escribe que la situación se está normalizando, que por primera vez en muchos meses ha visto azúcar y carne, ha podido comprar pan sin empezar a hacer cola a las seis de la mañana y hasta consiguió crema dental. Pero los disturbios continúan, justo antes de empezar a escribir su carta hubo disparos en su cuadra que duraron bastante, parece que los soldados estaban persi guiendo a unos guerrilleros y acabaron matando cuatro. Yo no considero que eso es volver a una situación normal, pero uno acaba preguntándose cómo eran las cosas cuando no se consideraban normales".

"¡Gracias a Dios por el príncipe de Wales. Hoy es su cumpleaños, un día de fiesta nacional, lo cual me ha permitido hacer mil cosas en la casa para las cuales nunca encuentro el tiempo. Hasta puedo contestar enseguida tu carta del cinco de noviembre, que acabo de recibir y agradezco. Me agrada saber que te has tomado un día para ir al campo y descansar - ¡aunque un día es muy poco!

Espero que lo repitas muchas veces. Es fascinante observar el progreso de los jardines y las fincas, y yo puedo ver los resultados, aunque solo pase media hora trabajando en *Vientomarsol*. Mis flores están muy bien, aunque tengo que poner pantallas para protegerlas del viento que viene del mar y eso perjudica su aspecto. Estoy esperando las vacaciones de Navidad, cuando espero poder pintar la parte nueva de la cerca y luego tomaré unas fotos del jardín para enviártelas.

Gracias por tus amables comentarios sobre mi trabajo. Hago todo lo que puedo y aunque a pesar de eso los resultados no son espectaculares, los profesores de idiomas modernos cogen sus libros y empiezan a enseñar apenas me ven llegar. A pesar de todo hay progreso, aunque sea lento. En algunos casos no sé cómo se las arreglan los profesores. ¿Sabes que en una de las escuelas hay tres clases de 38 niños cada una al mismo tiempo en la misma sala? Lo vi ayer y voy a decirles a las entidades encargadas de la educación que no se puede esperar que los niños aprendan algo en esas condiciones. Por lo menos hay que dividir las salas en habitaciones más pequeñas para que los alumnos se concentren. Además, hay un ruido terrible porque con frecuencia un profesor tiene que ocuparse de dos grupos de estudiantes al mismo tiempo, lo cual significa que uno de ellos no está supervisado. Te podrás imaginar lo que sucede cuando hay 3 grupos de 38 alumnos, sólo uno de los grupos tiene un profesor y los otros dos pueden hacer lo que quieran. Es simplemente falta de organización y falta de voluntad para modificar los calendarios.

En la casa todo está tranquilo 'en el frente de la salud'. El once de noviembre mi madre cumplió 89 años. Queríamos celebrarlo con una fiesta, pero ella se ofendió y dijo que eso no era algo para celebrar. Luego cedió un poquito y aceptó una torta especial que le hice - sin 89 velas. Mi tía cumplió 86 años el mes pasado, así que, como ves, tengo que ocuparme de dos señoras mayores muy venerables".

"Siento mucho que los ladrones hayan entrado a tu casa de *Vientomarsol*. Menos mal que no estabas allá en ese momento y que la señora Bynoe no se encontró con ellos, pues hubieran podido ser violentos con ella. Me alegro de que no hayan robado nada.

¿Tienes electricidad en la casa y cuál es el voltaje? Se me ocurre que debe ser posible instalar una alarma para que suene una campana en la casa de la señora Bynoe si los ladrones tratan de entrar por tu ventana o por tu puerta. Así ella podría llamar a la policía. Aquí en Hong Kong también hay pequeños robos. Yo vi uno anoche cuando estaba regresando a la casa.

Acaba de tener lugar el festival de Hong Kong. Tuvimos una semana de festividades que fueron muy bien recibidas por la población china. Ahora empieza un período de austeridad con racionamiento de la gasolina. Eso significa que no sólo vamos a tener dificultades por tener que reducir el consumo de electricidad, sino que habrá restricciones del uso de los automóviles. Creo que el gobierno tiene la intención de tratar de lograr que sigan funcionando las fábricas, aunque en algunos casos en que se necesita gasolina eso será difícil. Espero que todas estén bien y les deseo todo lo mejor a ti y a las ancianas".

1974

"Hace tiempo que no tengo noticias tuyas. Espero que estés bien y puedas enfrentar la inquietante situación actual. Me imagino que la escasez mundial de combustible afecta mucho a Hong Kong puesto que tiene tantas fábricas que necesitan cantidades incalculables de combustible. Probablemente las pérdidas son enormes. Pensamos constantemente en ti y rogamos por que estés protegido de los perjuicios y de la ansiedad.

Como en todas partes, la vida en St. Kitts se está volviendo difícil, hay escasez de algunos productos, otros han desaparecido completamente y todos los días suben los precios.

Sin embargo, hacemos lo posible por sonreír y ser optimistas. Esta mañana empezó el trimestre y habrá suficiente trabajo para mantenerme ocupada. Espero que mis esfuerzos ayuden a los niños y a las niñas que dependen de mí para poder presentar los exámenes.

Ha vuelto a aparecer la gasolina - más cara - pero hay y eso significa que puedo 'recargar mis baterías' en *Vientomarsol*. Media hora con la paz y la belleza de *Conaree* me da fuerzas para las veinticuatro horas siguientes. Mis viejitas están bien, así que hay mucho por lo que debo estar agradecida. Al otro lado del mundo hay tres personas agradecidas que te desean todo lo mejor".

"Gracias por enviar el artículo sobre la finca experimental. Es una empresa maravillosa, y es típico que ayudes a tantas personas. Me imagino lo agradecidas que estarán. No hay mejor manera de ayudar a las personas que capacitarlas para que puedan producir cosechas y animales. Siempre me ha fascinado ver crecer las cosas - aun a pequeña escala como lo que tenemos aquí: unos pocos tomates, repollo chino que crece muy bien aquí y, la causa de gran orgullo de mi madre, unas cuantas plantas de maíz con las mazorcas más dulces que he comido.

Hasta en *Vientomarsol* he logrado que crezca un poco de espinaca, no la que conocíamos en otros lugares, sino una especie de trepadora, pero las hojas tienen el mismo sabor que las de la planta original. Naturalmente tus agricultores son chinos y, además de ser pacientes y trabajadores, siempre han vivido de los cultivos, aman y entienden la tierra y la agricultura.

A mi juicio, no hay nada más importante y gratificante que poder producir alimentos en la tierra.

Nuestro gobierno está haciendo unos tímidos esfuerzos por promover la agricultura, pero la gente no entiende que su salvación, su vida, depende de lo que puedan producir en la tierra. Nuestra cosecha de azúcar disminuye todos los años y no se ha hecho nada para complementarla o reemplazarla. Se habla mucho de la 'industria del turismo', pero eso también depende de la agricultura - un turista va a ver algunos monumentos y lugares interesantes una vez durante su estadía, pero hay que alimentarlo tres veces al día - y todos los alimentos son importados, en St. Kitts casi nada se produce localmente; sin embargo, como mis viejitas lo han demostrado, todo puede crecer en esta isla. No sé por qué, talvez debido a lo heredado de la época de la esclavitud, la gente desprecia a los que trabajan con las manos, consideran que es algo humillante, pero a mí me parece que es una de las actividades más nobles.

He estado muy ocupada toda la semana. Nos visitó una delegación parlamentaria de diputados de Francia y yo reuní a todos mis antiguos alumnos de francés en mi casa para atenderlos. Los chicos y las chicas hicieron todo lo que pudieron, Michelle Ward recitó un poema de *Théophile Gautier*, y James Connor (¿te acuerdas de él?; fue uno de tus primeros 'ahijados') recitó de manera hermosa *Le Lac* (El Lago) de *Lamartine*. Fue una presentación excelente y lo diputados - uno de París y un delegado de las Naciones Unidas - se sintieron tan conmovidos por lo bien que los chicos conocían el idioma que me regalaron tres becas de un curso de seis semanas en Guadalupe para tres de los jóvenes y nos prometieron libros y películas. Ahora estoy tratando de organizar un club más grande de francés y español puesto que estoy supervisando las siete escuelas secundarias en que se enseñan idiomas modernos.

Me he puesto en contacto con todos los profesores de francés y de español, casi todos son antiguos alumnos míos que están empezando a olvidar los idiomas por no tener oportunidad de hablarlos. Lo difícil es encontrar un lugar para las reuniones. Mi casa es demasiado pequeña y a mis viejitas les molestaría el ruido y el ajetreo. Me han prometido a medias una habitación del viejo hospital que ahora se usa como universidad para capacitar a profesores. Está lleno de archivos, libros y aparatos rotos, pero si logramos poner eso en otro lugar podemos pintar las paredes y usarlo para las reuniones. Las ventanas dan al cementerio, lo cual no les gusta a los jóvenes, pero es mejor que la antigua morgue que también me ofrecieron. La rechazamos porque por más que se pinte nunca se verá alegre".

"Desde la última vez que te escribí hemos tenido una calamidad tras otra. En primer lugar, mi madre empezó a bromear con *Cher Ami* (Querido Amigo), el perro, mientras estaba comiendo un hueso - hasta un niño sabe que en esas circunstancias hay que dejar tranquilo al perro. Yo se lo advertí, pero apenas salí de la habitación volvió a empezar y el resultado fue que él la mordió y, como tiene la piel tan delgada como un papel, tuvo un corte profundo en la mano que llegó hasta el hueso. La llevé al hospital después de llamar al médico, afortunadamente él llegó enseguida, le pusieron tres puntos de sutura y una vacuna contra el tétano. Afortunadamente no ha habido complicaciones. Después de esa conmoción me fui a *Vientomarsol*, vi que unas ovejas lograron pasar debajo del alambre y se comieron todas mis plantas - hibiscos, buganvillas y mi árbol de almendras, además de eliminar la espinaca y unos cocos. Tengo empalizadas en dos lados y una cerca bonita y espesa, pero el cuarto lado sólo tiene alambre de púas que se ha vuelto flojo y oxidado. Había empezado a reemplazarlo poco a poco con postes de madera - el único material, excepto el hormigón, que el viento del mar no destruye pronto - pero todavía faltaban 18 postes. Ahora el señor Bynoe ha tenido la amabilidad de prestarme uno de sus empleados y él me está construyendo una cerca de ramas de coco; eso se pone feo después de un tiempo, pero por lo menos evitará que pasen las ovejas durante unos meses. Por último, a mi tía se le olvidó otra vez cerrar la llave del agua en el jardín y empezó a salir agua de la lavadora mientras yo no estaba, así que cuando regresé había una inundación adentro y afuera. ¡Siempre pasa algo! Ahora todo está controlado, pero nunca sé qué van a hacer mis viejitas. Cada vez tengo que pasar más tiempo con ellas. Sólo un miembro de la familia aguanta sus caprichos y sus rabietas, ninguna empleada aguantaría más de 24 horas y, cuando contrato a una enfermera si mi madre se enferma, la despide después de unas horas. Es muy independiente, sólo acepta mi ayuda y mi servicio, así que siempre tengo que estar disponible. Pero estoy feliz de tenerla, la quiero tanto, no me importan los berrinches, está con nosotras, Dios tiene la bondad de permitir que todavía esté conmigo.

Mi trabajo es muy interesante, me toma mucho más tiempo que sólo la mañana. Esta carta es muy egoísta - sólo hablo de mí misma. Espero que estés bien, siempre rezamos por tu salud y tu felicidad".

"Definitivamente necesito unas palabras amables porque me siento terriblemente frustrada, indignada y furiosa. Desde que existe el club de idiomas modernos no puedo ir a *Vientomarsol* los viernes por la tarde cuando tenemos las reuniones. Ayer, sábado, fui a *Conaree* y vi que otra vez entraron los ladrones. Todo el lugar quedó revuelto, los ladrones rompieron la puerta nueva y probablemente pasaron la velada en la cabaña, pues cerraron las cortinas para que no los vieran. Los Bynoe habían ido a una fiesta y regresaron después de la medianoche, así que nadie interrumpió a los delincuentes. Es obvio que buscaban dinero u objetos de valor - no encontraron nada que valiera la pena y sólo se llevaron mi pequeña lámpara para leer. Lo peor es que ahora me siento muy insegura, parece que nada de lo que he hecho sirve para proteger mi propiedad y no sé qué más puedo hacer. El sábado no encontré obreros ni materiales, así que simplemente cerré todo con lo que sobraba de las planchas de la última parte de mi cerca. El señor Bynoe llegó y empezó a ayudarme cuando había hecho la mitad y lo terminó tan bien que por la tarde yo no pude entrar. Mañana viene el contratista, que me recomienda que se haga otra puerta nueva, pero esta vez de madera sólida, no de la madera contrachapada que se usa normalmente en St. Kitts para hacer las puertas. Quiero conseguir una barra de hierro para asegurar la puerta, pero lo más importante es un candado que no se pueda romper ni desbaratar. Parece que eso existe en Barbados y en St. Martin, pero no en St. Kitts.

Mañana voy a ir a la Universidad Técnica - una institución canadiense - y voy a tratar de lograr que me instalen una sirena que suene si alguien trata de abrir la puerta. Los Bynoe la oirían y podrían pedir ayuda, y si no la oyen seguro el ruido repentino espantaría a los ladrones. Aquí no se consiguen esas sirenas, pero me han dicho que las hay en St. Martin. Voy a averiguarlo y si es así voy allá por un día para comprarla. Me gustaría que la puerta fuera electrificada, no para causar heridas graves sino para asustar a los ladrones para que dejen la casa en paz. Desafortunadamente, es ilegal y no se puede hacer. Como la policía no puede ayudar - sabes que el policía que vino cuando llamé trajo una radio portátil y todo el tiempo estuvo escuchando comentarios sobre un juego de críquet que le parecía mucho más interesante que averiguar dónde estaban los ladrones y qué se habían llevado. Como la policía no hace nada para proteger las propiedades es injusto que no pueda hacerlo uno mismo. ¿Se te ocurre algo para proteger mi pobre casita? Siento haberte quitado tanto tiempo contando mis problemas.

Gracias por tu amable oferta de ayudar al estudiante profesor. Es uno de mis antiguos alumnos de la escuela y su situación económica está lejos de ser brillante. Te lo agradezco mucho y de ser necesario le ayudaré. Se llama Ronnie Powell y ya le ayudaste hace tiempo".

"¡Bienvenido! Es muy bueno saber que regresaste bien a pesar de ese problema mecánico alarmante del avión. Espero que hayas tenido unas vacaciones agradables y tranquilas. Por favor no dejes que tus actividades en la oficina te agoten y destruyan los beneficios de tu viaje. Inglaterra, España y Francia son países que tienen mucho encanto y tantos lugares bonitos e interesantes que el recuerdo seguro te ayudará a volver a tu trabajo cotidiano. ¡Sólo cuídate para no agotar de inmediato toda tu energía!

Estas son nuestras 'vacaciones largas', pero temo que las mías no han empezado todavía y parece que no voy a tener tiempo para descansar este verano. He estado muy ocupada organizando el intercambio de estudiantes entre Guadalupe y St. Kitts, supervisando un campamento - que está en plena actividad - de veinte 'Rangers' de las islas francesas y de Guyana Francesa, asistiendo a reuniones y traduciendo para la misión comercial de Venezuela, cuyos miembros están aquí desde hace una semana, y parece que ya casi se ha resuelto el asunto de la fábrica, la capacitación, etc., y la semana entrante me tengo que encargar del examen de lenguas modernas del 'College of Preceptors'. Luego empieza el curso de introducción para los profesores nuevos, lo cual significa regresar ya al trabajo normal. Espero poder pasar unos días y unas noches en *Vientomarsol*. Mi madre otra vez no se sintió bien, así que hemos pasado un período muy deprimente. Ahora está mejor, pero cada vez que se enferma eso tiene consecuencias y está tan débil que me duele el corazón cuando la miro".

"He tenido unas conversaciones muy serias con el ministro de educación, que en mayo había prometido que el ministerio iba a pagar los estudios universitarios de un estudiante y ahora, en septiembre, dos semanas antes de que el muchacho deba partir, anunció tranquilamente que el ministerio no tiene dinero para hacerlo. Llamé a varios ministros y acabé hablando con el 'Premier'[22]. Le dije lo que pensaba y algunas verdades, ahora el problema está resuelto y se ha obtenido el dinero para el primer trimestre, el segundo se debe pagar en enero y el tercero en marzo. El 'Premier' me aseguró que estaría disponible el dinero. Por consiguiente, ese problema quedó resuelto definitivamente.

"Hubo varias alarmas por huracanes, pero por suerte ninguno llegó aquí. Los sobrevivientes de Honduras seguro sufrieron terriblemente y el horror no se ha acabado. Aun si al fin ya no corren peligro, muchas familias perdieron a seres amados y van a regresar arruinadas y sin hogar.

Por fin terminó la sequía y después de varios días de lluvias torrenciales - la cola del huracán de Honduras[23] - las colinas están verdes de nuevo, pero las malas yerbas han cubierto todo en el jardín. Mi madre está luchando con ellas y ha sembrado varias cajas de plantas nuevas. Eso me agrada mucho porque es algo que le interesa y se siente útil y contenta. Está tan bien como se puede esperar".

"He enviado a Ronnie Powell a Guadalupe el lunes 30 de septiembre y espero recibir noticias suyas pronto. Parece que el correo entre las Indias Occidentales Francesas y St. Kitts se demora más que entre Hong Kong y nuestra isla. Pagué el pasaje, que cuesta 23 libras, pero lo que necesitaba costó mucho más de lo que pensaba. Afortunadamente tiene lo indispensable para el fútbol. Estaba dichoso de ir a ese curso. Nuestros 'honorables' ministros nos han dado el dinero para el primer trimes-

---

[22] Robert Llewellyn Bradshaw (1919-1978), primer Primer Ministro de St. Kitts-Nevis.

[23] Huracán *Fifí*, septiembre 1974, más tarde llamado *Orlene*, mataron por lo menos a 8,000 personas en 9 naciones del Caribe.

tre y espero que cumplan lo prometido cuando haya que pagar los otros dos trimestres. Incluyo una carta para ti que Ronnie me dio antes de irse.

Debería haber contestado antes tus cartas, pero la semana pasada fue tan agotadora que no tuve la fuerza necesaria para escribir. Tuvimos el terremoto más violento que he vivido - los de Chile parecen muy suaves en comparación con éste. Duró tres minutos completos - en Chile siempre era cuestión de segundos. Yo pensaba que la casa se iba a derrumbar en cualquier momento. Eran las 5 de la mañana, yo ya estaba levantada y pude bajar y tratar de sacar a mis pobres viejitas, pero mi madre está tan frágil que fue muy difícil llevarla al jardín, lejos de las paredes que se estaban agrietando. Mi madre apenas se había recuperado del temblor cuando tuvo otro golpe: se enfermó su hermoso gato preferido, siamés y medio persa, y a pesar de todos nuestros esfuerzos no se pudo salvar.

Nuestro ministro de educación decidió reformar todo el sistema y ha hecho las sugerencias menos prácticas por no decir absurdas. Espero que los demás funcionarios del ministerio lo convenzan de no hacerlo porque si no va a destruir todo. No hay profesores disponibles y para que funcione su programa se necesitan por lo menos cuatro veces más profesores. Ni siquiera en Inglaterra y en Estados Unidos hay suficientes profesores y su plan es más ambicioso que los de los países grandes. Es bueno tener ideas e ideales, pero hay que ser práctico y entender que los cambios en materia de educación se deben hacer de manera gradual y congruente.

Falta un mes para que termine la amenaza de los huracanes, pero al menos está lloviendo, no hay escasez de agua y todo el país está hermoso y verde".

"Es bueno saber que estés sano y salvo. ¿Qué idioma se habla en Nepal? ¿Y cuál es el clima?

Mi pobre madre no se está sintiendo bien - se le hincha su pie derecho y se duele mucho. Es un problema de circulación y, según el médico, hay peligro de la gangrena y no quiero pensar en lo que pasaría. Todo eso me hace sentir deprimida y empaña enormemente sobre toda la familia".

1975

"Espero sinceramente que tu madre se sienta mucho mejor. Me imagino tu angustia y espero que trates de no hacer demasiado y que descanses lo más posible.

Nepal me pareció muy interesante. La gente es honesta y muy pobre. Hemos empezado algunos proyectos allá - son aproximadamente treinta y durante mi visita reciente aprobé tres programas que ayudarán a no menos de 20.000 personas - dos son para llevar agua a donde viven y uno es una clínica para un pueblo.

Hace poco regresé de Manila a donde fui para la ceremonia del comienzo de la construcción de nuestro Hotel Península, y espero que tenga mucho éxito. Desafortunadamente, debido a la recesión, allá hay mucho desempleo. En Hong Kong también lo notamos, pero la gente parece más optimista que en otros países. Mis mejores deseos de salud y un feliz y próspero 1975 para las viejitas y para ti".

"Tu carta del 10 de enero llegó cuando estaba saliendo para Nevis en mi 'visita de inspección' mensual de las dos escuelas secundarias de la isla. En una de ellas, dos de las profesoras jóvenes fueron alumnas mías y en la tercera también hay una antigua alumna mía, todas son inteligentes y competentes, tienen nivel A en francés y español y están haciendo un buen trabajo. En la otra escuela la situación es muy negativa porque las dos profesoras jóvenes saben muy poco, no quieren enseñar, no les interesa aprender y sólo aceptaron ese puesto porque no encontraron otro. Se sienten muy renuentes a aceptar consejos o sugerencias, lo cual es una lástima porque muchos niños son buenos alumnos, pero no tienen buenos profesores y dejan de interesarse. Me gusta Nevis, y aunque tengo mucho trabajo al tratar de hacer lo de una semana en dos días, me siento descansada porque duermo toda la noche sin interrupción, cosa que nunca puedo hacer en mi casa.

Es muy interesante lo de tus proyectos de Nepal - ayudar a 20.000 personas - es más que la población entera de muchas islas del Caribe y seguro todos te lo agradecen mucho. Dices que son muy pobres pero honestos. Debe ser muy satisfactorio poder ayudar a personas que merecen la ayuda que reciben. Aquí la gente considera que se les debe todo y en muchos casos parece que piensan que le hacen un favor al donante si aceptan lo que les da - y protestan en vez de decir 'gracias'. Tus 'ahijados' son una excepción".

"Contesto enseguida esperando que esta nota te llegue a tiempo para desearte un *Bon Voyage* (buen viaje) y una agradable estadía en el sur de Francia. Tengo recuerdos sumamente agradables de la *Côte d'Azur* (Costa Azul). Cuando estaba estudiando en Francia, durante las vacaciones le daba clases particulares a un niño rico y perezoso durante el primer mes y durante el segundo mes, con lo que había ganado, descansaba y me relajaba en algún lugar de Francia. Así fui varias veces a esa costa, pero también lo pasé bien en la región de Loire, Tours y los *Châteaux* (castillos). Espero que tu estadía allá sea tan agradable como lo deseas.

Siento decir que otra vez estoy viviendo un período muy preocupante. Ayer regresé a la casa durante la mañana, cuando iba de una escuela a otra, y vi que mi madre había tenido un accidente bastante grave. Quería cerrar la llave de la manguera del jardín porque a mi tía se le había olvidado hacerlo, pero por el camino se tropezó y perdió el equilibrio. Al caerse se golpeó el hombro y todo el lado del cuerpo en una saliente de piedra y no se pudo levantar porque tenía problemas con la pierna desde hacía seis meses. Permaneció acostada ahí, en un charco de agua, durante casi media hora. Llamó y llamó, pero como mi tía es sorda no la oyó. Por suerte los vecinos le ayudaron y la llevaron alzada a la casa, y eso fue cuando yo llegué.

Desafortunadamente el médico de mi madre está en Jamaica, donde le están haciendo una operación, pero la persona que lo reemplaza llegó enseguida. Por suerte no se rompió ningún hueso, pero tiene bastante dolor y naturalmente no se puede mover, ni sentar, ni ponerse de pie. No te puedo decir cuántas veces te he dado las gracias mentalmente por tu ayuda, que me ha permitido obtener todos los medicamentos, las inyecciones y la atención médica necesaria. Traté de conseguirle una cama en el hospital, donde hubiera tenido la atención constante de las enfermeras, pero no hay ni una cama disponible y ella no permite que contratemos una enfermera para que la cuide en la casa. En el ministerio han sido muy comprensivos y me han dado dos días libres para quedarme con ella. Hago lo que puedo, pero como no soy enfermera temo no ser muy competente. Lo que tememos es que haya complicaciones porque estuvo tanto tiempo en el agua, pero ya han pasado 24 horas y hasta ahora no ha tenido fiebre, lo cual no sería el caso si tuviera pulmonía. Es muy difícil que alguien se quede con mis viejitas cuando yo no estoy, pues son tan independientes que no quieren ni oír hablar de conseguir ayuda durante el día. En las vacaciones largas de verano voy a tratar de entrenar a una empleada. El problema es que nadie quiere hacer el trabajo de la casa y los que ofrecen ese servicio en general lo hacen para robar y nunca se quedan mucho tiempo. Nos las podríamos arreglar si mis viejitas fueran más cuidadosas y no trataran de ser tan activas a su edad. En todo caso, no sabes lo aliviada que estoy de que mi madre no tenga una herida fatal. Fue un golpe terrible, pero con las inyecciones que le puso el médico reaccionó muy bien. Siento preocuparte con mis problemas. Sé que soy muy egoísta".

"Las clases terminaron hace un mes, pero he estado muy ocupada y todavía tengo mucho trabajo, durante las últimas semanas me he tenido que encargar de los campamentos de verano y de los innumerables arreglos y detalles del intercambio de estudiantes. Tuve que organizar el transporte de 78 niños entre Guadalupe y St. Kitts y, como no hay barcos que van de una isla a otra y todos los aviones estaban llenos debido al carnaval de Antigua, acabé alquilando cuatro aviones de 'Air Guadalupe' y así se resolvió todo. Resultó mucho más barato también, cada niño tuvo que pagar $96 por el viaje de ida y vuelta en vez de $113,80, lo que cuesta normalmente, así que todo el mundo estuvo contento. Los jóvenes de allá lo pasaron bien aquí y ahora están allá con ellos los de St. Kitts. Los jóvenes del campamento de verano se fueron en un buque de guerra francés, que sirve para el transporte y para desembarcar, con espacio para 150 soldados, 50 tanques y 30 camiones, pero como también es para desembarcar la profundidad es de 6 pies solamente. Acompañé a los jóvenes a Guadalupe en el barco y regresé al día siguiente en avión porque no podía dejar solas durante más tiempo a mis pobres viejitas.

No tengo buenas noticias de mi madre ni de mi tía. Hace tres semanas mi madre tuvo un ataque al corazón muy grave y hay que cuidarla constantemente, lo cual ella no quiere aceptar, todavía quiere ir y venir demasiado, se pone furiosa, y se necesita toda la paciencia del mundo, y también diplomacia y estrategia para que le obedezca al médico y, aunque hago todo lo posible, acabo poniéndome furiosa. Mi tía tampoco está muy bien. Su pierna se está curando muy lentamente, el médico y la enfermera le han cambiado los vendajes. La cantidad de pastillas, remedios líquidos, etc. parecen una tienda de productos químicos. Cuando mi madre tuvo el ataque al corazón el médico tenía que venir por la mañana, al mediodía y por la noche, literalmente, pues yo lo tuve que ir a buscar en la mitad de la noche. Su teléfono está desconectado y su esposa está muy enferma, así que hay que buscarlo en su casa en el campo.

No te puedo describir mi angustia. Ahora que ha pasado lo peor tengo tiempo para pensar y agradecerte constantemente tu generosidad, pues el costo de los tratamientos, las medicinas y la atención médica es tan alto que nunca lo hubiera podido pagar. Gracias a ti no me tengo que preocupar. No sé si te das cuenta de todo lo que has hecho por nosotras y de la paz que me has dado".

"Tienes toda la razón al decir que parece que a la gente ya no le interesa hacer las cosas bien. Cuando fui a Nevis, como iba a estar ausente durante dos días, decidí que arreglaran mi automóvil, ya que los guardabarros están llenos de huecos porque están oxidados y quería que los pintaran con una pintura antioxidante. ¿Recuerdas que te pregunté si sabías de una pintura especialmente buena? Mi mecánico, que es estupendo cuando se trata de motores, no repara las carrocerías, así que tuve que llevar el automóvil a otro sitio. Cuando regresé habían arreglado los huecos, pero me dijeron que no habían tenido tiempo para pintar la parte de abajo del automóvil, que lo harían más tarde. Me fui y pronto me di cuenta de que olía mucho a gasolina. No pude regresar en ese momento ni al día siguiente y el olor era cada vez más fuerte. Miré debajo del automóvil, pero no encontré escapes de gasolina y llamé a mi mecánico para decirle que iba a llevarle el automóvil por la tarde porque tenía que ir a la escuela secundaria por la mañana. Cuando llegué allá necesitaba unos libros que en general guardo debajo del asiento del automóvil. Abrí la puerta de atrás y casi me desmayo. El piso estaba lleno de gasolina y algunos libros estaban realmente flotando en ella. ¡Imagínate lo que hubiera sucedido si por accidente alguien hubiera tirado ahí un fósforo! Llamé al mecánico y le pedí que viniera inmediatamente porque me daba miedo conducir el automóvil. Él descubrió que cuando cubrieron los huecos de la parte trasera sacaron la manguera del tanque de gasolina y no la volvieron a colocar donde se debía y por eso la gasolina se derramó en el asiento de atrás y, como casi nunca llevo pasajeros ahí, no me había dado cuenta. Cuando fui a la oficina a decirles lo que había sucedido la persona que estaba allá simplemente se encogió de hombros y dijo: no pasó nada ¿verdad?

Tuvimos el peligro de que nos afectaran dos huracanes, *Eloise*, muy fuerte, y *Gladys*, que habían dicho que iba a caer en la isla, pero cambió de dirección unas pocas horas antes. Consideramos que hemos tenido mucha suerte, pues sólo hubo lluvias y vientos fuertes. Las olas de *Conaree* estaban cubiertas de espuma, pero el océano se veía magnífico. Estoy tratando de convencer a mi amiga Jane Ying de que compre el terreno que queda junto a mi *Vientomarsol* en *Conaree*. Es un lote hermoso, con 73 pies frente al océano y en total 240 pies con una casa. La casa no está en muy buenas condiciones, pero es fácil arreglarla. El precio me parece extremadamente razonable, piden aproximadamente $18.000 de las Indias Occidentales, lo cual es entre $8.000 y $9.000 de Estados Unidos. Espero que la compre, sería muy agradable tenerla a ella como vecina y sería una buena inversión porque las cabañas de la playa de *Conaree* se alquilan a los turistas por $100 de Estados Unidos por semana en temporada alta y por $60 fuera de temporada. Si quiere puede construir dos cabañas más en ese lote".

"Tengo que pedir disculpas por no contestar antes - no me siento muy bien y no he podido escribir cartas de noche como suelo hacerlo porque me duele mucho la cabeza. En general el dolor empieza durante la noche, en la base del cráneo, y luego sigue por el cuello hacia los hombros, no me deja dormir y acabo tomando unas pastillas contra el dolor que me sirven durante la mañana, pero me hacen sentir cansadísima. Mi madre no ha estado muy bien y eso naturalmente es una preocupación constante. También hemos tenido muchos problemas en la escuela. Después de haber esperado desde septiembre a una nueva profesora de francés de Canadá, finalmente llegó el 4 de noviembre, pero ayer, 7 de noviembre, anunció que no le gusta la isla - estaba en Nevis - y que no puede soportar a los niños y va a regresar inmediatamente a Canadá. Estaba encargada de los alumnos de francés de nivel O en Nevis y eso significa que ellos no van a tener clases este trimestre y están condenados a fracasar en junio. No se puede conseguir otra profesora de francés en el extranjero tan tarde en el año y probablemente voy a tener que traer a Cynthia Weeks de la escuela secundaria de Gingerlands a Charlestown para esa clase. Es mucha responsabilidad para alguien tan joven, pero creo que es la única solución. Voy a ir a Nevis el martes, si mi madre está suficientemente bien para poderme ir, a fin explicarle durante uno o dos días a Cynthia lo que tiene que hacer.

Este año está haciendo un tiempo muy extraño. Dices que hubo otro tifón en Hong Kong y nosotros hemos tenido lluvias tan torrenciales que hay automóviles que han acabado en el mar, carreteras bloqueadas con montones de arena y escombros e inundaciones en toda la isla. Hasta mi dormitorio se inundó, entró agua del techo y el suelo pronto quedó cubierto de agua. Me imagino lo que hubiera sucedido con un huracán. Por suerte ha dejado de llover y le he pedido al contratista que mande a alguien para arreglar el techo lo más pronto posible.

Ya casi han terminado de arreglar la casa de la playa, los carpinteros están trabajando en la cocina y colocando las repisas, luego van a pintar, y el contratista prometió que todo estará listo el primero de diciembre. Parece que la cabaña va a ser muy bonita y probablemente tendré unos inquilinos para tres semanas en enero, una pareja joven de Londres, amigos del secretario permanente del ministerio de educación.

Nuestro 'Premier' ha suspendido la cámara de la asamblea y ha informado que habrá elecciones generales el primero de diciembre. Es una 'sorpresa' aunque todos podíamos imaginarnos que iba a suceder: se están arreglando las carreteras, se está regalando comida a los trabajadores y a los jubilados, se están prometiendo todo tipo de cosas. Creo que no habrá muchos cambios en la composición del gobierno".

"Es muy amable que menciones las tabletas *Sinutab*. Voy a preguntar si las tienen en la farmacia local. Como los dolores de cabeza por lo general empiezan durante la noche, es hasta mejor que me hagan sentir soñolienta, así por lo menos duermo profundamente y por la mañana ya no me sentiré soñolienta y podré conducir el automóvil sin peligro. Estoy dispuesta a tomar cualquier remedio para sentirme mejor.

Terminaron de arreglar la cabaña - la llamo *Coral Reef* (arrecife de coral). Las rejas, lo que mi madre llama rejilla española, se colocaron hoy, sólo falta pintar y después puedo llevar los muebles, que ya están listos. Espero pagar lo que debo, o al menos la mayor parte, en junio, cuando lleguen los intereses de tus acciones. En cuanto al contratista, está dispuesto a aceptar que le pagué las reparaciones con unas monedas de oro que conseguí hace años en Chile. Desafortunadamente, en los bancos de St. Kitts no saben qué hacer con las monedas de oro, probablemente habrá que enviarlas a Inglaterra, lo cual parece muy complicado; no se trata de objetos para coleccionar porque no son monedas antiguas, el contratista las obtiene por lo que pesan, pero te digo que aquí en los bancos ni saben cuánto vale una onza de oro. ¡Yo no tenía ni idea que era tan difícil deshacerse del oro! No tengo grandes cantidades, pero seguro es suficiente para pagar las reparaciones".

"Gracias por tu hermosa tarjeta de Navidad, es linda y me trae muchos buenos recuerdos de Hong Kong. La voy a enmarcar y colgar en la pared de mi dormitorio para que me ponga de buen humor cuando lo necesite. Es extraño que en Hong Kong haga menos de cero grados y haya pedacitos de hielo en todas partes. Debe ser una decoración como de un cuento de hadas, pero como dices, probablemente dañó mucho las plantas, que no están acostumbradas al frío en esa región del mundo. Hablando de plantas - logré producir una calabaza de verdad en mi tierra, o más bien en mi arena, de *Conaree*. Es un milagro que haya evitado el viento del mar y los cangrejos, la planta subió por la reja, por eso no la agarraron los cangrejos y, como se escondió entre una cantidad de arbustos y hojas, no la afectó el viento del mar y no la vieron los muchachos que son ladrones. La cocinamos y quedó muy rica.

Apenas terminaron la cabaña unos canadienses que estaban aquí de visita pidieron que se la alquilara. Así ahora tengo mis primeros inquilinos, sólo por una semana, pero espero que me traigan suerte y que pueda empezar a pagar mi deuda con lo que gane con el alquiler. Todavía están pintando la parte exterior de la casa, pero eso a ellos no les importa y están encantados con el sitio. Prometieron recomendarlo cuando regresen a su casa y quieren volver el año entrante. Te envío un pequeño panfleto de propaganda. Era demasiado tarde para incluirlo en la publicación para turistas de St. Kitts de este año, por eso hice imprimir estos panfletos y en la oficina de turismo me prometieron que los van a unir a la publicación de este año. Deséame suerte.

No sé lo que es la ceremonia de inauguración, pero estoy segura de que fue impresionante y te deseo mucho éxito con el nuevo Hotel Peninsula de Manila".

1976

"Me alegro de que los canadienses que estuvieron en *Coral Reef* hayan gozado de su estadía y espero que logres alquilar el sitio a los americanos y a otras personas. Parece que valió la pena tu inversión. Las reparaciones del edificio sin duda impidieron que fuera feo y aumentarán el valor de tu hogar. Espero que sea un éxito tu jardín.

Tienes razón al no abandonar tus clases de francés y español. Sería lo mismo que jubilarte y uno no puede ser feliz si no está ocupado.

Incluyo un giro postal de $2.000 de Estados Unidos - utilízalos para lo que te parezca mejor para nuestros 'ahijados'.

Hubo un incendio desastroso en la finca, el peor incendio que ha habido en las colinas de Hong Kong. Toda la montaña (Tai Mo Shan) estaba llena de llamas y también parte de la finca. Por suerte acababan de instalar la protección contra los incendios en la finca el día antes de este incidente, lo cual ayudó un poco. Con mis mejores deseos para ti y para las viejitas.

"Te envío esta nota con un gran peso en el corazón. Estoy tan triste que no puedo escribir mucho. Mi tía murió repentinamente. Se murió el martes por la mañana, la enterramos ayer.

Tuvo una trombosis cerebral y aunque el médico llegó media hora después de que sucedió, el lunes, no pudo hacer nada. Ella vivió doce horas más, pero, aunque estuvo consciente casi hasta el final afortunadamente no sintió dolor.

No puedo escribir más, discúlpame por favor, pues ahora tengo que atender a mi pobre madrecita. Ha sido un golpe tan fuerte que temo no poder pensar de manera coherente, sé que me vas a perdonar".

"Siento mucho oír que murió tu tía y te envío el más sentido pésame en nombre de todos los miembros de la familia Kadoorie".

"Muchísimas gracias por tu amable carta de consuelo. La muerte es algo definitivo e irrevocable; supongo que el tiempo atenuará este sentimiento de pérdida. Estoy sumamente preocupada por mi pobre madre, su condición física no es buena y con esta repentina pérdida profunda está aumentando su fragilidad. Tengo miedo del futuro. Ella extraña a su compañera y está sola con frecuencia. Las vacaciones de Semana Santa empiezan en dos días y entonces voy a poder estar con ella todo el tiempo.

Sra. Katzen ocupándose de la tumba de su madre y de su tía

Perdona que no escriba más. Gracias de nuevo por tu nota, no sabes lo mucho que necesito la bondad y el consuelo para encarar todo lo que tengo que hacer. Tu carta trajo ambas cosas".

"Parece que una desgracia nunca viene sola. Aquí estoy, en la cama, con una cadera herida. Los médicos primero pensaron que se había roto completamente el hueso, pero por suerte en la radiografía se ve que sólo es una fisura. Sin embargo, me duele mucho y lo peor es que me tengo que quedar en la cama porque no se puede poner un vendaje ni un yeso. Tuve que permanecer en el hospital casi dos días, hasta que me hicieron todas las radiografías y los médicos las examinaron. Imagínate la situación de mi pobre madre. Le pedí a una profesora que se quedara en nuestra casa para ocuparse de ella. Lo hizo de inmediato y con muy buena voluntad, pero - como ya te lo he escrito antes - sólo un miembro de la familia puede cuidarla. Ahora que estoy de regreso ella está un poco mejor, pero es una situación muy difícil, aunque todas mis amigas han venido a ayudarme - hacen las compras y los recados, alimentan a las gallinas, a los perros y a los gatos. La sirvienta viene medio día y hoy, con permiso del médico, traté de caminar un poco con muletas, pero es muy difícil y ¡el progreso es tan lento! Fue un accidente muy estúpido. Había llevado a Desirée donde el veterinario y cuando salió le dije 'vamos a la casa'. Al oír la palabra 'casa' salió corriendo a cien millas por hora y, como yo tenía la correa alrededor del brazo, me tiró, me tumbó y me arrastró hasta la calle antes de yo poder desenrollar la correa. En ese momento ya me había golpeado contra una piedra que estaba al lado de la puerta. La perra pesa 90 libras, yo peso 100, y ella tiene una fuerza extraordinaria".

"Esta nota breve es solo para darte la bienvenida de regreso a la casa. Espero que hayas tenido un buen descanso en tus vacaciones en Europa. ¿A cuáles países fuiste esta vez? Hay tanto para ver y apreciar en ese viejo continente que seguro tuviste unas vacaciones agradables. Por otra parte, hay tantos disturbios, especialmente tanta piratería aérea, que siempre me alegro cuando regresas bien a Hong Kong.

St. Kitts sigue arreglándoselas a duras penas, hay mucha inflación, cada vez más desempleo, desaparecen productos esenciales y lo que se puede comprar cuesta el triple de lo que costaba hace dos años. Sin embargo, en comparación con otras islas, tenemos más paz, menos crimen y violencia, y aquí todavía es posible trabajar. Naturalmente, sin tu ayuda generosa no hubiéramos podido sobrevivir, gracias a ti podemos vivir muy cómodamente, rezamos por ti y te agradecemos mentalmente todos los días. Acabo de pagar la mitad de mi deuda de la propiedad de *Conaree* y, si todo va bien, podré pagar el total en la próxima temporada de turismo. Una pareja acaba de pasar una semana de luna de miel en *Coral Reef* y otra familia piensa ir allá la semana entrante. Como es temporada baja, cuesta menos, pero todo es positivo porque uso el dinero del alquiler para pagar a mi contratista, que es muy paciente y acepta que le dé lo que pueda cuando pueda.

Mi querida madrecita está bien para la edad que tiene, está débil y frágil, pero sigue teniendo muchos planes, aunque tengo que ayudarle ahora a convertirlos en realidad y, a pesar de que estoy dispuesta a hacerlo, me falta tiempo. En todo caso, he trabajado un poco en el jardín para ella: se sienta y me da órdenes que yo cumplo: preparar el terreno, sembrar las semillas, regarlas, añadir el fertilizante, etc.; lo sorprendente es que parece que todas las plantas están creciendo a pesar de los ataques de las orugas, las hormigas y los saltamontes, para no hablar de mis actividades.

El trabajo en la escuela ha sido muy difícil. Durante las últimas tres semanas he estado preparando, escribiendo y cortando los esténciles para los exámenes de francés y español para todos los grupos de las siete escuelas secundarias de St. Kitts y Nevis. Mis ojos están a punto de sucumbir, pero ya casi he terminado".

"Qué bueno saber que has regresado bien - ¡aunque parece que apenas regresas te vuelves a ir! Claro que para ti Manila queda a la distancia de un tiro de piedra de Hong Kong. Pero en estos días hasta un viaje aéreo breve puede ser peligroso. Te acompañarán nuestras oraciones. Temo que las mías no sirven mucho, pero las de mi madre siempre tienen buen resultado. Me alegro mucho de que haya sido tan agradable tu viaje a Europa y que lo hayas gozado a pesar del calor y la sequía. Parece que hay problemas graves con el clima ahora.

Esta debería ser nuestra temporada de lluvias, pero, aparte de un breve chaparrón la semana pasada, no ha llovido desde hace más de un mes. Todo está seco y cubierto de polvo.

Se supone que estamos de vacaciones, pero hay más trabajo que nunca en la escuela. Estamos empezando a ver los resultados de la política relativa a la educación y el nivel ha empeorado terriblemente - cosa que yo le había advertido al ministro - y él está empezando a ver que es obvio que se aprende cada vez menos y que cada vez habrá menos alumnos que llegan al nivel 'C.G.E.'. Nos han dicho que debemos preparar un nuevo programa de estudios pertinente para septiembre y, como el primer examen correspondiente a ese programa va a ser en mayo o en junio de 1977, nos estamos esforzando para tener todo listo cuando empiecen las clases. Eso me crea muchos problemas en los ojos. No tenemos oculista en la isla y el doctor que viene de vez en cuando a St. Kitts, que se supone que es un oculista, en realidad es sólo un comerciante de objetos de óptica que trae sus productos y trata de lograr que la gente compre anteojos nuevos.

Mi madre sigue más o menos bien, no tiene nada grave pero sí una serie de achaques que la hacen sufrir. Hago lo posible por alegrarla, pero lamentablemente no le puedo dedicar todo el día. Antes la acompañaba mi tía, conversaban y ella le leía, pero ahora está sola cuando yo salgo.

Ve mal y tiene problemas de audición, por consiguiente, no puede ni leer, ni escribir, ni coser, ni escuchar radio. Entiendo su problema y hago lo que puedo. Ahora es difícil porque estoy muy cansada y esperaba poder descansar unos días, pero, como ya lo mencioné, estamos trabajando otra vez y no puedo relajarme. Por suerte, gracias a ti, no tengo problemas de dinero. Con los intereses de tu generosa inversión he podido pagar tres cuartas partes de lo que debo por *Coral Reef* y espero pagar el resto durante la temporada turística. Después de eso será todo más fácil. He guardado una parte importante de los intereses para complementar mi sueldo. Te podrás imaginar lo que hubiera sido nuestra situación sin tu ayuda. Mi sueldo mensual neto es 93 libras y eso apenas basta para pagar al médico y los medicamentos de mi madre, las cuentas del agua, del gas y de la electricidad y a la sirvienta que viene por las mañanas, ya que no puedo dejar sola en la casa a mi madre. Todo el resto lo pagas tú. Que Dios te bendiga por tu bondad".

"Espero que hayas ido a Manila y regresado antes del terrible temblor y maremoto que tuvo lugar ayer en la isla de Mindanao. Murieron tantas personas, tiene que haber sido terrible. Una de las razones por las cuales me fui de Chile era el temor constante de los terremotos, nunca se sabe cuándo va a haber uno y cuando sucede nadie sabe cómo va a terminar. Confío en que no vas a tener que volver pronto a Filipinas. Tenemos muy pocas noticias sobre el terremoto de China, que parece que también fue un desastre.

A dos islas de distancia también hay una calamidad natural, el volcán de Guadalupe explotó y evacuaron a 70.000 personas de la zona circundante. A todas las llevaron al otro lado de la isla, que hasta ahora no ha sido afectado, pero allá las condiciones son terribles. Afortunadamente, cuando aparecieron las primeras señales de actividad no habitual del volcán, en julio, yo cancelé mi programa de intercambio de estudiantes; treinta y ocho alumnos de francés iban a ir a Guadalupe por 17 días y luego iban a regresar con el mismo número de jóvenes de Guadalupe, que iban a pasar un período igual aquí. ¡Hubiera sido una preocupación enorme! Estoy extremadamente contenta de que no se hayan hecho esos viajes, pues la responsabilidad hubiera sido desesperante. Parece que puede explotar el volcán entero la próxima vez - es lo que dijo el equipo de observadores.

Es posible que la situación de Guadalupe afecte a Michelle Ward y a Cynthia Weeks. Recordarás que iban a ir a esa isla en septiembre por un año con una beca del gobierno francés.

Con la situación actual no estoy segura de que sea aconsejable que vayan si de aquí a septiembre la situación no vuelve a ser normal. Gracias por proponer que reciban ayuda. Tengo mucho dinero en el fondo y, si es necesario, les daré algo en tu nombre, pero no envíes más porque actualmente hay una buena reserva, casi $4.000 dólares del Caribe Oriental.

Ya hemos empezado a trabajar en la Universidad de Capacitación de Profesores, en el curso de orientación para profesores nuevos. Creo que no lo expliqué con suficiente claridad: los resultados de la nueva política en materia de educación no han sido nada buenos. Desde que el ministro de educación decretó que a los 12 años de edad todos deben ser admitidos en la escuela secundaria, independientemente de su capacidad mental o de su nivel académico, las clases están llenas de niños que no saben ni leer, ni escribir, ni hacerse entender. En esas condiciones es casi imposible enseñar. Por eso todos los profesores que han podido hacerlo se han ido de la isla y quedan sólo una cantidad de personas sin experiencia ni voluntad que se dedican a enseñar porque no han encontrado otro trabajo. El curso de orientación es para capacitar - en dos semanas - a un grupo de jóvenes que acaba de terminar sus estudios de la 'forma' 5 u 6, para que puedan ser profesores en septiembre, cuando empieza el año escolar. ¿Cómo pueden enseñar después de apenas diez días de clases teóricas? Naturalmente va a empeorar la calidad".

"Es bueno saber que no piensas hacer otro viaje largo en el futuro cercano - parece que cada tercer día secuestran un avión. Sin embargo, en vista de cómo está el tiempo y con 33-34 pulgadas de lluvia en dos días, parece que ni quedarse en el mismo lugar es seguro. ¿Sufrieron mucho los campesinos? Seguro se inundaron los campos ¿y qué pasó con el ganado? Espero que el tiempo haya mejorado y siga bueno por un período. Hemos tenido lluvias extremadamente torrenciales como cola de los huracanes *Emmy* y *Frances*, pero no han causado daños. La excepción ha sido la batalla con las malas hierbas. Otra vez llegan hasta la cintura. La semana pasada yo estaba admirando mis esfuerzos y se veía muy bien el jardín. Ahora es una selva.

Las clases empiezan el lunes. Hace semanas que hemos estado trabajando, pero parece que habrá que anular todo lo que hemos hecho porque el ministro de educación ha tenido otra serie de ideas brillantes y va a cambiar la política oficial en materia de educación. Me parece que quiere un sistema 'social', basado en lo que se hace en Guyana y en Cuba. Temo que va a empeorar todo aún más. Sólo se habla y se habla, pero no se toma ninguna medida. Por ejemplo, se supone que vamos a enseñar francés con el método audiovisual. El gobierno de Francia generosamente me regaló todo el equipo: libros, cintas y películas. Eso fue en junio.

Le pregunté al ministro si podíamos hacer un curso experimental. Él lo aceptó. Entonces le dije que íbamos a necesitar una grabadora y un proyector. Dijo que lo iba a pedir enseguida. Estamos en septiembre, las clases empiezan la semana entrante y no han comprado ni pedido esos aparatos. A pesar de que le he enviado recordatorios y cartas. Esa es la actitud típica del ministerio - gran entusiasmo mientras se habla de las cosas, pero apenas hay que hacer algo todo se abandona y se olvida. Sin grabadora y proyector no se puede usar ese método y el ministro lo sabe. Gracias a tu gran generosidad espero que éste sea el último año en que voy a trabajar. Espero pagar todas mis deudas, los préstamos y el trabajo del contratista, para que después de junio de 1977 pueda dedicarle todo el tiempo a mi madre. Lo hubiera hecho ya este año, pero tengo que entrenar a la persona, o más bien a las personas, que me van a reemplazar, porque no hay nadie disponible para supervisar los dos idiomas: francés y español. Voy a tener que capacitar a dos personas, una para cada idioma.

Gracias a mi sobrina de Boston, que es profesora de la Universidad de Harvard, pude adquirir varios casetes de cuentos en ruso y a mi madre le gusta escucharlos. Eso me alegra mucho, porque a partir del lunes tendrá que pasar mucho tiempo sola y esos casetes serán muy útiles.

Ve muy mal, pero a pesar de eso, cuando está de buen humor todavía toca el piano. Lamentablemente, eso sucede cada vez con menos frecuencia.

Temo que Cynthia y Michelle no van a poder ir a Guadalupe este año debido a la situación insegura del volcán. Ambas sienten mucho no poder aprovechar esa beca. Seguirán enseñando y espero que les den la beca el año entrante".

"Muchas gracias por decirme lo de clordano. Espero que lo tengan en la farmacia porque las hormigas se han convertido en un peligro, pues destruyen todo: las semillas, las plantas jóvenes, las raíces y las frutas. Se habla mucho de la agricultura en las Indias Occidentales y de la necesidad de sembrar más verduras, pero desafortunadamente nuestro departamento de agricultura no tiene personal capacitado y responden a todos los problemas diciendo que hay que 'regar con un poco de sulfato de amoniaco y darle una oportunidad'. Espero conseguir clordano.

Los Cogan han regresado a St. Kitts, siguen muy entusiasmados por el tiempo agradable que tuvieron gracias a ti cuando fueron el año pasado a Hong Kong. Muchas gracias, fue muy amable de tu parte. Sienten mucho no haber podido verte cuando estuvieron allá. No sé cuánto tiempo va a trabajar ahora aquí el señor Cogan, el gobierno está nacionalizando la industria azucarera y se va a hacer cargo de la fábrica de azúcar - en ese caso no creo que van a seguir empleando a muchos extranjeros; parece que la transferencia se va a hacer muy pronto.

Hay muchos cambios en St. Kitts y temo que las cosas no estén mejorando. La inflación sigue aumentando, hay escasez de los productos esenciales y lo que se consigue es tan caro que los trabajadores a duras penas pueden sufragar sus gastos. Si no fuera por ti y tu maravillosa generosidad, mi madre y yo nunca hubiéramos podido sobrevivir. No te imaginas lo agradecida que estoy, sin tu ayuda no tendría nada mi pobre madrecita. Una de las consecuencias del aumento terrible del costo de vida es que hay mucho más crimen, los ladrones no solo entran a las casas por la noche sino también en plena luz del día. Ya le han robado cosas a todos los miembros del personal de la Universidad de Capacitación de Profesores. Soy la única excepción y creo que se lo debo a la reputación de mis perros. Parecen muy feroces - ladran, gruñen, dan aullidos y se lanzan contra la puerta cuando alguien se acerca, así que todo el vecindario les tiene miedo - a pesar de eso sé que son tan cobardes que si alguien los amenaza con un palo encogen la cola y se van.

También han aparecido las drogas y la situación se esta volviendo muy grave debido al desempleo de los jóvenes. Hace algún tiempo el gobierno estaba declarando que el azúcar significa esclavitud y los jóvenes quedaron tan convencidos que todos creen que trabajar con las manos en el campo es degradante y hace pensar en los 'amos' y los esclavos oprimidos. Ahora, a pesar de que se intenta convencerlos de que la única salvación es trabajar en el campo, los jóvenes no hacen caso y no se dan cuenta de que la ganadería y la agricultura en general es su única oportunidad de sobrevivir.

La semana pasada iniciamos la clase de francés audiovisual. Después de esperar un mes entero que los 'Servicios Públicos' nos instalaran la conexión eléctrica necesaria, decidimos hacerlo nosotros mismos y con mis profesores jóvenes instalamos los alambres y los enchufes, y nos prestaron un proyector hasta que llegue el nuevo. Ninguno de nosotros había usado uno antes, no había instrucciones y los que nos lo prestaron tampoco sabían usarlo. Pero al fin logramos hacerlo funcionar - sin quemar un fusible - sincronizamos la cinta con la de mi vieja grabadora y las clases van muy bien. Es algo que les gusta a todos, tanto a los alumnos como a los profesores jóvenes.

En términos generales, como las clases van bien, estoy bastante contenta y mi única preocupación, muy inquietante, es la salud de mi madre. Me preocupa mucho porque está muy débil. Además, ahora tiene bronquitis, lo cual significa más molestias. Hago lo posible por alegrarla, pero siento mucho pesar".

"Gracias por tu carta del 25 de octubre. Siento que tu madre haya tenido bronquitis y espero sinceramente que ya se haya recuperado completamente. Sé lo difícil que es cuidar a personas mayores y deseo que tengas mucho éxito.

Mencionas que está aumentando la inflación. Temo que sucede lo mismo en todas partes y el crimen ha aumentado en todo el mundo. Como Hong Kong es un puerto, ahora es un lugar propicio para el narcotráfico y también estamos afectados por el gran aumento de todo tipo de delitos. Por suerte la gente aquí es muy trabajadora y la agricultura les parece algo normal. Sin embargo, muchos se han ido a trabajar a Europa y el resultado es que el trabajo en el campo se vuelve menos frecuente porque hay más personas que se dedican a la cría de peces, que requiere menos trabajo que la siembra de verduras.

¡Bravo por haber iniciado las clases audiovisuales! Te has convertido en una buena electricista.

Mañana me voy a Manila y regreso a Hong Kong por Singapur en un 'Concorde'.

Será la primera vez que viaje en ese avión, que es extremadamente rápido. Dicen que los asientos y los pasillos son angostos y que no es tan cómodo como otros aviones. Lo voy a juzgar yo mismo".

1977

"Dejaron de distribuir y enviar correo en St. Kitts el 24 de diciembre y volvieron a empezar apenas ayer, puesto que la Navidad fue un sábado, el día de fiesta 'Boxing Day' fue el lunes en vez del domingo y el resto de la semana estuvo dedicado al festival. No tengo ni idea por qué se hace el festival en la época de Navidad, pero toda la isla se enloquece, empiezan a bailar a las 6 de la mañana, es lo que se llama 'música de pijama' y hay muchedumbres que bailan y varios grupos de música de percusión, desfiles con disfraces, competencias de calipso, pantomimas y piezas de teatro en las calles y en las plazas durante toda la semana. Se detiene todo el tráfico y cierran las empresas y las oficinas del gobierno. Hasta las panaderías están cerradas. Ayer, después de una semana entera de fiestas, empezaron a trabajar las personas todavía cansadas y con cara de sueño. Este año durante el festival hubo un problema porque se quemó 'Carnival City' en un gran incendio. Parece que uno de los candidatos para recibir la corona de rey del calipso no estuvo satisfecho con la decisión de los jueces, y a las 3 de la mañana incendiaron todo el edificio. Se quemó el escenario, pero la mayor pérdida fueron los instrumentos de dos grandes conjuntos - se calcula que fueron $50.000. Se quemaron también las instalaciones eléctricas y decoraciones y muebles cuyo valor se calcula que es de $100.000. ¿Quiénes fueron los perjudicados? No fueron los jueces - si su decisión realmente fue injusta - sino personas que no tenían nada que ver con la decisión.

Acabamos de recibir noticias de Mchelle Ward. Va a ir a St. Lucia, donde hay un consulado de Venezuela, a presentar un examen el 12 de enero para conseguir una beca. Si lo aprueba - de lo cual no tengo ninguna duda - le darán una beca de cuatro meses en la Universidad de Caracas, que le pueden prolongar si consideran que lo merece. Nuestro gobierno le paga el pasaje de ida y vuelta a St. Lucia, pero no le dan dinero para los otros gastos. Ella tiene que pasar dos noches allá, así que espero que no te moleste que le dé algo de dinero para que se aloje en una pensión o en un hotel respetable. Si obtiene la beca se irá a Venezuela en marzo y a partir de ese momento el gobierno venezolano se hará cargo de todos sus gastos para el viaje, la matrícula y el alojamiento, y hasta le darán dinero para sus necesidades cotidianas. Espero que le vaya bien, es muy importante para ella, ya que prácticamente no tiene familia que la pueda alentar y aconsejar.

Gracias por tus consejos respecto de los tomates y las berenjenas. Pienso reemplazar eso con repollo y lechuga después de obtener 'las cosechas'.

Por ahora solo hay flores y no frutas. Tenemos demasiadas lagartijas y creo que se comen las flores. Tengo un par de gatitos que persiguen a las lagartijas, pero creo que no es bueno para las plantas que salten encima de ellas.

Gracias a Dios mi madre está tan bien como se puede esperar. Si aceptara que ya no es tan joven como antes y tratara de hacer menos todo sería perfecto. Sin embargo, empieza una cantidad de proyectos y después los tiene que abandonar, eso la deja frustrada y la afecta mucho emocionalmente, lo cual es causa de ansiedad y problemas cardíacos. Sin embargo, como estoy pasando más tiempo con ella - lamentablemente solo hasta el fin de esta semana - se siente menos sola y más contenta".

"Estoy muy contenta de que estés de acuerdo con que le ayude a Michelle Ward. Realmente merece la ayuda y espero que le den la beca para ir a Venezuela, aunque sea sólo por cuatro meses. Si le va bien, de lo cual estoy segura, talvez el gobierno de Venezuela le va a dar otra beca por más tiempo. La Universidad de las Indias Occidentales cobra tanto que las personas de clase media y baja no pueden tener esperanza de ir allá. El gobierno de St. Kitts ofrece varias becas para esa universidad, pero en general se las dan a los parientes y amigos de los funcionarios del gobierno y, cuando la política tiene un papel tan importante en el otorgamiento de esas becas, no tiene ninguna esperanza de recibirlas una joven que no tiene esas relaciones 'de alto nivel'. La beca venezolana y las que hemos obtenido gracias al cónsul general de Francia se otorgan sólo a los que las pueden aprovechar bien, es decir por mérito nada más. Hasta cuando uno de mis alumnos o alumnas recibe una beca 'extranjera' tiene que comprometerse a trabajar determinado número de años para el gobierno de St. Kitts.

También pagué lo que cuesta tomar el examen de Cambridge nivel "O" de un estudiante de la escuela secundaria de *Cayon*. Eso ahora cuesta mucho más, y el muchacho es Philip Lake, un huérfano que depende de un hermano mayor y no pudo conseguir el dinero. Como es uno de los poquísimos estudiantes brillantes que tenemos ahora tuviste la amabilidad de pagar los $95 que necesitaba. Incluyo una nota en que te lo agradece.

¡Deben ser hermosas tus 80 toneladas de naranjas en los árboles! Me imagino el zumbido de las abejas alrededor de las flores de los naranjos. A un nivel mínimo en comparación con esos jardines, creo que mis esfuerzos están dando buenos resultados. Especialmente las plantas de tomates, algunas de las cuales tienen más de una docena de tomates grandes y siguen floreciendo y prometiendo más. Estoy muy orgullosa de eso. Las demás verduras también están bien. Los rosales se están volviendo muy viejos, he tratado de producir plantas nuevas con los esquejes y para mi gran sorpresa - pues nunca había tratado de hacer ese experimento - logré obtener seis".

"Estoy pensando ir a Europa a finales de mayo y regresar en julio, talvez pasando por los Estados Unidos. Va a viajar conmigo un amigo, el capitán Torrible[24].

Ha pasado mucho tiempo desde que fui a Bermuda y nunca he ido a las Indias Occidentales. Si pasamos por allá por un breve período ¿hay hoteles relativamente cómodos que puedas recomendar en esas islas? Cada uno necesitaría una habitación con un baño. Naturalmente es algo

---

[24] Graham Robert Torrible OBE, nacido en 1904, se ha unido a la Sociedad de Navegación China como oficial de cubierta en 1925. Trabajó en las costas chinas y en el río Yangtzé durante los años 1920 y 1930, y había internado en Bangkok durante la segunda guerra mundial.

que a lo mejor nunca se va a realizar, pero me gustaría saber más sobre tu parte del mundo. Me voy a Nepal este fin de semana".

"¡Qué noticia tan maravillosa! Espero sinceramente que no cambies de opinión, que no suceda nada malo y que realmente vengas a esta parte del mundo, aunque sea para una visita brevísima. No sabes cuánto me alegra esta idea tuya. Mi madre está encantada y ya está hablando de tu visita.

¿Cuáles son las islas de las Indias Occidentales que te interesan? Cada una tiene su propio encanto, todas son hermosas y vale la pena verlas todas. En casi todas hay hoteles bastante cómodos. Te mando un folleto con los hoteles de St. Kitts-Nevis-Anguilla. St. Kitts es muy pintoresca, con montañas, bosques y prados de todos los matices del color verde. Anguilla tiene los mejores hoteles y Nevis se enorgullece de los recuerdos de Lord Nelson y de ser el lugar donde nació Alexander Hamilton; además, se supone que Anguilla tiene los habitantes más amables y bien educados - aunque, aparte de las playas, no hay mucho que ver allá.

Antigua es una isla plana y seca, sus playas tienen una hermosa arena blanca, pero nada de un verde tan oscuro como Granada y St. Lucia, las cuales también tienen playas de arena dorada y color de plata. Dominica es montañosa y silvestre, St. Vincent es muy tranquila, Montserrat tiene un lago de agua caliente y carreteras pintorescas llenas de curvas, Jamaica, Trinidad y Barbados tienen lugares lindos, pero son más sofisticadas. Independientemente de a dónde vas, estoy segura de que todas te van a gustar. Sólo avísame con tiempo, yo las conozco casi todas y con mucho gusto haré las reservaciones necesarias. Pero te ruego que St. Kitts sea tu primera escala en el Caribe.

Incluyo dos folletos, uno de Antigua y uno de St. Kitts-Nevis-Anguilla. En St. Kitts el sitio cómodo y con buena atención es el *Ocean Terrace Inn*. Apenas decidas a qué otras islas quieres ir te mando la lista de los hoteles. Ven por favor".

"Me acabo de enterar de que el carnaval de Antigua comienza el 22 de julio y termina el 2 de agosto. Durante ese período los habitantes están enloquecidos y vienen tantas personas que están llenos los hoteles y los aviones - aunque hay varios vuelos adicionales y chárter - sólo se consigue puesto si se reserva con mucha antelación. Si no te interesa el carnaval también habrá que reservar de antemano porque todos los aviones pasan por Antigua - a menos que vengas de los Estados Unidos, en cuyo caso llegas a St. Kitts yendo con Prinair primero a San Juan, y a la vuelta vas de St. Kitts con Prinair o Winair a St. Martin y de ahí puedes ir con Air France a Guadalupe, sin pasar por Antigua. De todas formas, apenas tengas una idea más o menos concreta de tus fechas házmelo saber y me empezaré a ocupar de las reservaciones.

En este momento la perspectiva de tu visita a St. Kitts es lo único brillante que veo en el horizonte, espero y ruego que no cambies de opinión y destruyas mis sueños. Estoy viviendo un período muy angustioso - mi madre querida está muy enferma. La última vez que te escribí ya estaba mal, luego tuvo un derrame y hasta el médico pensó que eso era el fin. Sin embargo, con su increíble vitalidad, se ha empezado a mejorar lentamente y le agradezco a Dios que le permita quedarse conmigo un poco más. Su mente siempre siguió lúcida, gradualmente está volviendo a hablar y se puede entender bastante bien, aunque a veces arrastra las palabras.

Está empezando a mover el brazo izquierdo, pero no lo puede usar porque sus dedos no le obedecen. Su pierna izquierda lamentablemente no funciona. Me van a prestar una silla de ruedas para ver si la puede utilizar. La primera semana fue terrible, pero ahora nos estamos adaptando a la nueva manera de vivir y la situación está controlada. Lo que realmente necesito es que venga alguien de la familia porque mi madre no acepta a una enfermera y me cuesta trabajo ocuparme de ella de día y de noche. Mi hermana está en Chile y no puede venir, pero estoy tratando de lograr que venga una prima (muy distante) que vive en Nueva York.

No tengas miedo de que aquí el ambiente va a ser triste y negativo. Seguimos alegres y tu visita será agradable y feliz. La esperamos con ilusión".

"En primer lugar, siento mucho que tu madre no esté mejor y espero que con el tiempo se siga mejorando. Creo que ha sido muy sensato que hayas conseguido que alguien de la familia se quede con ella. Es lo mejor que puedes haber hecho en estas circunstancias, siempre y cuando esa persona tenga el temperamento apropiado.

En cuanto a mi viaje, no vamos a estar seguros de nuestras reservas antes de que el agente las confirme. Pensamos viajar de Miami a St. Kitts el lunes 13 de junio, pasando por San Juan, quedarnos en St. Kitts el 14 y el 15, ir a *Fort-de-France* el 16 de junio y seguir para París el mismo día si se puede. Te aviso apenas obtenga algo definitivo. Mientras tanto, le hemos sugerido a nuestro agente que reserve dos habitaciones con baño en el *Ocean Terrace Inn*.

No es necesario que te preocupes por eso. El día del carnaval de Antigua no nos va a afectar. Disculpa esta nota tan breve, pero tengo prisa por llegar a la oficina de correos".

"No tenía ni idea de que pensabas ir a París pasando por *Fort-de-France*, por lo tanto, me alegro de haberte enviado un folleto sobre Martinica y Guadalupe hace unos días. Seguro ya lo recibiste. Si no puedes ir enseguida a París el 16 de junio, por lo menos vas a saber algo sobre Martinica y puedes planear unas actividades allá.

Como vas a llegar a St. Kitts en junio y no en julio, todavía habrá clases y podrás ver cómo les va a algunos de tus 'ahijados'. Pero ahora tienes pocos aquí porque casi todos ya son mayores y están en la universidad o se han ido de la isla para buscar un trabajo mejor. Michelle Ward todavía va a estar en Venezuela y Cynthia Weeks en Barbados. Lo siento porque me interesaba mucho que las conocieras. Los demás reciben ayuda de vez en cuando. No es un problema sino un placer reservar boletos y habitaciones para ti, pero como tu agente de viajes se va a ocupar de eso no voy a insistir. De todas maneras, voy a llamar al *Ocean Terrace Inn* para que les den habitaciones con una buena vista - están construyendo una parte adicional que va a ser muy cómoda, pero las habitaciones no estarán frente al mar. Es una lástima que tengan sólo dos días, si tuvieran más tiempo podrían ir a Nevis, que tiene muchos lugares hermosos. En junio en general llueve, pero espero que la naturaleza sea amable y no nos envíe aguaceros el 14 y el 15 de junio.

Me alegra decir que mi madre ha progresado mucho. Lamentablemente no logré que viniera esa parienta lejana y, como no ha habido nadie más, he estado 'de turno' 24 horas al día y a veces sólo duermo dos o tres horas por la noche. Después de dormir tan poco durante un mes y medio estoy tan cansada que me queda muy poca energía y parezco una sonámbula que se queda dormida de pie en los momentos más extraños.

Mayo es el mes más difícil para mí porque tengo que ocuparme de todos los exámenes de Cambridge en francés y español, no sólo en St. Kitts sino también en Nevis y Montserrat. El médico dice que mi madre está fuera de peligro y en una situación excelente y que puedo salir si consigo una persona adecuada que le pueda ayudar. 'Adecuada' es el problema, porque si bien aquí puedo conseguir una enfermera y a alguien que duerma acá, mi madre no las puede entender y no poderse comunicar la hace sentir frustrada y desanimada. Mi sobrina de Boston prometió enviar a una mujer que habla ruso para el mes de mayo. Gracias a tu generosidad he podido pagar todas las cuentas del médico y de la enfermera y también le voy a poder pagar a la muchacha que va a enviar mi sobrina. No sé si te das cuenta de lo enorme que es la ayuda que nos das. Se debería dedicar una vida entera a darte las gracias y a rezar por tu salud, tu felicidad y tu bienestar en general - y lo único que estoy haciendo es decir simplemente 'gracias'. ¿Tendré alguna vez la oportunidad de hacer algo por ti? Estoy contando los días que faltan hasta el 13 de junio. ¡Por favor no cambies de opinión!"

"Gracias por las nuevas fechas que propones para tu llegada a St. Kitts. Independientemente de cuándo llegues, mi madre y yo estaremos encantadas de recibirte. Estoy trabajando horas extras para que cuando estés aquí pueda tener dos días totalmente libres para llevarte a pasear y estar todo el tiempo contigo - si quieres que te acompañe.

Es muy amable de tu parte permitir que Michelle Ward obtenga los $100 de Estados Unidos.

Recibí una carta de ella hace algún tiempo en la que dice que el curso es sumamente interesante y que está aprendiendo mucho - pero ha habido una demora inesperada en el pago que reciben los becarios y, como ya gastaron lo que tenían, han tenido dificultades porque no tienen suficiente dinero ni para pagar la comida. Debido al reglamento sobre divisas de St. Kitts sólo le pude enviar $92.02. Como el correo entre St. Kitts y el resto del mundo se mueve a paso de tortuga, tuve que enviar el dinero por telegrama. Espero que no te moleste, ya que la situación de Michelle era desesperada porque no tiene amigos en Caracas.

Mi madre está recuperando la energía y progresando al tratar de caminar con su andador de metal. La semana pasada tuvo un espasmo cardíaco, pero le pasó muy rápido y el médico dice que no es grave. Eso me alegra porque como los exámenes 'C.G.E. Cambridge' empiezan mañana tengo que estar tranquila para hacer bien mi trabajo. Es muy difícil hacerlo si me tengo que preocupar todo el tiempo por mi querida viejita. Espero que siga tan bien como está ahora".

Siete meses más tarde, el 30 de enero de 1978, se murió la madre de Madame Katzen a la edad de 94 años, lo cual fue un golpe doloroso que tuvo lugar dos años después de haber perdido la tía. Las viejitas habían sido una parte importante de su vida y ahora ambas habían muerto. Había hecho todo lo posible por ocuparse de ellas, las había guiado de un lado al otro del mundo para que estuvieran seguras, de Siberia a China, a Chile y a St. Kitts. Siempre se había dedicado a satisfacer sus necesidades, a calmar sus temores, a que recuperaran la salud después de sus numerosas enfermedades. Había hecho muchos sacrificios personales y profesionales para garantizar su protección y su bienestar. Aunque era extremadamente doloroso haber perdido a las dos personas más importantes de su vida, la consolaba la idea de que se había portado bien con ellas. Habían perdido su lugar de origen y sus tradiciones y ella había hecho lo posible por ayudarles a tener una vida "normal" al otro lado del mundo. Ahora estaban descansando en paz, una al lado de la otra, a menos de una milla de su casa, en el cementerio *Springfield*.

Igual que su madre y su tía, Madame pasó el resto de su vida en St. Kitts. Nunca recibió una pensión del gobierno. Gracias a la generosidad de Horace Kadoorie ya no se tenía que preocupar por cómo vivir después de jubilarse. Durante el resto de su vida siguió trabajando para el gobierno como intérprete de idiomas extranjeros, alimentó a los perros y gatos callejeros y administró la cabaña que alquilaba a los turistas en *Conaree*.

Sus huéspedes de *Coral Reef*, que en general venían de los Estados Unidos y de Europa, gozaban del encanto rústico de la playa de *Conaree*, de la cabaña sencilla en un terreno silvestre, al lado del océano, en el lado de barlovento de la isla. En un sitio tranquilo gozaban de la neblina y de la música de las olas que chocaban con el arrecife. *Vientomarsol*, su cabaña en esa playa de arena llena de viento y de sol se convirtió en un lugar de regocijo para Madame Katzen. Iba allá con frecuencia para pasear con sus perros y gozar del viento, del mar y del sol.

Con el tiempo se convirtió en amiga de Bob y Ken, una pareja de Boston que solía ir a *Coral Reef*. Iban a su cabaña todos los años, acabó teniendo confianza en ellos, les contaba las historias de la época en que había tenido una vida relativamente lujosa en un hogar con empleados y muchos objetos de plata y de oro. Cuando ya no pudo seguir conduciendo su pequeño automóvil verde porque le estaba fallando la vista, se los veía llevándola de un lado a otro de la ciudad, adonde el veterinario, al banco, a la oficina de correos, al supermercado, a la playa de *Conaree* a las 6:30 de la mañana, con sus perros, para su paseo cotidiano, o a donde tuviera que ir. Les sorprendía la cantidad de personas que la conocían. Por la calle la saludaban con gran respeto, sobre todo en francés y español, personas de todas las clases sociales; el primer ministro, miembros del gobierno, empleados del banco, abogados, profesores, médicos, mendigos en la esquina, uno sin dientes y con una sola pierna. Parece que en Basseterre todo el mundo conocía a Madame Katzen.

Bob y Ken se enamoraron perdidamente de ella. Desde la primera vez que estuvieron en la cabaña, cada año pasaron períodos más largos en *Coral Reef* y, voluntariamente, invirtieron mucho tiempo y dinero en ayudar a hacer las reparaciones necesarias para que la cabaña siguiera en buenas condiciones. Se convirtieron en parte de la 'familia'. Después de un tiempo Madame se negó a aceptar que le pagaran por el uso de la cabaña. La última vez que se fueron de la isla, el día que se despidieron por última vez (estaban seguros de que nunca se iban a volver a ver), Madame ya tenía casi noventa años, estaba débil y sumamente encorvada. Ella les regaló algunos de sus objetos más valiosos - un samovar ruso (una de las pocas cosas que la familia se había podido llevar cuando huyeron de

Rusia), un hermoso juego de mahjong chino y un florero chino de mimbre que Horace Kadoorie le había dado, lleno de orquídeas, justo antes de que ella huyera de Shanghái en 1939. Siguiendo fielmente las tradiciones chinas, ella, al despedirse, se peinó con una peinilla china de madera y se la regaló a ellos para desearles buena suerte.

Ahora Madame Katzen tenía casi noventa años, estaba perdiendo la vista, no podía conducir, estaba viviendo sola en *Chalet La Serena* con sus gatos y sus perros, rodeada de toda una comunidad de miembros de su 'familia'. Además de sus vecinos, que iban a verla todos los días, también había una cantidad de antiguos alumnos que la visitaban con frecuencia para conversar y asegurarse de que estaba bien.

En el 2001 un grupo de antiguos alumnos y el antiguo gobernador Sir Probin Innis, ahora difunto, llegaron de sorpresa a *Chalet La Serena* con un ramo de flores cuando ella cumplió 90 años. Fue una sorpresa que la conmovió profundamente, una velada alegre con canciones en francés y en español, las mismas que habían cantado en su casa en los decenios de 1960 y 1970 cuando tenían el club de idiomas.

Unos meses más tarde Madame se cayó y se lesionó la cadera.

Después de pasar un breve período en la clínica *The Grange*, uno de sus antiguos alumnos, Ronnie Powell, la acompañó de St. Kitts a Puerto Rico, donde la esperaba su hijo, Fyodor. La madre y el hijo luego viajaron en avión a Miami para continuar desde ahí a Chile. Allá podía recibir un tratamiento médico mucho mejor que en St. Kitts.

Sra. Katzen celebrando su nonagésimo cumpleaños con antiguos alumnos

A la edad de noventa años no era fácil hacer un viaje que duró casi dieciocho horas.

Con una fractura en la cadera, era previsible que Madame estuviera muy irascible. Fyodor hizo todo lo que pudo para mitigar su dolor durante el largo viaje. Después de cenar en al avión Madame le pidió a la azafata un vaso de Cinzano.

"Lo siento, señora, no tenemos Cinzano, pero sí tenemos Baileys" contestó la azafata. Madame le preguntó a Fyodor: "Qué es Baileys?" Fyodor contesto: "Es un whisky irlandés con leche".

"No me gusta", respondió Madame, despectivamente. A pesar de eso Fyodor pidió un vaso. Madame, curiosa, pidió que la dejara probarlo.

"Ooooh, es muy bueno", dijo Madame. Se tomó rápidamente dos vasos más y enseguida se quedó profundamente dormida y siguió durmiendo hasta llegar al Aeropuerto Internacional Comodoro Arturo Merino Benítez de Santiago.

Le hizo una operación de la cadera el doctor Alfonso Díaz Fernández, que había sido uno de sus primeros alumnos en su escuela de *La Serena* de 1947 a 1950.

Madame estaba ansiosa por volver a su casa y regresó a St. Kitts menos de dos meses después de la operación. Sus perros estaban dichosos al verla y saltaban, ladraban y movían la cola sin parar. Sus gatos, decididos a no demostrar su afecto de esa manera tan estúpida a una dueña que los había "abandonado" durante tanto tiempo la saludaron con unos pocos maullidos y luego salieron tranquilamente de la habitación.

Los numerosos amigos y vecinos de Madame, así como muchísimos antiguos alumnos, se dedicaron a ver cómo estaba y a ayudarle a hacer lo que ya no podía hacer ella misma.

A pesar de este inmenso apoyo, una mañana de mayo de 2002 llegó un vecino a visitarla y la encontró muerta en el piso de la cocina, aparentemente tratando de darle comida a sus perros, que estaban acostados a su lado, como protegiéndola.

◊◊◊

EPÍLOGO

Empecé este proyecto deseoso de saber más sobre esta profesora extraordinaria que había llegado a la pequeña isla caribeña británica de St. Kitts y había transformado, ella sola, la vida de una generación de jóvenes. Mi deseo de obtener más información sobre esta *femme extraordinaire* (mujer extraordinaria) me llevó a realizar un viaje fantástico por todo el mundo, para descubrir, entre otras cosas, que ella ya había tenido un impacto sobre la vida de muchos otros jóvenes en China y en Chile antes de llegar a St. Kitts en 1961.

Mi viaje de descubrimiento me permitió adquirir una visión bastante clara de esta gran mujer, que amaba a los animales, tenía un espíritu invencible y un talento sin igual para enseñar idiomas modernos.

El descifrar el misterio de Madame Katzen, entender lo esencial de esta mujer complicada y tan especial - el por qué de su viaje tan poco común de Siberia a St. Kitts, fue fascinante. Sin duda alguna, con los cincuenta años que dedicó a educar a los niños en China, en Chile y en el Caribe ha conseguido un lugar permanente en el panteón de los profesores estupendos.

Al hablar de esta profesora extraordinaria con frecuencia me preguntan '¿qué pasó con su marido?' Parece que en realidad fue parte de su vida solo durante aproximadamente cinco años - de 1934 a 1939. Después de acompañar a Madame Katzen y a sus tres hijos a América, simplemente desapareció. Ninguno de los miembros de la familia con que hablé me pudo informar sobre su paradero después de 1939. Según los documentos de inmigración, regresó a Shanghái después de la guerra y luego se fue a Australia en 1951, allá se volvió a casar y tuvo otra familia. Murió en 1992 y está enterrado en el cementerio de Queensland, Australia.

Aunque no son muchos, Madame tiene algunos detractores. Hay personas que piensan que era una elitista, en el sentido de que, si hubiera tenido la opción, habría dado clases sólo a los estudiantes más brillantes.

Algunos hasta decían que prefería que sus alumnos fueran varones. Incluso hay quien dice que simplemente odiaba a las niñas. Después de haber entrevistado a muchas de sus alumnas, he llegado a la conclusión de que Madame Katzen no odiaba a las niñas. Esa idea sobre Madame había surgido en la época en que la escuela secundaria se volvió mixta. Antes de eso sólo había sido profesora en la escuela secundaria para varones.

Una de sus primeras alumnas de esa época contó la historia siguiente:

"Al Terminar mi primera clase con la señora Katzen (un grupo pequeño de ocho niñas solamente), Madame me llevó a la oficina del director y pidió que me trasladaran a otra clase porque, según ella, yo no debía estar en su clase de español. Creo que le preocupaba que, a diferencia de las otras niñas, que ya habían sido sus alumnas antes, como yo estaba en esa clase por primera vez ella no estaba segura de que yo tenía el nivel necesario. El director le dijo que lo sentía pero que no podía o no iba a hacer lo que le pedía. Yo tenía que seguir siendo su alumna el resto del año. Fue un año en que fui 'persona non grata' en la clase. A pesar de que ella no calificaba el trabajo que yo le entregaba, yo estaba decidida a probarle que era capaz. Al final del año recibí una calificación sobresaliente en el examen G.C.E. de español.

No creo que la señora Katzen odiaba a las niñas. Pienso que lo que más le interesaba era mantener la reputación de tener un alto porcentaje de éxito en los exámenes G.C.E.

Soy uno de los 'muchachos de la Señora Katzen', un apodo que tenían muchos de sus antiguos alumnos de St. Kitts. Tenemos una serie innumerable de anécdotas sobre nuestras experiencias con Madame. Hasta el día de hoy sigue siendo emocionante encontrarse con antiguos compañeros y recordar lo bien que lo pasábamos cuando estudiábamos idiomas con ella. Una cosa siempre quedó clara. Su compromiso de lograr que sus alumnos tuvieran éxito en el campo académico era tan firme como era genuina su preocupación por nuestro bienestar individual.

Siempre voy a recordar un incidente que tuvo lugar durante un viaje memorable a Martinica en el buque de desminado francés llamado *Arcturus* en 1967. Estaba anclado en la zona de la marina de *Fort Saint Louis* y la actividad de ese día era un crucero a una isla no habitada cerca de la costa suroriental de Martinica. Era un día hermoso para navegar, con unas pocas nubes y una brisa constante y suficientemente fuerte para llegar hasta la isla. Éramos dieciséis jóvenes y tres marineros franceses en un buque con una vela mayor y sin motor exterior. Después de navegar sin problema, arrojamos el ancla a setenta pies de la costa de nuestro lugar de destino, *Îlet de Toiroux*, y almorzamos con baguettes, queso y fruta. También había vino rojo y casi todo se lo tomaron los marineros.

A finales de la tarde zarpamos y empezamos a regresar a *Fort Saint Louis*. Nos movíamos lentamente, ya que los marineros estaban borrachos porque habían tomado demasiado vino y estaban tratando de aprovechar el viento que estaba disminuyendo cuando el sol se empezó a ocultar en el horizonte con colores mágicos de oro, rojo y naranja. El cielo se estaba oscureciendo y nosotros nos estábamos alejando cada vez más de nuestro destino. Pronto resultó evidente que corríamos peligro de perdernos en el mar. El viento no cooperaba, no teníamos motor exterior ni radio a bordo. La única esperanza que teníamos era que Madame y nuestros anfitriones, los oficiales de la marina de *Fort Saint Louis* enviaran a alguien a rescatarnos al darse cuenta de que ya deberíamos haber regresado.

En efecto fue enviado un grupo de rescate a buscarnos. Cuando regresamos al puerto Madame estaba esperando en el muelle para saludarnos. Con los ojos humedecidos nos abrazó a todos, uno por uno, cuando salimos del barco. Visiblemente estremecida, seguramente sufrió mil muertes al pensar en la posibilidad de que nuestra aventura en el mar terminara en un desastre. Madame siempre tenía una actitud muy profesional, nunca expresaba sus emociones, esa fue la primera y única vez que la vi manifestar su afecto públicamente.

A pesar de que me encantó la búsqueda, el dedicar tanto tiempo a la investigación de la vida de Madame Katzen tuvo un precio. Sabía muy poco de ella y fue muy emocionante obtener información sobre la vida de esta profesora increíble que había tenido una influencia tan grande sobre la vida de tantos de nosotros. Nadie olvida a una buena profesora y nosotros (la larga lista de jóvenes a los que llamaban los *muchachos de la señora Katzen*) nos consideramos afortunados por haber tenido el privilegio de beneficiarnos de su influencia.

Sin embargo, después de terminar la investigación, de repente me empecé a sentir incómodo, o talvez era cierta melancolía, e identificar su causa me tomó bastante tiempo.

Acabé por atribuirlo al hecho de que la emoción de viajar a tres continentes (América del Sur, Europa y Asia) para investigar la trayectoria extraordinaria de Madame había llegado a su fin. Me había divertido tanto que no quería que terminara la investigación. Resulta que también había otra razón, aún más importante, de mi tristeza.

Gracias a mis investigaciones llegué a conocer muy bien, en realidad demasiado bien, a esta profesora increíble. Con mi interés por conocer a esta profesora incomparable, con gran pesadumbre de alguna manera logré desmitificar a esta profesora extraordinaria, este paradigma de la enseñanza de idiomas. Ahora que se había desarrollado plenamente la imagen unidimensional que había tenido al ser un alumno adolescente, me di cuenta de que ella era más que una gran profesora. Me di cuenta de que también le interesaban las causas humanitarias, amaba a los animales y tenía bastantes idiosincrasias, debilidades e inseguridades. Durante algún tiempo me costó trabajo aceptar la idea de que Madame era solamente una mujer común y corriente, talvez porque no quería que fuera común y corriente. Después de haber pasado los últimos años leyendo lo que ella pensaba, escuchando su voz de manera póstuma, cuando pienso en ella ahora veo a una mujer ordinaria que vivió una vida extraordinaria.

Una vida extraordinaria haciendo cosas extraordinarias, a pesar de o talvez debido a haber tenido una vida relativamente difícil, una vida de desplazamientos causados por revoluciones, guerras y terremotos. Mi ídolo pedagógico, alguien a quien traté de imitar, no se suponía que tuviera debilidades de carácter como todos los demás.

¿La buena noticia? Con el paso del tiempo he logrado tener una imagen más matizada de esta gran dama, y ha ascendido a un pedestal aún más elevado de lo que yo hubiera considerado posible en el panteón de las profesoras extraordinarias.

SOBRE EL AUTOR

Ira Simmonds nació en la isla caribeña de Nevis, obtuvo una licenciatura en francés de St. Francis College de Brooklyn, Nueva York, un título de máster y una maestría en educación del Teachers College de la Universidad de Columbia de Nueva York. Después de haber sido el Administrador de Alice Tully Hall, Lincoln Center for the Performing Arts, durante diez años, pasó los veinticinco años siguientes en las escuelas públicas de la ciudad de Nueva York como profesor, vicerrector y rector interino. Ahora trabaja como consultor en materia de educación.

www.ingramcontent.com/pod-product-compliance
Lightning Source LLC
Chambersburg PA
CBHW051412090426
42737CB00014B/2635